Nudge
넛지

NUDGE : Improving Decision About Health, Wealth and Happiness
by Richard H. Thaler and Cass R. Sunstein

This Korean edition was published by Woongjin Think Big Co., Ltd. in 2009
by arrangement with Yale University Press through
KCC(Korea Copyright Center Inc.) Seoul.

똑똑한 선택을 이끄는 힘

넛지

리처드 탈러 · 캐스 선스타인 지음 | 안진환 옮김

리더스북

감사의 글

시카고 대학(University of Chicago) 경영대학원(Graduate School of Business)과 로스쿨(Law School)의 재정적 지원이 없었다면 이 책을 위한 연구를 수행하지 못했을 것이다. 또한, 우리는 의사결정 연구센터(Center for Decision Research) 보조금을 통해서 존 템플턴 재단(John Templeton Foundation)으로부터도 막대한 지원을 받았다. 이 책을 집필하기까지 많은 분들이 도움을 주었다. 우리의 대리인 사이델 크레이머(Sydelle Kramer)는 집필 기간 내내 훌륭한 조언을 해주었다. 편집자인 마이클 오맬리(Michael O'Malley)는 원고에 대해 귀중한 제안들을 제시했으며, 교열 편집자인 댄 히턴(Dan Heaton)은 뛰어난 유머를 발휘하며 원고의 문체를 정리해주었다. 두 해 여름을 함께 보내며 전력을 다해준, 뛰어난 실력과 재기를 갖춘 우리의 연구보조팀원들에게 특히 고마움을 전한다. 존 발츠(John Balz)(두 해 여름 내내 우리를 참아준 그에게는 두 배로 감사한다)와 레이첼 디자드(Rachael Dizard), 케이시 프론크(Casey Fronk), 매슈 존슨(Matthew Johnson), 헤이디 리우(Heidi Liu), 브렛 레이놀즈(Brett Reynolds), 매슈 톡슨(Matthew Tokson), 애덤 웰스(Adam Wells)가 그들이다. 킴 바트코(Kim Bartko)는 이 책의 삽화와 표지 디자인을 담당하여 이루 말할 수 없이 귀중한 도움을 제공헀다.

이 책의 개선에 크게 기여한 동료들의 이름도 빼놓을 수 없다. 그들은 우정과 의무의 소명을 넘어 통찰력과 힌트를 주고, 심지어는 약간의 넛지를 가해주기도 했다. 슐로모 베나르치(Shlomo Benartzi), 엘리자베스 에먼스(Elizabeth Emens), 닉 에플리(Nick Epley), 댄 길버트(Dan Gilbert), 톰 길로비치(Tom Gilovich), 조너선 거리언(Jonathan Guryan), 저스틴 헤이스팅스(Justine Hastings), 에릭 존슨(Eric Johnson), 크리스틴 졸스(Christine Jolls), 대니얼 카너만(Daniel Kahneman), 에머 카머니카(Emir Kamenica), 딘 칼런(Dean Karlan), 데이비드 레온하트(David Leonhardt), 마이클 루이스(Michael Lewis), 브리짓 매드리언(Brigitte Madrian), 케이드 매시(Cade Massey), 필 메이민(Phil Maymin), 센딜 멀레이너선(Sendhil Mullainathan), 돈 노먼(Don Norman), 에릭 포스너(Eric Posner), 리처드 포스너(Richard Posner), 레이구 레이전(Raghu Rajan), 데니스 리건(Dennis Regan), 톰 러셀(Tom Russell), 제시 샤피로(Jesse Shapiro), 엘더 섀퍼(Eldar Shafir), 에드너 울만-마걸릿(Edna Ullmann-Margalit), 에이드리언 버뮬(Adrian Vermeule), 에릭 워너(Eric Wanner), 엘케 웨버(Elke Webber), 로먼 웨일(Roman Weil), 수전 우드워드(Susan Woodward), 매리언 로벨(Marion Wrobel)이 그들이다. 가장 강력하고 현명한 조언의 출처는 프랑스 르클레르(France Leclerc)와 마사 누스바움(Martha Nussbaum)이었다. 끊임없이 발전하도록 도와준 프랑스와 마사에게 특별한 감사를 전한다. 비키 드로즈(Vicki Drozd)는 언제나처럼 모든 면에서 도움을 주고 모든 연구보조원들의 급료를 챙겨주었다. 그늘 모두 감사해한다. 유용한 논의와 인내심, 행동경제학에 대한 통찰과 재미를 제공하고 그리고 훌륭히 응원해준 엘린 루

딕-선스타인(Ellyn Ruddick-Sunstein)에게도 감사한다.

57번가 누들스(Noodles) 식당의 전 직원에게도 특별한 감사를 전한다. 그들은 지금껏 수년 동안 식사를 제공해줬으며, 무엇보다도 이 책의 기획과 책에 대한 논의에 귀를 기울여주었다. 다음주에 다시 찾아갈 생각이다.

국제판을 내면서 우리에게 없어서는 안 될 중요한 존재인 우리의 책 설계자 존 발츠에게 다시 한 번 고마움을 전하고 싶다. 크리스 호시(Chris Hsee), 댄 멀둔(Dan Muldoon), 키아라 몬티콘(Chiara Monticone), 어데어 터너(Adair Turner)에게도 감사한다.

차례

인트로

넛지가 당신의 모든 행동을 결정한다

당신의 친구 가운데 캐롤린이라는 사람이 있는데 그녀가 대도시 교육당국의 급식 담당 총책임자라고 가정해보자. 캐롤린은 매일 수십만 명의 학생들이 이용하는 수백여 개 초등학교의 구내식당에 대한 관리감독 책임을 맡고 있다. 그녀는 정식 영양사 학위(주립대학에서 받은 석사학위)를 갖고 있고 종종 비인습적인 방식으로 사고하는 것을 즐기는 창의적인 인물이다.

그녀에게는 경영컨설턴트로 일하는 애덤이라는 남자 친구가 있다. 애덤은 주로 슈퍼마켓 체인사업체의 일을 돕는 통계 지향의 컨설턴트다. 어느 날 저녁, 캐롤린과 애덤은 느긋하게 와인 한 잔을 즐기다가 한 가지 재밌는 음모(?)를 꾸미게 된다. 급식 메뉴에 변화를 주지 않은 상태에서 단지 음식의 진열이나 배열만 바꾸는 것으로 과연 학생들의 음식 선택에 영향을 끼칠 수 있는지 여부를 실험해보자는 아이디어다.

캐롤린은 이를 실천에 옮겨보기로 결심하고 각 학교의 교내급식 책임자들에게 자유배식 진열대의 음식배열 방식에 대한 특정 지침을 내려 보냈다. 물론 그러한 지침이 내려가기 전에는 학교마다 음식의 진열 및 배열 방식이 제각각이었다. 어떤 학교에서는 디저트를 제일 처음에 놓았고 또 어떤 학교에서는 제일 마지막에 배치했으며 또 다른 학교에서는 아예 다른 줄에 놓기도 했다. 높낮이도 제각각이어서 어떤 학교에서는 프렌치프라이를 학생들의 눈높이에 진열했고 또 어떤 학교에서는 삶은 당근을 그 위치에 놓았다.

슈퍼마켓 진열대를 설계해본 경험이 있는 애덤은 이 실험의 결과가 매우 놀라울 것이라고 예측했다. 그리고 그의 예측은 옳았다. 단지 구내식당의 음식을 재배열하는 것만으로도 특정 음식의 소비량을 무려 25%씩이나 올리거나 내릴 수 있었던 것이다. 캐롤린은 여기서 큰 교훈 한 가지를 얻었다. 어른들과 마찬가지로 학생들 역시 '정황 또는 맥락(context)'의 사소한 변화만으로도 큰 영향을 받을 수 있다는 사실이었다. 그러한 영향력은 더 나은 쪽으로도 혹은 더 나쁜 쪽으로도 행사될 수 있는 것이었다. 예컨대 캐롤린은 이제 자신이 발견한 사실을 토대로 건강에 이로운 음식의 소비량은 늘리는 한편 건강에 해로운 음식은 덜 먹게 할 수 있었다.

수백 개의 학교에서 나온 실험 결과와, 대학원생 자원봉사자들의 자료 수집 및 분석 덕분에 캐롤린은 이제 학생들이 먹는 음식에 영향력을 행사할 수 있는 상당한 파워를 스스로 갖게 되었음을 확신했다. 캐롤린은 새로 발견한 자신의 파워를 어떻게 활용하면 좋을지 숙고에 들어갔다. 때로는 장난기 넘치는 친구들과 동료들로부터 캐롤린이 받은 그 활용방안에 대한 조언은 다음과 같다.

첫째, 모든 것을 고려하여 학생들의 건강에 가장 이로운 쪽으로 음식을 배열한다.

둘째, 무작위로 음식을 배열하는 방안을 택한다.

셋째, 학생들이 자신의 판단에 따라 음식을 택할 때와 똑같은 순서로 음식을 배열하기 위해 노력한다.

넷째, 가장 많은 뇌물을 기꺼이 제공할 의사가 있는 공급업체의 식자재가 가장 많이 소비되도록 음식을 배열한다.

다섯째, 구내식당의 수익을 극대화하는 방향으로 음식을 배열한다.

첫째는 두말 할 나위 없이 바람직한 것이다. 그러나 다소 강제적으로 느껴질 소지가 있고, 심지어 개입주의적이라는 점이 문제다. 그러나 어쨌든 최상의 옵션인 것만큼은 분명하다! 둘째는 원칙에 의거한 공정한 방식으로 보이고 또 어느 면에서는 중립적인 조치라 할 수 있다. 그러나 음식배열이 학교마다 다르게 무작위로 행해지면 어떤 학교의 학생들은 다른 학교의 학생들보다 상대적으로 해로운 식생활을 하게 될 것이 분명하다. 이를 바람직하다고 볼 수 있겠는가? 학생들의 건강 개선에 도움을 주는 방식을 통해 손쉽게 대부분의 학생들을 더 나은 상태로 만들 수 있는 상황에서 캐롤린이 과연 이런 식의 중립을 선택해야 마땅한가?

셋째는 강제를 피하는 명예로운 시도로 보일 수 있다. 학생들 스스로의 선택을 존중하며 그에 맞추기 위해 노력하는 것이니까 말이다. 어쩌면 이것이 진정한 중립적 선택일지도 모르며, 어쩌면 캐롤린이 중립적으로 사람들의 선호를 존중하는 게 마땅한 처사인지도 모른다(적어도 고학년 학생들의 선호는 존중해야 옳지 않겠는가). 그러나 조금만 생각해보면 이는 구현 가능한 옵션이 아님을 알 수 있다. 애덤의 실험이 입증했듯이 학생들의 선택은 항목의 배열 순서에 이미 영향을 받기 때문이다. 그러한 상황에서 어떻게 학생들의 진정한 선호를 판단할 수 있단 말인가. 학생들이 '자신의 판단에 따라' 선택하는 것을 알아내기 위해 노력한다는 것이 도대체 무슨 뜻이냐는 말이다. 구내식당에서는 어떤 식으로든 음식배열을 구성해놓지 않을 수 없다.

넷째는 부패 공무원에게 매우 매력적인 옵션이 될 것이다. 이런 사람에게는 음식배열을 조작하는 것이 파워의 이기적 활용방안을 모아놓는 병기고에 새로 추가할 무기로 보일 것이다. 그러나 캐롤린은 명예를 중시하는 정직한 사람이고, 따라서 이를 일고의 가치도 없는 방안으로 치부한다.

두 번째 활용방안이나 세 번째와 마찬가지로 다섯 번째 역시 나름의 매력이 있는 것으로 보인다. 만약 캐롤린이 최상의 구내식당은 수익을 가장 많이 남기는 곳이라고 생각한다면 특히 그렇다. 그러나 교육 당국에서 중책을 맡고 있는 캐롤린이 학생들의 건강은 도외시하고 수익 극대화에만 노력을 기울인다면 그것이 진정 마땅한 일인지 의문이 일지 않을 수 없다.

우리는 선택 설계자가 만들어놓은 세상 속에 산다

캐롤린 같은 사람을 우리는 '선택 설계자(choice architect)'라고 부른다. 선택 설계자는 사람들이 결정을 내리는 배경이 되는 '정황이나 맥락'을 만드는 사람이다. 캐롤린은 임의로 만든 가상의 인물이지만 우리의 현실 세계에도 무수히 많은 선택 설계자들이 존재한다(대부분 자신이 선택 설계자라는 사실을 모르지만 말이다). 만일 당신이 유권자들이 후보자를 선택할 때 사용하는 투표용지를 디자인하는 사람이라면 당신 역시 선택 설계자다. 환자에게 선택 가능한 다양한 치료법들을 설명해줘야 하는 의사도 선택 설계자다. 직원들이 회사의 의료보험 플랜에 등록할 때 작성하는 서류 양식을 만드는 사람도 선택 설계자이며, 자녀에게 선택 가능한 교육 방식들을 설명해주는 부모도 선택 설계자다. 물건이나 서비스를 판매하는 세일즈맨 역시 선택 설계자다(대부분의 세일즈맨은 자신이 선택 설계자라는 사실을 안다).

선택 설계와 우리가 일반적으로 떠올리는 보다 전통적인 설계 사이에는 많은 유사점이 있다. 가장 중요한 유사점은 '중립적인' 설계란 존재하지 않는다는 사실이다. 학교 건물을 새로 짓는 경우를 생각해보자. 건물을 설계하는 사람에게는 몇 가지 특정한 요구사항이 주어진다. 사무실 120개, 교실 8개, 학생 세미나실 12개가 들어가야 하며 특정 건물이 특정한 장소에 위치해야 한다는 것 등 말이다. 또 그밖에 법적인 문제나 미학적, 실용적 측면을 고려한 수많은 제약들도 고려해야 한다.

그러한 사항들을 모두 반영한 후에야 건축 설계자는 문과 계단과 창문과 복도가 있는 실제 건물을 완성한다. 훌륭한 설계자는 얼핏 보기에 임의로 내려진 것처럼 보이는 결정, 예를 들어 화장실의 위치 같은 것이 건물 사용자들이 상호교류하는 방식에 미묘한 영향을 미친다는 사실을 잘 안다. 사람들이 화장실에 갈 때마다 동료들과 마주치게 되기 때문이다(그로 인해 좋은 결과가 생기든 나쁜 결과가 생기든). 훌륭한 건물이란 시각적인 매력을 지녔을 뿐 아니라 사람들에게 '모종의 영향까지 끼치는' 건물이다.

앞으로 살펴보겠지만 겉으로 보기에는 사소하고 작은 요소라 해도 사람들의 행동방식에 커다란 영향을 끼칠 수 있다. 우리의 경험에서 도출한 유용한 한 가지 법칙은 '중요하지 않은 요소란 없다'는 것이다.

대부분의 경우, 그러한 작은 요소들은 사용자의 주의력을 어떤 특정한 방향으로 집중시킴으로써 힘을 발휘한다. 이에 대한 한 가지 훌륭한 예를 네덜란드 암스테르담에 있는 스키폴 공항의 남자 화장실에서 발견할 수 있다. 이 화장실의 모든 남자용 소변기에는 중앙 부분에 검정색 파리가 그려져 있다. 대개 남자들은 볼일을 볼 때 조준하는 방향에 크게 신경을 쓰지 않기 때문에 변기 주변이 더러워지기 십상이다. 하지만 눈앞에 목표물이 있으면 거기에 집중하게 되고 자연히 발사물을 변기 가운데에 맞출 확률도 높아진다. 이 아이디어를 처음 생각해 낸 아드 키붐(Aad Kieboom)의 말을 빌자면 이 방법은 '경이로운' 효과를 거두고 있다. 그는 이렇게 말한다. "적중률이 매우 높아졌지요. 파리를 본 남자들은 그것을 향해 발사하니까요." 경제학자인 키붐은 스키폴 공항 건물의 확장공사를 감독했다. 그의 팀원들은 이 파리 그림이 변기 밖으로 튀는 소변의 양을 80%나 감소시킨다는 사실을 발견했다.(1)

"중요하지 않은 요소란 없다"는 통찰력은 부담스러운 동시에 유용한 시각이다. 훌륭한 설계자는 완벽한 건물을 짓기는 불가능하지만 유익한 결과를 가져오는 특정한 방식으로 건물을 설계할 수는 있다는 사실을 잘 안다. 예를 들어, 사무실에서 계단이 있는 수직 공간을 트인 방식으로 만들면 직원들의 움직임과 상호작용이 늘어나며, 이는 바람직한 현상이라 할 수 있다. 건축가가 특정한 형태와 설계를 지닌 건물을 짓는 것과 마찬가지로, 캐롤린 같은 선택 설계자는 구내식당 음식의 배열에 특정한 방식을 부여하여 학생들이 먹는 음식에 영향을 미친다. 바로 '넛지(nudge)'를 행하는 것이다.[1]

자유주의적 개입주의

만약 당신이 모든 면을 고려해볼 때 캐롤린이 학생들의 건강에 이로운 영향을 주도록 음식을 배열해야 한다고 생각한다면, 당신은 우리가 제안하는 자유주의적 개입주의(libertarian paternalism)에 동의하는 셈이다. 분명 '자유주의적 개입주의'라는 용어는 처음 들었을 때 즉시 호감이 가는 말은 아니다. '자유주의'와 '개입주의'는 대중문화나 정치 분야에서 남용되면서 생긴 고정관념들로 인해 많은 이들이 반감을 느끼기 쉬운 말이다. 게다가 자유주의적 개입주의는 모순적인 개념처럼 보인다. 그렇다면 우리는 무슨 이유로, 반감이 느껴지고 게다가 모순적이기까지 한 두 개념을 조합한 것일까? 의미를 제대로만 이해한다면 이 용어는 지극히 상식적이고 타당한 의미를 전달한다는 것이 우리의 생각이다. 그리고 이 두 표현은 따로 쓰일 때보다 함께 쓰일 때 훨씬 커다란 강점과 매력을 갖는다. 문제는 독단론자들이 이 용어를 사용할

---

1 넛지(nudge)와 눗지(noodge)를 혼동하지 말기 바란다. 윌리엄 새파이어(William Safire)는 《뉴욕타임스 매거진》(2000년 10월 8일 자)에 실은 '언어에 관하여(On Language)'라는 칼럼에서 이렇게 설명했다. "이디시 말 특유의 단어인 'noodge'는 '성가신 사람, 골칫거리, 끊임없이 불평하는 사람'을 뜻하는 명사다. 'nudge'는 '(특히 팔꿈치로) 슬쩍 옆구리 찌르기'라는 뜻이다. '주의를 환기하거나 부드럽게 경고하기 위해' 상대에게 'nudge'를 행하는 사람은 끊임없이 불평을 늘어놓는 'noodge'와 완전히 다르다." 'nudge'는 'judge'와 각운이 같으며, 'noodge'의 'oo'는 'book'의 경우처럼 '우'로 발음된다.

여기서 이 책의 주석과 참고문헌 표시에 관해 잠시 언급하고 지나가는 것이 좋겠다. 지금 이 각주와 같이 독자들이 반드시 읽을 필요가 있다고 판단되는 경우에는, 해당 위치에 기호를 달고 쉽게 찾아 읽을 수 있도록 페이지 하단에 각주를 달아두었다. 이러한 각주는 가급적 적게 달려고 노력했다. 번호가 붙은 주석은 참고문헌이나 인용문의 출처를 표시하기 위한 것이다. 따라서 자세한 정보를 원하는 독자들에게 유용할 것이며 대부분의 독자들은 그냥 넘어가도 무방하다. 인용된 자료의 저자들을 본문에서 언급하는 경우, 주석을 찾을 필요 없이 곧바로 참고문헌 목록을 참조할 수 있도록 때때로 괄호 안에 연도를 넣어 표시했다[예: 스미스(1982)].

때 발생한다.

우리의 제안에서 '자유주의적'이라는 말은, 일반적으로 사람들이 자유롭게 원하는 바를 행할 수 있으며 자신이 원하지 않으면 바람직하지 않은 대안은 버릴 수 있어야 한다는 주장을 나타낸다. 밀턴 프리드먼(Milton Friedman)의 표현을 빌자면, 자유주의적 개입주의자들은 사람들이 '선택의 자유'를 가져야 한다고 말한다.(2) 우리는 선택의 자유를 지키거나 증진시키는 정책을 만들기 위해 노력한다. '개입주의'라는 말을 '자유주의적'이라는 말로 한정하면 자유를 보존한다는 의미를 담게 된다. '자유를 보존한다'는 말에 특별히 다른 언외의 의미가 내포되어 있지는 않다는 점을 강조하고 싶다. 자유주의적 개입주의자는 사람들이 쉽게 원하는 방식을 택할 수 있기를 바라며, 자유를 행사하고자 하는 사람들을 방해하길 원치 않는다.

한편 '개입주의'라는 말은, 사람들이 더 오랫동안 더 건강하고 더 나은 삶을 살게 만들기 위해 선택 설계자가 그들의 행동방식에 영향을 미치기 위해 노력하는 것이 합당하다는 주장을 나타낸다. 다시 말해, 우리는 사람들이 삶의 질을 향상시키는 쪽으로 선택하도록 이끌기 위해 정부나 민간부문 단체들이 의식적인 노력을 기울이는 것이 적절하다고 생각한다. 만일 어떤 정책이 사람들 스스로 판단하여 자신에게 이로운 선택을 내리는 데 영향을 미치려고 한다면 그 정책은 '개입주의적'인 것이다.(3) 사회과학 분야의 믿을 만한 조사결과에 따르면, 개인들은 상당히 형편없거나 잘못된 결정을 내리는 경우가 많다. 그들이 충분한 주의를 기울였거나, 완벽한 정보를 가졌거나, 엄청난 인식 능력과 완벽한 자기 통제력을 지녔더라면 내리지 않았을 결정들 말이다.

자유주의적 개입주의는 비교적 유연하며 비(非)강제적인 유형의 개입주의라고 할 수 있다. 자유주의적 개입주의에서는 선택을 막거나 차단하지 않으며 선택하는 자에게 심각한 부담도 지우지 않기 때문이다. 만일 사람들이 담배를 피우거나, 건강에 안 좋은 캔디를 잔뜩 먹거나, 적합하지 않은 의료보험 플랜을 택하거나, 은퇴 후를 대비한 저축을 포기하고 싶어 한다면, 자유주의적 개입주의자는 그들이 그렇게 하지 못하게 강제하거나 혹은 그러한 행동을 하기 어렵게 만들지는 않는다. 그럼에도 우리가 제안하는 접근방식은 개입주의적인 성격을 띨 때 비로소 중요성을 지닌다. 민간부문과 공공부문의 선택 설계자들은 단순히 사람들이 선택하리라고 예상되는 바를 파악하거나 그러한 선택을 용이하게 해주기 위해 노력하는 것이 아니기 때문이다. 그보다는 오히려 사람들의 삶의 질을 향상시키는 방향으로 그들을 움직이려고 의식적으로 노력한다. 넛지를 행한다는 얘기다.

넛지는 선택 설계자가 취하는 하나의 방식으로서, 사람들에게 어떤 선택을 금지하거나 그들의 경제적 인센티브를 크게 변화시키지 않고 예상 가능한 방향으로 그들의 행동을 변화시키는 것이다. 넛지 형태의 간섭은 쉽게 피할 수 있는 동시에 그렇게 하는 데 비용도 적게 들어야 한다. 넛지는 명령이나 지시가 아니다. 과일을 눈에 잘 띄는 위치에 놓는 것은 넛지다. 그러나 정크푸드를 금지하는 것은 넛지가 아니다.

우리가 제안하는 방식의 상당수는 민간 영역에서 실행될 수 있는 것들이고 또 실제로도 실행되어 왔다(정부가 넛지를 행한 경우도 있고 그렇지 않은 경우도 있다). 예를 들어, 이 책에 소개하는 많은 사례에서 살펴보겠지만 고용주는 중요한 선택 설계자다. 의료보험이나 은퇴 프로그램과 관련된 부분에서 고용주는 피고용인들에게 유용한 넛지를 제공할 수 있다. 이윤을 올리면서 사회에도 공헌하고 싶은 기업은 환경적 넛지를 통해 효과를 얻을 수 있으며 동시에 대기오염과 이산화탄소 배출도 줄일 수 있다. 그리고 민간 영역에서 자유주의적 개입주의의 실효성을 뒷받침하는 근거들은 정부에도 마찬가지로 적용된다.

우리가 넛지를 해야 하는 이유

개입주의에 반대하는 사람들은 종종 인간이 선택을 내릴 수 있다는 것이 매우 훌륭하고 멋진 일이라고 주장한다. 그리고 설령 멋진 일까지는 아니라 할지라도, 자신은 최소한 다른 누군가보다는 더 나은 선택을 내릴 수 있다고 믿는다(특히 그 다른 누군가가 정부 관리라면 더욱 그렇다). 경제학을 공부했든 그렇지 않든 대부분의 사람들은 적어도 호모 이코노미쿠스(homo economicus: 경제적 인간)라는 개념을 받아들이는 것 같다. 사람은 누구나 합리적으로 사고하고 선택하며 따라서 경제학자들이 제안하는 인간 모델에 들어맞는다는 생각 말이다.

경제학 서적을 들춰보면, 호모 이코노미쿠스는 알베르트 아인슈타인처럼 사고하고 IBM 컴퓨터처럼 뛰어난 기억용량을 갖고 있으며 마하트마 간디와 같은 의지력을 발휘할 수 있는 존재처럼 느껴진다. 물론 그런 사람들이 있기는 하다. 하지만 대부분의 사람들은 그렇지 않다. 우리는 계산기가 없으면 복잡한 나눗셈을 할 때 어려움을 겪고, 종종 배우자의 생일을 잊어버리며, 새해 벽두부터 숙취로 머리를 쥐어뜯는다. 우리는 호모 이코노미쿠스가 아니라 그저 호모 사피엔스일 뿐이다. 복잡한 라틴어 대신 부르기 쉽도록 여기서부터는 그러한 가상의 존재와 실제의 존재를 각각 '이콘(Econ)'과 '인간(Human)'이라고 부르겠다.

비만 문제를 생각해보자. 현재 미국에서 비만 인구 비율은 20%에 가까우며 여기에 과체중 인구까지 더하면 60% 이상이다. 전 세계적으로 과체중에 해당하는 성인 인구는 약 10억 명이고, 그 중 3억 명이 비만에 속한다. 비만도는 일본과 중국, 일부 아프리카 국가들의 경우 5%에서 사모아 도서 지역의 경우에는 75% 이상에 이른다. 세계보건기구(World Health Organization)에 따르면 영국과 동유럽, 중동, 태평양 도서군, 오스트레일리아, 중국, 북미 일부 지역들에서는 1980년대 이후 비만도가 세 배로 증가했다. 비만은 심장질환과 당뇨병의 위험을 높이며 때때로 조기사망으로 이어진다는 연구결과가 많이 나와 있다. 따라서 모든 사람이 적절한 식생활을 하고 있다고, 즉 약간의 넛지로 초래될 수 있는 식생활보다 더 나은 식생활을 하고 있다고 보기는 매우 힘들다.

물론 대부분의 상식 있는 평범한 사람들은 단순히 건강뿐 아니라 음식의 맛도 중요하게 생각하며, 먹는다는 것은 그 자체로 사람들에게 큰 즐거움을 선사한다. 우리는 과체중인 모든 사람들이 합리적으로 행동하는 데 실패했다고 주장하려는 것이 아니다. 하지만 모든 또는 대부분의 미국인이 식생활과 관련하여 최적의 선택을 하고 있는 것은 아니라는 사실은 분명하다. 식생활뿐 아니라 매년 50만 명 이상을 조기사망으로 몰고 가는 음주, 흡연 등 다른 위험한 행동들의 경우도 마찬가지다. 식생활, 흡연, 음주와 관련하여 현재 사람들이 내리는 선택은 그들의 행복과 안녕을 증진하는 최선의 방식이라고 볼 수 없다. 실제로 많은 흡연가와 음주가들, 과도하게 먹는 사람들이 더 나은 결정을 내리기 위해 기꺼이 비용을 지불하고 타인의 도움을 받고 있지 않은가.

하지만 우리는 선택에 관한 새로운 학문을 주시하고 있는 바, 이는 사회과학자들이 지난 40여 년간 행한 면밀한 연구의 결과들로 이루어져 있다. 이 연구결과들은 사람들이 내리는 많은 판단과 결정의 합리성에 대하여 진지한 의문을 제기한다. 이콘의 기준에서 보면 사람들은 완벽한 예측을 해야 하는 존재는 아니지만(그러자면 전지적인 존재여야 할 것이다), 편향되지 않은 예측을 해야 한다. 다시 말해 예측이 틀릴 수는 있어도, 그것이 예상 가능한 방향으로 체계적으로 틀려서는 안 되는 것이다. 한편 이콘과 달리 인간은 예상 가능한 실수를 저지른다. '계획오류(planning fallacy)'를 예로 들어보자. 계획오류란 사람들이 어떤 프로젝트를 완수하는 데 걸리는 시간을 예측할 때 비현실적인 최적의 상황을 가정하는 경향을 말한다. 건물을 짓는 경우를 생각해보면 거의 대부분 애초에 생각했던 것보다 더 많은 시간이 걸린다. 설령 계획오류에 대해 알고 있던 사람이라 할지라도 이러한 상황에 직면하는 경우가 빈번하다.

많은 연구결과가 인간의 예측이 불완전하고 편향되어 있다는 사실을 보여준다. 인간의 결정이나 판단도 마찬가지다. 또 다른 예로 '현상유지 편향(status quo bias)'을 생각해보자. 이는 타성의 또 다른 이름이다. 앞으로 살펴보겠지만 사람들은 수많은 이유로 인해 현상을 유지하거나 디폴트 옵션(default option: 지정하지 않으면 자동으로 선택되는 옵션, 즉 기본 값)을 따르려는 강한 성향을 갖는다.

휴대폰을 새로 구입한 경우를 생각해보자. 이때 당신은 수많은 선택을 내려야 한다. 휴대폰이 최신형일수록 내려야 하는 선택도 많아진다. 액정의 배경화면, 벨소리, 음성 메시지가 수신될 때 울리는 벨소리 횟수에 이르기까지. 휴대폰 제조업체에서는 그러한 각 선택 항목들에 대하여 디폴트 옵션을 미리 지정해둔다. 조사결과에 따르면, 그러한 디폴트 옵션이 무엇이냐에 상관없이 많은 사람들이 변경하지 않고 그대로 사용한다고 한다. 달리 선택할 수 있는 벨소리보다 디폴트 옵션으로 설정된 소리가 훨씬 귀에 거슬리는 경우에도 말이다.

우리는 여기서 두 가지 중요한 교훈을 얻을 수 있다. 첫째는 타성의 힘을 과소평가해서는 안 된다는 것이고, 둘째는 그 힘을 이용할 수 있다는 점이다. 어떤 특정한 정책이나 방침이 보다 나은 결과를 가져온다고 생각되면, 민간의 기업이나 공공 부문의 관리자들은 그것을 디폴트 옵션으로 설정함으로써 결과에 커다란 영향을 미칠 수 있다. 이렇게 디폴트 옵션을 설정하는 행위나 그밖에 얼핏 사소해 보이는 메뉴 변화 전략 등이 결과에 커다란 영향을 끼칠 수 있다. 이는 저축을 늘리는 일에서부터 의료보장 개선, 이식수술을 위한 장기기증에 이르기까지 다양한 영역에 해당되는 얘기다.

적절한 디폴트 옵션이 가져오는 결과는 넛지의 부드럽지만 강력한 힘을 잘 보여준다. 넛지는 인간의 행동방식을 현격하게 변화시키는 모든 요소를 일컫는다. 비록 이콘들은 그것을 무시하겠지만 말이다. 이콘은 근본적으로 인센티브에 반응한다. 만일 정부가 사탕에 세금을 매기면 이콘은 사탕을 덜 사먹을 것이다. 하지만 그들은 선택 가능한 옵션들이 배열되어 있는 순서와 같은 '무의미한' 요소에는 영향을 받지 않는다. 인간 역시 인센티브에 반응한다. 그러나 그들은 인센티브뿐 아니라 넛지에도 영향을 받는다.[2] 따라서 우리는 인센티브와 넛지를

---

2 주의 깊은 독자라면 인센티브가 다양한 형태로 존재할 수 있다는 사실을 알아챘을 것이다. 만일 사람들이 더 많은 인식력을 발휘해야 하는 상황이 되면(예를 들어 과일은 잘 보이는 눈높이에, 사탕은 잘 보이지 않는 위치에 진열하는 경우), 사탕을 선택하는 데 드는 '비용'이 증가했다고 말할 수 있다. 어떤 면에서 보면 우리가 제안하는 넛지 중 일부는 인식력 측면의 비용(물질적인 비용이 아니라)을 발생시키며, 그런 의미에서 볼 때 우리가 알고 있는 인센티브의 의미를 변화시킨다. 어떤 의미의 비용이든 그것이 낮아야만 넛지는 자유주의적 개입주의로서 자격과 의미를 지닐 수 있다.

적절히 배치, 활용함으로써 사람들이 삶의 질을 향상시키는 능력을 키울 수 있고 사회의 많은 주요 문제들을 해결할 수 있다. 또한 그와 동시에 여전히 모든 이들의 선택의 자유를 보존할 수 있다.

잘못된 가정과 두 가지 오해

선택의 자유를 옹호하는 많은 사람들은 모든 형태의 개입주의를 반대한다. 그들은 정부가 국민들이 스스로 원하는 것을 선택하도록 놔둬야 한다고 말한다. 이러한 사고방식에서 기인한 보편적인 조언은 사람들에게 가능한 한 많은 선택안들을 주고 그들이 가장 원하는 것을 선택하게 하라는 것이다(그리고 정부의 간섭이나 넛지는 최소한으로 줄여야 한다). 이러한 접근법이 지닌 장점은 많은 복잡한 문제들에 대해 간단명료한 해법을 제공한다는 것이다. '선택안을 최대한 늘려라'가 그것이다. 교육에서부터 처방약 플랜에 이르기까지 우리 사회의 많은 영역에서 그러한 방식이 채택되어 왔다. 일부 영역에서는 어떤 정책이나 방침을 만들 때 '선택안 최대한 늘리기'가 하나의 법칙처럼 작용한다. 어떤 이들은 이 법칙을 대신할 수 있는 유일한 대안이 '획일적으로 통일하기'라고 조롱받는 정부의 지시뿐이라고 생각한다. '선택안 최대한 늘리기'를 옹호하는 이들은 그러한 방식과 획일적인 지시라는 양 극단 사이에 다른 수많은 가능성이 존재할 수 있다는 것을 깨닫지 못한다. 그들은 개입주의에 반대하고 넛지에 대해서도 회의적인 입장을 취한다. 하지만 그러한 회의적 태도는 하나의 잘못된 가정과 두 가지 오해 때문에 발생한다는 것이 우리의 생각이다.

먼저 잘못된 가정이란, 거의 대부분의 사람들이 거의 대부분의 경우에 자신에게 최대한 이익이 돌아오는 선택을 하거나, 또는 적어도 다른 누군가가 대신 해준 선택보다는 나은 선택을 한다는 가정이다. 이는 명백히 잘못된 가정이다. 곰곰이 생각해보면 그 가정이 잘못되었다는 것을 누구나 알 수 있다.

체스 초보자가 노련한 플레이어를 상대로 게임을 하려고 마음먹었다고 생각해보자. 이 경우 누구라도 초보자의 패배를 예상할 수 있다. 이는 그가 자신에게 불리한 선택을 했기 때문이며, 이 경우 누군가 유용한 조언이나 귀띔을 주면 그는 보다 나은 선택을 내릴 수도 있다. 많은 영역에서 일반적인 소비자들은 초보자이며, 그들은 자신에게 무언가를 팔려고 안달하는 노련한 전문가들에게 둘러싸여 있다. 보다 일반적으로 말해서, '사람들이 얼마나 현명한 선택을 하는가'는 경험적인 문제로서 그에 대한 대답은 분야나 영역마다 매우 다양할 가능성이 높다. 사람들은 다양한 경험, 충분한 정보, 즉각적인 피드백이 제공되는 경우에 현명한 선택을 내릴 수 있다. 예를 들면 여러 가지 맛의 아이스크림 중에서 하나를 선택하는 경우처럼 말이다. 사람들은 자신이 초콜릿, 바닐라, 커피, 감초 맛 등 여러 가지 맛 중에서 어떤 것을 좋아하는지 잘 안다. 하지만 경험이 부족하거나, 정보가 충분하지 않거나, 피드백이 느리거나 별로 없는 경우에는 잘못된 선택을 할 가능성이 높다. 예를 들어, 과일과 아이스크림 둘 중 하나를 선택해야 하거나(이 경우 장기적인 결과가 늦게 나타나고 전자에 비하면 피드백도 충분하지 않다), 여러 치료법 가운데 하나를 선택하거나, 투자 옵션을 선택해야 하는 상황처럼 말이다. 만일 당신에게 특징과 내용이 각기 다른 오십 가지의 처방약 플랜이 제시된다면, 다른 누군가의 도움이나 조언을 받음으로써 보다 나은 선택을 할 수 있을 것이다. 사람들이 완벽한 선택을 할 수 없는 존재인 한, 선택 설계에 약간만 변화를 주어도 그들의 삶을 더 나은 방향으로 변화시킬 수 있다(정부관리가 아니라 그들 자신의 선택에 따라서 말이다). 앞으로 살펴보겠지만, 사람들에게 유익을 제공하는 선택 설계를 만드는 것은 가능할 뿐 아니라 결코 어려운 일도 아니다.

널리 퍼져 있는 첫 번째 오해는, 사람들의 선택에 영향을 미치는 것을 피할 수 있다는 생각이다. 많은 경우, 조직이 내리는 결정이나 선택은 사람들의 행동에 영향을 미칠 수밖에 없다. 그런 상황에서 어떤 특정한 방향으로 넛지가 행해지는 것을 피하기는 불가능하며, 의도했든 의도하지 않았든 그러한 넛지는 사람들의 선택에 영향을 준다. 캐롤린의 구내식당 사례에서 보았듯이, 학생들의 선택은 선택 설계자가 구성한 배열 방식에 의해 커다란 영향을 받는다. 어떤 넛지들은 비의도적인 성격을 지닌다. 예컨대, 고용주는 어떠한 넛지도 발생시킬 의도 없이 직원들에게 봉급을 한 달에 한 번씩 지불하거나 2주에 한 번씩 지불하기로 결정할 수 있다. 하지만 그는 직원들이 2주에 한 번씩 봉급을 받는 경우에 저축을 더 많이 한다는 사실을 알고 놀라게 될 것이다(결과적으로 1년에 두 번은 한 달에 세 번 봉급을 받는 셈이 되기 때문이다). 또한 민간이나 공공 영역의 기관들은 이런저런 형태로 중립을 추구하려고 노력할 수도 있다. 예를 들어, 무작위로 선택을 하거나 대부분의 사람들이 원하는 바를 파악하려고 애쓰면서 말이다. 하지만 비의도적인 넛지 역시 커다란 영향력을 가질 수 있기 때문에 일부 상황에서는 그러한 형태의 중립이 그다지 바람직하지 못하다. 본문에서 이와 관련된 여러 사례를 살펴볼 것이다.

어떤 이들은 민간 영역에서 그러한 비의도적인 넛지가 힘을 발휘할 수 있다는 주장은 기꺼이 받아들이면서도, 정부가 국민들의 삶을 향상시키려는 목표를 갖고 국민의 선택에 영향을 미치려고 시도하는 것에는 완강히 반대한다. 그들은 정부가 현명하고 자비롭게 행동하리라 기대할 수 없는 존재라고 생각한다. 또한 그들은 공무원과 관료들이 자신의 이익만을 우선시하거나 이익단체들의 목표에만 집중할 것을 두려워한다. 우리 역시 그러한 우려에 공감한다. 특히 정부가 실수를 저지르거나 공평하지 않고 편향되거나 너무 과도한 힘을 행사할 위험이 존재하며 때로는 그러한 위험이 심각한 수준에 이른다는 점에 전적으로 동의한다. 부분적으로 바로 그러한 이유 때문에 우리는 명령, 강제적 요구, 금지보다 넛지를 선호하는 것이다. 하지만 구내식당(이 역시 정부에서 운영하는 경우가 많다) 못지않게 정부 역시 어떠한 형태든 출발점을 제시해야 하며 이는 불가피한 일이다. 실제로 그들은 법과 규칙을 만듦으로써 항상 모종의 출발점을 제시하고 있으며, 이는 필연적으로 사람들의 일부 선택과 결과에 영향을 미친다. 이러한 측면에서 볼 때 넛지를 반대하는 입장은 결코 도움이 되지 않으며 유용한 성과를 내기도 힘들다.

두 번째 오해는 개입주의에는 항상 강요가 수반된다는 생각이다. 앞의 구내식당 사례의 경우, 음식 배열순서 방식을 선택하는 것이 누군가에게 특정 식단을 강요하는 것은 아니다. 하지만 캐롤린은(또 그 위치에 있는 누구라도) 우리가 의미하는 바의 개입주의적인 방식으로 음식을 배열하는 쪽을 택할 것이다. 아이들이 단 과자를 적게 먹고 사과를 더 많이 먹는 결과를 가져온다면, 학교 구내식당에서 과일과 샐러드를 디저트보다 눈에 잘 띄는 위치에 놓는 것에 반대할 사람이 있을까? 이는 음식을 먹는 이들이 중고등학생이나 어른이라면 해당되지 않는 질문일까? 일부 유형의 개입주의는 강요를 수반하지 않으므로, 선택의 자유를 강력하게 주장하는 사람들이라 할지라도 그것을 받아들일 수 있다고 우리는 생각한다.

저축 · 장기기증 · 결혼 · 의료보험 등 다양한 영역에서, 우리는 지금까지 소개한 접근법을 토대로 구체적인 제안을 할 것이다. 또한 우리는 선택을 제한하지 않음으로써 부적절하고 잘못된 설계의 위험을 줄일 수 있다고 생각한다. 선택의 자유는 잘못된 선택 설계에 대한 최선의 안전장치다.

디폴드값에 따라 판이하게 달라지는 운명

선택 설계자는 사용자 우호적인(user-friendly) 환경을 조성함으로써 사람들의 삶을 크게 향상시킬 수 있다. 바로 그 이유 때문에 많은 기업들이 사람들에게 유익을 제공하거나 시장에서 성공을 거뒀다. 때로는 선택 설계가 매우 가시성이 높아서 소비자나 고용주들이 그로 인해 큰 유익을 얻는다. 〔아이팟(iPod)과 아이폰(iPhone)이 좋은 예다. 그것들은 우아한 스타일을 지녔을 뿐 아니라 사용자들이 원하는 방향으로 이용하기가 쉽다.〕 또 어떤 선택 설계들은 일상생활 속에서 당연하게 여겨지는 측면이라서 세심한 주의를 기울여야만 그것을 통해 유익을 얻을 수 있다.

우리의 고용주인 시카고 대학을 예로 들어보겠다. 여타의 많은 대형 기관이나 단체와 마찬가지로 시카고 대학에도 매년 11월에 '자유 등록기간'이 있다. 이 기간 동안 교내 직원들은 의료보험이나 은퇴연금 같은 복리후생과 관련하여 자신이 택했던 조건을 수정할 수 있다. 그러한 수정을 온라인상에서 해야 한다(개인적으로 인터넷에 접속하기 힘든 직원들을 위해 공용 컴퓨터도 마련되어 있다). 직원들은 그들에게 주어진 선택안들과 인터넷에 접속하여 등록하는 방법에 대한 설명이 담긴 자료를 우편으로 미리 받는다. 아울러 등록기간을 잊지 않도록 하기 위해 직원들에게 우편 및 이메일 안내문도 발송된다.

직원들도 인간이기 때문에 일부는 태만해서 또는 바빠서 등록을 하지 않는다. 따라서 그처럼 바쁘거나 깜빡 잊는 직원들을 위해 어떠한 디폴트 옵션을 지정해두느냐가 매우 중요한 문제가 된다. 예를 들어, 디폴트 옵션으로 두 가지 방법을 가정해볼 수 있다. 등록을 하지 않은 사람은 전년도에 그가 선택한 조건을 그대로 적용하거나, 또는 선택 조건을 '제로' 상태로 환원시키는 것이다. 가령 재닛이란 직원이 작년에 은퇴연금에 1천 달러를 '기여(적립의 의미)'했다고 치자. 만일 재닛이 올해에 새로 선택을 하지 않으면, 그대로 천 달러 조건을 유지하거나 아니면 기여할 금액을 '제로'로 환원시키는 것이다(이 경우 해당 연도에는 은퇴연금을 적립하지 않겠다는 의사를 반영하는 셈이다). 이를 각각 '현상유지' 옵션과 '제로' 옵션이라고 부르자. 선택 설계자는 두 가지 디폴트 옵션 앞에서 어떤 결정을 내려야 할까?

자유주의적 개입주의자라면 재닛 정도의 직위에 있는 사려 깊은 직원들이 실제로 무엇을 원하는지 파악한 뒤에 디폴트 옵션을 결정할 것이다. 그렇다고 해서 항상 명확하게 파악할 수 있는 것은 아니지만, 디폴트 옵션을 임의로 선택하는 것보다 분명히 더 나으며, 무조건 '현상유지' 옵션이나 '제로' 옵션 둘 중 하나가 디폴트 옵션이 되게끔 하는 것보다도 더 낫다. 예를 들어, 대부분의 직원들은 (은퇴연금 적립은 거를지 몰라도) 의료비의 상당 부분을 지원받을 수 있는 의료보험을 거르고 싶어 하지는 않을 것이 분명하다. 따라서 의료보험의 경우, 직원들은 제로 옵션(의료보험 혜택 없이 생활해야 한다)보다 현상유지 옵션(전년도와 동일한 조건 유지)을 훨씬 선호할 것이다.

이를 '유동성 지출계좌(flexible spending account)'와 비교해보자. 이는 직원이 매달 봉급에서 일정액을 정해 따로 넣어두었다가 특정한 지출(보험혜택을 받지 못하는 의료비, 자녀 보육비 등)을 위해 사용할 수 있는 계좌다. 이 계좌에 들어간 금액은 (세금 혜택을 받는 대신에) 일정 기간 내에 사용하지 않으면 소멸된다. 그런데 해마다 예상 지출액이 크게 차이가 날 수 있다(예를 들어, 아이가 학교에 들어가고 나면 보육비가 줄어든다). 따라서 이 경우에는 현상유지 옵션보다 제로 옵션이 더 나은 선택일 것이다.

이러한 문제는 단지 이론적인 것이 아니다. 우리는 시카고 대학의 고위 행정직원 세 명과 유사한 문제들을 논의하기 위해 미팅을 한 적이 있다. 마침 그날은 직원들의 '자유 등록기간' 마지막 날이었다. 우리는 등록기간 마지막날임을 언급하면서 그들에게 잊지 않고 등록을 했느냐고 물었다. 한 명은 그날 오후 늦게 하려고 생각중이었다며 다시 한 번 상기시켜준 것을 고마워했다. 두 번째 사람은 까맣게 잊고 있었다고 답했고, 세 번째 사람은 아내가 잊지 않고 자기 대신 등록했을 거라고 말했다! 이후 그들은 추가 급여차감 프로그램(salary reduction plan: 일종의 세금절감 저축 프로그램으로서 봉급의 일정액을 적립하여 증권이나 채권에 투자하며 소멸성이 아니다-옮긴이)에 대한 디폴트 옵션을 무엇으로 설정하느냐 하는 문제를 논의하기 시작했다. 그 전까지는 제로 옵션이 디폴트였다. 하지만 제로 옵션으로 하는 경우 해당 프로그램에 대한 금액 납입이 의도치 않게 중단될 수 있으므로, 그들은 전년도와 동일한 조건으로 하는 현상유지 옵션으로 바꾸는 것이 더 낫다는 데 전원 합의했다. 필경 앞으로는 깜박하고 등록을 잊은 많은 교수들도 안락한 은퇴생활을 영위할 수 있을 것이다.

위의 사례는 훌륭한 선택 설계의 기본적인 원칙 일부를 보여준다. 선택을 하는 이는 인간들이다. 따라서 선택 설계자는 가급적 그들의 삶에 이로움이 더해지는 방안을 강구하기 위해 신경 써야 한다. 선택하는 이들이 잊지 않도록 상기시켜주고, 당신의(그리고 그들의) 노력에도 불구하고 선택을 잊어버리는 이들에게 부과되는 비용을 최소화하도록 노력해야 한다. 앞으로 살펴보겠지만, 이러한 원칙은(그리고 그 밖의 여러 원칙들은) 민간과 공공 영역 모두에 적용할 수 있다. 그리고 지금 현재의 상황보다 훨씬 나은 쪽으로 개선될 수 있는 여지가 충분히 존재한다.

제1부

Nudge 인간과 이콘

우리는 천재인 동시에 바보다

인간의 뇌는 다소 복잡하게 작용한다. 우리가 일부 과업들은 적절하게 수행하는 반면, 다른 과업들에 대해서는 무지한 이유는 무엇인가? 베토벤(Beethoven)은 청각을 잃고도 놀랍도록 훌륭한 교향곡 9번을 작곡했다. 그러나 그가 종종 집 열쇠를 어디에 두었는지 잊어버렸다고 해도 그리 놀라는 사람은 없을 것이다. 어떻게 한 사람이 그토록 똑똑한 동시에 그토록 멍청할 수 있는가?

1
인간이 체계적으로 틀리는 방식

다음 두 개의 테이블을 보라.

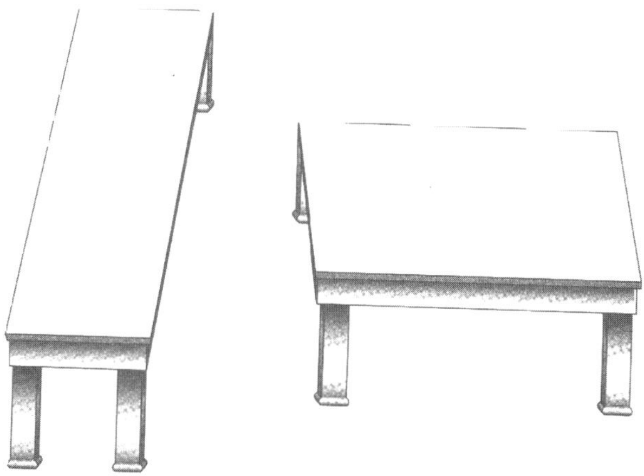

그림 1.1 두 테이블의 상단[셰퍼드(1990)의 저술에서 발췌]

당신이 이 두 개의 테이블 가운데 거실에 놓을 커피테이블로 더 적합한 것을 고르고 있다고 가정해보자. 두 테이블의 규격은 어느 정도인가? 각 테이블의 너비와 길이의 비율을 추정해보라. 눈짐작만으로 말이다.

보통 왼쪽 테이블이 오른쪽 테이블보다 훨씬 더 길고 좁다고 생각할 것이다. 대부분의 사람들은 각 테이블의 길이와 너비의 비율이 왼쪽은 3:1, 오른쪽은 1.5:1이라고 생각한다. 이제 자를 꺼내어 각 테이블을 재보라. 두 테이블이 동일한 크기라는 사실을 알게 될 것이다. 보이는 대로 믿을 수 없는 상황이니, 믿을 수 있을 때까지 측정해보기 바란다. [선스타인(Sunstein) 역시 탈러(Thaler)가 단골 식당에서 점심을 먹으며 이 그림을 보여줬을 때 젓가락을 들고 직접 재보았다.]

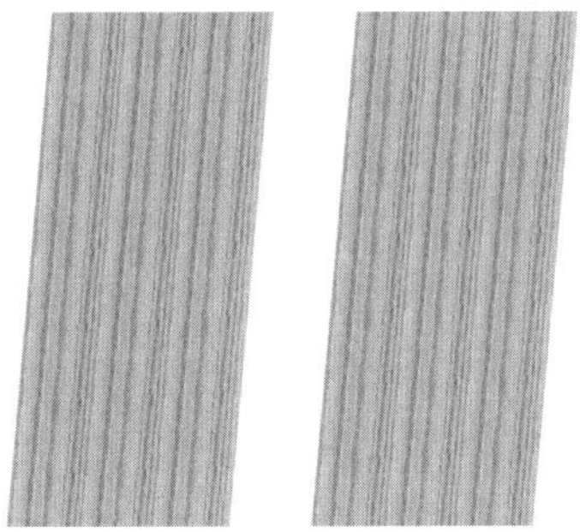

그림 1.2 **두 테이블의 상단** [셰퍼드(1990)의 저술에서 발췌]

여기에서 우리는 어떤 결론을 내려야 하는가? 만약 당신이, 왼쪽 테이블이 오른쪽 테이블보다 더 길고 가늘다고 생각했다면, 당신은 분명히 인간이다. 당신에게는 아무런 문제가 없다(적어도 이 테스트로 감지할 수 있는 문제는 없다). 그렇다고는 해도 이 테스트에서 당신의 판단력은 편향되어 있으며, 그렇다고 예측할 수 있다. 오른쪽 테이블이 더 좁다고 생각하는 사람은 아무도 없을 것이다. 당신만 틀린 것이 아니라는 얘기다. 당신은 필경 당신의 생각이 옳다고 확신했을 것이다. 원한다면 당신과 똑같이 인간이며 술집 등에서 돈을 걸고 내기할 가능성이 높은 사람을 만났을 때 이 그림을 써먹어도 좋다.

이제 그림 1.2를 보자. 두 개의 모양이 똑같은가, 다른가? 역시 당신이 인간이며 어느 정도의 시력을 갖고 있다면 필경 둘 다 똑같은 모양이라고 생각할 것이다. 사실, 이 둘은 똑같은 모양이다. 그러나 이것은 그림 1.1의 두 테이블에서 다리를 떼어내고 방향을 돌려놓은 테이블 상단일 뿐이다. 그림 1.1에서는 다리와 방향 모두가 두 테이블이 다르다는 착각을 불러일으킨다. 따라서 이처럼 주위를 분산시키는 요소들을 모두 제거하면 시각체계는 놀랍도록 정확한 평소의 상태로 회복된다.[1]

이 두 가지 그림은 행동주의 경제학자들이 심리학자들로부터 차용해온 핵심 통찰력을 보여준다. 보통, 인간의 마인드는 놀라울 정도로 적절하게 기능을 수행한다. 우리는 여러 해 동안 못 본 사람들을 알아볼 수 있고 모국어의 복잡성을 이해할 수 있으며, 층 사이에 있는 일련의 계단들을 넘어지지 않고 뛰어 내려갈 수도 있다. 또, 12개국 언어를 하거나 최신 컴퓨터의 기능을 향상시키거나 상대성 이론을 창출하는 사람들도 있다. 심지어는 이러한 능력을 두 가지 이상 갖춘 사람도 있다. 그러나 아무리 아인슈타인(Einstein)이라고 해도 필경 이 테이블 그림에는 우리처럼 속았을 것이다. 이것은 우리가 인간으로서 문제를 가졌다는 의미가 아니라, 사람들이 체계적으로 틀리는 방식을 통찰함으

---

1 이 테이블을 그릴 때 사용된 한 가지 속임수는 세로선이 가로선보다 길어 보이는 속성이다. 세인트루이스의 게이트웨이 아치(Gateway Arch)도 높이와 폭이 실제로 동일하지만 같은 이유 때문에 높이가 폭보다 더 길어 보인다.

로써 인간의 행동에 대한 이해를 향상시킬 수 있다는 의미로 해석할 수 있다.

그러한 이해를 얻기 위해 우리는 인간의 사고방식이 지닌 몇 가지 측면들을 탐구할 필요가 있다. 심리학자이자 예술가인 로저 셰퍼드(Roger Shepard)는 시각체계에 대해 어느 정도 파악함으로써 착각을 유발하는 두 테이블 그림을 그릴 수 있었다. 그는 우리의 마인드를 산란시키는 것이 무엇인지 알고 있었다. 인지체계를 어느 정도 파악함으로써 셰퍼드는 다른 이들까지 우리의 사고방식에 존재하는 체계적인 편견을 발견할 수 있도록 도왔다.

자동 시스템 vs. 숙고 시스템

인간의 뇌는 다소 복잡하게 작용한다. 우리가 일부 과업들은 적절하게 수행하는 반면, 다른 과업들에 대해서는 무지한 이유는 무엇인가? 베토벤(Beethoven)은 청각을 잃고도 놀랍도록 훌륭한 교향곡 9번을 작곡했다. 그러나 그가 종종 집 열쇠를 어디에 두었는지 잊어버렸다고 해도 그리 놀라는 사람은 없을 것이다. 어떻게 한 사람이 그토록 똑똑한 동시에 그토록 멍청할 수 있는가? 수많은 심리학자들과 신경과학자들은 우리에게 이렇게 모순처럼 보이는 것들을 이해시키기 위해 뇌 기능의 해석에 주력해왔다. 그 한 가지 접근방식은 두 가지 유형의 사고방식, 즉 직관적이며 자동적인 사고방식과 합리적이고 심원한 사고방식을 구분하는 것이다.(1) 여기서는 전자를 '자동 시스템(Automatic System)', 후자를 '숙고 시스템(Reflective System)'이라 부르겠다(심리학 관련 서적에서는 이 두 가지 시스템을 시스템 1과 시스템 2라고 부르기도 한다).

표 1.1은 각 시스템의 핵심 특징을 정리한 것이다.

자동 시스템은 신속하고 직관적이며, 혹은 직관적이라고 느껴지며, 주로 '사고(思考)'라는 단어가 연상시키는 것들을 수반하지 않는다. 야구공이 갑자기 날아올 때 몸을 피하는 행위나 비행기를 타고 가다가 난기류를 만났을 때 초조해하는 행위 또는 귀여운 강아지를 보고 미소를 짓는 행위 등은 자동 시스템을 통해 이뤄진다. 두뇌학자들은 자동 시스템의 활동이 두뇌에서 가장 오래된 부분으로서 인간과 파충류들(그리고 개들)이 모두 동일하게 갖고 있는 부분과도 연관된다고 말한다.(2)

숙고 시스템은 보다 신중하고 의식적이다. 우리는 '411 곱하기 37은 얼마인가?' 등의 문제를 풀 때 숙고 시스템을 사용한다. 또한 대부분의 사람들은 여행 경로를 결정할 때나 로스쿨과 경영대학원 중에서 진로를 결정할 때에도 숙고 시스템을 사용할 가능성이 높다. 우리도 이 책을 쓰면서 (주로) 숙고 시스템을 사용하지만, 이따금씩 샤워를 하거나 산책을 하는 등 책에 대해 전혀 생각하지 않을 때 아이디어들이 문득 떠오르기도 하는데, 그것들은 필경 자동 시스템의 산물일 것이다

표 1.1 두 가지 인식체계

자동 시스템	숙고 시스템
통제할 수 없다.	통제할 수 있다.
노력이 필요 없다.	노력이 요구된다.
결합적이다.	연역적이다.
신속하다.	느리다.
무의식적이다.	의식적이다.
능란하다.	규칙을 따른다.

(그건 그렇고, 유권자들은 주로 자동 시스템에 의존하는 듯 보인다.(3) 따라서 첫인상이 안 좋은 후보나 복잡한 논증과 통계자료로 표를 얻으려 하는 후보는 어려움에 봉착할 수밖에 없다).[2]

대부분의 미국인들은 온도를 화씨로 표현할 때에는 자동 시스템을 사용하지만 섭씨로 표현할 때에는 숙고 시스템을 사용해야 한다. 유럽인들의 경우에는 그와 반대다. 또한, 사람들은 모국어를 말할 때에는 자동 시스템을 사용하지만 다른 언어를 말할 때에는 숙고 시스템을 사용하며 고군분투하는 경향이 있다. 진정한 '바이링궐(bilingual: 2개 국어를 능통하게 구사하는 사람)'은 두 개의 언어를 모두 자동 시스템을 사용하여 말하는 사람이다. 뛰어난 체스 선수들과 프로 운동선수들은 매우 탁월한 직관을 갖고 있다. 그들은 자동 시스템을 사용하여 복잡한 상황을 신속하게 파악한 다음, 놀랍도록 정확하고 빠르게 반응한다.

이 모든 것을 간단하게 생각하는 한 가지 방법은, 자동 시스템은 직감에 의한 반응으로, 숙고 시스템은 의식적인 사고로 보는 것이다. 직감은 다소 정확할 수 있지만, 우리는 종종 자동 시스템에 과도하게 의존해서 실수를 저지르기도 한다. 자동 시스템이 '비행기가 흔들리고 있어. 난 죽을 거야'라고 말할 때, 숙고 시스템은 '비행기는 아주 안전해'라고 반박한다. 자동 시스템이 '저렇게 큰 개라면 나를 물 거야'라고 말할 때, 숙고 시스템은 '대부분의 애완견들은 아주 사랑스럽지'라고 말한다(두 가지 경우 모두에서 자동 시스템은 늘 불평만 늘어놓는다). 자동 시

2 사람들에게 후보자들의 사진을 보여주고 유력해 보이는 사람을 골라보라고 요청하는 방법만으로 선거결과를 놀라우리만치 정확하게 예측할 수 있다. 후보자들에 대해 잘 모르는 학생들에게 이 같은 요청을 한 결과, 2/3의 비율로 선거의 승자를 맞힌 것으로 나타났다.[토데로프(Toderov)(2005) 외, 벤저민(Benjamin)과 샤피로(Shapiro)(2007)]

스템은 또한 골프나 테니스를 칠 때에도 아무 생각 없이 튀어나온다. 그러나 뛰어난 골프 선수들이 숙고의 과정을 거치지 않고 자동 시스템에 의존할 수 있게 된 것은 수많은 연습을 거쳤기 때문이다. 다른 운동 선수들과 마찬가지로, 훌륭한 골프 선수들은 자동 시스템에 수없이 의존해온 탓에 오히려 '너무 많은 생각'이 독이 될 수 있으며, 따라서 '직감을 믿거나 그저 밀고 나가는' 편이 더 낫다는 사실을 잘 안다.

자동 시스템은 수많은 반복을 통해 훈련될 수 있다. 그러나 그러한 훈련에는 많은 시간과 노력이 요구된다. 십대들의 운전에 많은 위험이 따르는 한 가지 이유는 자동 시스템을 충분히 연습시키지 않은데다 숙고 시스템을 사용하는 속도가 너무 느리기 때문이다.

다음에 제시하는 간단한 테스트를 통해 직관적인 사고의 작용방식을 살펴보자. 먼저 각각의 질문을 읽고 머릿속에 가장 먼저 떠오르는 답을 적으라. 그런 다음 잠시 멈추고 다시 한 번 숙고해보라.

1 야구방망이와 야구공을 합친 가격은 1달러 10센트이다. 방망이의 가격이 야구공의 가격보다 1달러 더 비싸다. 그렇다면 야구공의 가격은 얼마인가? ___ 센트

2 5대의 기계로 5개의 장치를 만드는 데에는 5분이 걸린다. 그렇다면 100대의 기계로 100개의 장치를 만드는 데 걸리는 시간은 몇 분인가? ___ 분

3 어느 호수에 커다란 수련 잎들이 떠 있다. 매일 이 수련 잎들이 차지하는 너비는 두 배로 늘어난다. 수련 잎들이 전체 호수를 덮는 데 48일이 걸린다면 호수의 절반을 덮는 데에는 얼마나 걸리겠는가? ___일

어떤 답들이 떠올랐는가? 대부분의 사람들은 각각의 질문에 대해 10센트, 100분, 24일이라고 답했을 것이다. 그러나 모두 틀렸다. 1분만 생각해보면 그 이유를 알게 될 것이다. 야구공이 10센트이고 방망이가 그보다 1달러 더 비싸다면, 즉 1달러 10센트라면 합계는 1달러 20센트이지 1달러 10센트가 아니다. 처음에 떠오른 10센트라는 답이 옳은지 다시 한 번 확인했다면 그렇게 답하지는 않았을 것이다. 그러나 셰인 프레더릭(Shane Frederick)(2005)(그는 이러한 일련의 질문을 인지 반응 테스트라고 부른다)이 수행한 조사 결과, 영리한 대학생들 사이에서도 이 같은 답이 가장 많이 나왔다.

정답은 5센트, 5분, 47일이다. 그러나 당신도 알았을 것이다. 적어도 잠시만 생각해봤어도 당신의 숙고 시스템은 정답을 알아낼 수 있었을 것이다. 이콘은 중요한 결정을 내릴 때 (시간만 있다면) 반드시 숙고 시스템을 사용하여 점검한다. 그러나 인간들은 이따금씩 생각해보지도 않고 자신의 내부에 있는 파충류가 제공하는 답을 따른다. TV 프로를 좋아한다면, '스타트랙(Star Trek)'에서 숙고 시스템으로 늘 통제력을 발휘하는 미스터 스포크(Mr. Spoke)를 생각해보라(커크 선장: "미스터 스포크, 당신이라면 정말 끝내주는 컴퓨터를 만들 텐데." 미스터 스포크: "그렇게 말씀해주시다니 정말 친절하시군요, 선장님!"). 반면, 호머 심슨[Homer Simpson: 미국의 인기 만화영화 '심슨가족(The Simpsons)'의 엽기 가장-옮긴이]은 자신의 숙고 시스템을 어디에 두었는지조차 잊은 듯 보인다(총기 규제에 대한 언급이 나왔을 때, 호머는 총기를 사려면 의무적으로 5일 동안 기다려야 한다고 알려주는 총기상 점원에게 이렇게 대꾸했다. "5일? 하지만 난 지금 미칠 지경이라구!").

이 책의 주요 목표 한 가지는 우리들 가운데 섞여 있는 호머에게 (그리고 우리 안에 숨어 있는 호머에게) 세상을 보다 편한 곳 혹은 보다 안전한 곳으로 바꾸는 방법을 제시하는 것이다. 자동 시스템에 의존하면서도 어려움을 겪지 않을 수 있다면 사람들은 더 편하고 더 나은 삶을 더 오랫동안 영위할 수 있다.

어림 감정: 안젤리나 졸리가 몇 살이었더라?

우리들 대부분은 바쁘고 복잡한 생활을 하고 있기 때문에 모든 시간을 쏟아 부어 모든 것을 일일이 생각하고 분석할 수가 없다. 따라서 우리는 판단을 해야 할 때, 일테면 안젤리나 졸리(Angelina Jolie)가 몇 살인지 또는 클리블랜드에서 필라델피아까지의 거리가 얼마나 되는지 추측할 때, 그저 어림 감정을 사용한다. 대개는 어림 감정이 빠르고 유용하기 때문이다.

실제로 톰 파커(Tom Parker)가 펴낸 '어림 감정(Rules of Thumb)'이라는 제목의 모음집도 있을 정도다. 파커는 친구들에게 좋은 어림 감정 사례들을 보내달라고 요청하여 이 책을 엮었다. 예를 들면, '타조 알 하나는 24인분의 브런치가 된다.' '보통 크기의 방에 사람 10명이 들어가면 방의 온도가 시간당 1도씩 올라간다.' 등이다. 그리고 뒤에서 다시 한 번 언급하게 될, 다음과 같은 어림 감정도 있다. '대학 디너파티에 경제학과 손님이 25% 이상 참석하면 대화를 망칠 수 있다.'

어림 감정 또는 경험 법칙은 매우 유용할 수 있지만, 한편으로는 체계적인 편견으로 이어질 수 있다. 이러한 통찰력은 몇십 년 전 이스라엘의 두 심리학자 아모스 트버스키(Amos Tversky)와 대니얼 카너만(Daniel Kahneman)(1974)이 발전시킨 것으로, 심리학자들이 (그리고 결국에는 경제학자들까지) 사고에 대해 생각하는 방식을 바꾸어놓았다. 그들은 독창적인 연구를 통해 세 가지 발견법(heuristics) 또는 어림 감정, 즉 기준선 설정(Anchoring) 발견법과 입수가능성(availability) 발견법, 대표성(representativeness) 발견법을 규명하고, 각각의 발견법과 관련된 편향들을 밝혀냈다. 그들의 연구 프로그램은 '발견법 및 편향' 접근법을 활용한 인간의 판단력 연구로 알려졌다. 이후, 좀 더 최근의 심리학자들은 이러한 어림 감정과 편향들이 자동 시스템과 숙고 시스템 간의 상호작용에 기인한다는 점을 밝혀냈다. 그 작동 원리를 살펴보자.

기준선 설정

우리가 밀워키의 인구를 추정해야 한다고 가정해보자. 우리는 시카고에서 북쪽으로 약 두 시간 거리에 있는 밀워키에 살고 있다. 밀워키에 관해 많이 아는 사람은 없지만 우리는 밀워키가 위스콘신에서 가장 큰 도시라고 생각한다. 어떻게 추정해야 하는가? 한 가지 방법은 우리가 알고 있는 것, 이를테면 시카고의 인구가 약 3백만 명이라는 데서 출발하는 것이다. 밀워키는 대도시이지만 시카고만큼 크지 않은 것은 분명하다. 그렇다면 밀워키의 인구는 시카고의 1/3 즉 백만 명 정도일 수 있다. 이제 위스콘신 그린베이 출신의 사람이 밀워키의 인구를 추정한다고 가정해보자. 그녀 역시 정답은 알지 못한다. 그러나 그린베이의 인구가 약 10만 명이라는 사실과 밀워키가 그린베이보다 크다는 사실을 알고 있다. 그리하여 밀워키가 그린베이의 세 배 정도라고 생각하고 밀워키의 인구를 30만 명으로 추정한다.

이러한 과정을 '기준선 설정 및 조정'이라고 부른다. 각자 자신이 알고 있는 수치로 모종의 기준선을 설정하여 적절하다고 생각하는 방향으로 조정하는 것을 의미한다. 여기까지는 그럭저럭 괜찮다. 편향은 주로 조정이 충분히 이뤄지지 않았을 때 일어난다. 우리가 제시한 예와 비슷한 문제들을 놓고 여러 차례 실험을 반복한 결과, 시카고 출신들은 (높은 기준선을 토대로) 높은 추정치를 제시한 반면, 그린베이 출신들은 (낮은 기준선을 토대로) 낮은 추정치를 제시했다. 어쨌든 밀워키의 인구는 약 58만 명이다.(4)

심지어는 의사 결정 프로세스에 명백히 부적절해 보이는 기준선들이 끼어들기도 한다. 직접 시험해보자. 당신의 전화번호 끝 세 자리에 200을 더하라. 그 숫자를 적어라. 자, 훈족의 아틸라(Attila) 왕이 유럽을 공략한 연도가 언제인가? 전화번호 끝 세 자리에 200을 더한 수치가 하나의 연도라고 가정했을 때, 그 이전인가, 이후인가? 최대한 추정했을 때 어떤 수치가 나왔는가? (힌트를 하나 주자면, 기원후이다) 설사 유럽 역사에 대해 많이 알지 못하는 사람이라도, 아틸라가 언제 무엇을 했든 그 날짜는 당신의 전화번호와 아무런 상관이 없다는 사실쯤은 잘 알 것이다. 그러나 우리 학생들을 대상으로 이 같은 실험을 수행했을 때, 낮은 기준선이 아닌 높은 기준선을 가진 학생들이 실제 정답보다 300년 이상 이후의 답을 내놓을 확률이 높았다(정답은 411년이다).

기준선은 당신의 삶에 대해 생각하는 방식에도 영향을 미칠 수 있다. 한 실험에서 대학생들에게 두 가지 질문이 주어졌다. a) 현재 얼마나 행복한가? b) 데이트를 얼마나 자주 하는가? 두 질문이 이 같은 순서로 제시됐을 때, 두 질문의 상관관계는 매우 낮았다(11%). 그러나 두 질문의 순서를 바꾸어 데이트 관련 질문을 먼저 제기하자 두 질문의 상관관계가 62%까지 크게 높아졌다. 데이트 관련 질문이 먼저 주어지면 학생들은 '데이트 관련 경험 법칙'을 사용하여 자신의 행복 지수를 판단하는 것으로 나타났다. "맙소사, 마지막 데이트를 언제 했는지 기억도 안 나는군. 정말 비참한 신세야." 이렇게 말이다. 데이트 질문을 성관계 질문으로 대체하면 부부들에게서도 비슷한 결과를 얻을 수 있다.(5)

이 책에서 말하는 '기준선'은 넛지의 기능을 한다. 우리는 당신의 사고 프로세스의 출발점을 아주 미묘하게 제시함으로써 특정한 상황에서 당신이 선택하는 수치에 영향을 미칠 수 있다. 자선단체들은 기부를 요청할 때 대개 100달러나 250달러 · 1,000달러 · 5,000달러 혹은 기타 등의 선택안들을 제시한다. 자신의 일에 대해 소신을 가진 기금 조달자라면 이러한 액수를 임의로 선택하지는 않았을 것이다. 선택안들은 사람들의 기부금 액수 결정 프로세스에 영향을 미치기 때문이다. 사람들은 선택안이 50달러 · 75달러 · 100달러 · 150달러로 제시됐을 때보다는 100달러 · 250달러 · 1,000달러 · 5,000달러로 제시됐을 때 더 많은 액수를 기부할 것이다.

많이 요구할수록 많이 받을 가능성이 높다는 증거는 다양한 분야에서 제시되고 있다. 담배회사들을 고소하는 변호사들은 종종 천문학적인 액수의 보상금을 받아내는데, 이것은 부분적으로 그들이 배심원들로 하여금 수백만 달러를 기준선으로 생각하도록 유도하는 데 성공했기 때문이다. 영리한 협상가들은 종종 처음에 아주 높은 가격을 제시한 다음 그 액수를 절반까지 깎아서 상대방을 전율하게 만듦으로써 놀라운 거래를 성사시킨다.

입수가능성

허리케인이나 핵전쟁, 테러, 광우병, 악어의 공격, 조류 독감 등을 얼마나 걱정해야 하는가? 그리고 각각의 경우와 관련된 리스크를 회피하는 데 얼마나 주의를 기울여야 하는가? 정확하게 말해서 일상생활에서 직면하게 되는 위험들을 예방하기 위해 무엇을 해야 하는가?

이런 종류의 질문에 답할 때, 대부분의 사람들은 이른바 '입수가능성 발견법'을 사용한다. 관련 사례들이 얼마나 쉽게 떠오르느냐를 토대로 각 리스크의 확률을 추정한다는 얘기다. 관련 사례가 쉽게 떠오를 경우, 그렇지 않을 때보다 훨씬 더 겁을 먹고 걱정할 것이다. 익숙한 리스크, 일테면 9·11테러의 여파 속에서 테러리즘을 연상시키는 등의 리스크는 비교적 생소한 리스크, 일테면 일광욕이나 유난히 온도가 높은 여름을 연상시키는 리스크보다 더 심각한 것으로 간주된다. 살인 관련 소식은 자살 소식보다 더 쉽게 접할 수 있다. 따라서 사람들은 자살로 죽는 사람보다 타살로 죽는 사람들이 더 많다고 믿는 경향이 있는데, 이는 잘못된 믿음이다.

접근성과 부각성도 입수가능성과 밀접하게 연관되며 또한 입수가능성만큼이나 중요하다. 심각한 지진을 직접 겪어본 사람들은 주간지에서 지진 관련 기사만을 접해본 사람보다 지진 발생 가능성이 높다고 믿기 쉽다. 이렇듯 쉽게 상상할 수 있는 생생한 죽음의 원인(일테면, 토네이도)은 종종 그 확률이 실제보다 훨씬 높게 추정되는 반면, 비교적 생생하지 않은 원인들(일테면, 천식 발작)은 그 빈도수가 훨씬 높은데도(약 20배) 발생 확률이 실제보다 더 낮게 평가된다. 마찬가지로, 최근에 일어난 사건들은 이전 사건들에 비해 우리의 행동이나 두려움에 더 큰 영향을 미친다. 이처럼 매우 쉽게 접할 수 있는 사례들의 경우, 우리의 자동 시스템은 따분한 통계표를 거들떠보지도 않은 채 리스크를 매우 민감하게(어쩌면 '너무' 민감하게) 인식한다.

입수가능성 발견법은 민간부문 및 공공부문의 예방조치 결정을 포함하여 수많은 리스크 관련 행동들을 설명해준다. 자연재해에 대비하여 보험에 들 것인지의 여부도 최근의 경험에 크게 좌우된다.(6) 지진이 한 번 일어나면, 그 여파로 지진 보험 상품에 가입하는 사람들이 크게 증가하지만, 생생한 기억이 흐릿해지면서 보험가입자의 수는 다시 꾸준히 감소한다. 상습 범람 지역에 사는 사람들도 최근에 홍수가 발생하지 않으면 보험에 가입하는 비율이 현저하게 줄어든다. 또한 아는 사람이 홍수를 겪은 사람의 경우, 실제로 자신이 홍수피해를 당할 확률이 어느 정도인지에 관계없이 홍수 보험에 가입할 가능성이 높다.

이처럼 편견에 치우친 리스크 평가는 각종 위기에 대비하고 대응하는 방식, 비즈니스 관련 선택들, 정치 프로세스 등에 잘못된 방향으로 영향을 미칠 수 있다. 인터넷 주식이 한창 상승세를 탈 때 사람들은 인터넷 주식을 사들이기 시작했지만, 그 무렵 그것은 이미 좋지 않은 투자로 전락한 상태였다. 혹은 사람들이 일부 리스크(핵사고)는 매우 높은 반면 다른 리스크(중풍)는 그리 높지 않다는 잘못된 생각을 갖고 있다고 가정해보자. 이처럼 잘못된 인식은 정책에 영향을 미칠 수 있다. 정부는 가장 가능성 높은 위험에 대처하기보다는 사람들의 두려움을 해소하는 쪽으로 자원을 할당할 가능성이 높기 때문이다.

'입수가능성 편향'이 작용할 때, 올바른 확률을 인식하는 방향으로 사람들의 판단에 넛지를 가할 수 있다면 개인의 결정과 공공부문의 결정이 모두 크게 개선될 것이다. 나쁜 결과에 대한 두려움을 가중시키고자 한다면 상황이 크게 잘못된 관련 사건을 환기시키는 것이 가장 좋은 방법이다. 그리고 사람들의 확신을 늘리고자 한다면 결국 모든 것이 최상의 상태로 돌아간 관련 상황을 환기시키는 것이 좋은 방법이 될 수 있다. 한 가지 커다란 문제는, 쉽게 기억할 수 있는 사건들은 확률에 대한 사람들의 가능성 판단을 부풀려놓으며, 그러한 사건이 전혀 떠오르지 않으면 그 확률이 터무니없이 낮게 평가된다는 사실이다.

대표성

세 가지 발견법 가운데 마지막 세 번째는 대표성이라는 까다로운 이름을 갖고 있다. 이것은 유사성 발견법(similarity heuristic)으로 생각해도 좋다. 기본 개념은, A가 범주 B에 속할 가능성을 판단하라는 요구를 받았을 때, 사람들은 (그리고 특히 그들의 자동 시스템은) A가 B의 이미지나 전형과 얼마나 유사한지 (즉, A가 B를 얼마나 '상징 혹은 대표하는지') 자문함으로써 그 답을 찾아낸다는 것이다. 앞에서 논한 두 가지 발견법과 마찬가지로, 이것 역시 종종 효과를 발휘한다는 이유로 다양한 경우에서 활용된다. 우리는 키가 2미터인 흑인이 키 1미터 68센티인 유대인보다 프로 농구선수일 가능성이 높다고 생각한다. 농구선수 가운데에는 키 큰 흑인들이 많으며 (적어도 요즘에는) 키 작은 유대인 농구선수가 많지 않기 때문이다. 이러한 고정관념이 옳을 때도 있다!

그러나 여기서도 마찬가지로, 유사성과 빈도의 구분에 편견이 끼어들 수 있다. 이러한 편견과 관련하여 린다라는 이름의 가상의 여자를 활용한, 가장 유명한 예를 한 가지 들어보겠다. 이 실험에서 피실험자들에게는 다음과 같은 전제가 주어졌다. "린다는 31세의 싱글 여성으로, 매우 총명하고 솔직하며, 철학을 전공했다. 학생 시절에 그녀는 인종차별과 사회정의 문제에 깊은 관심을 가졌으며 핵 반대 시위에 참여하기도 했다." 그런 다음, 린다의 미래에 대해 여덟 가지 보기를 제시하고 이후 린다가 어떤 일을 하고 있을지 가장 가능성이 높은 순서대로 나열하라고 요구했다. 두 가지 결정적인 대답은 '은행원'과 '여성인권운동에 적극적으로 참여하는 은행원'이었다. 대부분의 사람들은 린다가 그냥 은행원이 아니라 '여성인권운동에 적극적인' 은행원일 가능성이 높다고 답했다.

이것은 분명한 논리적 오류이다. 논리적으로 생각했을 때, 어떤 두 사건이 동시에 일어날 가능성이 그 중 하나의 사건만 일어날 가능성보다 높을 수는 없기 때문이다. 린다는 '여성인권운동에 적극적인 은행원'보다 그냥 '은행원'일 가능성이 더 높다. 여성운동에 적극적인 모든 은행원은 어쨌든 은행원이니까 말이다. 이러한 오류는 대표성 발견법에 기인한다. 린다에 대한 묘사를 감안하면, 그냥 은행원보다는 '여성인권운동에 적극적인' 은행원이 더 그럴듯해 보인다. 스티븐 제이 굴드(Stephen Jay Gould)는 이렇게 말했다. "나도 〔정답을〕 안다. 그러나 내 머릿속에서 난쟁이가 펄쩍펄쩍 뛰며 이렇게 외친다. '하지만 그냥 은행원일 리가 없어. 묘사를 잘 읽어보라고!'" 굴드가 말하는 '난쟁이(homunculus)'는 바로 활발하게 작동중인 자동 시스템을 의미한다.

대표성 발견법의 사용은 일상생활의 각종 양상에 대해 심각하게 잘못 인식하는 원인이 될 수 있다. 사건들이 일테면 연속해서 동전을 던질 때처럼 우연에 의해 결정될 때, 사람들은 그들이 무작위라고 생각하는 것을 동전의 앞면과 뒷면 등의 결과가 대표할 수 있을 거라 기대한다. 안타까운 일이지만, 사람들은 무작위의 결과가 어떠한지 정확하게 인식하지 못하고 있다. 무작위 프로세스의 결과를 보면서 사람들은 종종 특정 양상들이 대단한 의미를 갖고 있다고 생각하지만 실제로 그러한 양상은 단순히 확률에 기인하는 것이다. 동전을 세 번 던졌을 때 연속해서 앞면이 나오면 해당 동전에 재미있는 무언가가 있다고 결론

내릴지도 모른다. 그러나 사실, 어떤 동전이든 여러 번 던지면 연속해서 세 번 앞면이 나오는 일이 드물지 않게 일어난다(직접 시험해보면 알 수 있을 것이다. 선스타인도 이 단락을 쓴 다음, 시험 삼아 동전을 세 번 던져보았는데 모두 앞면이 나왔다. 그는 매우 놀랐지만, 사실 놀랄 이유는 없었다).

좀 더 작은 사례로, 코넬 대학의 심리학자 톰 길로비치(Tom Gilovich)(1991)는 2차 세계대전 당시 독일군의 폭격에 대해 런던 주민들이 보인 행동양상을 제시한다. 런던의 신문들은 그림 1.3에서처럼 런던 중앙에 떨어진 독일의 V-1, V-2 미사일 공격 지역을 표시한 지도를 발행했다. 보다시피, 미사일의 공격 양상은 전혀 무작위처럼 보이지 않는다. 템스 강 주변과 지도의 북서쪽 지역에 폭탄이 집중 투하된 것처럼 보이지 않는가? 당시 런던 주민들은 몹시 걱정스러워했다. 지

그림 1.3 V-1 로켓 투하를 표시한 런던 지도 [길로비치의 저술(1991)에서 발췌]

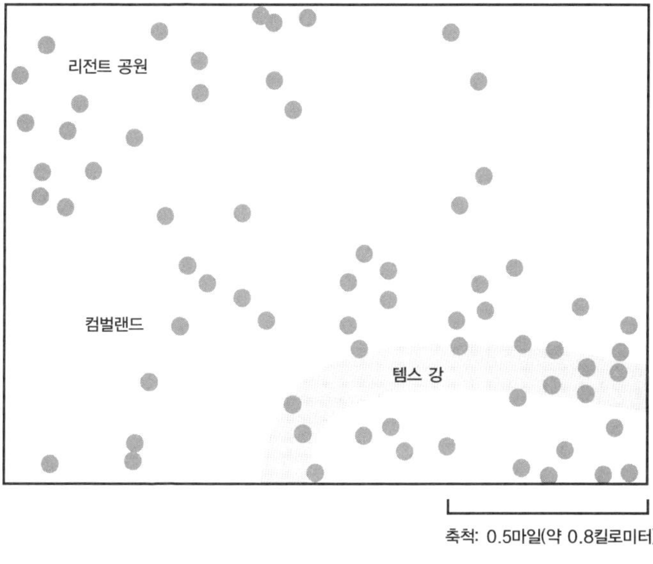

그림 1.4 수직선과 수평선(a) 및 대각선(b)으로 분할한 V-1 로켓 투하 지도, 각 칸의 밖에 적힌 숫자는 해당 칸에 찍힌 점의 개수를 나타낸다.

[길로비치의 저술(1991)에서 발췌]

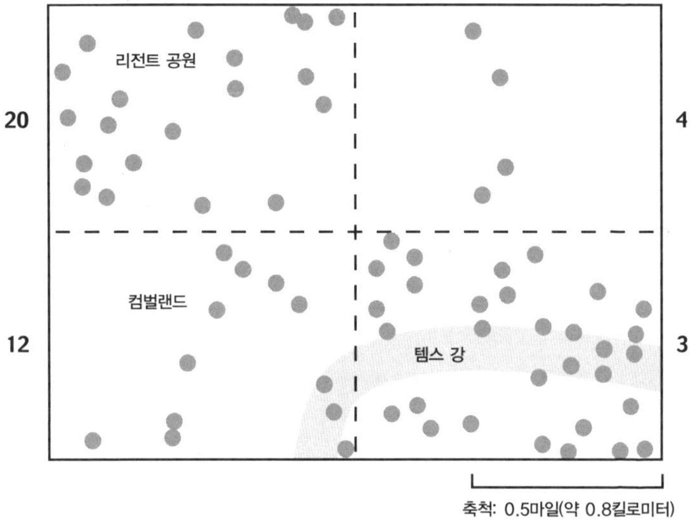

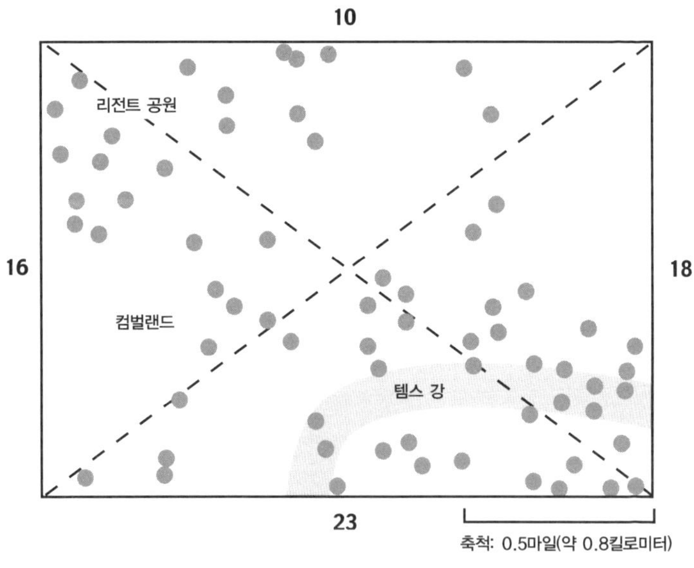

도의 양상을 감안할 때 독일군이 폭탄을 매우 정확하게 겨냥할 수 있다는 느낌이 들었기 때문이다. 일부 런던 시민들은 지도의 빈 공간은 분명히 독일 스파이들이 살고 있는 지역이라고 추정하기도 했다. 그러나 그들의 생각은 틀렸다. 사실 독일군은 그저 런던 중심부를 겨냥하고 최선의 결과가 나오기를 바랐을 뿐이다. 그 이상은 할 수 있는 일이 없었다. 통계를 활용하여 폭탄의 분포를 상세히 분석한 결과, 런던의 폭탄 투하는 실로 무작위였음이 드러났다.

그렇다고는 해도, 폭탄의 투하 지점은 무작위처럼 보이지 않는다. 대체 무슨 영문일까? 우리는 종종 증거를 본 후에 비공식적인 검증만을 수행하여 특정한 양상을 감지해내기 때문이다. 2차 대전의 예는 이러한 문제를 적절하게 입증하는 훌륭한 증거다. 지도를 그림 1.4a에서처럼 4등분해보자. 그런 다음 공식적인 통계 검증을 수행해보면 (통계를 좋아하지 않는다면 그저 각 칸에 표시된 점들을 세어보아라) 무작위적인 패턴이 아니라는 증거를 찾을 수 있다. 그러나 그렇다고 그것이 무작위임을 입증하는 올바른 검증 방식이라고 할 수도 없다. 이번에는 그림 1.4b에서처럼 대각선으로 4등분해보자. 이제는 폭탄이 무작위로 떨어졌다는 가설을 부인할 수 없을 것이다. 안타깝게도 우리는 우리의 인식력을 그처럼 정확한 검증 방식에 복종시키지 않는다.

길로비치는 또한 〔동료인 발로네(Vallone)와 트버스키와 함께〕 어쩌면 가장 유명하다고 (혹은 가장 악명 높다고) 할 수 있는, '무작위에 대한 잘못된 인지(misperception of randomness)'의 예를 제시했다. 농구팬들이 널리 보유하고 있는 관점, 즉 강력한 '연속 슛 성공' 패턴이 존재한다는 관점이 바로 그것이다. 이에 대해서는 상세히 다루지 않을 생각이다. 우리의 경험상, 인지적 착각(cognitive illusion)은 너무도 강력해서

(자동 시스템의 영향을 받는) 대부분의 사람들은 자신이 굳게 보유해온 믿음이 틀렸을지도 모른다고 생각하는 것조차 꺼려하기 때문이다. 따라서 여기서는 간단하게만 언급하고 넘어가겠다. 대부분의 농구 팬들은 어떤 선수가 지난 번 슛을 성공시켰다면, 심지어 연달아서 몇 번의 슛을 성공시켰다면 다음 슛도 성공시킬 가능성이 비교적 높다고 생각한다. 연달아서 두세 번의 슛을 성공시킨 선수들, 심지어는 최근에 대부분의 슛을 성공시킨 선수들은 '핫 핸드(hot hand)'를 가진 것으로 간주된다. 스포츠 아나운서들은 그것을 좋은 징조로 받아들인다. 그리고 '핫 핸드'를 가진 선수에게 패스하는 것은 분명히 좋은 전략으로 간주된다.

그러나 '핫 핸드'는 통념에 불과한 것으로 드러났다. 지난번에 두세 번의 슛을 성공시킨 선수라면 그 다음 슛까지 성공시킬 확률이 높을 리가 없다(오히려 좀 더 낮은 편이다). 실제로 그렇다.

사람들은 이러한 사실을 들으면 재빨리 '핫 핸드' 이론의 대체 버전을 만들기 시작한다. 어쩌면 수비 진영이 '핫 핸드' 선수를 좀 더 밀착 방어하는 쪽으로 조정을 가하기 때문이라거나 '핫 핸드' 선수가 상황 변화에 대응해 좀 더 어려운 슛을 시도하는 쪽으로 조정을 가하기 때문이라는 둥 말이다. 이러한 것들은 세밀한 조사를 요하는 관찰 사항들이다. 그러나 우리가 주목할 점은, 데이터를 보여주지 않은 채 일련의 슛을 성공시킨 선수가 그 다음 슛을 성공시킬 확률에 대해 팬들에게 질문하면, 그들은 자동적으로 '핫 핸드' 이론에 동의한다는 것이다. 그들은 어떤 수식어도 필요 없다고 생각한다. 심지어 수많은 연구자들조차 길로비치의 연구 결과가 틀렸다고 확신하며 '핫 핸드'를 찾아 나서기도 했다. 그러나 지금까지 아무도 찾아내지 못했다.(7)

제이 쾰러(Jay Koehler)와 캐린 콘레이(Caryn Conley)(2003)는 실제 NBA 올스타전에서 개최된 연례 3점슛 대회를 활용하여 특히 명확한 검증을 수행했다. 이 대회에서 선수들(리그에서 3점슛을 성공시킨 최고의 선수들)은 3점슛 라인 뒤에서 일련의 슛을 시도한다. 목표는 60초 안에 최대한 많은 슛을 성공시키는 것이다. 수비도 없고 다른 방식의 슛을 시도할 필요도 없다는 점에서 '핫 핸드'를 관찰하기에는 더 없이 이상적인 상황이다. 그러나 이 독창적인 연구에서도 연속하여 슛을 성공시킬 수 있다는 증거는 도출되지 않았다. 연속 득점이 나오지 않는데도 불구하고 아나운서들은 끊임없이 선수들의 갑작스런 온도 변화를 감지해내곤 했다. ["다나 바로스(Dana Baros)가 뜨겁게 달아올랐습니다!" "레글러(Legler)에게 불이 붙었군요!"] 그러나 이렇게 흥분해서 떠들어대는 아나운서들의 외침에는 예측 능력이 결여되어 있기 십상이다. 아나운서들이 '달아올랐다'고 떠들기 전에는 세 차례의 슛에서 80.5%의 성공률을 보인 선수들도 '핫 어쩌고 저쩌고' 얘기가 나온 후의 성공률은 55.2%에 불과했다. 해당 시합의 전체 성공률이 53.9%였다는 점을 감안할 때 그리 인상적인 수치는 아니다.

물론, 농구팬들이 텔레비전으로 경기를 보면서 이처럼 착각을 일으키는 것은 그리 큰 문제가 되지 않는다. 진짜 문제는 그와 동일한 인지 편향이 훨씬 더 중요한 분야들에서도 발생한다는 점이다. '암 다발 현상(cancer clusters)'을 생각해보자. 이것은 민간부문에든 공공부문에든 큰 혼란을 야기할 수 있다. 따라서 종종 오랜 조사를 통해 어떤 식으로도 설명이 되지 않는 갑작스런 폭발적 암 발생, 즉 암 다발 현상의 원인을 규명하려는 시도가 이뤄진다. 특정 지역에서 암 발병률이 급증하는 것으로 나타났다고 가정해보자. 일테면, 총 인구 500명 가운데 6개월 내에 암 선고를 받은 사람이 10명에 달한다고 가정하자. 그 10명은 모두 서로 인접한 3개 블록에 살고 있다. 실제로 미국의 관리들은 암 다발 현상이 의심된다는 보고를 매년 1천 건 이상씩 접수하고 있으며, 이렇게 접수된 보고에 대해 '전염' 가능성에 대한 추가 조사까지 수행하는 경우도 많다.(8)

문제는, 인구가 3억 명에 달하는 나라에서는 특정 연도에 특정 지역에서 암 발병률이 이례적으로 높아지는 일이 불가피하다는 것이다. 이렇게 따지면 암 다발 현상은 불규칙적인 요동(random fluctuation)의 산물인 셈이다. 그럼에도 사람들은 이러한 현상이 우연적으로 발생할 리 없다고 주장한다. 주민들이 겁을 먹으면 이따금씩 정부가 그들의 입장에서 개입하기도 하는데, 이는 잘못된 행동이다. 다행스럽게도 대개의 경우에는 걱정할 이유가 전혀 없기 때문이다. 다만, 사람들이 대표성 발견법을 활용하여 불규칙적인 요동을 모종의 인과관계로 혼동한 것뿐이다.

비현실적 낙관주의: 대다수 사람들이 자신을 평균 이상이라 생각한다

탈러는 경영 관련 의사 결정(Manegerial Decision Making Class) 수업을 시작하기 전에 학생들로 하여금 웹사이트를 통해 무기명으로 해당 학과정에 대한 설문조사를 실시한다. 설문조사의 질문들 가운데 하나는 다음과 같다. "이 학급의 성적 분포를 십분위수로 나눴을 때 당신은 어느 범주에 들 것이라고 기대하는가?" 여기에는 상위 10%, 10~20% 등의 보기가 주어진다. 수업을 듣는 학생들은 MBA(경영학 석사) 과정을 밟고 있는 학생들이므로, 어떤 집단에서든 절반이 상위 50%에 들면 나머지는 하위 50%에 들 수밖에 없다는 사실을 잘 알고 있을 것이다. 즉, 실제로 상위 10%에 드는 학생은 해당 수업을 듣는 학생들의 10%에 불과하다는 사실을 말이다.

그럼에도 불구하고 설문조사 결과, 학생들은 자신의 성적에 대해 비현실적으로 낙관하는 것으로 나타났다. 대개의 경우, 자신의 성적이 중간 이하(하위 50%)일 거라고 기대하는 학생은 5% 미만에 불과했으며, 상위 20%에 들 거라고 생각하는 학생은 절반 이상에 달했다. 대다수의 학생들이 자신의 성적을 상위 20%로 기대하는 것은 불가피한 현상이다. 사실, 우리는 그마저도 겸손하게 평가했을 가능성이 높다고 생각한다. 실제로는 상위 10%에 들 거라고 기대하면서도 겸손해서 차마 솔직히 밝히지 못하는 것이라고 말이다.

자신의 능력을 과신하는 것은 비단 MBA 학생들뿐이 아니다. '평균 이상' 효과는 어디서나 찾아볼 수 있다. 모든 운전자들 가운데 자신의 운전 실력이 평균 이상이라고 생각하는 사람은 90%에 달한다. 그들 모두가 워비곤 호수(Lake Wobegon: 풍자 소설가 개리슨 케일러의 작품에 나오는 가상의 마을로, 이 마을 여자들은 힘이 세고 남자들은 잘생겼으며 아이들 역시 평균 이상의 능력을 가진 것으로 묘사된다.-옮긴이)에 사는 것도 아닌데 말이다. 그리고 (좀처럼 미소를 보이지 않는 사람들을 포함하여) 거의 모든 사람들이 자신이 평균 이상의 유머감각을 가졌다고 생각한다(단지 유머가 무엇인지 안다는 이유로 말이다!). 이것은 교수들에게도 적용된다. 큰 대학의 교수들 가운데 약 94%가 자신이 평균적인 교수들보다 낫다고 믿는 것으로 드러났다. 그러니 교수들이 전반적으로 지나치게 자만한다고 간주되는 것도 당연한 일이다(이 약점만큼은 우리도 인정하겠다).(9)

사람들은 판돈이 높을 때에도 비현실적으로 낙관적인 태도를 보인다. 약 50%의 결혼이 이혼으로 끝나며, 대부분의 사람들은 이러한 통계치를 잘 알고 있다. 그러나 결혼할 무렵에는 거의 모든 부부들이, 자신들의 결혼이 이혼으로 끝날 가능성은 희박하다고 믿는다. 심지어는 이혼을 한 번 이상 경험해본 사람들조차도 말이다.(10) 〔새뮤얼 존슨(Samuel Johnson)의 농담처럼, 두 번째 결혼은 '희망이 경험을 꺾고 거둔 승리'이다.〕 사업을 새로이 시작하는 기업가들에게도 마찬가지의 논리가 적용된다. 신생 기업들 가운데 최소한 50%는 실패로 끝난다. 사업(대개는 도급업체나 식당, 술집 등의 작은 사업)을 시작하는 사람들에게 다음 두 가지 질문으로 설문조사가 수행되었다. (a) 해당 업종에서 사업이 성공을 거둘 확률은 어느 정도라고 생각하는가? (b) 당신의 성공 가능성은 어느 정도인가? 이러한 질문에 대해 대부분의 사람들은 각각 50%와 90%라고 답했다. 두 번째 질문에 대해 100%라고 답한 사람도 상당수에 달했다.(11)

비현실적인 낙관주의는 개인들이 감수하는 수많은 리스크들을 설명해준다. 특히 생명과 건강에 대한 리스크는 더더욱 그러하다. 학생들의 경우에도 자신의 미래를 그려보라는 요구를 받으면, 대개 자신이 직장에서 해고당할 확률이나 심장마비에 걸릴 확률, 암에 걸릴 확률, 결혼한 지 몇 년 안 돼서 이혼할 확률, 알코올 중독에 걸릴 확률 등이 급우들에 비해 낮은 것으로 평가한다. 동성연애자들도 일반적으로 에이즈의 위험을 알고 있으면서도 자신이 에이즈에 걸릴 확률은 낮게 평가한다. 중장년층은 자신이 자동차 사고를 당하거나 큰 병에 걸릴 가능성을 과소평가한다. 흡연자들 역시 통계상의 리스크를 잘 알고 있으며 때로는 그러한 리스크를 과장하기도 하지만, 대부분은 자신이 다른 비흡연자들에 비해 폐암과 심장병 진단을 받을 가능성이 낮다고 믿는

다. 복권 사업이 성공을 거두는 것도 어떤 면에서는 비현실적인 낙관주의 때문이다.(12)

비현실적인 낙관주의는 인간의 삶에 널리 퍼져 있는 광범위한 특징이다. 그것은 대부분 사회 범주에 속하는 대부분의 사람들을 특징짓는다. 그러나 해악에 대한 면역성을 과대평가하다보면 분별 있는 예방조치를 취하지 못하게 될 것이다. 사람들이 비현실적인 낙관주의 때문에 리스크를 감수하고 있다면 넛지를 사용하여 그들을 도울 수 있을 것이다. 사실, 우리는 이미 한 가지 가능성을 언급했다. 나쁜 사건들을 상기시키면 낙관적인 태도를 계속 유지하지 못할 거라고 말이다.

손실 기피: 100달러 손해를 감수하기 위해 필요한 이익은?

사람들은 손실을 싫어한다(그리고 그들의 자동 시스템은 손실에 대해 다소 감정적인 반응을 보일 수 있다). 개략적으로 말해서, 똑같은 대상을 놓고도 그것을 잃었을 때 느끼는 처참함은 그것을 얻었을 때 느끼는 행복의 두 배에 달한다. 좀 더 전문적인 용어로 이것은 '손실 기피(loss aversion)'라고 불린다. 이것을 어떻게 알 수 있는가?

간단한 실험을 살펴보자.(13) 어느 반의 학생들 절반에게 그들의 대학 심벌이 찍힌 머그잔을 나눠주었다. 머그잔을 못 받은 학생들에게는 옆 학생이 가진 머그잔을 살펴보라고 요구했다. 그런 다음, 머그잔을 가진 학생들은 머그잔을 팔고, 머그잔이 없는 학생들은 머그잔을 사라고 지시했다. 그리고 다음 질문에 답하게 했다. "다음 중 어떤 가격에 기꺼이 머그잔을 구매할/판매할 것인가?" 그 결과, 머그잔을 가진 학생은 머그잔이 없는 학생들이 기꺼이 지불하고자 하는 가격의 두 배를 원하는 것으로 나타났다. 수천 개의 머그잔으로 똑같은 실험을 수십 번 실시했지만 결과는 거의 항상 동일하게 나타났다. 일단 머그잔을 갖게 되면 내놓고 싶어 하지 않지만, 머그잔이 없다고 해서 당장 머그잔을 가져야 한다는 욕구를 느끼지는 않는다는 얘기다. 이는 곧, 사람들이 어떤 물건에 대해 특정한 가치를 할당하지 않는다는 의미다. 사람들은 무언가를 포기해야 할 때, 동일한 것을 얻었을 때 느끼는 기쁨보다 두 배로 큰 상실감을 느낀다.

도박으로도 손실 기피를 시험할 수 있다. 내가 당신에게 내기를 할 것인지 여부를 묻는다고 가정하자. 동전의 앞면이 나오면 당신이 X 달러를 따고 뒷면이 나오면 100달러를 잃는다. 그렇다면 X가 얼마나 될 때 내기를 하겠는가? 대부분 사람들은 이 질문에 대해 대략 200달러라고 답한다. 즉, 200달러를 딸 가능성이 있어야만 100달러의 손해를 감수하겠다는 의미다.

손실 기피는 타성, 즉 현재 갖고 있는 것을 고수하고자 하는 강한 욕망을 창출하도록 돕는다. 만약 손실이 발생하는 것을 원치 않아서 현재 가진 것을 포기하지 않으려 한다면, 그렇지 않은 경우에는 했을지도 모를 거래를 거절할 것이다. 또 다른 실험에서, 반 학생들 절반에게는 머그잔을 나눠주고 나머지 절반에게는 초콜릿 바를 나눠주었다. 머그잔과 초콜릿 바의 가격은 거의 동일했으며, 사전 시험 결과, 둘 중 하나를 선택할 가능성도 동일하게 나타났다. 그러나 머그잔을 초콜릿 바로, 혹은 초콜릿 바를 머그잔으로 바꿀 기회가 주어졌을 때, 실제로 교환한 학생은 열 명 중 한 명꼴에 불과했다.

앞으로 보게 되겠지만, 손실 기피는 일종의 인식 넛지로 작용하여 무언가를 교환하지 못하도록 압력을 가한다. 심지어는 커다란 이익이 되는 교환의 기회가 주어졌을 때에도 말이다.

현상유지 편향: '아무려면 어때' 발견법

타성의 이유에는 손실 기피만 있는 것이 아니다. 여러 가지 이유로 사람들은 대개 현재의 상황을 고수하려는 경향을 보인다. 윌리엄 새뮤얼슨(William Samuelson)과 리처드 젝하우저(Richard Zeckhauser)가 '현상유지 편향(status quo bias)'이라고 이름 붙인 이 현상은 수많은 상황에서 입증된 바 있다. 대부분의 교사들은 지정석제가 아닌데도 불구하고 학생들이 대체로 늘 같은 자리에 앉는다는 것을 잘 안다. 그러나 현상유지 편향은 판돈이 훨씬 더 큰 경우에도 발생할 수 있으며, 따라서 우리에게 많은 골칫거리를 안겨줄 수 있다.

예를 들어, 401(k)(미국의 은퇴연금제도로, 현재 4,400만 명이 가입해 있을 정도로 대표적인 미국 직장인의 노후생활 대책-옮긴이)와 같은 은퇴저축 프로그램의 경우, 대부분의 가입자들은 자산분배를 선택하고는 그에 대해 까맣게 잊어버린다. 믿기 힘들겠지만 1980년대 후반에 수행된 연구에서, 대다수 대학교수들의 연금 프로그램인 TIAA-CREF의 가입자들이 평생에 걸쳐 자산분배에 대해 변경을 가하는 횟수는 평균 0회로 나타났다. 다시 말해, 가입자들의 절반 이상이 평생 동안 자산분배 방식을 한 번도 바꾸지 않았다는 얘기다. 그보다 더 재미있는 것은, 기혼자들이 결혼 전에 해당 프로그램에 가입하면서 어머니를 수혜자로 등록해놓고 그것조차 바꾸지 않았다는 사실이다!

현상유지 편향은 쉽게 이용될 수 있다. 수년 전 선스타인은 아메리칸 익스프레스(American Express)로부터 반가운 편지를 받았다. 무료로 세 달치의 구독권을 제공하겠으니 다섯 가지 잡지 가운데 하나를 고르라는 내용이었다. 설사 거의 안 읽는다고 해도 무료구독권은 엄청난 횡재가 아닐 수 없었다. 그리하여 선스타인은 기쁜 마음으로 한 권을 선택했다. 그러나 그가 미처 깨닫지 못한 사실이 있었다. 바로, 모종의 조치를 취하여 정기구독을 취소하지 않을 경우, 무료구독 기간이 끝나면 정상 가격을 내고 계속해서 잡지를 구독하게 되어 있다는 점이었다. 그렇게 해서 그는 거의 십년 동안 읽지도 않는 잡지를 계속 구독했다(정기구독을 취소할 생각은 계속 갖고 있었지만 어쨌든 그럴 시간이 절대 나지 않았다. 다음 장에서 우리는 '시간을 내어' 이러한 '늑장 행위'에 대해 논의할 것이다).

현상유지 편향의 한 가지 원인은 주의력의 결여이다. 대다수의 사람들이 채택하는 이 발견법을 우리는 '아무렴 어때 발견법'이라고 부를 것이다. 한 가지 좋은 예는 텔레비전을 시청할 때 나타나는 '이월 효과'이다. 방송국의 중역들은 방송 프로그램을 편성하는 데 많은 시간을 소비한다. 저녁에 집에서 (일테면) NBC를 보기 시작한 시청자들은 해당 채널을 계속 시청하는 경향이 있기 때문이다. 수십 년 전부터 미국에는 리모컨이 보급되어 있었으며, 따라서 실제로 채널을 바꾸는 데 필요한 것은 엄지손가락을 까닥하는 행위뿐이다. 그럼에도 불구하고 한 프로그램이 끝나고 다음 프로그램이 시작할 때, "아무렴 어때" 하고 말하며(혹은 생각하며) 해당 채널을 그대로 시청하는 사람들의 수는 놀라울 정도로 많은 것으로 나타났다. 게다가 잡지구독 자동갱신 시스템의 희생양은 선스타인뿐이 아니다. 잡지 배급 담당자들은 실제로 잡지를 계속 구독하겠다는 의사를 표시해야 하는 경우보다, 자동으로 연장갱신이 이뤄지고 전화를 걸어야만 취소가 성사될 경우에 자동갱신의 확률이 훨씬 더 높다는 것을 잘 알고 있다.

손실 기피와 무의식적인 선택을 결합된다고 생각하면, 어떠한 선택안이 디폴트 옵션(default option: 지정하지 않으면 자동으로 선택되는 옵션, 즉 기본 값)으로 지정될 경우에 시장 점유율이 크게 올라갈 수 있다는 결론을 도출할 수 있다. 따라서 디폴트 옵션은 강력한 넛지의 역할을 한다고 말할 수 있다. 실제로 많은 상황에서 디폴트는 매우 강력한 넛지의 힘을 갖는다. 옳든 그르든 소비자는 디폴트 옵션이 디폴트 설정자의 암묵적인 권고라고 느끼기 때문이다. 이때 디폴트 설정자는 고용주가 될 수도 있고, 정부가 될 수도 있으며, 텔레비전 프로그램 편성자가 될 수도 있다. 이런 저런 이유로, 가능한 최고의 디폴트를 설정하는 것은 이 책 전반에 걸쳐 빈번하게 탐구하는 주제가 될 것이다.

프레이밍: 100명 중 90명이 산다 vs. 100명 중 10명이 죽는다

당신이 심각한 심장병에 걸려 의사가 어려운 수술을 권한다고 가정해보자. 당신은 당연히 생존가능성을 궁금해할 것이다. 의사가 "이 수술을 받은 사람 100명 가운데 90명이 5년 후에도 살아 있었습니다"라고 말한다면, 당신은 어떻게 하겠는가? 이렇듯 같은 사실이라도 특정한 방식으로 제시하는 경우 의사의 진술은 다소 위안이 될 것이며, 따라서 당신은 필경 수술을 받을 것이다.

그러나 의사가 대답을 다른 방식으로 프레이밍(Framing)한다고, 즉 다른 방식으로 선택안의 틀을 형성한다고 가정해보자. 의사는 이렇게 말한다. "이 수술을 받은 사람 100명 가운데 10명이 5년 이내에 죽었습니다." 보통 사람이라면 의사의 말에 다소 충격을 받아 수술을 받지 않을지도 모른다. 당신의 자동 시스템은 이렇게 생각할 것이다. "꽤 많은 사람들이 죽었으니 나 역시 죽을지도 몰라!" 여러 번의 실험에서 사람들은 '100명 중 90명이 산다'는 정보와 '100명 중 10명이 죽는다'는 정보에 각기 다른 반응을 보였다. 실제로 이 두 가지 진술은 정확히 동일한 내용을 담고 있는데도 말이다. 심지어는 전문가들도 프레이밍 효과(framing effect: 인지된 이득을 포함하는 리스크와 인지된 손실을 포함하는 리스크를 다르게 생각하는 보편적인 경향-옮긴이)에 영향을 받는다. 의사들 역시 '100명 중 10명이 죽는다'는 정보를 들었을 때보다 '100명 중 90명이 산다'는 정보를 들었을 때 수술을 권할 가능성이 더 높은 것으로 드러났다.(14)

프레이밍은 많은 영역에서 중요한 역할을 한다. 1970년대에 신용카드가 새로운 지불 수단으로 각광받기 시작하자, 일부 소매상인들은 현금을 사용하는 고객들과 신용카드를 사용하는 고객들에게 가격을 다르게 부과하고 싶어 했다(신용카드 회사들은 보통 소매상인들에게 매출의 1%를 부과하기 때문이다). 신용카드 회사들은 이를 막기 위해 소매상인들이 현금 고객과 신용카드 고객에게 각기 요금을 다르게 부과하는 것을 금하는 규칙을 채택했다. 그러나 그러한 규칙을 금하는 법안이 의회에 도입되자 신용카드 회사들은 로비의 방향을 언어 쪽으로 전환했다. 가장 많이 채택된 것은, 어떤 사업체가 현금 고객과 신용카드 고객에게 다른 요금을 부과할 경우, 현금 가격을 정상가로 정하여 신용카드 고객들에게 특별 요금을 부과한다기보다는 신용카드 가격이 '정상가'(디폴트)이고 현금 가격이 할인가로 간주되어야 한다는 규칙이었다.

신용카드 회사들은 훗날 심리학자들이 이름 붙인 '프레이밍'을 직관적으로 적절히 이해하고 있었던 셈이다. 요는, 그러한 선택이 부분적으로는 문제가 진술되는 방식에 따라 달라진다는 것이다. 이러한 사실은 공공 정책에서 매우 중요한 역할을 한다. 현재 많은 관심을 받고 있는 에너지 보존과 관련하여 다음과 같은 정보 캠페인을 생각해보자. (a) 당신이 에너지 절약을 실천한다면 연간 350달러를 절약할 것이다. (b) 당신이 에너지 절약을 실천하지 않는다면 연간 350달러를 잃을 것이다. 이 경우, 손실의 측면에서 구성된 정보 캠페인 (b)가 정보 캠페인 (a)보다 훨씬 더 강력한 것으로 드러났다. 정부가 에너지 절약을 촉구하길 바란다면 (b)가 더 강력한 넛지다.

프레이밍이 효과를 발휘하는 것은 사람들이 다소 지각없이 수동적으로 결정을 내리는 경향이 있기 때문이다. 사람들의 숙고 시스템은 질문을 재구성할 경우 다른 답변이 나올 수 있는지 여부를 점검하고 확인하는 데 필요한 작업을 수행하지 않는다. 한 가지 이유는 무엇이 모순을 구성하는지 모르기 때문이다. 그것은 곧 프레이밍이 강력한 넛지이며, 따라서 주의 깊게 선택되어야 한다는 의미이다.

이 장에서 우리의 목표는 오류를 범하기 쉬운 인간의 성향을 개략적으로 살펴보는 것이었다. 현대 사회에서 사람들은 갖가지 선택들에 대해 일일이 깊이 생각할 수 없을 만큼 복잡한 세상을 헤쳐나가려 안간힘을 쓰고 있다. 사람들이 채택하는 분별 있는 발견법은 가끔씩 그들을 부적절한 방향으로 인도하기도 한다. 사람들은 바쁘고 주의를 쏟을 수 있는 범위도 제한되어 있기 때문에 어떤 질문이 주어져도 그 틀을 다른 방식으로 구성하면 답이 달라질 수도 있다는 점을 생각하지 않는다. 그보다는 그저 있는 그대로 받아들인다. 우리의 관점에서 요점을 간추려보면, 사람들은 '넛지에 반응하도록 만들 수 있다'는 것이다. 심

그림 1.5 시카고 레이크 쇼어 도로 (시카고 시의 허가를 얻어 실음)

지어는 인생에서 가장 중요한 결정을 내리는 경우에도 사람들의 선택은 표준 경제 틀로는 예측할 수 없는 방식으로 영향을 받는다. 이를 입증하기 위해 마지막으로 한 가지 예를 더 들어보겠다.

세계에서 가장 경치 좋은 도심 도로 가운데 하나는 시카고의 레이크 쇼어 도로(Lake Shore Drive)이다. 시카고의 동쪽 경계선인 미시건 호수를 끼고 펼쳐진 이 도로를 달리면 시카고의 장엄한 스카이라인을 만끽할 수 있다. 그러나 이 도로에는 S자 커브가 연달아 이어져 매우 위험한 구간이 있다. 감속 표시(시속 40킬로미터)를 보지 못해서 사고를 당하는 운전자들도 허다하다. 그리하여 최근에 시 당국은 운전자들의 감속을 유도하는 새로운 방법을 도입했다.

위험한 커브가 시작되는 지점에서 운전자들은 도로에 그려진 감속 경고 표시를 보게 되고 곧이어 도로 위에 그려진 하얀 선들을 마주하게 된다. 그 선들은 (과속 방지턱이 아니기 때문에) 닿는 순간에 이렇다 할 느낌을 주지는 않지만 운전자들에게 시각적인 신호를 전달한다. 앞쪽의 선들은 간격이 고르지만 가장 위험한 커브 구간부터는 간격이 더 좁아져서 속도가 증가하는 느낌을 주는 것이다(그림 1.5 참조). 따라서 운전자들은 본능적으로 속도를 늦추게 된다. 그 낯익은 도로를 달릴 때마다 하얀 선들이 우리에게 부드럽게 말한다. 커브의 정점에 도달하기 전에 브레이크를 밟으라고 말이다. 우리는 넛지를 당하고 있는 셈이다.

2
유혹에 저항하는 법

수년 전 탈러는 어떤 손님들(당시에는 젊었던 경제학자들)에게 저녁을 대접하면서 와인 한 병과 함께 즐길 만한 안주로 커다란 그릇에 캐슈너트(chashew nut : 서인도 제도산 옻나뭇과 식물의 열매-옮긴이)를 담아 내놓았다. 그러나 캐슈너트가 빠른 속도로 없어지자, 탈러는 손님들이 입맛이 없어져서 그 다음에 나올 음식을 충분히 즐길 수 없을 거라는 생각이 들었다. 탈러는 얼른 조치를 취했다. 캐슈너트 그릇을 집어들고(자신의 몫으로 몇 개를 빼놓은 다음) 눈에 띄지 않도록 부엌으로 치운 것이다.

그가 돌아오자 손님들은 캐슈너트를 치워줘서 고맙다고 말했다. 곧이어 더 이상 눈앞에 캐슈너트가 없다는 사실을 놓고 그들이 어떻게 그토록 흡족해할 수 있는가 하는 이론적인 문제로 화제가 전환되었다(1장에서 대학 파티에 참가하는 경제학자의 비율에 대해 언급한 바 있는데, 이제 그 이유를 이해할 것이다). 경제학의 (그리고 일상생활의) 한 가지 기본 원리는 기회가 많아진다고 해서 상황이 악화되는 경우는 절대 없다는 것이다. 기회가 아무리 많아도 당신은 언제나 그것들을 거절할 수 있기 때문이다. 탈러가 캐슈너트를 치우기 전에 사람들은 캐슈너트를 먹을 것인지 안 먹을 것인지 선택할 수 있었다. 그러나 이제는 그럴 수가 없게 되었다. 이콘들의 나라에서는 캐슈너트를 치웠을 때 만족스러워 하는 것이 법칙에 어긋난다!

이 예에 대한 이해를 돕기 위해, 시간의 흐름에 따라 그들의 선호가 어떻게 바뀌었는지 생각해보자. 탈러가 캐슈너트를 치우기 직전인 7시 15분에 손님들에게는 세 가지의 선택안이 주어졌다. 일부만 먹는 것, 전부 다 먹는 것, 그리고 더 이상 먹지 않는 것. 그 가운데 최선의 선택은 일부만 먹고 더 이상은 먹지 않는 것이다. 최악의 선택은 전부 다 먹는 것이다. 캐슈너트를 전부 다 먹어버리면 입맛을 잃을 게 분명하기 때문이다. 그러나 7시 30분까지 테이블에 캐슈너트가 남아 있었더라면 사람들은 그릇에 있는 너트를 다 먹음으로써 그들이 가장 싫어하는 선택을 하게 되었을 것이다. 사람들은 왜 불과 15분 만에 마음을 바꾸었을까? 마음을 바꾸었다는 우리의 추측이 정말 옳은 것일가? 그저 우리가 그렇게 말하고 싶어 하는 것은 아닐까?

경제학 용어로 표현하면, 저녁식사에 참석한 사람들은 동태적 비일관성(dynamic inconsistency)을 보여준 셈이다. 처음에는 A보다 B를 선호하다가 나중에는 B보다 A를 선호하게 되었기 때문이다. 동태적 비일관성은 어디서나 찾아볼 수 있다. 토요일 오전만 해도 사람들은 텔레비전을 보고 있기보다는 나가서 운동을 하는 게 좋겠다고 말할지 모르지만, 막상 오후가 되면 소파에 앉아서 텔레비전으로 풋볼 게임을 본다. 그러한 행동을 어떻게 이해해야 하는가?

세이렌과 율리시즈: 유혹과 자기통제의 문제

캐슈너트 현상에 대한 이해를 돕기 위해 두 가지 요인을 소개한다. 바로 유혹과 무심함이다. 인간은 적어도 아담과 이브 이래로 유혹의 개념은 적절히 이해해왔지만, 넛지의 가치를 이해하기 위해서는 그 개념을 보다 정교하게 다듬을 필요가 있다. 무언가가 '유혹적'이라는 것은 어떤 의미인가?

미국의 대법관 포터 스튜어트(Potter Stewart)는 포르노를 정의할 수는 없지만 "보면 안다"고 말한 것으로 유명하다. 이와 유사하게 유혹은 정의하기보다 인식하기가 더 쉽다. 우리가 선호하는 정의는 사람들의 흥분 상태가 시간이 경과함에 따라 달라진다는 것을 인식하도록 요구한다. 좀 더 단순하게 설명하기 위해 두 가지 양극단, 즉 흥분한 상태와 차분한 상태를 생각해보자. 예를 들어, 샐리가 배가 몹시 고픈 상태에서 부엌에서 풍기는 맛있는 냄새를 맡았다고 가정해보자. 샐리는 흥분한 상태라고 말할 수 있다. 반면, 목요일에 그녀가 막연히 토요일 저녁 식사 전에 캐슈너트를 정확히 얼마나 내놓아야 하는지 생각하고 있다면 그녀는 차분한 상태에 있는 셈이다. 우리는 냉정할 때보다 흥분했을 때 더 많이 소비하게 되는 무언가를 '유혹적'이라고 부른다. 그렇다고 해서 차분한 상태에서 내린 결정이 언제나 더 낫다는 의미는 결코 아니다. 예를 들어, 때로는 흥분을 해야만 새로운 무언가를 시도하는 데 따르는 두려움을 극복할 수 있다. 때로는 디저트가 정말 맛있어서 그것을 얻기 위해 최선을 다하기도 한다. 때로는 사랑에 빠지는 것이 가장 좋을 수도 있다. 그러나 분명히 흥분한 상태에서는 종종 여러 가지 문제에 빠질 수 있다.

대부분의 사람들은 유혹이 존재한다는 점을 인정하고 그것을 극복하기 위해 조치를 취한다. 고전에서 예를 찾아보면, 세이렌(Siren: 그리스 신화에 나오는 반은 새이며 반은 사람인 마녀로, 아름다운 노랫소리로 뱃사람들을 유혹하여 난파시켰다고 한다.-옮긴이)들과 그들의 거부할 수 없는 노래라는 위험에 직면한 율리시즈의 경우를 들 수 있다. 그는 차분한 상태에서 선원들에게 음악의 유혹에 넘어가지 않도록 밀랍으로 귀를 막으라고 지시했다. 또한, 그토록 궁금했던 음악을 직접 들을 수 있되, 음악이 그를 흥분 상태로 몰아넣어 배를 더 가까이 대고픈 유혹에 굴복하지 않도록 자신을 돛대에 묶어달라고 부탁했다.

율리시즈는 성공적으로 자신의 문제를 해결했다. 그러나 우리들 대부분은 흥분의 효과를 과소평가하여 자기통제의 문제에 부딪힌다. 행동주의 경제학자 게오르게 뢰벤슈타인(George Loewenstein)(1996)은 이것을 '흥분과 냉정 사이의 감정적 간극(hot-cold empathy gap)'이라고 부른다. 냉정한 상태일 때 우리는 우리의 욕망과 행동이 흥분의 '영향력에 들 때' 얼마나 변화될 수 있는지 올바로 이해하지 못한다. 따라서 우리의 행동을 보면 특정한 정황이 선택에 미칠 수 있는 영향에 대해 다소 순진하게 생각한다는 점을 알 수 있다. 예를 들어, 다이어트 중인 톰은 사업상 저녁 식사 약속을 잡으면서 와인 한 잔만 먹고 디저트는 안 먹을 수 있다고 생각한다. 그러나 상대방이 두 병째의 와인을 주문하고 웨이터가 디저트 카트를 끌고 오면 모든 계획이 수포로 돌아간다. 또 다른 예로, 말린은 대규모 세일을 하는 백화점에 가서 자신에게 정말 필요한 것이 있는지만 보고 올 수 있다고 생각한다. 그러나 결국에는 편하지도 않은 신발을 (70% 할인된 가격에) 구입하게 된다. 로버트는 안전한 섹스만 할 거라고 생각하지만 이처럼 중대한 결정을 몹시 흥분한 상태에서 내려야 한다는 문제가 남는다. 흡연과 알코올, 운동 실패, 과도한 대출, 저축 부족 등의 문제를 안고 있는 사람들 역시 이러한 문제들에 의해 영향을 받는다.

자기통제의 문제를 해결하는 한 가지 방법은 개인이 반(半)자율적인 두 개의 자아로 구성된다고 생각하는 것이다. 하나는 원시안적인 '계획하는 자아(Planner)'이고 다른 하나는 근시안적인 '행동하는 자아(Doer)'이다. 계획하는 자아는 숙고 시스템을 대변하는 것으로서 자신 안에 숨어 있는 미스터 스포크로 생각할 수 있으며, 행동하는 자아는 자동 시스템에 크게 영향을 받는 것으로서 우리들 모두의 내부에 숨어 있는 호머 심슨으로 생각할 수 있다. 계획하는 자아는 당신의 장기적인 번영을 증진시키려고 노력하는 동시에 행동하는 자아의 강력한 의지와 장난, 감정에 대처해야 한다. 반면, 행동하는 자아는 흥분을 동반하는 유혹에 노출되어 있다. 최근 신경경제학 분야(정말 이런 분야가 있다)에서 실시한 연구에 따르면, 자기통제와 관련하여 이러한 이중 시스템적 개념이 존재한다는 사실을 입증하는 증거가 있는 것으로 나타났다. 두뇌의 일부는 유혹에 넘어가지만 나머지 부분은 그 유혹에 대응하는 방법을 평가함으로써 유혹을 거부할 수 있도록 설정되어 있다.(1) 이따금씩 두뇌의 이 두 부분은 심각한 대결을 벌일 수도 있다. 둘 중 한 쪽은 패할 수밖에 없는, 그런 유형의 대결 말이다.

무심한 선택: 살을 빼고 싶다면 작은 그릇에 먹어라

캐슈너트 문제가 유혹의 문제만은 아니다. 그것은 또한 우리가 타성의 맥락에서 논한 바 있는 어리석은 유형의 행동과도 연관된다. 수많은 상황에서 사람들은 자신을 '자동조종(automatic pilot)' 모드로 밀어 넣는다. 이 모드에 들어서면 사람들은 당면 과제에 적극적으로 주의를 쏟지 않는다(그런 면에서 자동시스템은 매우 편리하다). 토요일 아침에 볼일을 보러 나가다가 자신도 모르게 평소처럼 직장으로 차를 모는 경우도 있다. 그러다가 문득 원래 가려던 곳, 즉 식품점과는 정반대 방향으로 가고 있음을 깨닫는다. 또, 일요일 아침에는 평소처럼 커피를 마시며 신문을 읽다가 친구와 브런치 약속이 있음을 한 시간 전에야 깨닫기도 한다. 특히 먹는 일은 우리가 수행하는 활동들 가운데 가장 무심한 행동에 속한다는 점이 밝혀진 바 있다. 그저 앞에 놓인 것을 무엇이든 먹는 사람은 수없이 많다. 곧이어 좋은 음식이 나온다는 사실을 알면서도 커다란 그릇에 담긴 캐슈너트가 그렇게 쉽게 바닥나는 것도 바로 그런 이유에서이다.

팝콘의 경우도 마찬가지다. 심지어 상한 팝콘에도 같은 일이 일어난다. 몇 년 전, 브라이언 원싱크(Brian Wansink) 교수와 그의 동료들은 시카고의 어느 영화관에서 영화 관람객들에게 상한 팝콘을 무료로 한 통씩 제공하는 실험을 수행했다.(2) 5일 전에 튀겨서 먹을 때 실제로 버걱거리도록 보관해둔 것이었다. 구체적으로 팝콘이 상했다고 알려주진 않았지만 관람객들은 그 팝콘을 마음에 들어 하지 않았다. 한 관람객은 "땅콩을 포장하는 스티로폼 용기를 먹는 것 같다"고 말하기도 했다. 어쨌든, 관람객의 절반에게는 팝콘을 커다란 통으로 나눠주었고, 나머지 절반에게는 중간 크기의 통으로 나눠주었다. 큰 통을 받은 사람들은 중간 통을 받은 사람들에 비해 평균 53%나 팝콘을 더 먹은 것으로 밝혀졌다. 팝콘을 맛있다고 생각하지 않았는데도 말이다. 영화가 끝난 후, 원싱크는 팝콘을 큰 통으로 받은 사람들에게 자신들이 더 많이 먹은 것이 통의 크기 때문일 수도 있다고 생각하는지 물었다. 그러자 대부분은 "그런 술수에는 안 넘어갑니다"라며 그 가능성을 부인했다. 그러나 그들의 생각은 틀렸다.

수프에도 마찬가지 원리가 적용된다. 원싱크(2006)는 또 다른 기발한 실험에서 참가자들에게 캠벨(Cambell) 사의 토마토 수프가 담긴 커다란 그릇 앞에 앉아서 원하는 만큼 먹으라고 요청했다. 피실험자들에게는 알리지 않았지만, 사실 그 수프 그릇들은 (바닥이 없이 테이블 밑에 설치된 기계와 연결되어) 자동으로 리필이 되도록 고안되어 있었다. 아무리 먹어도 그릇이 비지 않았던 것이다. 대다수의 사람들은 (다행스럽게도) 실험이 끝날 때까지 자신이 엄청난 양을 먹고 있음을 깨닫지 못한 채 계속 수프를 먹었다. 제공되는 음식의 양이 많으면 많이 먹을 수밖에 없다. 커다란 접시나 커다란 팩 등은 일종의 선택 설계로서 주요한 넛지의 역할을 한다(힌트: 살을 빼고 싶다면 작은 접시들을 준비하고 쇼핑할 때는 작은 팩으로 사며, 냉장고에 유혹적인 음식을 넣어두지도 말아라).

자기 통제 문제와 무심한 선택이 합쳐지면 사람들에게 일련의 나쁜 결과들이 초래될 수밖에 없다. 수백만 명의 미국인들은 흡연이 끔찍한 건강 문제를 초래한다는 증거가 있음에도 불구하고 여전히 담배를 피우고 있다. 게다가 흡연자들 가운데 상당수는 담배를 끊고 싶다고 말한다. 미국인의 약 2/3는 과체중이거나 비만이며, 상당한 보조금을 지급해도 회사의 은퇴저축 프로그램에 가입하지 못하는 사람들도 많다. 이러한 모든 사실들을 종합해볼 때, 넛지를 통해 혜택을 얻을 수 있는 사람은 상당수에 달할 것이다.

두 자아의 대결: 계획하는 자아가 행동하는 자아를 통제하는 전략들

사람들은 자신의 약점을 부분적으로나마 알고 있기 때문에 외부의 도움을 구하는 조치를 취하기도 한다. 예를 들어, 식품점에서 사야할 품목을 기억하기 위해 미리 목록을 작성하기도 하고, 아침에 시간 맞춰 일어나기 위해 자명종 시계를 구입하기도 한다. 또는 친구들에게 디저트를 먹거나 담배 피우는 행위를 막아달라고 부탁하기도 한다. 이런 경우, 대개는 우리의 계획하는 자아가 행동하는 자아들의 행동을 통제하는 조치를 취하는 것이다.

안타까운 일이지만 행동하는 자아는 통제하기가 힘들기 때문에(호머 심슨을 통제한다고 생각해보라) 계획하는 자아의 최선의 노력을 망칠 수도 있다. 평범하지만 많은 것을 암시하는 자명종 시계의 예를 생각해 보자. 낙관적인 계획하는 자아는 하루를 알차게 보내기 위해 새벽 6시 15분에 알람을 맞추지만 졸린 행동하는 자아는 알람을 끄고 다시 9시까지 잠을 잔다. 이것은 계획하는 자아와 행동하는 자아간의 치열한 싸움으로 이어질 수 있다. 계획하는 자아는 일부러 자명종 시계를 침대에서 멀리 떨어뜨려놓기도 한다. 행동하는 자아가 적어도 자리에서 일어나서 그것을 끌 수 있도록 말이다. 그러나 행동하는 자아가 시계를 끄고 다시 잠자리로 기어들어가면 모든 게 수포로 돌아간다. 한 가지 다행스러운 점은 이따금씩 진취적인 기업들이 계획하는 자아를 돕는 방법을 제시한다는 것이다.

그림 2.1의 자명종 시계 '클러키(Clocky)'를 보자. 클러키는 '당신이 침대에서 나오지 않으면 도망을 다니며 숨는 자명종 시계'이다. 계획하는 자아는 행동하는 자아가 아침에 몇 분이나 선잠을 잘 수 있는지

정한 다음, 그대로 숫자를 입력한다. 정한 시간이 되면 클러키가 침대 옆 테이블에서 뛰어 내려와 요란한 소리를 내며 방안을 돌아다닌다. 그 소리를 끄기 위해서는 반드시 침대에서 나와 그 고약한 물건을 찾아야 한다. 그리고 이쯤 되면 비틀거리던 행동하는 자아도 완전히 잠을 깨는 것이다.

그림 2.1 클러키 광고

클러키(특허출원 중)는 당신이 제시간에 침대에서 나오지 않으면 도망다니며 숨는 자명종 시계입니다. 자명종이 울리고 당신이 선잠 버튼을 누르면 클러키는 침대 옆에서 바닥으로 뛰어 내려와 닥치는 대로 여기저기 부딪히고 굴러다니면서 숨을 곳을 찾습니다. 자명종이 다시 울리면 당신은 일어나서 클러키를 찾아야 합니다. 클러키는 마치 숨바꼭질을 하듯 매일 새로운 장소를 찾아 숨습니다. 클러키는 자명종 시계를 강압적이고 짜증나는 대상이 아닌, 인간과 기술의 조화를 돕는 재미있는 물건으로 재해석하도록 고안되었습니다.

[난다 사(nanda llc)의 허락을 받아 게재함]

계획하는 자아들은 클러키처럼 여러 가지 가능한 전략들을 통해 행동하는 자아의 저항을 통제할 수도 있지만 때로는 외부의 도움을 받을 수도 있다. 민간 및 공공기관들이 어떻게 그런 도움을 제공할 수 있는지 살펴보자. 일상적으로 우리는 비공식적인 내기가 포함된 전략을 사용한다. 탈러는 이러한 전략을 활용하여 젊은 동료 한 명을 도운 바 있다. 그 동료(편의상 '데이비드'라고 하겠다)는 부임 전에 또는 아무리 늦어도 부임 첫 해에 박사학위 과정을 끝마칠 수 있다는 전제하에 새로운 교수진으로 고용되었다. 논문을 끝마칠 경우, 데이비드는 강력한 재정적 인센티브를 포함하여 수많은 인센티브를 얻을 수 있었다. 그러나 학위 과정을 끝마치기 전까지는 조교수가 아닌 강사 대우를 받았으며, 그의 월급의 10%(연간 천 달러)에 해당하는, 통상적인 은퇴연금 지원금도 받을 수 없었다. 데이비드의 계획하는 자아는 그만 꾸물거리고 논문을 완성해야 한다는 사실을 알고 있었지만, 그의 행동하는 자아는 좀 더 흥미로운 프로젝트들에 빠져 논문을 끝마치는 고된 일을 미루고 있었다(대개의 경우, 기존의 일들을 끝마치기보다는 새로운 아이디어를 생각하는 것이 더 재미있는 법이다).

바로 그때, 탈러가 개입하여 데이비드에게 다음과 같은 거래를 제안했다. 데이비드는 탈러에게 100달러짜리 수표 몇 장을 써주고 그 수표의 만기일을 각각 이후 몇 개월의 첫날로 정한다. 그런 다음 데이비드가 매달 마지막 날 자정까지 탈러의 집 현관 밑에 새로 쓴 논문을 한 단원씩 갖다놓지 않으면 탈러가 수표를 현금화하는 것이다. 게다가 탈러는 그 돈으로 파티를 열되, 데이비드는 초대하지 않기로 했다. 4개월 후, 데이비드는 예정대로 논문을 완성했다(대부분의 단원들을 마감 몇 분 전에 완성했지만) 한 번도 마감시간을 어기지 않았다. 은퇴연금 지원금만 놓고 봐도 대학에서 나오는 데이비드의 금융 혜택은 한 달에 100달러가 넘는다. 그럼에도 불구하고 100달러짜리 수표의 현금화라는 인센티브가 효과를 발휘했다는 것은 매우 교훈적인 일이 아닐 수 없다.

그것은 바로 탈러가 수표를 현금화하여 데이비드가 없는 곳에서 좋은 와인을 마신다는 사실이, 추상적인 데다 아득히 먼 은퇴연금 지원금보다 훨씬 더 생생한 고통이었기 때문이다. 탈러의 친구들 가운데는 이러한 인센티브 프로그램으로 사업을 벌여 그와 경쟁하겠다고 으름장을 놓는 사람들도 많았지만, 탈러는 이러한 사업을 벌이려면 실제로 수표를 현금화할 정도의 대단한 괴짜로 이름을 날려야 한다고 지적했다.

때로는 친구들끼리 이러한 내기 전략을 채택할 수도 있다. 두 경제학자 존 로멀리스(John Romalis)와 딘 칼런(Dean Karlan)은 독창적인 체중감량 계획을 채택했다. 대학원에서 경제학을 전공하던 존과 딘은 취직을 준비하면서 고용주들과 먹고 마시는 사이에 자신들의 체중이 늘고 있음을 깨달았다. 그리하여 그들은 계약을 맺었다. 둘 다 9개월 동안 약 14킬로그램을 줄이기로 한 것이다. 둘 중 한 사람이 실패하면 상대방에게 1만 달러를 지불해야 했다. 내기는 대성공이었다. 두 사람 모두 목표를 달성한 것이다. 곧이어 그들은 그보다 훨씬 힘든 문제, 즉 체중 유지로 관심을 돌렸다. 그들이 정한 규칙은 어느 쪽이든 하루 전에 체중 검사를 요청할 수 있다는 것이었다. 그리하여 둘 중 한 사람이 목표 체중을 초과하면 상대방에게 약속된 액수를 지불하는 것이었다. 4년 동안 몇 번의 체중 검사가 있었지만, 각각 한 번씩을 제외하고는 한 번도 체중이 초과되지 않았다(벌금은 전액 즉시 지불되었다). 데이비드의 논문 내기에서와 마찬가지로, 딘과 존 역시 아무리 체중 감량을 원했어도 내기를 통해 서로를 자극하지 않았더라면 살을 뺄 수 없었을 거라는 점을 인정했다.

보다 공식적인 형태의 전략들도 쉽게 상상해볼 수 있다. 16장에서 우리는 (칼런이 공동 창립한) 웹사이트 스틱닷컴(Stickk.com)을 만나볼 것이다. 이 사이트는 계획하는 자아가 행동하는 자아를 통제하게 만드는 방식을 제시한다. 상황에 따라 사람들은 심지어 정부가 자기통제 문제까지 해결해주길 바라기도 한다. 극단적인 경우, 정부는 일부 항목들(일테면 헤로인 사용, 매춘, 음주운전 등)을 금할 수도 있다. 그러한 금지는 자유주의적 개입주의보다 더 순수한 것으로 간주될 수 있지만, 때로는 제3자의 이익이 걸려 있을 수도 있다. 또, 개인들이 정부의 간섭을 그리 달가워하지 않는 경우도 있다. 예를 들어, 흡연자들은 담배세를 통해 혜택을 얻을 수도 있다. 담배세는 담배를 금지하지 않으면서도 소비를 억제해주기 때문이다.(3) 또한 몇몇 주(州)들은 도박꾼들을 카지노 출입 금지자 명단에 올릴 수 있는 제도를 만듦으로써 그들에게 도움을 주려고 노력해왔다(이에 대해서는 16장에서 좀 더 자세히 다룰 것이다). 이러한 접근 방법은 누구도 동의를 강요당하지 않으며 거부하는 데에도 거의 비용이 들지 않는다는 점에서 말 그대로 자유주의적이다.

정부 주도의 자기통제 전략을 대표하는 한 가지 흥미로운 예는 바로 일광절약 시간제이다(서머타임 제도라고 부르는 나라도 많다). 설문조사 결과, 대부분의 사람들은 이 제도를 훌륭한 아이디어라고 생각하는 것으로 드러났다. 주로 저녁에 일광시간을 '추가로' 한 시간 더 즐길 수 있다는 이유에서이다. 물론, 하루의 일광시간은 정해져 있기 때문에 시계를 한 시간 일찍 돌려놓는다고 해서 일조량이 증가하는 것은 결코 아니다. 그러나 단순히 시간의 이름을 바꾸는 것 즉 '6시'를 '7시'라고 부르는 것만으로도 우리 모두는 한 시간 일찍 일어나도록 넛지를 당한다. 저녁에 소프트볼을 즐길 수 있는 시간이 늘어나면서 에너지도 축적할 수 있게 되었다. 그 역사를 살펴보면, 이 아이디어는 벤저민 프랭클린(Benjamin Franklin)이 미국 대표로 파리에 파견되었을 때 처음 제안한 것이었다. 지독한 구두쇠로 유명했던 프랭클린은 자신의 아이디어를 활용할 경우 양초를 수천 파운드 절약할 수 있다고 추산했다. 그러나 그의 아이디어는 1차 세계대전이 발발한 후에야 인기를 끌 수 있었다.

사실, 정부가 전혀 필요치 않은 경우도 많다. 시장이 자기통제 서비스를 제공하기 때문이다. 기업들은 계획하는 자아가 힘을 키워 행동하는 자아와 맞서 싸우도록 도움으로써 많은 돈을 벌 수 있다. 대개의 경우 선을 행하는 동시에 수익까지 올리면서 말이다. 흥미로운 예로, 과거에 큰 인기를 끌었던 독특한 금융 서비스 제도를 생각해보자. 바로 크리스마스 저축 클럽(Christmas savings club)이다. 전형적인 운영 방식은 다음과 같다. 11월(추수감사절 무렵)에 고객이 동네 은행에 계좌를 열고 이듬해에 매주 특정 액수(가령 10달러)를 저축하겠다고 약속한다. 예금액은 1년 이내에 인출할 수 없으며, 1년 후 크리스마스 쇼핑 시즌에 맞춰 전액을 찾는다. 이러한 계좌의 이자율은 보통 0에 가깝다.

경제적인 측면에서 크리스마스 클럽을 생각해보자. 크리스마스 클럽은 유동성이 전혀 없고(1년 안에 돈을 인출할 수 없다) 거래 비용이 높으며(매주 저축을 해야 한다), 이자율이 거의 0에 가까운 계좌다. 경제학 수업에서는 그러한 기관이 생존할 수 없다는 것을 아주 쉽게 입증할 수 있다. 그럼에도 불구하고 크리스마스 클럽은 수년 동안 널리 이용되면서 수십억 달러의 투자액을 유치했다. 그러나 우리가 다루는 대상이 이콘이 아닌 인간이라는 점을 감안하면 그 클럽이 그토록 번영한 이유를 다소 쉽게 설명할 수 있다. 크리스마스 선물을 살 자금이 충분하지 않은 가정들은 크리스마스 클럽에 가입함으로써 이듬해의 크리스마스를 대비해야겠다고 결심할 테니까 말이다. 충분한 선물 값을 마련할 수 있다는 보장을 생각하면 매주 저축을 하는 데 따르는 불편과 이자의 손실은 그리 큰 문제가 아니다. 자신을 돛대에 묶은 율리시스를 생각해보면 쉽게 알 수 있다. 돈을 인출할 수 없다는 사실은 플러스(+) 요소이지 마이너스(−) 요소가 아니다. 유동성이 없다는 것이 바로 핵심이라는 얘기다. 크리스마스 클럽은 여러 가지 면에서 인출보다는 저축이 더 편리하도록 고안된 성인용 돼지저금통이다. 돈을 인출하기 어렵다는 사실이 전적으로 이 장치의 핵심이다.

크리스마스 클럽은 여전히 존재하긴 하지만 신용카드의 출현으로 대부분의 가정에게는 불필요한 장치가 되었다.[3] 크리스마스 쇼핑 자금을 충분히 조달할 수 있게 된 이상, 미리 돈을 저축할 필요가 없기 때문이다. 물론, 그렇다고 해서 새로운 제도가 모든 면에서 더 낫다는 것은 아니다. 1년 동안 돈을 인출하지도 못한 채 거의 0의 이자율로 저축하는 것은 다소 어리석게 보이며, 분명히 이자가 붙는 계좌에 예금하는 것보다 좋을 리 없다. 그렇다고는 해도 신용카드로 빚을 내서 18%가 넘는 이자를 지불하는 것보다는 이자를 전혀 못 받는 쪽이 나을 것이다.

신용카드와 크리스마스 클럽 간의 시장 투쟁은 좀 더 일반적인 관점을 적절하게 입증한다. 이 관점에 대해서는 뒤에서 좀 더 자세히 살펴볼 것이다. 시장에서 기업들은 소비자의 수요를 충족시킬 만한 강력한 인센티브를 갖고 있으며, 따라서 그러한 수요가 가장 현명한 선택을 표상하느냐의 여부에 관계없이 수요를 충족시키기 위해 경쟁을 벌인다. 한 기업이 크리스마스 클럽처럼 똑똑한 자기 통제 방책을 고안해 냈다고 해도, 다른 기업이 돌려받을 것을 예상하고 대부를 제안하는 것까지 막을 수는 없다. 사실, 서로 경쟁을 벌이는 신용카드와 크리스마스 클럽은 모두 동일한 기관, 즉 은행이 제공하는 서비스이다. 경쟁

3 크리스마스 클럽의 인기는 떨어졌지만 부활절 계좌(Easter account)라 할 수 있는 또 다른 무이자 저축 수단만큼은 대부분의 미국인들이 여전히 이용하고 있다. 또, 미국에서는 전 국민의 약 3/4이 납세신고서를 제출하고 환급을 받는데, 환급 금액은 평균 2천 달러가 넘는다. 이러한 환급이 정부에게 무이자로 돈을 빌려주는 제도로 묘사된다면 필경 그리 큰 인기를 끌지 못했을 것이다. 납세자들은 세금공제율을 조정하여 환급의 규모를 줄일 수 있으며, 원칙상으로는 1년 동안 그 돈에 대한 이자를 벌 수도 있다. 그럼에도 대다수의 사람들은 일종의 강제 저축 수단으로서 환급 받는 것을 선호한다. 환급을 받으면 뜻밖의 횡재를 한 기분이 들기 때문이다.

은 가격을 낮춰줄 수는 있지만 언제나 소비자들에게 최선이 되는 결과로 이어지지는 않는다.

심지어는 우리가 적절한 선택을 하고 있을 때에도 경쟁적인 시장이 끼어들어 부적절한 선택에 대한 마지막 저항을 무력화시킬 방안들을 모색한다. 시카고의 오헤어 국제공항(O'Hare Airport)에는 먹을 것을 파는 두 판매점이 통로를 사이에 두고 마주보며 경쟁을 벌이고 있다. 한 군데는 과일과 요구르트, 여타의 건강식품을 판매한다. 다른 한 군데는 무려 730칼로리와 24그램의 지방을 자랑하는 계피 빵 시나본(Cinnabon)을 판매한다. 당신의 계획하는 자아는 요구르트와 과일 판매점으로 경로를 정하지만, 시나본 판매점의 오븐에서 바로 앞 통로로 냄새가 퍼져나간다. 늘 사람들이 더 길게 줄을 서는 곳은 어디일까?

심적 회계: 5천 달러가 있는데도 카드 빚 3천 달러를 갚지 않는 이유

자명종 시계와 크리스마스 클럽은 사람들이 자기 통제 문제를 해결하는 수단으로 사용하는 외적 장치다. 이 문제에 대한 또 다른 접근법은 '심적 회계(mental accounting)'라는 내적 통제 시스템을 활용하는 것이다. 심적 회계는 각 가정에서 (때로는 암묵적으로) 가정 예산을 평가하고 조정하고 처리하는 데 사용하는 시스템이다. 우리는 거의 모두가 심적 회계를 사용하고 있다. 다만, 그것을 자각하지 못하는 것뿐이다.

어느 DVD에 실린 부가영상에서 배우 진 해크먼(Gene Hackman)과 더스틴 호프만(Dustin Hoffman)이 나누는 대화를 들어보면 그 개념을 적절하게 이해할 수 있다. 해크먼과 호프만은 배고픈 예술가 시절부터 친구로 지내왔다. 이 대화에서 해크먼은 호프만의 아파트를 찾아갔을 때 호프만이 자신에게 돈을 빌려달라고 청한 일화를 들려준다. 당시 해크먼은 호프만의 청을 승낙했지만, 잠시 후 호프만의 집 주방에서 조리대에 나란히 놓인 돈 통들을 보게 된다. 하나에는 '집세'라는 라벨이, 또 하나에는 '공과금'이라는 라벨이 붙어 있었고, 그 밖에도 제각기 라벨이 붙은 통들이 여러 개 있었다. 해크먼이 통에 돈이 그렇게 많은데 왜 돈을 빌려야 하느냐고 묻자, 호프만은 '식료품'이라고 적힌 통을 가리켰다. 그 통은 텅 비어 있었다.

경제이론에(그리고 단순한 논리에) 따르면, 돈은 '대체 사용이 가능한' 것이다. 즉, 어떤 돈을 반드시 '라벨'대로 써야 하는 것은 아니라는 얘기다. '집세' 통에 든 20달러로도 '식료품' 통에 든 20달러와 똑같은 양의 식료품을 구입할 수 있다. 그러나 일반 가정들은 조직들과 똑같은 이유로, 즉 소비를 통제하기 위해서 대체 사용 논리에 위배되는 심적 회계를 채택한다. 대부분의 조직들은 각 활동별로 예산을 정해놓는다. 그런 조직에서 일해본 사람이라면 관련 예산이 이미 고갈되었다는 이유로 중요한 무언가를 구입하지 못하는 상황을 겪어봤을 것이다. 더스틴 호프만이 주방 조리대에 있는 '집세'를 식료품에 쓸 수 없었듯이, 어느 한 항목의 예산이 부족해도 다른 예산 항목에 남아 있는 돈을 쓸 수는 없다는 얘기다.

가정에서도 이처럼 대체 사용 불가능한 경우는 어디서나 찾아볼 수 있다. 가장 창의적인 심적 회계의 예는 바로 우리가 잘 아는 재무학 교수가 고안한 예일 것이다. 그는 매년 초에 일정액의 돈(가령 2천 달러)을 자선단체인 유나이티드 웨이(United Way) 기부금으로 할당해놓는다. 그런 다음, 만약 그 해에 불상사(가령 주차 위반 벌금 부과)가 일어나면 유나이티드 기부금 예산액에서 벌금의 액수를 마음속으로 제하는 것

이다. 그에게는 이러한 심적 회계가 작은 금융 사고에 대한 일종의 보험 역할을 한다.[4]

카지노에서도 심적 회계가 작용하는 것을 볼 수 있다. 어떤 도박꾼이 운이 좋아서 초저녁에 돈을 땄다고 가정해보자. 그는 딴 돈을 한쪽 주머니에 넣고 그날 저녁에 도박을 하려고 가져온 돈(이것 역시 또 하나의 심적 계좌이다)은 다른 쪽 주머니에 넣을 것이다. 심지어는 이것을 일컫는 용어도 존재한다. 도박사들은 최근에 딴 돈을 '하우스 머니(house money)'라고 부른다. 도박 용어로 카지노를 하우스라고 부르기 때문이다. 딴 돈의 일부를 베팅하는 것은 '하우스 머니로 도박한다'고 한다. 어쨌든 그 돈은 자신이 가져온 돈과는 다르다. 실험 결과, 사람들은 하우스 머니라고 생각하는 돈으로는 보다 기꺼이 도박에 참여할 의사가 있는 것으로 나타났다.(4)

도박을 하지 않는 사람들에게도 이와 동일한 심리가 영향을 미친다. 투자를 해서 돈을 번 사람들은 '딴 돈'으로 기꺼이 큰 모험에 뛰어든다. 예를 들어, 심적 회계는 1990년대의 대규모 주가 상승에 크게 기여했다. 수많은 사람들이 지난 몇 년 동안 주식으로 벌어들인 돈만으로 투자를 하는 것이라고 합리화하며 점점 더 높은 리스크를 감수했기 때문이다. 이와 유사하게, 사람들은 오랫동안 모은 저축보다는 뜻밖의 횡재를 했을 때 충동적으로 비싼 사치품에 돈을 쓸 확률이 훨씬 더 높다. 오랫동안 모은 돈도 사실은 당장 쓸 수 있는 돈인데 말이다.

심적 회계가 중요한 것은 각 예산액이 대체 사용될 수 없는 것으로

---

4 당신은 이것이 유나이티드 웨이의 돈이 빼앗는 행위라고 생각할지도 모르지만, 사실은 그렇지 않다. 그 교수는 모든 불행한 사고를 충분히 해결할 수 있도록 기부금 예산을 충분히 크게 잡아야 하니까 말이다.

간주되기 때문이다. 더스틴 호프만이 (그리고 그의 부모 세대가) 사용한 돈 통은 대부분 사라진 것이 사실이다. 그러나 수많은 가정들은 여전히 용도에 따라, 즉 자녀교육이나 휴가 · 은퇴 등에 별도의 예산을 할당한다. 많은 경우, 원장에 기입되는 것과는 반대로 이것들은 말 그대로 '서로 다른' 계좌들이다. 즉, 절대 다른 용도로 쓰일 수 없다는 의미다. 이러한 신성불가침성은 기묘해 보이는 행동으로 이어질 수 있다. 일테면, 제각기 매우 상이한 이자율로 돈을 빌려주고 빌리는 것이 그 예이다. 데이비드 그로스(David Gross)와 닉 소울레스(Nick Souleles)는 미국 표본 집단을 선정하여 조사한 결과, 일반 가정의 경우 유동자산(대개는 연이율 5% 이하인 예금계좌)으로 5천 달러 이상을 갖고 있으면서도, 평균 이율이 18%가 넘는 신용카드 부채를 거의 3천 달러씩 보유하고 있다는 점을 발견했다. 예금계좌에 있는 돈으로 신용카드 부채를 갚으면 경제학자들이 일컫는 '차익거래 기회(arbitrage opportunity, 즉 싸게 사서 비싸게 팔 수 있는 기회)'를 이용할 수 있지만, 대다수 가정들은 이를 실천하지 않는다.

그러나 크리스마스 클럽 사례에서와 마찬가지로, 이러한 행위는 보이는 것만큼 어리석은 것이 아닐 수도 있다. 이러한 가정들 가운데 상당수는 신용카드를 최대한도까지 사용한다. 그들은 예금계좌에 있는 돈으로 신용카드 부채를 갚은 다음, 곧이어 다시 한도액까지 사용하리라는 것을 스스로도 잘 알 것이다(신용카드 회사들도 이 점을 감안하여 연체만 하지 않는다면 한도액까지 사용하는 사람들의 신용등급을 흔쾌히 올려준다). 이런 점에서, 별도의 구좌에 돈을 넣어놓는 것은 크리스마스 클럽의 경우에서처럼 높은 비용이 따르는 또 하나의 자기 통제 전략이라고 할 수 있다.

물론 많은 사람들은 저축을 못한다고 크게 걱정하지 않는다. 그러나 실제로 돈을 쉽게 쓰지 못하는 사람들도 있다. 그 정도가 극히 심한 사람들은 '구두쇠'라고 부르지만, 때로는 보통 사람들도 꼭 필요한 것을 구입하지 못하는 경우가 있다. 우리의 친구 데니스(Dennis)는 이 문제를 해결하기 위해 현명한 심적 회계 전략을 채택했다. 65세가 되었을 때 데니스는 아내와 둘 다 정직으로 일하고 있음에도 불구하고 사회보장급여를 수령하기 시작했다. 데니스는 수년 동안 꽤 많은 돈을 저축했으므로(부분적으로는 그의 고용주가 강제적이지만 관대한 은퇴연금 프로그램에 가입했기 때문이다). 병약해지기 전에 자신이 좋아하는 것들(특히 파리에 가서 많은 음식을 먹어보는 것)을 하되, 비용 때문에 나중으로 미루는 일이 없도록 보장받고 싶었다. 그래서 그는 특별 예금구좌를 개설하고 사회보장급여를 별도로 저축하며 해당 구좌의 돈을 '재미 예산'으로 정했다. 그 돈으로 멋진 새 자전거나 훌륭한 포도주를 구입할 수는 있지만 지붕 수리 등의 비용을 납부하는 일은 절대 용인할 수 없다는 의미로 말이다.

우리들 각자에게도 심적 회계를 활용하는 것은 극도로 가치 있는 일이 될 수 있다. 삶을 보다 재미있고 안전하게 만들어주기 때문이다. 대부분의 사람들은 거의 신성불가침한 '비상사태' 계좌와 자유롭게 이용가능한 '오락 및 재미' 계좌를 활용함으로써 많은 혜택을 얻을 수 있다. 심적 회계에 대한 이해는 또한 공공정책 개선으로 이어질 수도 있다. 앞으로 보게 되겠지만, 사람들의 저축을 장려하고 싶다면 저축 증가분을 심적(혹은 실질적) 계좌로 전환시키는 것이 중요할 것이다. 심적 계좌는 과도하게 돈을 소비하고 싶은 욕구를 통제해줄 테니까 말이다.

3
인간은 떼 지어 몰려다닌다

짐 존스(Jim Jones)라는 사이비 교주는 인민사원(People's Temple)의 창시자이자 지도자였다. 1978년에 탈세 혐의를 받게 된 존스는 천 명에 달하는 추종자들 대부분을 샌프란시스코에서 가이아나의 작은 정착지로 이주시키고 이곳을 존스타운이라 불렀다. 아동학대와 고문행위가 접수되어 연방에서 수사에 착수하자 존스는 추종자들이 그들의 아이들을 독살한 다음, 그들 스스로도 목숨을 끊게 해야 한다고 결정했다. 그들은 다량의 독극물을 준비했다. 거부하는 사람도 있었고 강력하게 저항하는 사람도 있었지만 그러한 소란도 곧 잠잠해졌다. 그들은 존스의 명령과 서로가 서로에게 부과하는 사회적 압력에 따라 자녀들을 독살한 다음, 자신들도 독약으로 목숨을 끊었다. 그들의 시신은 서로서로 팔짱을 끼고 함께 누워 있는 상태로 발견되었다.(1)

이콘들은 (그리고 우리가 아는 일부 경제학자들은) 사교성이 다소 떨어지는 존재들이다. 그들은 타인과의 만남을 통해 무언가를 얻을 수 있을 때에는 타인들과 커뮤니케이션을 하고, 언제나 자신의 평판을 신경 쓰며, 실질적인 정보를 얻을 수 있을 때에는 타인들로부터 정보를 구한다. 그러나 이콘들은 유행을 좇지 않는다. 이콘들로만 이뤄진 세상이 있다면, 그곳에서는 실용적인 이유를 제외하고는 결코 치마길이가 올라가거나 내려가지 않을 것이며 단순히 스타일의 문제로 넥타이의 폭이 좁아지거나 넓어지지도 않을 것이다(참고로 얘기하면, 넥타이는 원래 냅킨으로 사용되었다. 실제로 모종의 기능을 갖고 있었다는 얘기다). 반면, 인간들은 다른 인간들에 의해 넛지를 당하는 경우가 빈번하다. 시장에서든 정계에서든 하나의 작은 사회적 넛지가 거대한 변화를 일으키기도 한다.

인간들은 분명 레밍쥐(lemming: 주로 북아메리카와 유라시아의 북쪽에서 서식하는 소형 설치류로, 3~4년 만에 한 번씩 개체군 '폭발'현상이 일어나면 스스로 절벽에서 뛰어내려 집단 자살을 함으로써 개체수를 줄이는 것으로 알려져 있다-옮긴이)와는 다르다. 그러나 타인의 말이나 행동에 쉽게 영향을 받는 것도 사실이다(참고로 얘기하자면, 레밍쥐들은 실제로 차례차례 바다에 뛰어들어 집단 자살을 하지는 않는다. 레밍쥐에 대해 널리 알려진, 다소 비방의 의미가 담긴 믿음들은 인간의 전설에 근거하는 것이다. 다시 말해, 사람들이 이것을 믿는 이유는 다른 이들을 추종하기 때문이다. 반면, 존스타운의 집단 자살 이야기는 결코 전설이 아니다). 영화에서 사람들이 미소를 짓는 장면이 나오면 (재밌는 영화든 아니든) 당신도 미소를 지을 가능성이 높다. 하품도 전염성을 갖는다. 두 사람이 오랫동안 함께 살면 서로를 닮아간다는 속설이 있다. 이러한 속설은 결국 사실로 드러났다(궁금해하는 사람들을 위해 부연하면, 그들이 서로를 닮아가는 것은 영양학적인 측면, 즉 식단과 식습관이 똑같기 때문이기도 하지만, 그보다는 단순히 얼굴 표정을 따라하는 것이 훨씬 더 큰 영향을 미친다). 사실, 서로 닮아가는 부부들은 비교적 행복한 결혼생활을 하는 경향이 있다!

이 장에서 우리는 사회적 영향력의 작용 방식과 이유를 규명할 것이다. 우리의 맥락에서 그러한 영향력을 이해하는 것은 두 가지 이유에서 매우 중요하다. 첫째, 대부분의 사람들은 타인들로부터 배움을 얻는다. 물론, 이것은 대개의 경우 유익한 일이다. 개인과 사회는 타인으로부터 배움을 얻음으로써 발전해나간다. 그러나 우리가 가진 최대의 잘못된 생각들 가운데 상당수 역시 타인으로부터 배운 것이다. 사회적인 영향력 때문에 사람들이 거짓 믿음 혹은 편향된 믿음을 갖게 되었다면 특정한 넛지가 도움이 될 수 있을 것이다.

이러한 주제가 우리의 목적과 관련하여 중요한 의미를 갖는 두 번째 이유는 (선한 쪽으로든 악한 쪽으로든) 가장 효과적으로 넛지를 가하는 한 가지 방법은 사회적 영향력을 활용하는 것이기 때문이다. 존스타운에서는 그러한 사회적 영향력이 너무도 강력해서 주민 전체가 자살하는 결과를 낳았다. 그러나 사회적 영향력은 또한 크고 작은 기적들을 만들어냈다. 우리가 사는 곳을 포함하여 수많은 도시에서 이제는 사람들이 개를 산책시킬 때 비닐봉지를 갖고 다니며, 그 결과 공원을 산책하는 일이 훨씬 더 즐거워졌다. 게다가 개를 데리고 다니면서 주변 정화에 신경 쓰지 않는 사람에게 벌금이 부과되는 것이 아닌데도 이러한 현상이 일어났다는 점을 감안할 때, 선택 설계자들은 존스타운과 같은 사건을 막는 방법뿐 아니라 사회적으로 유익한 여타의 행동을 독려하는 방법까지 파악할 필요가 있다.

사회적 영향력은 두 가지 기본적인 범주로 나눌 수 있다. 첫 번째 범주에는 정보가 포함된다. 수많은 사람들이 취하는 행동이나 사고는 당신에게 최선이 되는 행동이나 사고가 무엇인지에 대한 정보를 전달한다. 두 번째 범주에는 동료 집단의 압력(peer pressure)이 포함된다. 타인이 자신을 어떻게 평가할지 신경 쓴다면(아래에서와 같이 어쩌면 타인이 자신의 행동을 주목한다는 착각 때문에 말이다), 그들의 분노를 피하거나 환심을 사기 위해 그들의 생각이나 행동을 따를 수도 있다.

다음과 같은 몇 가지 연구 결과를 통해 사회적 넛지의 힘을 훑어보자.

1 다른 십대들이 아이 갖는 것을 목격한 십대 소녀들은 그들 자신도 임신할 확률이 비교적 높다.[5]

2 비만은 전염성이 있다. 절친한 친구가 살이 찌면 당신의 체중이 늘어날 위험도 높아진다.

3 방송사들은 서로를 모방하며 프로그램 편성에서 달리 설명할 방도가 없는 일시적 유행을 양산한다. [리얼리티 프로그램들과 '아메리칸 아이돌(American Idol: 시청자와 심사위원들 앞에서 기량을 뽐낸 뒤 순위를 가리는 미국 폭스(Fox TV)의 연예인 오디션 프로그램-옮긴이)' 및 그 유사 프로그램들, 금방 사라지는 게임 프로그램들 그리고 공상과학물 등이 반복적으로 흥했다가 망하는 현상 등을 생각해보라.]

4 학문을 추구하고자 하는 대학생들의 노력은 또래들의 영향을 받는다. 따라서 신입생 때 무작위로 배정되는 기숙사나 룸메이트는 그들의 학점에, 나아가 미래의 전망에 커다란 영향을 미칠 수 있다(학부모들은 자녀가 진학하는 대학의 이름보다는 자녀와 함께 지낼 룸메이트를 더 신경 써야 할 것이다).

---

5 이 사례를 포함하여 모든 사례들에서 '다른 모든 조건이 동일할 때'라는 전제는 생략하겠다. 따라서 여기서는 십대 임신을 예보하는 다른 리스크 요인들을 통제한다는 전제하에, 다른 십대 소녀들이 아이 갖는 것을 목격한 십대 소녀들은 그들 자신도 임신할 가능성이 비교적 높다는 의미이다.

5 3인 판사위원회로 구성되는 연방 판사들은 동료 판사들의 선택에 영향을 받는다. 공화당에서 지명한 판사는 민주당 지명 판사 2명과 함께 배석할 경우 상당히 자유주의적인 투표 양상을 보이며, 전형적인 민주당 지명 판사는 공화당 2명과 함께 배석할 경우 상당히 보수적인 투표 양상을 보인다. 양쪽 지명 판사들 모두 반대 정당 지명 판사가 한 명 이상 배석할 경우에 훨씬 더 온건한 투표 양상을 보인다는 얘기다.(2)

결론은, 인간들은 타인들에 의해 쉽게 넛지를 당한다는 것이다. 왜 그럴까? 한 가지 이유는 우리가 틀에 따르기를 좋아하기 때문이다.

집단 동조: 개를 보고도 고양이라 말하는 이유

당신이 여섯 명으로 구성된 시각적 인지(visual perception) 테스트 집단에 속해 있다고 가정해보자. 주어진 과제는 터무니없이 단순하다. 커다란 흰색 카드에 선 하나가 그려져 있고 스크린에 세 개의 선이 투영된다. 당신은 스크린에서 카드의 선과 길이가 동일한 선을 찾기만 하면 된다.

처음 세 번의 실험에서는 모든 것이 원만하고 순조롭다. 사람들은 차례대로 길이가 똑같은 선을 큰 소리로 말하도록 요구받는데, 모두가 동일한 의견을 발표한다. 그러나 네 번째 실험에서는 이상한 일이 벌어진다. 해당 집단의 나머지 다섯 사람이 당신보다 먼저 길이가 똑같은 선을 발표한다. 그런데 모두 명백히 틀렸다. 이제 당신이 발표할 차례이다. 당신은 어떻게 할 것인가?

보통 사람이라면 해당 과제에서 자신이 보일 행동을 쉽게 예상할 수 있다고 생각할 것이다. 자신의 생각을 정확히 말할 수 있다고, 보이는 그대로 발표할 것이라고, 당신은 독립적으로 사고하는 사람이므로 진실을 말할 것이라고 말이다. 그러나 당신이 인간이고 진짜 이러한 실험에 참가했다면, 당신은 자신의 감각적 증거를 무시한 채 이전 발표자들이 말한 답을 그대로 따라하고 말 것이다.

1950년대에 뛰어난 사회 심리학자 솔로몬 애시(Solomon Asch)(1995)는 이와 똑같은 맥락에서 일련의 실험을 수행했다. 다른 이들의 판단을 보지 않은 채 혼자 결정을 내리라고 요구했을 때, 사람들은 이처럼 쉬운 테스트에서 거의 오류를 범하지 않았다. 그러나 다른 사람들이 모두 틀린 답을 내놓은 모습을 지켜본 사람들은 1/3이상이 역시 틀린 답을 내놓았다. 사실 12개의 문제에서 거의 3/4의 사람들이 적어도 한 번은 자신의 감각적 증거를 무시하고 집단을 따랐다. 한 가지 주목할 점은, 애시의 실험에서 사람들이 다시는 보지 않을 만한 낯선 사람들의 결정에 반응을 보였다는 사실이다. 즉 그들에게는 실험에 참가한 낯선 사람들에게 환심을 살 이유가 전혀 없었는데 말이다.

애시의 연구 결과는 인성에 대해 보편적인 사실을 말해주는 듯 보인다. 이러한 동조 실험은 자이르와 독일, 프랑스, 일본, 노르웨이, 레바논, 쿠웨이트를 포함한 17개국으로 확대되어 130차례 이상 되풀이되었다(선스타인, 2003). 이들 실험에서 사람들은 20~40% 동조하는 것으로 나타났는데, 전반적인 오류의 양상은 국가별로 큰 차이를 보이지 않았다. 20~40%라는 비율은 그리 큰 수치처럼 보이지 않을 수도 있다. 그러나 해당 과제가 매우 단순했다는 점을 잊어서는 안 된다. 그것은 자신보다 먼저 실험에 참가한 사람들을 따라서 개 사진을 고양이 사진이라고 말할 수 있을 정도로 강력하게 넛지를 당했다는 의미이다.

그렇다면 사람들이 이따금씩 자신의 감각적 증거를 무시하는 정확한 이유는 무엇인가? 우리는 이미 그에 대한 두 가지 답을 간략하게 설명한 바 있다. 첫 번째 답은 사람들의 답변에서 모종의 정보가 전달되기 때문이며, 두 번째 답은 동료들의 압력과 집단의 비난을 마주하지 않고자 하기 때문이다. 애시의 실험에서 이전 참가자들의 틀린 답에 동조한 몇몇 사람들은 개별 면담을 할 때 자신들의 초기 인식이 분명히 잘못되었을 거라고 말했다. 이렇듯 방 안에 있는 모든 사람들이 특정한 전제를 특정한 방식으로 보거나 받아들인다면 당신은 그들이 십중팔구 옳다는 결론을 내릴 수 있다. 신기하게도 최근의 두뇌영상 연구 결과, 애시 실험과 같은 상황에서 다른 이들에게 동조하는 사람들은 실제로 다른 모든 사람들과 똑같은 방식으로 상황을 바라본다는 사실이 밝혀진 바 있다.(3)

한편 사회 과학자들은, 기본적으로 애시의 실험에서와 같은 상황에서 익명으로 답을 하게 된 사람들은 일반적으로 동조하는 경향이 낮다는 사실을 발견했다. 결론적으로, 사람들은 자신이 말하는 광경을 타인이 보게 된다는 사실을 알고 있을 경우에 동조하는 경향이 더 높아진다는 얘기다. 심지어 사람들은 다른 사람들이 모두 실수했다고 생각하는 혹은 확신하는 경우에도 집단에 동조하는 경향이 있다. 이런 점에서, 만장일치로 의견이 수렴되는 집단은 가장 강력한 넛지를 가할 수 있는 셈이다. 당면 문제가 너무 쉬워서 당연히 다른 사람들이 모두 틀렸다고 인식해야 마땅한 경우에도 말이다.

애시의 실험은 꽤 명백한 답들이 나오는 평가를 포함했다. 선분의 길이를 가늠하는 것은 대체로 그리 어렵지 않은 과제이다. 과제가 좀 더 어려워진다면 어떻게 될까? 우리의 목적과 관련하여 이 문제가 특히 중요한 것은, 우리가 어렵고도 생소한 문제를 다룰 때 사람들이 어떻게 영향을 받는지 또는 어떻게 영향을 받을 수 있는지에 대해 각별한 관심을 갖고 있기 때문이다.

1930년대에 무자퍼 셰리프(Muzafer Sherif, 1937)라는 심리학자는 몇 가지 핵심적인 연구를 수행한 바 있다. 셰리프는 사람들을 어두운 방에 들어가게 한 다음, 어느 정도 떨어진 앞쪽에 작은 광원을 설치했다. 이 광원은 사실 고정되어 있었지만, 자동운동효과라는 인지적 착각 때문에 움직이는 것처럼 보였다. 셰리프는 여러 차례 실험을 실시하며 매번 사람들에게 불빛이 움직인 거리를 추정하라고 요구했다. 개별적으로 물었을 때 피실험자들의 답변은 서로 일치하지 않았으며 매 실험마다 각자의 답변도 현저하게 달라졌다. 이것은 그리 놀라운 일이 아니다. 불빛은 실제로 고정되어 있었기 때문에, 불빛의 이동 거리에 대한 판단은 모두 그때그때의 억측이었으니까.

그러나 셰리프가 커다란 동조 효과를 발견한 것은 사람들에게 소규모 집단으로 모여 실험을 수행한 다음, 자신이 측정한 값을 공개하도록 요구했을 때였다. 개개인의 판단이 하나로 수렴되어 신속하게 거리에 대한 합의가 구축된 것이다. 시간이 흐르면서 각 집단의 평균은 일정하게 유지되었고, 결국 각 집단이 다소 상이한 판단을 내려 그것을 강력하게 고수하는 상황으로 이어졌다. 여기서 우리는 유사해 보이는 집단들과 도시들, 심지어는 국가들이 어떻게 단순히 출발점에 존재하는 작은 변형들, 심지어는 임의의 변형들 때문에 그토록 상이한 신념과 행동을 고수하게 되는지와 관련하여 한 가지 중요한 단서를 찾을 수 있다.

셰리프는 또한 넛지를 시도해보았다. 몇몇 실험 참가자들 몰래 자신의 공모자를 투입한 것이다. 그러자 다른 결과가 도출되었다. 공모자가 자신 있고도 단호하게 자신의 의견을 말하자 그의 판단이 집단의 판단에 강력한 영향을 미쳤다. 공모자의 추정치가 다른 사람들의 초기 추정치보다 훨씬 높으면 집단의 추정 결과가 올라가고, 공모자의 추정치가 아주 낮으면 집단의 추정 결과도 내려간 것이다. 아무리 작은 넛지라도 단호하게 표현될 경우에는 집단의 평가에 주요한 영향을 미칠 수 있다. 여기서 얻을 수 있는 분명한 교훈은, 민간부문이나 공공부문에서 흔들림 없이 일관성을 지키는 사람들은 집단과 관행들을 자신이 선호하는 방향으로 이끌 수 있다는 사실이다.

이보다 더 놀라운 것은 집단의 판단이 완전히 내면화되어 사람들이 보고할 때에도 그러한 결과를 고수한다는 사실이다. 심지어는 1년 후에도 그리고 새로운 집단에 참여하여 그 집단의 구성원들이 상이한 판단을 제시하는 경우에도 말이다. 더욱 중요한 것은 초기 판단이 '세대'를 넘어서도 영향을 끼치는 것으로 드러났다는 점이다. 새로운 피실험자들이 충분히 많이 확보되고 기존의 피실험자들이 물러나서 완전히 새로운 참가자들이 상황을 구성한 상태였음에도 그들은 기존 집단의 판단을 고수하는 경향이 있었다. 처음에 이러한 판단을 내놓은 사람들이 오래전에 사라졌는데도 말이다.(4) 기본적으로 셰리프의 방법을 사용하여 일련의 실험을 수행한 사람들은, 거리 판단이라는 형태로 나타난 임의적인 '전통'은 시간이 지날수록 더욱 굳건해질 수 있으며, 따라서 그 본질적인 임의성에도 불구하고 수많은 사람들이 따르게 된다는 사실을 입증해보였다.(5)

여기서 우리는 수많은 집단이 '집단 보수주의(collective conservatism)', 즉 새로운 필요가 대두되고 있는데도 집단이 기성의 양상을 고수하려는 경향의 늪에 빠지는 이유를 알 수 있다. 일단 (넥타이를 매는 등의) 한 가지 관행이 확립되면, 설사 특별한 근거가 없다고 해도 그것이 영속될 가능성이 높다. 때때로 전통은, 본래 그것이 소수의 사람들, 심지어는 어느 한 사람에게서 나온 작은 넛지의 산물이었다고 해도 오랫동안 명맥을 지키면서 다수의 사람들로부터 지지를 혹은 최소한 용인을 받을 수 있다. 물론, 해당 관행이 심각한 문제를 야기한다는 증거를 찾을 수 있다면 집단은 그것을 바꿀 것이다. 그러나 이러한 문제가 확실하지 않을 경우에는 당연히 기존의 방식을 고수할 것이다.

여기서 중요한 문제는 '다원적 무지(pluralistic ignorance)'이다. 다원적 무지는 타인이 생각하는 바의 일부 혹은 대부분을 주지하지 못하는 것을 의미한다. 우리가 종종 어떤 관행이나 전통을 따르는 것은 그것을 좋아하거나 옹호할 가치가 있다고 생각해서가 아니라 단지 다른 사람들 대부분이 좋아한다고 생각하기 때문이다. 수많은 사회적 관행들이 이러한 이유로 그 명맥을 지켜오고 있으므로, 작은 충격이나 작은 넛지 하나만으로도 그것을 몰아낼 수 있다.(6)

한 가지 극단적인 예는 바로 구소련의 공산주의다. 구소련의 공산주의가 지속될 수 있었던 것은 부분적으로 사람들이 공산주의 체제를 경멸하는 인구가 얼마나 많았는지 몰랐기 때문이다. 세계사적으로 이처럼 중요하진 않지만 오랜 관행들을 거부하는 극적인 변화들은 종종 일종의 편승효과(bandwagon effect)를 자극하는 넛지를 통해 양산될 수 있다.

애시의 기본적인 방법을 뛰어넘은 각종 실험들이 이뤄지면서 여러 가지 유형의 판단들과 관련한 커다란 동조 효과들이 발견된 바 있다.(7) 다음과 같은 연구 결과를 생각해보자. 사람들에게 "다음 중 현재 우리

나라가 당면한 가장 중요한 문제는 무엇이라고 생각하는가?"라는 5지 선다형 질문이 주어졌다. 보기는 경기침체와 교육시설, 파괴활동, 범죄, 부정부패였다. 개별적으로 질문했을 때, 파괴활동을 답으로 선택한 사람은 12%에 불과했다. 그러나 다른 이들이 모두 파괴활동을 선택했다는 전제를 제시하자 48%의 사람들이 이것을 답으로 택했다!

이와 유사한 연구에서 사람들에게 다음 진술을 숙고해보라고 요구했다. "자유 발언은 권리라기보다는 특권이므로, 위협감을 느낄 때에는 사회가 자유 발언을 중지시키는 것이 적절하다." 개별적으로 질문했을 때, 대조집단 가운데 이에 동의한 사람은 19%에 불과했다. 그러나 겨우 4명의 사람들이 같은 의견을 보유했다는 전제가 주어지자 58%의 사람들이 이에 동의했다. 이러한 결과는 애시의 기본적인 관심사항 가운데 하나, 즉 나치주의가 가능할 수 있었던 이유를 이해하는 것과도 밀접하게 연관된다. 애시는, 동조는 매우 지속적인 넛지를 양산함으로써 궁극적으로는 생각할 수조차 없는 것으로 보이는 행동(존스타운에서 일어난 사건들과 같은 행동)을 낳을 수 있다고 믿었다.

애시의 연구가 파시즘의 발생 또는 존스타운에서 일어난 사건들을 적절히 설명해주는지 여부를 떠나서, 사회적 압력이 사람들로 하여금 모종의 다소 이상한 결론들을 수용하도록 넛지를 가한다는 데에는 (그리고 그러한 결론이 사람들의 행동에 영향을 미친다는 데에는) 의심의 여지가 없다. 한 가지 분명한 문제는, 선택 설계가 이러한 사실을 이용하여 사람들을 보다 나은 방향으로 움직일 수 있는가이다. 예를 들어, 어느 시(市)가 사람들의 건강을 개선하기 위해 운동을 장려하려 한다고 가정해보자. 많은 사람들이 운동을 하고 있다면 시 당국은 단순히 그러한 사실을 언급하는 것만으로도 커다란 변화를 이룩할 수 있다. 또한, 영향력을 가진 소수의 사람들이 적절한 행동에 대해 강력한 신호를 보냄으로써 이와 유사한 효과를 달성할 수도 있다.

텍사스 주는 고속도로에 버려지는 쓰레기를 줄이기 위해 창의적인 노력을 기울여 놀라운 성공을 거둔 바 있다.(8) 그 방식을 살펴보자. 처음에 텍사스 주 관리들은 막대한 자금을 들여 요란한 광고 캠페인을 벌였다. 쓰레기를 아무 데나 버리지 않는 것이 시민의 의무라고 납득시키려 했던 것이다. 그러나 그 결과는 대실패였다. 쓰레기를 버리는 사람들의 대다수는 18~24세의 남자들로서, 관료주의적인 엘리트들이 자신들의 행동을 변화시키고자 한다는 사실을 크게 개의치 않는 사람들이었던 것이다. 그리하여 텍사스 주 관리들은 '독특한 텍사스만의 자긍심까지 전달할 수 있는 거친 말투의 표어'가 필요하다는 결론을 내렸다. 반응 없는 청중을 노골적으로 겨냥한 텍사스 주는 인기 풋볼팀인 댈러스 카우보이(Dallas Cowboys)의 선수들을 참여시켜, 그들이 쓰레기를 줍고 맨손으로 맥주 캔을 찌그러뜨리며 "텍사스를 더럽히지 마!(Don't mess with Texas!)"라고 으르렁대는 텔레비전 광고를 제작했다. 또 다른 광고에는 윌리 넬슨(Willie Nelson) 같은 유명 가수들을 출연시키기도 했다.

이제 사람들은 도안 그림에서부터 티셔츠와 커피 잔에 이르기까지

그림 3.1 "텍사스를 더럽히지 마!" 로고.
(텍사스 주 교통국 '텍사스를 더럽히지 마' 캠페인 팀의 허락 하에 사용함)

"텍사스를 더럽히지 마!"라는 문구가 찍힌 제품을 무엇이든 구할 수 있다. 그 중 인기 있는 도안 가운데 하나는 성조기와 (어쩌면 그보다 더 중요한) 텍사스 주 깃발(그림 3.1)이 모두 투사된 컬러 도안이다.

지금은 텍사스 주민의 약 95%가 이 표어를 알고 있으며, 2006년에는 "텍사스를 더럽히지 마"라는 표어가 미국이 가장 사랑하는 표어로 압도적인 지지를 얻어 뉴욕 시 매디슨 거리를 행진하는 영광을 누리기도 했다(우리가 꾸며낸 이야기가 아니다. 미국은 실로 이런 일이 가능한 나라다). 좀 더 정확한 결과를 파헤쳐보면, 캠페인이 있은 뒤 1년 만에 텍사스 주의 쓰레기는 무려 29%나 줄었고, 6년 후에는 도로변의 쓰레기가 72% 감소했다. 이 모든 것이 강제나 위협 또는 강압에 의한 것이 아니라 창의적인 넛지를 통해 일어난 일이다.

조명효과: 모두가 나를 주목해요

사람들이 사회 규범이나 유행에 동조하기 위해 그토록 열심히 노력하는 한 가지 이유는, 다른 이들이 자신의 행동을 크게 주목한다고 생각하기 때문이다. 다른 사람들이 모두 캐주얼 차림으로 참석한 사교 모임에 정장을 입고 간다면, 다른 사람들이 자신을 우습다는 듯이 쳐다보며 괴짜 같은 사람처럼 생각할 거라는 느낌을 받게 된다. 당신이 그러한 두려움에 사로잡혀 있다면, 다음과 같은 생각이 위안을 안겨줄 것이다. 바로 사람들은 당신이 생각하는 것만큼 당신을 크게 주목하지 않는다는 것이다.

톰 길로비치와 그의 동료들은 사람들이 모종의 함정에 빠지고 있음을 입증한 바 있다. 그는 이 함정을 '조명효과'라고 일컬었다.(9) 한 전형적인 실험에서 길로비치의 연구팀은 먼저 티셔츠의 앞면에 넣었을 때 가장 볼품없어 보이는 연예인이 누구인지를 조사했다. 1990년대 후반에 수행된 이 연구에서 영예의(?) 주인공을 차지한 사람은 바로 가수 배리 매닐로우(Barry Manilow)였다. 연구팀은 실험에 참석한 한 학생에게 해당 장소에 도착하자마자 앞면에 배리 매닐로우의 사진이 대문짝만하게 박힌 티셔츠를 입으라고 요구했다. 그런 다음, 다른 학생들이 분주하게 설문지를 작성하고 있는 방으로 그 학생을 들여보냈다. 약 1분 후에 길로비치의 팀원이 돌아와서 그 티셔츠를 입은 학생에게 사실은 다른 실험에 참가시킬 예정이었는데 착오가 있었다며 학생을 데리고 나갔다. 그리고 그 시점에서 해당 학생에게 함께 방안에 있던 학생들 가운데 그의 티셔츠에 그려진 사람을 알아본 사람이 몇 명이나 될 것 같은지 물었다. 티셔츠를 입은 당사자가 예측한 평균치는 절반에 조금 못 미치는 46%였다. 그러나 실제로 해당 집단에서 그의 티셔츠에 그려진 사람을 알아맞힌 학생은 21%에 불과했다.

이 실험이 주는 교훈은, 사람들은 당신이 생각하는 것만큼 당신에게 관심을 갖지 않는다는 것이다. 셔츠에 얼룩이 묻었어도 크게 걱정할 필요는 없다. 사람들은 필경 눈치 채지 못할 테니까 말이다. 그러나 사람들은 부분적으로는 모든 사람들이 자신을 주목한다고 생각하기 때문에, 다른 사람들이 기대한다고 생각되는 바에 부합하려 노력한다.

무작위와 예측 불가능성: 시애틀 자동차 앞유리 파손사건

문화와 정치가 동조성의 영향을 받을 수 있을까? 기업이 동조성에 힘입어 돈을 버는 일이 가능할까? 음악 다운로드와 관련된 증거를 생각해보자. 매슈 샐거니크(Matthew Salganik)와 그의 공저자들(2006)은 젊은이들에게 인기 있는 어느 웹사이트의 방문자 14,341명과 함께 모의 음악시장을 만들었다. 참가자들에게는 무명 밴드들이 부른 생소한 노래들이 주어졌다. 그들의 과제는 각자 호감이 가는 노래들을 잠깐 듣고 (마음에 드는 곡이 있을 경우) 다운로드할 곡들을 선택한 다음, 자신이 선택한 곡에 점수를 매기는 것이었다. 참가자의 절반에게는 각 밴드들의 이름과 노래 그리고 나름대로 판단한 해당 음악의 질을 토대로 독립적인 결정을 내리라고 요구했고, 나머지 절반에게는 곡별로 다른 참가자들이 다운로드한 횟수를 보여주었다. 이 두 번째 집단에 속한 참가자들은 또한, 여덟 개의 '월드(world)' 중 하나에 무작위로 배정되었으며, 한 월드에 속한 사람은 해당 월드에 속한 곡의 다운로드 횟수만 볼 수 있었다. 핵심 문제는 사람들이 타인의 선택에 영향을 받는지 그리고 각각의 '월드'에서 인기를 끄는 곡들이 서로 다를 것인지 여부였다.

사람들이 다른 사람들의 행위에 의해 넛지를 당했을까? 여기에는 의심의 여지가 전혀 없었다. 총 여덟 개의 월드에서 사람들은 이전에 다운로드된 횟수가 월등히 높은 노래를 다운로드할 확률이 훨씬 높았으며 인기가 없는 곡들을 다운로드할 확률은 현저히 낮았다. 가장 놀라운 것은 각 노래의 성공 여부를 예측하기가 불가능했으며, 자신의 판단에만 의존해야 했던 대조군에서 월등히 높은 성적을 거두거나 현저하게 낮은 성적을 거둔 노래들이 '사회적 영향이 작용한 월드들'에서는 판이한 성적을 보일 수 있었다는 점이다. 이들 월드들에서는 대부분의 노래의 인기 여부가 맨 처음 다운로드한 사람의 선택에 따라 크게 좌우될 수 있었다. 똑같은 노래도 단순히 처음에 다른 사람들이 해당 노래를 다운로드했는지 여부를 보여주느냐에 따라 성패가 좌우될 수 있었다.

수많은 영역에서 사람들은 사후에 해당 결과가 전적으로 예측 가능했으며 어떤 음악가나 배우, 작가, 정치가의 성공은 그 사람의 능력과 품성에 의해 좌우된다고 생각하고픈 유혹에 빠진다. 이러한 유혹은 경계해야 한다. 결정적인 단계에 개입되는 작은 간섭과 우연까지도 결과에 커다란 차이를 유발할 수 있기 때문이다. 잘나가는 가수도 필경, 동등한 재능을 가진 수십 · 수백 명의 무명가수들과 큰 차이가 없을 것이다. 범위를 좀 더 넓혀보면, 오늘날의 미국 주지사들 대부분은 선거에서 참패한 수십 혹은 수백 명의 정치가들과 크게 다르지 않을 것이다.

사회적 영향력의 효과는 특정한 사람들이 의도적으로 계획한 것일 수도 있고 그렇지 않은 것일 수도 있다. 아무도 계획을 세우지 않았다고 해도 사회적 영향력은 믿음에 영향을 미칠 수 있다. 이와 관련하여 다소 재미있고 생생한 예를 살펴보자. 바로 시애틀의 유행성 자동차 앞유리 흠집 사건이 그것이다.(10)

1954년 3월 말, 워싱턴 주 벨링햄의 주민들 일부는 자신들의 자동차 앞유리에서 작은 구멍이나 움푹 팬 자국을 발견했다. 관할 경찰들은 이러한 흠집이 BB탄이나 산탄을 사용한 파괴 행위의 산물이라고 추정했다. 얼마 후, 벨링햄 남쪽에 위치한 몇몇 도시들에서도 일부 주민들이 자신의 자동차 앞유리에 유사한 파손이 발생했다고 전해왔다. 파괴행위로 간주되던 차량 앞유리 파손 사건은 계속해서 남쪽으로 퍼져 나가 2주 후에는 파손 신고가 접수된 차량이 2천 대에 달했다. 더 이상은 파괴행위로 볼 수가 없었다. 그리고 마침내 그러한 위협이 시애틀에 도달했다. 4월 중순에 시애틀 신문들은 정식으로 이 같은 위험을 보도했고, 곧이어 또 다시 앞유리 파손 사건이 여러 건 접수되면서 관할 경찰들의 주목을 끌었다.

머지않아 이러한 신고가 전염병의 수준에 도달하면서 사람들은 가능한 원인에 대해 터무니없는 추측들을 내놓기 시작했다. 가이거 계수기(Geiger counter: 방사선의 개개 입자를 세는 데 효과적인 이온화 상자의 일종-옮긴이)로 측정한 결과, 방사능은 발견되지 않았다. 대기에 기묘한 변화가 일어난 것이라고 확신하는 사람들도 있었고, 지구 자장(磁場)의 변화와 음파를 원인으로 꼽는 사람들도 있었다. 또 어떤 사람들은 우주의 태양광선 때문이라고 주장하기도 했다. 4월 16일까지 시애틀 전역에 걸쳐 최소 3천여 건의 차량 앞유리 '흠집' 사건이 신고되자, 시애틀 시장은 즉시 주지사와 아이젠하워(Eisenhower) 대통령에게 편지를 썼다. "워싱턴 주 북부에서만 국지적으로 발생한 것으로 보이던 차량 유리 파괴행위가 이제 퓨젓사운드(워싱턴 주 북서부에 있는 북태평양 동부의 깊숙한 만-옮긴이) 전역으로 확산되었습니다.…… 담당 연방(그리고 주) 기관들이 신속히 지역 당국과 협력할 수 있도록 조처해주십시오." 주지사는 일단의 과학자들로 위원회를 구성하여 이 불길하고 놀라운 현상을 조사하기 시작했다.

결과는 어땠을까? 앞유리 파손은 별 것 아닌 것으로 밝혀졌다. '일반적으로 차량을 운행할 때 마주하게 되는 상황들, 일테면 작은 물체들이 앞유리와 충돌하는 등의 상황들에 기인'했을 가능성이 높은 것으로 조사된 것이다. 이후에 수행된 조사 결과 역시 과학자들의 결론을 뒷받침했다. 바로, 새차들에는 흠집이 없었다는 사실이다. 최종 결론은, 흠집들은 "이전부터 그 자리에 있었지만 지금까지 아무도 알아보지 못했다"는 것이었다 (이 글을 읽고 곧바로 자신의 자동차를 살펴보는 사람들도 있을 테지만, 얼마간 소유한 차라면 필경 한두 개 이상의 흠집이 나 있을 것이다).

시애틀의 유행성 자동차 앞유리 흠집 사건은 의도하지 않은 사회적 넛지를 극단적으로 보여주는 예이다. 그러나 우리는 늘 우리에게 영향을 미치려는 의도가 없는 사람들에 의해 영향을 받는다. 우리들 대부분은 식사를 함께 하는 사람들의 식습관에 영향을 받는다. 물론, 그들의 의도와는 관계없이 말이다. 앞에서도 말했듯이 비만에도 전염성이 있다. 주변에 과체중인 친구들이 많은 사람들은 그 자신도 과체중이 될 확률이 높다. 체중을 늘리기에 특히 좋은 방법 한 가지는 바로 다른 이들과 함께 저녁식사를 하는 것이다.(11) 평균적으로, 사람들은 누군가와 함께 식사를 할 경우, 혼자 먹을 때보다 약 35%를 더 먹는다. 네 명이 함께 식사할 경우에는 75%를 더 먹으며, 일곱 명 이상이 함께 식사할 때에는 96%를 더 먹는다.[6]

우리는 또한 관련 집단의 소비 규범에 의해서도 큰 영향을 받는다. 가볍게 먹는 사람들도 많이 먹는 사람들의 집단에 섞여 있으면 훨씬 더 많이 먹게 된다. 이렇듯 집단의 평균은 매우 큰 영향력을 발휘한다. 그러나 성별에 따른 차이점도 존재한다. 여성들은 종종 데이트를 할 때 적게 먹고 남성들은 많이 먹는 경향이 있는데, 이는 여성들이 남자답게 먹는 것을 좋아한다고 믿기 때문인 듯하다(남성들은 여성들이 실제로 그렇지 않다는 사실을 명심하기 바란다). 그러니 살을 빼고 싶다면 마른 동료를 찾아서 점심을 함께 먹어라(단, 그녀가 남긴 음식까지 먹어치워서는 안 된다).

---

6 닭을 기르는 동료 한 명은 닭들 역시 똑같은 행동양상을 보인다고 말한 바 있다. 이미 물리도록 모이를 많이 먹은 닭도 옆 닭장에 굶주린 닭이 들어오면 또 다시 먹기 시작한다는 것이다.

설사 친구들의 식습관이 당신에게 넛지로서 작용한다고 해도, 그 친구들이 당신에게 넛지를 가하기로 결심했을 가능성은 희박하다. 이와 동시에 사회적 영향력은 종종 전략적으로 사용되기도 한다. 특히 광고주들은 사회적 영향력의 힘을 완벽히 자각하고 있다. 그들은 종종 '대부분의 사람들이' 자사 제품을 선호한다거나 시대에 뒤떨어진 타 브랜드로부터 미래를 표상하는 자사 브랜드로 바꾸는 '사람들이 점점 늘고 있다'고 강조한다. 그들은 대부분의 사람들이 행하는 바를 알림으로써 넛지를 가하려고 노력하는 것이다.

공직 후보자들이나 정당들도 마찬가지다. 그들은 '대부분의 사람들이' 자신들이 지지하는 후보에게로 '눈을 돌리고 있다'고 강조한다. 이러한 진술 자체가 그것을 현실로 만들어줄 수 있다는 생각에서 말이다. 유권자들이 떼를 지어 특정 후보에게 등을 돌리고 있다는 것은 최악의 인식이 될 수 있다. 실제로 이런 유형의 인식은 2004년 존 케리(John Kerry)의 민주당 지명을 이해하는 데에도 도움이 된다. 민주당 지지자들이 하워드 딘(Howard Dean)에게서 존 케리에게로 옮겨간 것은 제각기 독자적으로 케리를 지지했기 때문이 아니었다. 그보다는 다른 사람들이 떼를 지어 케리에게로 옮겨가고 있다는 인식이 널리 퍼진 데에 크게 기인한다. 이쯤해서 던컨 왓츠(Duncan Watts)(2004)의 재미있는 설명을 인용해보겠다.

> "아이오와에서 간부회의를 갖기 몇 주 전만 해도 케리의 선거운동은 죽은 듯했다. 그러나 그는 뜻밖에도 아이오와와 뉴햄프셔에서 연이어 승리를 거뒀고, 이후 예비선거마다 계속해서 승전보를 남겼다. 어떻게 이런 일이 일어났을까? '모든' 사람들이 다른 이들에게 의존하여 의견을 구할 경우,

예를 들어, 다른 모든 사람들이 특정 민주당 후보를 택할 거라는 생각 때문에 해당 후보를 선택하고자 할 경우, 다른 이들이 어떤 정보를 가졌는지에 대해서는 전혀 의문을 품지 않은 채 가축들이 떼를 지어 몰려가는 것과 똑같이, 뚜렷한 이유 없이 시작되어 종국에는 동등한 가능성을 지닌 종착지들 가운데 어디로든 향할 수 있는 단계적인 모방 현상이 일어날 수 있다. 그러나 우리는 특히 선거에 관한 한, 우리 자신을 자율적인 개인으로 간주한다. 자신의 내적 능력과 욕구에 의해 추진력을 얻어 자신의 행동에 대해 전적으로 책임을 지는 자율적인 개인 말이다. 따라서 그 어떤 유권자도, 심지어는 자신에게조차도 케리가 뉴햄프셔에서 승리했기 때문에 그를 선택했다고 인정하지 않는다."

사회적 넛지: 높은 금연율 뉴스는 더 많은 금연을 유발한다

이제 전반적인 교훈은 명백히 드러났다. 선택 설계자들은 행동 변화를 원할 경우 그리고 넛지를 사용해서 이를 실현하고 싶을 경우, 그저 사람들에게 다른 이들이 행하고 있는 바를 알려주기만 하면 된다는 것이다. 때때로 타인들의 관행은 놀랍게 느껴지기 때문에, 사람들은 그것을 알게 되는 것만으로도 큰 영향을 받을 수 있다. 네 가지 예를 살펴보자.

미네소타 주 관리들이 조세법 이행과 관련하여 실질적인 실험을 수행한 결과, 커다란 행동 변화가 발견되었다.(12) 그들은 납세자들을 네 개의 집단으로 나눠 각 집단에게 서로 다른 종류의 정보를 제공했다. 첫 번째 집단에게는 시민들의 세금이 교육과 치안, 화재예방 등의 좋은 일에 쓰인다는 정보가 주어졌고, 두 번째 집단에게는 조세 정책에 순응하지 않을 경우 처벌을 받게 될 거라는 정보로 위협이 가해졌다. 또, 세 번째 집단에게는 세금용지 작성방법을 확실히 모르거나 헛갈릴 경우에 도움을 얻을 수 있는 방법을 알려주었다. 그러나 마지막 네 번째 집단에게는 이미 미네소타 주민들의 90% 이상이 세법상의 의무를 이행했다는 정보만을 제공했다.

이 네 가지의 개입조치 가운데 조세법 이행에 현저한 영향을 미친 것은 한 가지뿐이었는데, 그것은 바로 마지막 네 번째 조치였다. 일부 납세자들의 경우, 조세법 이행률이 상당히 낮은 수준이라는 잘못된 인식 때문에 법을 어길 확률이 더욱 높아지는 것으로 나타났다. 이러한 잘못된 인식은 주로 언론매체나 다른 탈세자들에게서 나오는 것이었다. 실질적인 세법 이행률이 높다는 정보가 주어지면 탈세율은 낮아진다. 이는 곧, 바람직한 행동이든 그렇지 못한 행동이든 다른 이들이 행하는 바에 주목하게 함으로써 적어도 어느 정도는 그 빈도수가 증가할 수 있다는 의미이다(정당들을 위한 힌트: 투표율을 높이고 싶다면, 많은 사람들이 선거를 하지 않았다고 불평해선 "안 된다").[7]

물론, 여러 가지 정황을 고려할 때 바람직하지 않은 행동이 발생하는 빈도는 높게 마련이다. 이 안타까운 사실은 변화를 가로막는 실질적인 장애물처럼 보인다. 사람들이 서로의 행동을 따른다면, 결국 우리는 악의 순환고리를 맴돌게 될지도 모를 일이다. 심지어는 악의 소용돌이로 떨어질 수도 있다. 이러한 사실에도 불구하고 사람들에게 보다 나은 방향으로 넛지를 가하는 일이 가능할 거라고 생각하는가?

---

7 이와 같은 맥락에서, 사람들은 재활용에 참여하는 사람들이 많다는 사실을 알게 되었을 때 재활용을 실천할 가능성이 높은 것으로 드러났다. 호텔의 경우에도 환경을 생각해서 혹은 경제적인 이유로 투숙객들이 수건을 재사용하길 바란다면 다른 손님들도 대부분 수건을 재사용한다는 점을 강조해야 한다. 해당 방의 이전 투숙객들이 책임감 있게 행동했음을 알린다면 훨씬 더 효과적일 것이다.

이에 대해 한 독창적인 연구는 긍정적인 답을 제시한 바 있으며, 동시에 해당 문제를 특정한 방식으로 프레이밍함으로써 강력한 효과를 낼 수도 있다는 관점을 보강해준다. 이 연구는 애리조나 주에 있는 미국 석화림 국립공원(Petrified Forest National Park)에서 수행되었다. 미국 석화림 국립공원은 사람들이 석화목을 기념품 삼아 집으로 가져가는 일이 많아지면서 존속 자체를 위협받는 상황에 처해 있다. 공원에는 부디 석화목을 가져가지 말라고 애원하는 표지판들이 여기저기 설치되어 있다. 문제는 표지판에 어떤 문구가 적혀 있어야 마땅한가였다. 템피에 거주하는 교수이자 사회적 영향력 분야에서 권위자로 인정받는 로버트 치알디니(Robert Cialdini)와 그의 연구팀은 공원에 설치된 표지판들을 개선함으로써 효과를 볼 수 있다고 확신했다.(13) 그리하여 그는 한 가지 실험을 생각해냈다.

연구팀은 먼저, 방문객들이 가져가고 싶은 마음이 들도록 산책로 하나에 석화목 조각들을 흩뜨려놓았다. 그런 다음 해당 산책로에 설치된 표지판의 문구들을 두 시간에 한 번씩 바꿨다. "수많은 방문객들이 공원의 석화목을 가져가서 자연 석화림이 훼손되고 있습니다"와 같이, 기존의 표지판과 유사하게 문제의 심각성을 강조하는 문구도 사용해 보고, "자연 석화림이 보존되도록 공원의 석화목을 가져가지 마십시오"와 같은 명령조의 문구도 실어보았다. 치알디니는 정보를 전달하는 부정적인 문구보다 명령조의 긍정적인 문구가 더 효과적일 거라고 예상했고, 이 예상은 정확히 들어맞았다.(14)

또 한 가지 관련 사례는 '사회적 기준' 접근법이다. 이는 음주를 비롯하여 바람직하지 못한 여타의 활동들을 줄이기 위한 시도의 일환이다.(15) 예를 들어, (대부분 미성년자인) 대학생들의 알코올 남용 문제를 생각해보자. 하버드 보건대학원(Harvard School of Public Health)에서 조사를 실시한 결과, 최근 2주 사이에 폭음을 한 적이 있는 대학생들은 약 44%에 달하는 것으로 나타났다.(16) 물론, 문제가 아닐 수 없다. 그러나 대부분의 학생들이 알코올 남용에 대해 실제보다 훨씬 더 만연해 있다고 믿는다는 사실이 그 시정 방법에 대한 단서 역할을 할 수 있다.(17)

이러한 유형의 잘못된 인식은 일면 입수가능성 발견법에 기인한다. 알코올 남용 사례는 쉽게 떠올릴 수 있기 때문에, 즉 쉽게 입수할 수 있기 때문에 그에 대한 인식이 과장되기 쉽다. 대학생들은 다른 대학생들이 무언가를 행한다고 믿을 경우 그 믿음에 의해 영향을 받게 마련이며, 따라서 다른 학생들의 음주량에 대해 과장된 생각을 갖고 있으면 알코올 남용이 증가할 수밖에 없다.

수많은 관리들은 통계에 근거한 현실을 강조함으로써 행동을 변화시킬 수 있다는 전제하에 사람들에게 보다 나은 방향으로 넛지를 가하려는 시도를 해왔다. 예를 들어, 몬태나 주는 시민들의 대다수가 술을 마시지 않는다는 사실을 강조하는 대규모 교육 캠페인을 채택한 바 있다.(18) 또한, 광고를 통해 '몬태나 주 대학생 대부분(81%)은 음주량이 일주일에 네 병 이하이다'라고 단언함으로써 대학 캠퍼스에서 잘못 인식되어 있는 기준을 바로잡으려고 노력한다. 흡연에 대해서도 '몬태나 주 청소년 대부분(70%)은 담배를 피우지 않는다'는 사실을 암시하는 광고를 통해 동일한 접근법을 적용하고 있다. 이 같은 전략은 사회적 인식을 바로잡는 데 크게 기여했으며 통계상으로도 흡연율이 현저히 감소한 것으로 드러났다.(19)

사회적 넛지는 또한 에너지 소비량을 줄이는 데에도 활용될 수 있다. 캘리포니아 주 샌마커스의 300여 가구를 대상으로 실시한, 사회적 기준의 힘에 관한 연구를 통해 어떻게 그럴 수 있는지 생각해보자.(20) 이 연구에서 샌마커스의 300여 가구는 그 전 주에 해당 가구가 사용한 에너지의 양에 대해 통보를 받았다. 이들에게는 또한, 이웃 가구들의 평균 에너지 소비량에 관한 (정확한) 정보가 주어졌다. 그 결과, 이러한 정보가 주민들의 행동에 놀랍고도 분명한 영향을 미치는 것으로 나타났다. 그 다음 주부터 평균 이상의 에너지를 소비하던 가구들은 그 소비량을 현저하게 줄였고, 평균 이하를 소비하던 가구들은 소비량을 크게 늘인 것이다. 후자의 경우, 소위 '부메랑 효과(boomerang effect)'가 적용된 것으로 볼 수 있다. 이것은 매우 중요한 경고를 암시한다. 사람들에게 사회적으로 바람직한 행동을 하도록 넛지를 가하고 싶다면 절대 그들의 기존 행동이 사회적 기준보다 낫다는 사실을 알려선 안 된다는 것이다.

그러나 여기서는 그보다 훨씬 더 재미있는 사실이 발견되었다. 300여 가구들 가운데 약 절반에게는 그들의 에너지 소비량이 사회적으로 용인된다는 혹은 용인되지 않는다는 서술 형태의 정보와 함께 자그마한 비언어적 신호가 전달되었다. 좀 더 구체적으로 말해서, 평균 이상

그림 3.2 캘리포니아 주 샌마커스의 전력 소비자들에게 전달된 시각적 피드백

을 소비한 가정에게는 그림 3.2a처럼 찡그린 표정의 이모티콘을 보내고, 평균 이하를 소비한 가정에게는 그림 3.2b와 같은 행복한 표정의 이모티콘을 보낸 것이다.

에너지 소비량이 높은 가정들의 경우, 찡그린 표정의 이모티콘을 함께 받았을 때 소비량을 더욱 많이 줄인 것으로 나타났다. 이는 그리 놀라운 일은 아니지만 분명히 중요한 의미를 갖는다. 그보다 더 중요한 것은, 에너지 소비량이 평균 이하였던 가정들의 경우, 행복한 표정의 이모티콘을 함께 받았을 때 부메랑 효과가 완전히 사라졌다는 사실이다! 단순히 에너지 소비량이 평균 이하라는 통보만 받았을 때에는 소비를 늘릴 '여지'가 있다고 느꼈지만, 정보를 주는 메시지가 감정적인 넛지와 결합되었을 때에는 에너지 소비량을 더 이상 늘리지 않은 것이다.

공화당원이든 민주당원이든 수많은 사람들이 국가안보와 경제성장 그리고 환경보호를 위해 에너지를 보존해야 한다고 주장하고 있다. 에너지 보존을 독려하는 데에는 적절하게 선택된 사회적 넛지가 커다란 역할을 수행할 수 있다. 선택 설계가 환경 개선에 어떤 도움을 줄 수 있는지에 대해서는 뒤에서 좀 더 자세히 논할 것이다.

구매 의사를 묻는 것만으로 구매율을 35% 올릴 수 있다

지금까지 우리는 사람들이 다른 이들의 생각과 행동에 얼마나 관심을 쏟는지에 초점을 맞춰왔다. 이와 깊은 관련성을 가진 연구를 통해 '기폭제'의 힘이 입증되고 있다. 여기서 기폭제란 두뇌의 자동 시스템이 발휘하는 다소 신비로운 작용을 일컫는다. 연구 결과, 미세한 영향들이 특정 정보를 보다 쉽게 떠올리도록 도울 수 있다는 사실이 밝혀졌다. 호머 심슨과 함께 단어연상 놀이를 한다고 상상해보면 쉽게 이해가 될 것이다. 간혹 어떤 아이디어나 개념과 관련한 아주 단순한 힌트가 모종의 연상 작용을 일으켜 행동을 자극할 수도 있다는 얘기다. 이러한 '기폭제들'은 사회적인 상황에서도 일어나며, 이들의 영향력은 놀라울 정도로 강력할 수 있다.

설문조사에서 사람들은 종종 특정한 행동, 일테면 투표나 체중감량, 특정 제품의 구매 등을 행할 가능성이 있는지 여부에 대해 질문을 받는다. 그러한 설문조사 시행자들이 원하는 바는 그들의 행동을 구분하는 것이지, 행동에 영향을 미치는 것이 아니다. 그러나 사회과학자들은 의외의 사실을 발견했다. 바로, 사람들의 의도를 측정하는 동안에 사람들의 행동에 영향을 미치게 된다는 사실이다. 이처럼 사람들이 의도에 대한 질문을 받았을 때 자신의 답변에 행동을 일치시킬 가능성이 높아지는 현상을 '단순 측정 효과(mere-measurement effect)'라고 부른다. 이 현상은 수많은 상황에서 찾아볼 수 있다. 특정 음식을 먹을 의향이 있는지, 다이어트를 할 의향이 있는지 혹은 운동할 의향이 있는지에 대한 질문을 받고 그에 대해 답했을 때, 이러한 답변은 당사자의 행동에 영향을 미치게 된다.(21) 우리의 관점에서 단순 측정 효과는 일종의 넛지로서 민간부문이나 공공부문의 넛지 수행자들에 의해 이용될 수 있다.

선거 관리들은 그들을 지지하는 사람들이 투표를 하도록 독려하고 싶어 할 것이다. 어떻게 하면 이것을 실현할 수 있을까? 한 가지 명백한 방법은 이익을 강조하는 것이고, 또 한 가지 방법은 사람들이 투표소에 가는 일을 보다 수월하게 만듦으로써 그에 따르는 비용과 부담을 줄여주는 것이다. 사람들에게 선거일 바로 전날에 투표할 의향이 있는지 물었을 경우, 투표율을 무려 25%나 끌어올릴 수 있는 것으로 드러났다!(22) 또 한 가지 예로, 휴대폰이나 자동차 등의 특정 제품의 구매율을 높이는 것이 목표라고 가정해보자. 전국 각지에서 4만 명 이상의 사람들을 표본으로 선정하여 조사를 실시한 결과, "향후 6개월 안에 새 차를 구매할 의사가 있습니까?"라는 간단한 질문만으로도 구매율을 35%나 높일 수 있는 것으로 밝혀졌다.(23) 혹은 한 공직자가 사람들로 하여금 건강을 개선하기 위한 조치들을 취하도록 독려하고자 한다고 가정해보자. 건강 관련 행동의 경우, 역시 의향을 측정하는 것만으로도 현저한 변화가 일어났다.(24) 사람들은 다음 주에 몇 번이나 치실을 사용하여 양치질을 하겠느냐는 질문을 받으면 치실을 보다 자주 사용하게 되고, 다음 주에 기름진 음식을 섭취할 의향이 있느냐는 질문을 받으면 기름진 음식의 소비를 줄이게 된다.

사람들에게 의향을 물음으로써 넛지를 가하는 경우, 언제 그리고 어떻게 할 계획인지 등의 구체적인 질문을 추가함으로써 그 영향력을 보강할 수 있다. 이러한 통찰력은 위대한 심리학자인 쿠르트 레빈(Kurt Lewin)이 '경로 요인(channel factor)'이라고 이름 붙인 범주에 속한다. 경로 요인은 특정한 행동들을 촉진하거나 방해할 수 있는 작은 영향력들을 의미한다. '경로'는 봄눈이 녹은 후에 강에 생겨나는 통로와 흡사하다고 보면 된다. 이 경우, 통로는 주변 환경의 아주 사소한 변화로 보이는 것들에 의해 결정될 수도 있다. 사람들의 경우, 레빈은 이와 유사한 작은 요인들이 사람들이 '취하고자 하는' 행동에 대해서 놀랍도록 강력한 억제제를 창출할 수 있다고 주장했다. 우리는 종종 사람들을 특정한 방향으로 밀어붙이기보다는 모종의 작은 장애물을 제거함으로써 보다 수월하게 바람직한 행동을 독려할 수 있다. 레빈의 아이디어는 일찍이 예일 대학(Yale University) 캠퍼스에서 레벤탈(Leventhal)과 싱어(Singer), 존스(Jones)(1965)에 의해 입증된 바 있다. 당시 실험 대상이었던 예일대 4학년 학생들은 파상풍의 위험과, 보건소에 가서 예방접종을 받는 일이 얼마나 중요한지에 대해 적절한 교육을 받았다. 대부분의 학생들은 해당 강연에 수긍을 하며 주사를 맞으러 가겠다고 말했지만 이처럼 좋은 의도는 실천으로 이어지지 않았다. 실제로 보건소에 가서 주사를 맞은 학생은 3%에 불과했다.

한편, 또 다른 학생들은 동일한 강의를 듣고 보건소 위치에 동그라미가 쳐진 교내 지도를 한 부씩 받았으며, 주간계획표를 보고 언제 가서 주사를 맞을 것인지 계획한 다음, 지도를 보고 어떤 경로를 택할 것인지 결정하라는 요청을 받았다. 이처럼 몇 가지의 넛지를 활용한 결과, 28%의 학생들이 보건소에 가서 파상풍 예방주사를 맞았다. 여기서 눈여겨볼 것은 이러한 조작이 아주 미묘하다는 점이다. 학생들은 모두 4학년생이었고 당연히 보건소의 위치를 잘 알고 있었으며(예일 대학 캠퍼스는 그리 넓은 편이 아니다), 예약을 한 상태도 아니었다. 그럼에도 불구하고 약 9배나 많은 학생들이 주사를 맞음으로써 경로 요인의 잠재력을 입증했다.

좀 더 나아가서 사회 과학자들은 관련성이 없어 보이는 간단한 단서들을 제공함으로써 사람들이 특정한 형태의 행동을 하도록 '기폭제'를 부과할 수 있다는 사실을 발견했다. 특정 물건을 시각적 효과를 가미하여 눈에 띄게 만들 경우, 이것이 사람들의 행동에 영향을 미칠 수 있는 것으로 드러나고 있다. 서류가방이나 회의탁자 등의 비즈니스적 특징을 지닌 물건들은 사람들의 경쟁심을 부추기고 협동심과 관용을 떨어뜨린다.(25) 냄새도 중요한 역할을 한다. 다목적 세정제의 냄새에 노출시키는 것만으로도 식사를 하는 사람들이 주변을 보다 깨끗하게 유지하도록 만들 수 있다.(26) 이 두 가지 경우 모두에서 사람들은 그러한 행동을 부추기는 계기의 효과를 의식적으로 인식하지 못하는 것으로 나타났다. 또 한 가지 예를 생각해보자. 낯선 사람과 만났을 때, 사람들은 아이스커피를 마시고 있느냐 뜨거운 커피를 마시고 있느냐에 따라 상대방을 다르게 판단할 수 있다! 아이스커피를 마신 사람들은 뜨거운 커피를 마신 사람들에 비해 상대방을 이기적이고 사교성이 떨어지며 차가운 사람으로 평가할 가능성이 높다.(27) 이것 역시 대개는 무의식적인 상태에서 일어난다.

지금까지 우리가 강조한 세 가지 사회적 영향력, 즉 정보와 동료 압력, 기폭제는 민간부문 및 공공부문에서 넛지를 가하는 사람들에 의해 쉽게 이용될 수 있다. 앞으로 보게 되겠지만, 기업과 정부 모두가 사회적 영향력의 힘을 각종 선한 (그리고 악한) 대의를 독려하는 데 사용할 수 있다는 얘기다.

4
넛지가 필요한 순간

지금까지 살펴봤듯이, 사람들은 놀라운 위업을 달성하기도 하지만 어리석은 실수를 범하기도 한다. 이에 대한 최선의 대응은 무엇일까? 선택 설계와 그 효과는 피할 수 없는 것이므로 간단하게 말하면 그 답은 아주 분명해진다. 그것을 자유주의적 개입주의의 황금률이라고 부르겠다. 바로, 유익할 가능성이 가장 높은 동시에 해를 입힐 가능성이 가장 낮은 넛지를 제공하라는 것이다.[8] 조금 더 길게 답하면, 흔치 않은 어려운 결정들은 즉각적인 피드백을 얻을 수 없기 때문에, 그리고 해당 상황의 국면들을 쉽게 이해할 수 있는 언어로 전환시키기가 힘들기 때문에, 사람들은 넛지를 필요로 한다는 것이다.

이 장에서 우리는 이러한 핵심 논점에 살을 입힐 것이다. 첫 번째 단

---

8 캐머러(Camerer) 외(2003)는 '비대칭적 개입주의(asymmetric paternalism)'를 주장한다. 그들의 정의에 따르면, '비대칭적 개입주의'란 사회에서 가장 순진하고 고지식한 사람들을 돕는 동시에 나머지 모든 사람들에게 돌아가는 해를 최소화하는 조치를 취하는 것이다.

계는 사람들이 적절한 선택을 취할 가능성이 가장 낮은 상황들을 구체적으로 파악하는 것이다. 그런 다음, 시장이 지닌 잠재적인 마법에 관한 문제들로 눈을 돌려, 자유시장과 공개경쟁이 인간의 약점의 효과를 누그러뜨리기는커녕 오히려 더욱 악화시키는 것은 아닌가 하는 문제를 생각해볼 것이다. 여기서 핵심은, 시장이 여러 가지 장점을 갖고 있긴 하지만 동시에 종종 기업들에게 인간의 약점들을 뿌리 뽑거나 그 효력을 최소화하려 노력하기보다는 그것들을 부추길 만한 (그리고 거기에서 이익을 얻을 만한) 강력한 인센티브를 제공한다는 점이다.

최상의 선택 환경을 설계하는 방법

일단의 사람들이 가까운 미래에 모종의 선택을 하게 된다고 가정해보자. 선택 설계자인 당신은 선택 환경을 어떻게 설계할 것인지, 어떤 종류의 넛지들을 가할 것인지 그리고 그러한 넛지들이 얼마나 미묘해야 하는지 등을 결정하려 한다. 가능한 한 최상의 선택 환경을 설계하기 위해 당신이 알아야 할 것은 무엇인가?

이익은 당장-비용은 나중에

우리는 사람들이 자제력을 시험하는 결정을 내려야 할 때 예측 가능한 문제들이 발생하는 것을 여러 번 목격했다. 삶에 존재하는 수많은 선택들, 일테면 파란 셔츠를 입을 것인가 하얀 셔츠를 입을 것인가 등의 선택들은 특별한 자기통제 능력을 요구하지 않는다. 자기통제 문제는 선택과 그 결과가 어느 정도의 시간 간격을 두고 일어날 때 발생할 가능성이 가장 높다. 이 경우, 선택의 양극단 중 한쪽에는 투자 항목이라 부를 만한 것들이 위치한다. 일테면, 운동이나 치실 사용, 다이어트 등이다. 이러한 항목들의 경우, 비용은 즉각적으로 발생하지만 그에 따른 수익은 한참 후에나 나타난다. 대부분의 사람들은 투자 항목들을 거의 이행하지 않는 우를 범한다. 물론 운동광도 있고 치실에 지나치게 집착하는 사람들도 있겠지만, 매년 12월 31일에 내년에는 치실 사용을 줄이고 사이클을 너무 많이 타지 않겠다고 결심하는 사람은 많지 않을 것이다.

양극단의 또 다른 한쪽에는 죄악 항목이라고 부를 만한 것들이 자리한다. 흡연과 알코올, 커다란 초콜릿, 도넛 등이 이 범주에 속한다. 이쪽을 선택한다면, 지금 당장에는 쾌락을 얻고 고통스러운 결과는 뒤로 미루는 셈이 된다. 새해 결심을 다시 한 번 생각해보자. 새해에는 담배를 더 많이 피우겠다고, 마티니를 더 많이 마시겠다고 또는 아침에 초콜릿 도넛을 더 많이 먹겠다고 다짐하는 사람들이 얼마나 되겠는가? 투자 항목과 죄악 항목은 모두 넛지의 최고 후보인 셈이다. (식욕부진환자가 아닌 이상) 대부분의 사람들은 브라우니를 하나 더 먹는 데 특별한 인센티브를 필요로 하지 않는다. 그러나 운동을 하는 데에는 모종의 인센티브를 사용할 수 있다.

난이도

거의 모든 사람들은 6세 이상이 되면 신발 끈을 묶고 재미있는 틱택토 게임(tic-tac-toe : 종이에 O와 X를 그려서 가로나 세로, 대각선으로 연속해서 O나 X를 먼저 표시한 사람이 이기는 일종의 '빙고 게임'–옮긴이)을 하고 단어 'cat(고양이)'의 철자를 댈 수 있다. 그러나 우리들 가운데 나비넥타이를 단정하게 매거나 체스게임을 하거나 심리학자 미하이 칙센트미하이(Mihály Csíkszentmihályi)의 철자를 댈 수 있는(발음은 더 어렵다) 사람은 많지 않다. 물론 우리는 비교적 어려운 문제들에 대처하는 법을 배운다. 나비넥타이는 이미 적절하게 매져 있는 것을 살 수 있고, 체스도 관련 서적을 읽어볼 수 있으며, 칙센트미하이의 철자는 인터넷에서 찾을 수 있다(그런 다음 다시 쓸 일이 생기면 복사해서 붙여 넣으면 된다). 또한, 그보다 더 어려운 문제가 생기면 맞춤법 교정기와 스프레드시트의 도움을 받을 수 있다. 그러나 살다보면 다소 까다로운 문제들을 수없이 접하게 된다. 맞춤법 교정기처럼 간편하게 이용 가능한 해결책도 없는 문제들 말이다. 적절한 빵을 선택할 때보다는 적절한 모기지를 선택할 때 보다 많은 도움을 필요로 할 가능성이 높다.

빈도

아무리 어려운 문제도 연습을 통해 보다 쉽게 해결할 수 있다. 이 책의 저자인 우리는 둘 다 합리적인 빈도로 (그리고 선스타인의 경우에는 빠른 속도로) 테니스공을 서비스 코트 안으로 서브하는 법을 배웠지만, 그렇게 하기까지는 어느 정도의 시간이 걸렸다. 이것을 처음 해보는 사람들은 공을 서비스 코트에 제대로 넣는 것은 고사하고 네트를 넘기기만 해도 운이 좋은 것이다. 분명히 연습은 완벽을 만든다(완벽까지는 아니더라도 최소한 개선을 이루게는 한다).

한 가지 안타까운 점은, 인생에서 가장 중요한 결정들 가운데 일부는 연습할 기회도 없이 찾아온다는 사실이다. 대부분의 학생들은 대학을 오직 한 번만 선택한다. 또 할리우드가 아닌 이상, 우리들 대부분은 배우자를 한 명만, 많아야 두세 명만 선택한다. 다양한 직업을 시도해보는 사람도 거의 없다. 그리고 공상과학의 세상에 사는 사람이 아니라면 은퇴 후를 위한 저축의 기회도 한 번뿐이다(그 과정에서 모종의 조정을 가할 수는 있지만 말이다). 대개의 경우, 판돈이 클수록 연습할 수 있는 기회는 적게 주어진다. 집이나 자동차는 대부분의 사람들이 10년 사이에 기껏해야 한두 번 이상 구입하지 않는 품목이다. 그러나 우리는 식료품을 구입하는 데에는 매우 능숙하다. 대부분의 가정들이 필요한 우유의 개수를 능숙하게 통제할 수 있는 것은 관련 수학 공식을 풀었기 때문이 아니라 여러 번의 시행착오를 겪은 덕분이다.[9]

정부가 사람들에게 누구와 결혼해야 하는지 혹은 무엇을 공부해야 하는지 알려줘야 한다는 것은 전적으로 근거 없는 주장이다. 이 책의 주제는 '자유주의적' 개입주의이다. 그런 의미에서 한 가지 강조하고 싶은 것이 있다. 바로, 드물고 어려운 선택들은 넛지를 적용해볼 만한 훌륭한 후보에 불과하다는 사실이다.

● 피드백

적절한 학습의 기회가 제공되지 않으면 연습조차도 완벽을 만들어

---

9 여기에는 심각한 모순이 존재한다. 대다수의 경제학자들은 심리학 실험들을, 오직 '판돈이 낮은 경우'를 위해서만 고안되었으며 종종 사람들에게 충분히 학습할 기회가 주어지지 않는다는 이유로 무시해왔다. 그들은 판돈이 올라가고 연습의 기회가 주어지기만 한다면 사람들이 '올바르게 이해할 것'이라고 주장한다. 이러한 주장에는 최소한 두 가지의 문제가 존재한다. 첫째, 판돈이 올라간다고 해서 성과가 개선된다는 증거는 거의 없다. 어떤 것에 대해서든 최초 추정을 할 때에는 판돈이 그리 중요하게 느껴지지 않기 때문이다[캐머러와 호가스(Hogarth)(1999) 참조]. 두 번째로 그보다 중요한 문제는, 경제학은 인생의 커다란 결정들을 설명하도록 도와야 하는데, 이러한 결정들은 연습의 기회 없이 찾아온다는 점이다. 사람들이 진짜 결혼을 하기 전에 2, 30대에 몇 번의 '연습 결혼'을 한다면 이혼율이 낮아질지도 모른다(그러나 이것 역시 확신할 수 없는 문제다). 그러나 사실, 현실에서 인생의 반려자를 선택하는 것은 매우 어려운 일이며 사람들은 종종 실패를 겪는다. 이와 유사하게, 대학원을 선택하는 데에도 연습의 기회가 주어진다면 박사학위를 갖고 택시 운전을 하는 사람들이 적어질지도 모른다. 그러나 서른다섯의 나이에 대학원 과정을 '다시 밟는 것'은 그리 쉬운 일이 아니다.

내지 못한다. 학습이 이뤄질 가능성은 연습이 끝날 때마다 매번 즉각적이고도 분명한 피드백이 주어질 때 가장 높아진다. 당신이 골프 연습장에서 퍼팅 기술을 연습하고 있다고 가정해보자. 동일한 홀을 향해 10번의 퍼팅을 할 경우에는 공을 치는 강도에 대한 감각을 쉽게 익힐 수 있다. 골프에 젬병인 사람도 이런 환경에서는 거리를 가늠하는 법을 금방 배울 것이다. 그러나 공이 어디에 멈추는지 볼 수 없는 상황에서 퍼팅 연습을 한다면 하루 종일 연습해도 실력이 전혀 향상되지 않을 것이다.

안타까운 일이지만, 인생의 수많은 선택들은 공의 종착지도 모르는 채 퍼팅 연습을 하는 것과도 같다. 그 이유는 아주 간단하다. 바로, 적절한 피드백을 제공하는 상황이 구축되지 않기 때문이다. 예를 들어, 우리는 대개 우리가 취한 선택안에 대해서만 피드백을 받을 뿐, 우리가 거부한 선택안들에 대해서는 피드백을 받지 못한다. 직접 나가서 실험을 해보지 않는 한, 사람들은 자신이 선택하지 않은 안들에 대해서는 결코 학습하지 못할 것이다. 매일 밤 먼 길을 택해 집에 돌아오는 사람은 지름길이 있다는 사실을 결코 알지 못할 것이다. 특히 장기적인 프로세스들은 유익한 피드백을 제공하는 경우가 드물다. 아무런 경고 신호도 받지 못한 채 고지방 식품을 먹다가 결국 심장마비를 맞게 될 수도 있다. 그러나 피드백이 효과를 발휘하지 못하는 상황에서도 넛지는 모종의 혜택을 안겨줄 수 있다.

내가 진짜로 원하는 건 무엇인가?

대부분의 사람들은 자신이 바닐라맛 아이스크림과 커피맛 아이스크림

중에 어느 것을 더 좋아하는지, 밥 딜런(Bob Dylan)과 프랭크 시나트라(Frank Sinatra) 중에 누구를 더 좋아하는지 그리고 공상 과학물과 미스터리물 가운데 어떤 것을 더 좋아하는지 등에 대해서는 잘 알고 있다. 이들은 모두 시간을 갖고 대안을 시험해봄으로써 자신의 기호에 대해 학습할 수 있는 것들이다. 그러나 생소한 무언가에 대해, 일테면 외국에서 처음 먹게 되는 낯선 요리에 대해 자신의 선호를 예측해야 한다고 가정해보자. 현명한 여행객들은 종종 다른 사람들에게(예를 들어, 웨이터들에게) 도움을 청한다. "외국분들은 주로 X를 좋아하고 Y를 싫어합니다." 그리 낯설지 않은 곳이라고 해도 다른 누군가에게 대신 선택하게 하는 것이 현명할 수도 있다. 시카고 최고의 식당 두 곳[앨리니아(Alinea)와 찰리 트로터(Charlie Trotter's)]은 식사를 하러 온 손님들에게 최소한의 선택만을 제시한다. 앨리니아의 경우, 손님들에게 주어지는 선택안은 15가지의 요리가 조금씩 제공되는 코스와 25가지의 요리가 더욱 조금씩 제공되는 코스뿐이다. 찰리 트로터의 경우에는 식사를 채식만으로 제한해야 하는지의 여부만 묻는다(물론, 두 식당 모두 개인적으로 제한하는 음식과 알레르기가 있는 음식이 없는지 여부는 기본적으로 물어본다). 이처럼 선택안을 최소한으로 제한할 경우, 주방장에게 모든 권한이 위임되어 생각조차 해보지 않은 음식들을 먹게 된다는 이점이 발생한다.

자신에게 주어진 선택안들을 앞으로 갖게 될 경험으로 쉽게 전환할 수 없을 경우에는 적절한 결정을 내리는 일이 더욱 어려워진다. 간단한 예로, 전혀 모르는 언어로 된 메뉴판에서 메뉴를 고르는 경우를 들 수 있다. 그러나 해당 언어를 알고 있다고 해도 당신이 고려하는 선택안들을 자신에게 의미 있는 언어로 전환시키지 못할 수도 있다.

노후 대비 포트폴리오에서 뮤추얼 펀드 하나를 고른다고 가정해보자. (우리를 포함해서) 대부분의 투자자들은 '자본이득(capital appreciation)' 펀드와 '동적 배당(dynamic dividend)' 펀드를 쉽게 구분하지 못할 것이다. 이러한 용어들이 알기 쉽게 만들어진다고 해도 문제는 해결되지 않는다. 투자자가 알아야 할 것은 둘 중 하나를 택했을 때 그것이 여러 가지 시나리오에서 은퇴 후의 구매력에 어떤 영향을 미칠 것인가이다. 이 정도라면, 적절한 소프트웨어 패키지를 보유했으며 각 펀드의 포트폴리오까지 완벽히 꿰고 있는 전문가들도 쉽게 분석하기가 힘들다. 의료보험 플랜을 선택할 때에도 동일한 문제가 발생한다. 우리는 자신의 선택이 어떤 효력을 갖는지조차도 거의 이해하지 못한다. 딸이 희귀병에 걸릴 경우, 적절한 전문의를 찾을 수 있을 것인가? 그렇다고 해도 얼마나 오랫동안 기다려야 하는가? 자신의 선택이 궁극적으로 삶에 미칠 영향을 쉽게 예측할 수 없을 때, 사람들은 수많은 선택들로부터, 어쩌면 심지어 스스로 선택한 것으로부터도 비교적 많은 이익을 얻지 못한다. 이 경우에는 넛지가 매우 반가운 존재가 될 수도 있다.

2달러 가치의 보험에 20달러를 내는 사람들

지금까지의 논의를 통해 우리는, 사람들은 당장 그 효과가 나타나지 않는 선택들, 즉 어렵고 빈도가 낮으며 적절한 피드백이 제공되지 않을 뿐더러 선택과 경험 간의 관계가 분명하지 않은 선택들을 마주하게 될 때 적절한 넛지를 필요로 할 가능성이 가장 높다는 결론을 도출할 수 있다. 여기서 자연스레 제기되는 한 가지 의문은, 이런 상황에서도 자유시장이 사람들의 문제를 해결해줄 수 있는지의 여부이다. 물론 시장 경쟁은 순기능을 하는 경우가 많다. 그러나 기업들이 사람들의 약점을 들춰내어 그것을 이용할 만한 강력한 인센티브를 갖는 경우도 있다.

가장 먼저 주목해야 할 점은 수많은 보험 상품들이 지금까지 우리가 개략한 특징들을 모두 갖고 있다는 사실이다. 보험에 가입함으로써 창출되는 혜택은 당장 얻을 수 있는 것이 아니며, 보험금을 받을 수 있는 확률 또한 분석하기가 힘들다. 게다가 가입자들은 자신들이 보험에 가입한 대가로 적절한 수익을 얻고 있는지 여부에 대해서도 유용한 피드백을 얻지 못할 뿐 아니라, 자신이 무엇을 구입하고 있는지, 자신이 무엇을 얻고 있는지 등을 정확하게 가늠하지 못할 수도 있다. 그러나 보험 시장의 경쟁이 치열하다는 점을 감안할 때, 시장의 여러 힘들에 의존하여 난처한 선택의 문제를 '해결'할 수 있는가라는 의문이 제기될 수밖에 없다.

서로 다른 두 가지의 세상을 상상해보자. 하나는 '이콘 세상'이다. 이 세상에 거주하는 소비자들은 모두 '이콘'이기 때문에 까다로운 선택에 직면해도 전혀 어려움을 느끼지 않는다. 보험 가입을 포함하여 양으로 환산할 수 있는 모든 결정들이 이들에게는 아무런 문제를 부과하지 않는다(이콘들은 부분적으로 보험 회계사나 마찬가지다). 또 하나의 세상은 '인간 세상'으로, 이 세상의 소비자들은 일반적으로 인간이라는 종족을 특징짓는 성향들을 모두 갖고 있는 '인간들'과, '이콘들'로 구성되어 있다. 양쪽 세상에는 적절히 기능하는 시장과, 이콘을 경영자로 고용한 (적어도 부분적으로는) 완벽히 합리적인 기업들이 모두 존재한다. 핵심 문제는, 인간 세상에서의 보험 가입과 이콘 세상에서의 보험 가입이 동일할 것인가, 다시 말해서 적절하게 기능하는 시장만 갖춰져 있다면 인간들의 인간다움도 무마될 수 있는가이다.

간단한 예를 출발점으로 삼아 이 문제를 분석해보자. 쉘 실버스타인(Shel Silverstein)(1974)의 멋진 시 '똑똑하다는 것은(Smart)'에서 영감을 얻은 예를 들어보겠다. 옆에 컴퓨터가 있다면 구글(Google)에 'Smart'와 'Shel Silverstein'을 입력해서 뛰어난 재기가 엿보이는 이 재미있는 시를 당장 읽어보기 바란다.[10] 다 읽고 올 때까지 얼마든지 기다려줄 테니 말이다.

비행기에서 이 책을 읽고 있는 (혹은 침대에 누워 읽고 있는데 도저히 귀찮아서 일어날 수가 없는) 독자들을 위해 잠시 시의 내용을 언급하고 넘어가겠다. 사실, 내용은 아주 간단하다. 화자인 아이는 아버지로부터 받은 1달러짜리 지폐를 25센트짜리 동전 두 개로 바꾼다. 아이는 두 개는 하나보다 많기 때문에 자신이 ('멍청한' 거래 상대들과는 달리) 현명한 일을 했다고 생각한다. 아이는 계속해서 25센트짜리 동전 두 개를 10센트짜리 동전 세 개로 바꾸고, 10센트짜리 동전 세 개를 5센트짜리 동전 4개로 바꾼 다음, 마지막으로 5센트짜리 동전 4개를 1센트짜리 동전 5개로 바꾼다. 그리고 마침내 아버지에게 돌아와서 자신이 행한 일련의 훌륭한 거래들에 대해 설명한다. 그런 다음, 자신이 이 얘기를 들려주자 아버지는 "〔자신이〕 너무 자랑스러워서 아무 말도 하지 못했다"고 설명한다.

10 실버스타인은 개인적으로 탈러가 이 시를 1985년에 발간된 학술지에 사용하도록 허락해주었다. 그리고 〈아메리칸 이코노믹 리뷰(American Economic Review)〉에 자신의 작품이 실리게 되어 몹시 기쁘다고 밝혔다. 그러나 이 시는 현재 그의 저작권 관리 위원회에 의해 통제되고 있는데, 이 위원회는 수차례의 넛지(혹은 이른바 '절박한 탄원')를 당한 끝에 여기에 해당 시를 싣는 것은 거부했다. 당신이 구글에서 보게 될 웹사이트들과는 달리, 우리는 기꺼이 사용료를 지불할 용의가 있었는데도 말이다. 이런 점을 감안하여 굳이 추정을 해보자면 해당 위원회의 책임자들은 (그 시의 구절을 인용해서 말하건대) 조금이라도 있는 것이 아예 없는 것보다 낫다는 사실을 모르는 모양이다.

적절하게 기능하는 시장경제에서 일부 인간들이 둘이 하나보다 낫다는 이유로 1달러짜리 지폐 한 장보다 25센트짜리 동전 2개를 더 선호한다고 가정해보자. 25센트짜리 동전을 좋아하는 이들에게는 어떤 일이 일어날까? 해를 입게 될까? 그들이 시장가격에 영향을 미칠까? 그 답은 25센트짜리 동전을 좋아하는 사람들이 얼마나 멍청하냐에 따라 조금씩 달라질 것이다. 그러나 그들이 1달러짜리 지폐 한 장보다 25센트짜리 동전 두 개를 선호하되, 25센트짜리 동전도 많을수록 좋다고 생각한다고 가정해보자(어쨌든 25센트짜리 동전을 좋아하는 사람들이니까 말이다). 그들은 이론상 1달러짜리 지폐 한 장을 25센트짜리 동전 두 개와 기꺼이 바꿀 수도 있지만, 비즈니스 경쟁을 벌이는 (다른 누구보다도) 은행들이 기꺼이 1달러짜리 지폐를 25센트짜리 동전 네 개로 바꾸어줄 거라는 점을 감안하면, 그들은 1달러짜리 지폐 한 장을 25센트짜리 동전 두 개와 바꿀 필요가 없다. 물론, 25센트짜리 동전을 좋아하는 사람들은 자신들이 이 거래에서 큰 성과를 거뒀다고 생각할 것이다. 그러나 25센트 동전을 제공하는 부분에서도 경쟁이 존재하기 때문에 25센트 동전은 25센트의 가치로 교환될 것이고, 25센트짜리 동전에 대한 비합리적인 사랑은 이러한 고민을 가진 사람들에게 아무런 해를 입히지 않을 것이다.

극단적인 예처럼 보이지만, 실제로 상황이 크게 다르지 않은 시장들도 많이 존재한다. 대개의 경우, 경쟁은 가격이 품질을 암시하는 일종의 훌륭한 신호의 역할을 하도록 보장한다. (항상은 아니지만) 보통 50달러짜리 와인은 20달러짜리 와인보다 품질이 뛰어나다. 그리고 비합리적인 소비자들은 그들이 시장을 지배하지 않는 한 시장을 바꿔놓지 않을 것이다. 따라서 일부 사람들이 선호하는 라벨을 토대로 와인을 선택할 경우에는 아무런 해를 입지 않겠지만, 많은 사람들이 라벨을 토대로 와인을 선택하기 시작하면, 매력적인 라벨이 붙은 와인의 가격이 과도하게 치솟을 것이다.

비합리적인 소비자들을 보호하기 위해서는 경쟁이 존재해야 하지만, 간혹 그러한 경쟁이 존재하지 않는 경우도 있다. 소형 가전의 보증 연장을 생각해보자. 이것은 대개 소비자에게 불리한 거래가 된다. 좀 더 구체적으로, 어떤 휴대폰이 200달러라고 가정해보자. 이 휴대폰의 경우, 구입 후 1년 동안 무상으로 수리를 받을 수 있다. 그러나 휴대폰 회사는 20달러를 더 내면 무상 수리 기간을 2년으로 연장해주겠다고 제안한다. 소비자는 2년 후에 새 휴대폰을 구입할 예정이다. 해당 휴대폰이 2년째에 고장 날 확률은 1%라고 가정하자. 그렇다면 평균적으로 소비자들이 이 같은 정책을 통해 얻게 되는 혜택은 2달러어치일 것이다. 그럼에도 불구하고 보증 연장의 비용은 20달러이다. 이 돈의 일부는 보험업자에게 기본적인 수익으로 돌아가고 일부는 휴대폰 대리점의 세일즈맨이 (소위 '수수료' 명목으로) 가로챈다.

물론, 이콘들은 이 모든 것을 알기 때문에 보증 기간을 연장하지 않는다. 그러나 인간들은 보증을 연장하고 싶어 한다. 세일즈맨이 보증을 연장하는 게 좋다는 '우호적인' 조언을 제공하기 때문일 수도 있고, 휴대폰이 고장 날 확률이 1%가 아니라 15%라고 착각하기 때문일 수도 있다. 혹은 그저 "나중에 후회하느니 안전한 쪽을 택하자"는 생각에서일 수도 있다.

실제 상황은 어떠한가? 시장의 여러 힘들이 이처럼 터무니없이 비싼 보증 연장을 몰아내고 있는가? 아니면 경쟁 때문에 보증 연장의 가격이 합리적이라고 예상되는 2달러로 내려가고 있는가? 정답은 둘 다

'아니올시다'이다(설명하기에 앞서, 실제 세상에는 보증 연장 옵션이 수없이 많으며 많은 사람들이 이를 선택하고 있다는 점을 명심하라. 힌트: 선택하지 말아라).[11]

우리의 추정에 따르면, 보증 연장은 그저 존재해선 안 될 상품이다. 인간들은 2달러 가치의 보험에 20달러를 지불하고 있다는 사실을 알면 당연히 이러한 보험에 가입하지 않을 것이다. 그러나 그들이 이것을 깨닫지 못한다면, 시장 역시 이러한 상황을 바로잡을 수 없을뿐더러 바로잡으려 하지도 않을 것이다. 경쟁으로도 그 가격은 낮아지지 않을 것이다. 부분적으로는 세일즈맨이 소비자로 하여금 2달러 가치의 보험에 20달러를 지불하도록 설득하는 데에 그리 많은 시간이 걸리지 않기 때문이며, 또 부분적으로는 제3자가 이러한 시장에 효율적으로 진입하는 것이 어렵기 때문이다. 기업들이 소비자들에게 이러한 보증을 구입하지 않도록 교육시킬 수도 있지 않느냐고 생각하는 사람들도 있을 것이다. 물론 그럴 수도 있다. 그러나 기업들이 대체 왜 그런 일을 하겠는가? 사람들이 구입해선 안 될 것을 구입하고 있는데, 그것을 구입하지 말라고 설득한다면 어떻게 돈을 벌 수 있겠느냐는 말이다.

일반적인 관점 한 가지를 제시하겠다. 소비자들이 다소 비합리적인 믿음을 보유할 경우, 기업들은 종종 그것을 뿌리 뽑기보다는 거기에 부합할 만한 인센티브를 갖는다. 많은 사람들이 아직 항공 여행에 대

---

11 '심슨 가족' 중에 호머가 자신의 IQ를 낮추기 위해 코에 크레용을 박아 넣는 에피소드가 있다(이유는 묻지 마시길). 작가들은 호머에게 아주 멍청한 발언을 하게 함으로써 실제로 그의 IQ가 낮아졌다는 것을 알려준다. 외과의사가 수술을 끝마치자 호머가 이렇게 외친 것이다. "보증 연장! 그 좋은 걸 어떻게 놓치겠어?"[이 재미있는 이야기를 제공해준 매튜 라빈(Matthew Rabin)에게 고마움을 전한다.]

한 두려움을 떨쳐내지 못하고 있던 시절, 여러 공항에서는 항공여행 보험이 터무니없는 가격에 팔리는 광경을 흔히 볼 수 있었다. 그러한 보험 상품을 구매하지 말라는 조언을 판매하는 부스는 어떤 공항에서도 찾아볼 수 없었다.

수많은 시장에서 기업들은 동일한 소비자들을 상대로 경쟁을 벌인다. 그러나 그들은 단순히 다른 상품이 아니라 정반대의 상품을 제시한다. 담배를 판매하는 기업이 있는가 하면, 금연보조제를 판매하는 기업이 있다. 어떤 회사들은 패스트푸드를 판매하는 반면, 또 다른 회사들은 다이어트에 관한 조언을 판매한다. 소비자들이 모두 이콘이라면 이러한 경쟁자들 가운데 누가 승리할 것인지 걱정할 이유가 없다. 그러나 소비자들 중 일부가 종종 (물론, 스스로 판단했을 때에도) 부적절한 선택을 하는 인간들이라면 우리들은 모두 어떤 유형의 기업들이 전투에서 승리하느냐에 따라 이해가 엇갈릴 것이다. 물론, 일부 활동들은 정부가 법으로 통제할 수 있지만 자유주의적 개입주의자인 우리들은 넛지를 선호한다. 게다가 우리는 정부 역시 인간들로 구성되어 있음을 통감하고 있다.

그렇다면 어떠한 조치가 취해질 수 있는가? 다음 장에서는 그 주요 도구가 되는 선택 설계에 대해 설명할 것이다.

5
선택 설계의 세계

처음 교수 생활을 시작했을 무렵, 탈러는 경영대학원 학생들에게 경영 관련 의사 결정에 대해 강연을 하고 있었다. 이따금씩 학생들은 취업 면접(또는 골프 게임)에 가기 위해 일찍 자리를 뜨면서 가능한 한 몰래 강의실을 빠져나가려고 노력했다. 안타깝게도 강의실을 빠져나가려면(탈러의 시선 방향과 일치하지는 않지만) 학생들 전체가 볼 수 있는 정면의 커다란 두 짝 여닫이문을 통과해야 했다. 두 개의 문짝에는 약 60센티 길이의 크고 멋들어진 원통형 나무 손잡이들이 세로로 달려 있었다. 이 문에 다다르면 학생들은 두 가지 본능 사이에서 사투를 벌인다. 하나는 강의실을 나가려면 당연히 문을 밀어야 한다는 본능이고, 다른 하나는 손으로 잡도록 고안된 커다란 나무 손잡이라면 당겨야 마땅하다는 본능이다. 이 경우, 결국 두 번째 본능이 첫 번째 본능을 눌러 강의실을 나가려는 학생들은 하나같이 손잡이를 당겨보는 것으로 드러났다. 안타깝게도 그 문은 밖으로 열리게 되어 있었다.

그 학기가 끝나기 전에 탈러는 한 학생이 강의실을 빠져나가려고 손잡이를 당겨보고 당황하는 모습을 보고 학생들에게 이 사실을 지적해주었다. 그 후로 학생들은 누군가가 나가려고 일어나기만 하면 열의에 찬 얼굴로 문을 밀 것인지 당길 것인지 지켜보곤 했다. 놀랍게도 여전히 대부분의 학생들이 문을 당겼다! 그들의 '자동 시스템'이 승리를 거둔 셈이다. 그 커다란 나무 손잡이에서 방출되는 신호는 방어할 수 없는 강력한 힘을 지니고 있었던 것이다(게다가 이따금씩 탈러는 자신 역시 강의실을 나갈 때 문을 당기고 있는 것을 깨닫고 몹시 창피해했다).

그 문은 간단한 심리학적 원칙을 위반한다는 점에서 부적절한 설계라고 할 수 있다. 바로 이름도 그럴싸한 '자극 반응 일치성(stimulus response compatibility)'이다. 기본 개념은, 사람들은 자신이 받는 신호(자극)가 바람직한 행동과 일치하길 원한다는 것이다. 이 두 가지가 일치하지 않으면 쉽게 행동을 취할 수가 없어서 실수를 저지르게 된다.

예를 들어, 커다란 8각형의 빨간색 표지판에 "가시오(Go)"라고 적혀 있을 때 어떤 효과가 나타날지 생각해보자. 이 같은 불일치가 어떤 어려움을 야기하는지는 실험을 통해 쉽게 입증할 수 있다. 가장 유명한 실험 한 가지는 바로 스트루프(Stroop)(1935) 검사[단어 색채 검사(Word-Color Test)라고도 불리며, 글자 및 글자색을 읽는 속도를 측정하여 표본 집단의 읽기시간과 비교해서 통계적으로 차이가 있는지 알아봄으로써 선택적 주의집중 능력을 측정하는 방식-옮긴이]이다. 현대판 스트루프 검사는 컴퓨터로 이뤄지는데, 가장 먼저 컴퓨터 화면에 빠른 속도로 나타났다 사라지는 단어들을 보면서 아주 간단한 작업을 수행하는 것으로 시작한다. 빨간색 단어가 나타나면 오른쪽 버튼을 누르고 녹색 단어가 나타나면 왼쪽 버튼을 누르는 것이다. 사람들은 이 작업을 매우 쉽게 생각하기 때문에 아주 정확하고도 빠른 속도로 버튼을 누를 수 있다. 그러나 잠시 후, '녹색'이라는 단어가 빨간색으로 표시되거나 '빨간색'이라는 단어가 녹색으로 표시되는 등의 책략이 가해진다. 이처럼 모순되는 신호가 나오면 응답이 지연되고 오류 발생 빈도가 높아진다. 핵심 원인은 색깔 이름을 대는 시스템이 해당 문자의 색깔을 결정하는 속도보다, 자동 시스템이 색깔을 읽는 속도가 더 빠르기 때문이다. '녹색'이라는 단어가 빨간색으로 나타나는 순간, 생각 없는 자동 시스템이 왼쪽 버튼을 누르도록 밀어붙인다. 물론, 틀린 응답이다. 이 실험은 혼자서도 해볼 수 있다. 그냥 크레용 한 무더기를 가져와서 색깔 이름들을 쓰되, 그 색깔의 이름과는 다른 색의 크레용을 사용한다(이보다 좋은 방법은 가까이 있는 아이에게 대신 써달라고 하는 것이다). 그런 다음 가능한 한 빨리 색깔의 이름을 댄다(즉, 색깔을 무시한 채 글자를 그대로 읽으라는 얘기다). 그리 어렵지 않을 것이다. 그렇지 않은가? 이제 글자를 무시하고 최대한 빨리 사용된 색깔을 대보아라. 이것은 쉽지 않을 것이다. 이런 일을 수행할 때에는 언제나 자동 시스템이 숙고 시스템을 이기는 법이다.

녹색 정지 표지판은 거의 존재하지 않지만, 앞서 말한 것과 같은 문은 주위에서 흔히 볼 수 있다. 이 두 가지는 모두 동일한 원칙을 위반한다. 밋밋한 문짝은 "미시오"라는 신호를, 커다란 손잡이는 "당기시오"라는 신호를 보내는 셈이다. 따라서 사람들이 커다란 손잡이를 밀거라 기대해선 안 된다! 이것은 인간 심리의 기본적인 원리들을 수용하지 못한 설계이다. 주위를 둘러보면 이러한 결함을 가진 제품들을 무수히 찾아볼 수 있다. 텔레비전 리모컨에서는 당연히 전원과 채널, 음량 조절 버튼들이 가장 커야 하지 않는가? 그러나 우리는 음량 조절 버튼이 (실수로 누르면 영상이 사라질 수도 있는) '인풋(input)' 제어 버튼과 똑같은 크기로 되어 있는 리모컨들을 수없이 목격하고 있다.

그러나 돈 노먼(Don Norman)이 자신의 훌륭한 저서 《디자인과 인간 심리(The Design of Everyday Things, 1990)》를 통해 입증했듯이, 인간적인 요인들을 디자인에 통합시키는 것은 충분히 가능한 일이다. 그가 제시한 가장 좋은 예 가운데 하나는 점화구 4개짜리의 기본형 가스레인지의 설계이다(그림 5.1). 이러한 가스레인지들은 대부분 맨 위의 그림처럼 점화구들이 대칭을 이루도록 배열되고 조절장치들은 아래쪽에 일렬로 배열되어 있다. 이런 식의 구성에서는 앞쪽 점화구와 뒤쪽 점화구를 조절하는 조절장치를 쉽게 혼동할 수 있으며, 그 결과 주전자와 팬들을 태우는 일이 자주 일어난다. 그보다 더 나은 대안들이 여러 가지 제시되었지만 우리는 그 중 두 가지만 골라 이 책에 실었다.

사실, 가장 큰 주목을 받은 선택 설계의 사례는 따로 있다. 이제는 유명해진, 암스테르담 공항 남자 화장실의 소변기에 붙여놓은 파리이다. 소변기에 가짜 파리를 붙임으로써 소변이 소변기 밖으로 새어나가는 것을 80%나 줄였다는 점을 감안하면 매우 훌륭한 넛지 성공 사례가 아닐 수 없다. 기업가이자 엔지니어인 더그 켐펠(Doug Kempel)은 이 파리 실험을 토대로 온라인 파리 스티커 판매라는 작은 사업을 시작했다. 그는 우리에게 이렇게 말했다. "제 목표는 자그마치 세상을 구출하는 것입니다. 소변기를 하나씩 구출함으로써 세상을 구출한다는 얘기지요. 간단한 제품이지만 저는 이것이 화장실을 보다 깨끗하고 안전하게 유지해줄 수 있다고 믿습니다. 청소가 좀 더 수월해지면 유해한 세제도 적게 들 것입니다. 게다가 사람들에게 웃음을 안겨주는 것은 결코 나쁜 일이 아니지요." 켐펠은 자사의 파리 스티커가 특히 영국에서 잘 팔리며 술집들과 식당, 학교, 교회, 그리고 당연히 공항들에도 유통

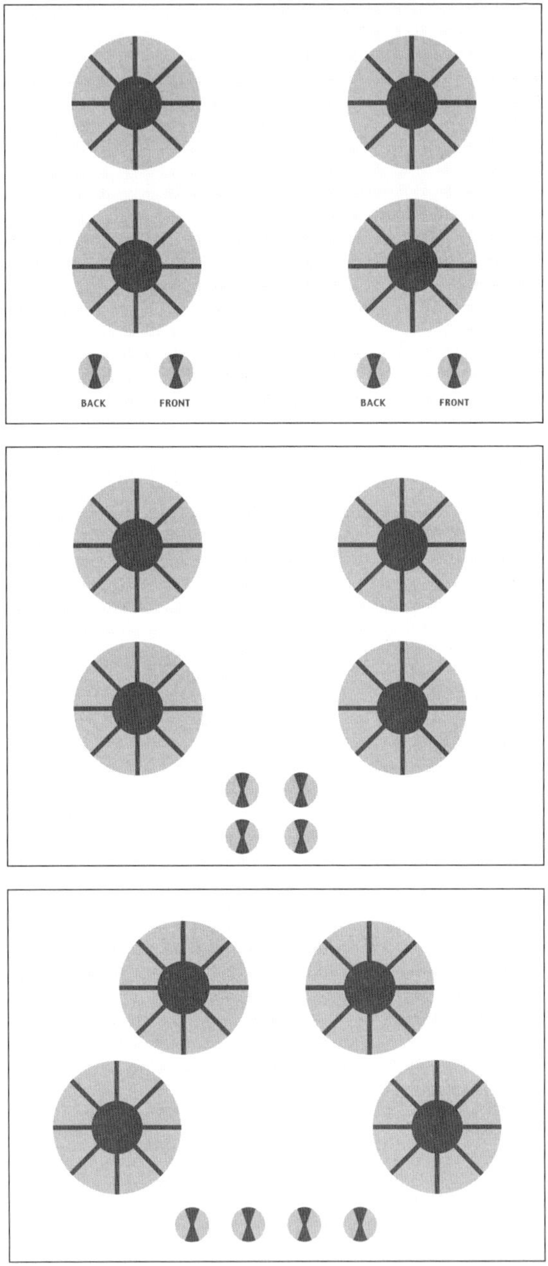

그림 5.1 점화구 4개짜리 가스레인지의 디자인 세 가지

되었다고 말했다.

우리 친구들을 포함하여 여타의 사람들은 뉴욕의 존 F. 케네디 공항 4번 터미널과 모스크바 공항, 뮌헨 공항, 싱가포르 공항, 시애틀 공항, 디트로이트 공항, 퍼듀 대학(Purdue University), 콜로라도 대학(University of Colorado), 브로워드 전문대학(Broward Community College), 그리고 네덜란드 전역을 포함하여 세계 각지에서 이 파리를 목격했다는 소식을 전해왔다. 그 중 한 사람인 스테펜 알트만(Steffen Altmann)은 '뷰티풀 게임(beautiful game)'('축구'를 의미함)에서 아이디어를 얻어 한가운데 작은 플라스틱 골을 장착한 소변기를 독일 본에서 발견했다고 전했다. 그러나 모든 소변기가 재미나 오락을 위한 것만은 아니다. '피스 스크린(Piss Screen)'〔정말 이름이 '피스('소변'이라는 뜻)' 스크린이다〕을 예로 들어보자. 이것 역시 독일에서 만들어졌다.

피스 스크린도 일종의 게임이긴 하지만 이것은 진지한 메시지, 즉 "음주운전을 하지 말라"는 메시지를 전하는 게임이다. "인터액티브 경험 - 위(Wii: 닌텐도의 가정용 게임기 이름)와 혼동하지 마세요"라는 광고 문구를 내세운 피스 스크린은 실제로 술을 마신 후 운전을 하는 것과 유사한 상황을 시뮬레이션 한 소변기 내장 감압(減壓) 장치이다. 일단의 비디오 게임 개발업자들이 프랑크푸르트 택시 서비스(Frankfurt Taxi Services)와 협력하여 정교한 자동차 시뮬레이션 게임을 만든 것이다. 소변기 사용자가 소변을 보기 시작하면 자동차가 출발하고 사용자가 소변의 방향을 바꾸면 화면의 자동차도 방향을 바꾼다. 여기서는 신속한 반응이 요구되는데, 술 취한 사람들은 반응력이 떨어져서 결국 충격적인 충돌사고를 겪게 된다. 이를 통해 술을 마시고 질주하면 어떤 결과가 나올지 확실히 인지하게 되는 것이다. 마지막 화면에는 다음과 같은 문구와 함께 프랑크푸르트 택시 서비스의 전화번호가 나타난다. '너무 취해서 운전을 하실 수 없습니까? 그렇다면 택시를 이용하십시오(Too pissed to drive? Take a taxi instead.: 'piss'는 '소변' 혹은 '소변보다'라는 뜻이지만 'pissed'는 '곤드레만드레 취한'이라는 뜻의 속어로 사용된다.- 옮긴이)."

소변기 파리 사례가 제시하는 교훈은 설계자들이, 그들의 물건을 사용하는 사람들이 매일 무수히 많은 선택과 신호를 마주하는 인간들이라는 점을 염두에 두어야 한다는 것이다. 이 장의 목표는 선택 설계자들에게도 이와 똑같은 생각을 주지시키는 것이다. 당신이 다른 사람들이 취하는 선택에 간접적으로나마 영향을 미치고 있다면 당신은 선택 설계자이다. 그리고 당신이 인간들의 선택에 영향을 미친다는 점을 감안하면, 당신의 설계는 인간의 행동 방식에 대한 적절한 이해를 반영해야 한다. 특히, 자동 시스템이 모두에게 혼란을 유발하지 않도록 보증해야 한다. 이 장에서 우리는 적절한 (그리고 적절하지 못한) 선택 설계의 기본적인 원칙들을 제시할 것이다.

디폴트: 최소 저항 경로 따르기

지금까지 논의한 바를 토대로 우리는 많은 사람들이 최소한의 노력을 요하는 옵션, 즉 최소 저항 경로(path of least resistance)를 취할 거라는 결론을 도출할 수 있다. 타성과 현상유지 편향 그리고 '아무렴 어때' 발견법을 다시 한 번 떠올려보아라. 이러한 모든 요소들은, 주어진 선택에 디폴트 옵션이 있으면 그것이 자신에게 좋은 것이든 나쁜 것이든 많은 사람들이 결국 그것을 택한다고 예상할 수 있음을 암시한다. 그리고 역시 앞에서 강조한 것처럼, 해당 디폴트 옵션이 암묵적으로든 노골적으로든 표준을, 심지어는 권고되는 행동 요령을 표상할 경우에는 이처럼 아무것도 하지 않는 행동 경향, 즉 디폴트 옵션을 택하는 경향이 더욱 강해질 것이다.

디폴트는 어디서나 찾아볼 수 있으며 그 영향력도 강력하다. 또한, 선택 설계 시스템의 각 단계에서 의사결정권자가 아무런 조치도 취하지 않을 때 그 사람에게 일어나는 상황을 결정해주는 관련 규칙이 반드시 존재해야 한다는 점에서 결코 피할 수도 없다. 당연히 대개의 경우 그 답은, 내가 아무것도 하지 않으면 아무것도 바뀌지 않으며 이미 일어나고 있는 일이 계속해서 일어난다는 것이다. 그러나 늘 그렇지는 않다.

전기톱이나 제초기처럼 일부 위험한 기계들은 일단 기계를 놓으면 자동으로 작동을 정지시키는 '데드맨 스위치(dead man switch)'가 장착되어 있다. 컴퓨터의 경우, 전화를 받느라 잠시 켜둔 채로 자리를 뜨면 아무 일도 일어나지 않지만, 얘기가 길어지면 어느 시점에 화면보호기가 작동한다. 그리고 오랫동안 방치하면 저절로 잠길 수도 있다.

물론, 화면보호기가 작동할 때까지의 대기시간은 각자 선택할 수 있지만 그 선택을 실행시키기까지는 약간의 수고가 필요하다. 컴퓨터마다 필경 디폴트 대기시간과 디폴트 화면보호기가 설정되어 있을 것이다. 그리고 십중팔구는 이러한 설정을 그대로 고수하고 있을 것이다.

공공부문에서나 민간부문에서나 수많은 조직들은 디폴트 옵션의 엄청난 위력을 목격해왔다. 특히 성공적인 비즈니스들의 경우에는 의심할 여지가 없다. 잡지구독 자동갱신 사건을 기억하는가? 갱신이 자동적으로 이뤄질 경우, 대다수의 사람들은 읽지도 않는 잡지를 오랫동안 그대로 구독한다. 대부분의 잡지 회사들은 이 사실을 아주 잘 알고 있다. 새로운 소프트웨어 하나를 다운로드할 때에도 종종 수많은 선택을 해야 한다. 당신은 '기본' 설치를 원하는가, 아니면 '지정' 설치를 원하는가? 대개의 경우, 옵션 가운데 하나에 이미 체크 표시가 되어 있다. 디폴트라는 의미다. 소프트웨어 공급업자들은 어떤 옵션에 체크 표시를 해놓는가? 대개 확연히 드러나는 동기는 두 가지, 즉 유용성과 이득이다. 유용성을 추구하는 경우에는, 대부분의 사용자들이 지정 설치를 어려워 할 때를 대비해서 기본 설치가 디폴트로 지정된다. 이익을 추구하는 경우에는 신제품에 관한 정보를 이메일로 받겠다는 항목이 디폴트로 지정된다. 우리가 경험한 바로는, 대부분의 소프트웨어들이 설치 유형과 관련하여 유용한 디폴트가 지정되어 있지만 이익이 되는 디폴트가 지정된 경우도 있다. 그 동기에 대해서는 뒤에서 좀 더 자세히 다룰 것이다. 여기서는 모든 디폴트가 선택자의 삶을 보다 쉽게 혹은 보다 낫게 만들기 위한 의도로 지정되지는 않는다는 점만 지적하고 넘어가겠다.

디폴트 선택은 논쟁의 여지가 다분할 수 있다. 한 가지 예를 들어보자. 미국의 학생낙오방지법(No Child Left Behind Act)에는 모호한 조항 하나가 포함되어 있다. 바로, 각 학군들이 학생들의 이름과 주소 그리고 전화번호를 군대의 신병 모집소에 제공해야 한다는 조항이다. 그러나 이 법은 또한 "중등학교 학생 혹은 해당 학생의 부모는 학생의 이름과 주소 그리고 전화번호가 사전에 작성된 부모의 서면 동의서 없이는 배포되지 않도록 요구할 수 있으며, 관할 교육기관이나 사립학교는 학부모에게 이를 요청할 수 있는 선택권이 있음을 알리고 어떠한 요구에든 응해야 한다"고 규정한다. 뉴욕 주 페어포트를 비롯한 일부 학군은

이 법이 그들로 하여금 '옵트인 정책(opt-in: 사전에 동의한 사람에게만 해당 조치를 취하는 정책-옮긴이)'을 실행하도록 허용하는 것이라고 해석했다. 그리하여 해당 학군의 학부모들은 자녀의 연락처를 신병 모집소에 공개할지 여부를 선택할 수 있으며, 아무 조치도 취하지 않을 경우에는 정보에 대한 접근이 금지된다는 고지를 받았다.

그러나 이러한 해석은 당시 국방부 장관이었던 도널드 럼스펠드(Donald Rumsfeld)의 승인에 부합하지 않았다. 국방부와 교육부는, 해당 법에는 옵트아웃 정책(opt-out: 사전에 동의하지 않은 사람에게만 해당 조치를 취하지 않는 정책-옮긴이)이 적용되어야 한다고 단언하는 공문을 각 학군에 보냈다. 학부모들이 적극적으로 자녀의 연락처를 공개하지 말라고 요청하는 경우에만 해당 옵션을 적용시키라는 의미였다. 국방부와 교육부는, 전형적인 관료주의적 언어로 관련 법률들이 "관할 교육기관으로 하여금 학부모가 정보를 제공하겠다고 동의하기 전까지는 요구되는 정보를 제공하지 않는 정책을 제정하도록 허용해선 안 된다"고 강력하게 주장했다.(1) 국방부와 각 학군 모두 옵트인 정책과 옵트아웃 정책이 완전히 다른 결과로 이어질 수 있다는 사실을 깨달았다. 엄청난 비난이 쏟아졌다는 것도 그리 놀라운 일은 아니었다. 디폴트와 관련하여 이처럼 민감한 주제는 장기기증 부분에서 다시 한 번 다룰 것이다.

우리는 앞에서 디폴트 법칙이 불가피하다는 것을, 즉 민간 기관이든 법률 시스템이든 반드시 디폴트를 채택할 수밖에 없다는 것을 강조한 바 있다. 항상 그런 것은 아니지만 이러한 주장에 중요한 조건이 붙는 경우도 있다. 바로, 선택 설계자가 선택자들로 하여금 자율적으로 선택하도록 강요할 수도 있다는 것이다. 우리는 이러한 접근법을 '선택 요구(required choice)' 또는 '선택 위임(mandated choice)'이라고 부른다. 앞에서 예로 든 소프트웨어의 경우를 다시 한 번 생각해보자. 이 경우에는, 어떠한 항목에도 체크 표시를 해놓지 않은 채 사용자에게 다음 단계로 넘어가기 위해 매번 한 가지 항목을 선택하는 기회를 부여함으로써 선택 요구가 실행될 수 있다. 신병 모집소에 연락처를 공개하는 법조항의 경우에는 모든 학생들로 하여금 (또는 그들의 부모들로 하여금) 연락처 공개 의향 여부를 표명하는 서류양식을 작성하도록 요구하는 시스템을 생각해볼 수 있다. 이처럼 감정이 연루되는 쟁점들의 경우에는 그러한 정책이 상당한 호소력을 발휘한다. 사람들은 자신이 싫어할 수도 있는 옵션이 디폴트로 지정되는 것을 원치 않을 수도 (그럼에도 불구하고 타성이나 실질적인 혹은 그렇게 보이는 사회적 압력 때문에 거부하지 못할 수도) 있기 때문이다.

사실, 자유를 사랑하는 많은 사람들이 선호하는 '선택 요구'가 때로는 최선의 방도가 될 수도 있다. 그러나 이 접근법과 관련하여 두 가지 논점을 생각해보자. 첫째, 인간들은 종종 선택 요구를 귀찮은 것 혹은 그보다 더 나쁜 것으로 여겨 적절한 디폴트가 있는 쪽을 훨씬 더 선호할 것이다. 소프트웨어의 경우, 권장 설정을 알려주는 것은 진정으로 큰 도움이 된다. 알 수 없는 여러 가지 설정들 가운데 무엇을 선택할지 결정하기 위해서 이해할 수도 없는 설명서를 읽고 싶어 하는 사람은 없을 테니까 말이다. 복잡하고 어려운 선택을 해야 할 경우, 사람들은 똑똑한 디폴트를 매우 고맙게 여길지도 모른다. 이렇게 되면 그들은 선택을 강요받을 이유가 거의 없기 때문이다.

둘째, 선택 요구는 일반적으로 비교적 복잡한 선택보다는 간단한 찬부(贊否) 결정에 더 적합하다. 식당에서 디폴트 옵션은 요리사가 평소

방식대로 만든 요리를 먹는 것이다. 여기에 특정 재료를 첨가할 것인지 뺄 것인지의 옵션이 제공될 수 있다. 반면 선택 요구는 극단적으로 말해서 요리사에게 자신이 주문하고자 하는 모든 요리의 요리법을 일일이 제시하는 것을 의미한다! 고도로 복잡한 선택의 경우에는 선택 요구가 그리 좋은 아이디어가 될 수 없다. 심지어는 오히려 터무니없는 아이디어가 될 수도 있다.

오류 예상: 친절하고 똑똑해지는 장치들

인간들은 실수를 저지른다. 따라서 적절하게 고안된 시스템이라면 사용자들이 오류를 범할 것을 예상하고 최대한 관대한 태도를 견지해야 한다. 현실에서도 이러한 논점을 입증하는 예들을 찾아볼 수 있다.

- 파리의 지하철 시스템의 경우, 사용자들은 엽화표만한 종이 카드를 기계에 넣는다. 그러면 기계는 카드를 읽고 그 위에 '사용했음'이라는 기록을 남긴 다음, 상단으로 다시 뱉어낸다. 카드는 한 면에 마그네틱 선이 있는 것을 제외하고는 양면이 똑같다. 탈러는 처음 파리에 갔을 때, 이 시스템을 어떻게 이용해야 할지 알 수가 없었다. 그래서 마그네틱 선이 위를 향하도록 넣어봤는데 다행히도 기계가 적절하게 작동했다. 이후 그는 늘 마그네틱 선이 위를 향하도록 카드를 넣었다. 몇 년 후에 다시 파리에 간 그는 역시 파리를 방문한 친구에게 자랑스럽게 지하철 시스템 이용법을 보여주었다. 그러자 그의 부인이 웃음을 터뜨렸다. 알고 보니 카드를 어느 쪽으로 넣든 전혀 상관이 없었던 것이다!

파리의 지하철 시스템과 확연히 대조되는 예는 바로 대부분의 시카고 주차장에서 사용되는 시스템이다. 주차장에 들어가는 이용자가 기계에 신용카드를 넣으면, 기계는 카드를 읽고 이용자를 기억한다. 이후 주차장을 나갈 때 이용자는 출구에 있는 또 다른 기계에 그 카드를 다시 넣어야 하는데, 이를 위해서는 차창 밖으로 팔을 뻗어 슬롯에 꼭 맞게 카드를 끼워야 한다. 그러나 신용카드는 양면이 똑같지 않기 때문에 카드를 슬롯에 삽입하는 방식은 네 가지가 될 수 있다(카드의 앞면이 위를 향하게 하느냐 뒷면이 위를 향하게 하느냐, 마그네틱 선이 좌측에 오게 하느냐 우측에 오게 하느냐). 이 네 가지 중 옳은 방법은 하나뿐이다. 게다가 슬롯 위에 방법을 표시한 그림이 있음에도 불구하고 잘못 넣기가 십상이며, 카드가 다시 튕겨져 나오면 왜 나왔는지 곧바로 알 수가 없다. 게다가 방금 전에 어떻게 넣었는지도 잘 생각나지 않는다. 우리 두 저자 모두 몇 번이나 이 기계를 제대로 사용하지 못하는 멍청한 인간 뒤에서 꼼짝없이 기다려보았다. 그리고 솔직히 말하면 이따금씩 뒤에 선 차들이 모두 경적을 울리게 만든 장본인이 되기도 했다.

• 수년에 걸쳐 자동차들은 그것을 조종하는 '인간'들에게 훨씬 더 우호적인 방식으로 진화했다. 안전벨트를 착용하지 않으면 경고음을 울려주고, 연료가 떨어져가면 경고 신호가 나타난다. 때로는 경고음을 울려주기도 한다. 엔진 오일 교환 시기까지 알려주는 경우도 있다. 헤드라이트가 주행 중에는 켜지고 주행을 멈추면 꺼지게 해주는 자동 스위치가 장착되어 밤새 헤드라이트를 켜둠으로써 배터리가 방전되는 위험을 없앤 차들도 많다.

그러나 이처럼 실수에 관대한 혁신은 그 채택 속도가 놀랍도록 느리다. 주유구 뚜껑을 예로 들어보자. 적절하게 설계된 자동차의 경우, 주유구 뚜껑에 그것과 차체를 연결하는 플라스틱이나 철 재질의 끈이 부착되어 있어서 주유를 끝낸 후 뚜껑을 놔두고 그냥 가는 일이 불가능하다. 우리의 추정에 따르면, 그 플라스틱 조각의 가격은 기껏해야 10센트이다. 어떤 기업이든 이러한 기능을 포함시켜야겠다는 기발한 아이디어를 생각해냈다면, 그런 기능이 갖춰지지 않은 차를 만들 이유는 절대 없을 것이다.

주유구 뚜껑을 잊어버리고 가는 것은 특별한 유형의 예측 가능한 실수로, 심리학자들은 이를 '완성후(postcompletion)' 오류라고 일컫는다.(2) 기본적인 개념은, 사람들은 주요 임무를 끝내고 나면 그 이전 단계들에 관련된 사항들을 잊는 경향이 있다는 것이다. 또 다른 예로, 현금인출기로 현금을 인출한 후에 카드를 그대로 꽂아두고 가거나 복사를 끝마친 후에 복사기에 원본을 남겨두는 경우를 들 수 있다. (모두 그런 것은 아니지만) 대부분의 현금인출기는 카드를 즉각적으로 돌려줌으로써 이런 실수를 막아준다. 노먼은 자신이 고안한 '기능 강제(forcing function)' 방식을 이용하는 전략을 제시했다. '기능 강제'란 원하는 것을 얻기 위해 먼저 다른 무언가를 하게 만드는 것이다. 카드를 먼저 뽑아야만 현금을 인출할 수 있다면, 카드를 잊고 가는 일이 없을 것이다.

• 자동차와 관련하여 또 한 가지 바람직한 디자인의 예로, 연료 공급 노즐의 차별화를 들 수 있다. 디젤 연료를 공급하는 노즐은 너무 커서 휘발유를 사용하는 자동차의 주입구에는 맞지 않기 때문에 휘발

유를 동력으로 하는 자동차에 디젤 연료를 넣는 실수는 저지를 수가 없다(그러나 반대의 실수를 저지르는 것은 여전히 가능하다). 마취 관련 실수의 빈도를 줄이는 데에도 이와 똑같은 원리가 적용된 바 있다. 한 연구 결과, (장비의 고장이 아닌) 인간의 실수가 '결정적인 사고'의 82%를 야기하는 것으로 드러났다. 그 중 흔히 일어나는 실수는 특정 약물에 사용되는 호스가 엉뚱한 포트에 연결되어 환자에게 엉뚱한 약물이 주입되는 것이었다. 이러한 문제는 노즐과 연결관이 약물마다 달라지도록 장비를 설계함으로써 말끔하게 해소되었다. 이전에 빈번하게 일어나던 실수가 물리적으로 불가능하게 된 것이다.(3)

• 의료 관련 주요 문제 중의 하나는 이른바 '투약 순응(drug compliance)'이다. 많은 환자들, 특히 고령의 환자들은 정량으로 그리고 규칙적으로 약을 투여해야 하는데, 바로 여기서 선택 설계 문제가 대두된다. 당신이 약을 고안하는 사람으로서 완벽한 융통성을 갖고 있다면, 환자들이 당신의 약을 얼마나 자주 먹길 바라겠는가?

의사가 단발성 약을 즉각적으로 처방한다면 가장 좋겠지만(모든 면에서 최선이지만 종종 기술적으로는 실행이 불가능하다), 차선책은 하루에 한 번, 되도록이면 아침에 먹는 것이다. 하루에 한 번이 하루에 두 번(또는 그 이상)보다 더 나은 이유는 분명하다. 약을 먹어야 하는 횟수가 늘어날수록 먹어야 한다는 사실을 잊을 확률도 그만큼 늘어나기 때문이다. 그러나 문제는 빈도뿐이 아니다. 규칙성 또한 중요하다. 이틀에 한 번 먹는 것보다는 하루에 한 번 먹는 것이 훨씬 더 낫다. 자동 시스템은 "매일 아침 일어나자마자 약을 먹어야 한다"고 생각하도록 훈련될 수 있기 때문이다. 약을 먹는 것은 일종의 습관이 되며, 습관은 '자동 시스템'에 의해 통제된다. 그러나 대부분의 사람들은 이틀에 한 번 약을 먹어야 한다는 사실을 기억하기가 힘들다(이와 마찬가지로, 매주 한 번씩 열리는 회의는 2주에 한 번씩 열리는 회의보다 더 쉽게 기억할 수 있다). 일주일에 한 번씩 복용하는 약도 있는데, 이 경우 대부분의 환자들은 일요일에 약을 복용한다(대부분의 사람들은 일요일을 다른 날과 다르게 생각하므로 투약과 쉽게 연관시킬 수 있다).

이런 차원에서 피임약은 특별한 문제를 제시한다. 피임약은 3주 동안 매일 복용한 다음, 1주일 동안 건너뛰어야 하기 때문이다. 이러한 문제를 해결하고 해당 프로세스를 자동화하기 위해 피임약은 28정짜리 특별 용기에 담겨 판매된다. 각 칸마다 숫자가 적혀 있으며 환자들은 매일 숫자 순서대로 복용하라는 지시를 받는다. 22일~28일째에 해당하는 약들은 약효가 없이 그저 인간 사용자들의 순응을 돕는 위약(僞藥)이다.

• 이 책을 쓰던 중 탈러는 자신의 친구이자 구글(Google) 임원인 경제학자 할 베리언(Hal Varian)에게 이메일을 보냈다. 탈러는 이 책의 주제를 알리기 위해 서문 초고를 첨부할 생각이었지만 첨부하는 것을 잊고 말았다. 할은 첨부 파일이 빠졌다는 답장을 쓰면서 구글이 자사의 이메일 프로그램인 'G메일(gmail)'에 이런 문제를 해결하는 기능을 추가하기 위해 실험을 수행하고 있다고 자랑스럽게 말했다. 사용자가 본문에 '첨부'라는 단어를 언급해놓고 파일을 첨부하지 않았을 경우, 곧바로 "파일 첨부를 잊으셨습니까?"라는 메시지가 나타나는 것이다. 탈러는 다시 파일을 첨부하여 메일을 보내면서 할에게 바로 그것이 이 책의 주제라고 말했다.

• 미국이나 유럽의 다른 지역에서 런던을 방문한 사람들은 안전하게 길을 건너는 데 어려움을 겪는다. 그들은 평생토록 자동차가 왼쪽에서 올 거라고 예상했으므로, 그들의 '자동 시스템'은 왼쪽을 봐야한다고 생각했다. 그러나 영국에서는 자동차들이 도로의 왼쪽으로 달리기 때문에 종종 오른쪽에서 위험이 다가오며, 그 결과 보행자 사고가 많이 일어난다. 런던 시는 적절한 설계를 통해 이러한 위험을 줄이고자 노력하고 있다. 특히 관광객들이 많이 찾는 거리의 모퉁이마다 보도에 "오른쪽을 보시오!"라는 표지판이 걸려 있다.

피드백: 디지털 카메라의 '찰칵' 소리

인간들이 성과를 개선하도록 돕는 최선의 방법은 피드백을 제공하는 것이다. 적절하게 설계된 시스템은 사람들에게 잘 하고 있는지 잘못하고 있는지를 알려준다. 몇 가지 예를 들어보자.

• 디지털 카메라는 필름 카메라에 비해 일반적으로 사용자에게 보다 나은 피드백을 제공한다. 사용자는 사진을 찍을 때마다 방금 전에 찍은 영상을 (작게나마) 확인할 수 있다. 덕분에 필름 시대에 흔하게 일어나던 오류들, 일테면 필름을 제대로 (또는 전혀) 끼우지 못하는 것에서부터 렌즈 뚜껑 여는 것을 잊어버리거나 사진 중앙에 있는 인물의 머리를 잘라버리는 것에 이르기까지 모든 종류의 오류들이 사라졌다. 그러나 초창기의 디지털 카메라는 피드백의 측면에서 한 가지 중요한 오류를 범했다. 사진을 찍을 때 영상이 포착되었음을 알려주는 청각 신호가 배제된 것이다. 요즘 모델들은 사진이 찍힐

때 매우 만족스러운 그러나 전적으로 인위적인 '찰칵' 소리를 낸다(이와 유사한 이유로, 노년층을 겨냥한 일부 휴대폰들은 가짜 다이얼 소리를 낸다).

• 또 한 가지 중요한 유형의 피드백은 일이 잘못되고 있다는 경고, 혹은 (좀 더 유용하게) 일이 잘못되려 한다는 경고이다. 우리가 사용하는 노트북 컴퓨터는 배터리 잔량이 위험할 정도로 낮아지면 전원을 연결하거나 작업을 끝내라고 경고한다. 그러나 경고 시스템이 피해야 할 주요 문제가 있다. 바로, 경고를 너무 많이 제공해서 사람들이 특정 경고를 무시하게 만드는 문제가 그것이다. 컴퓨터가 첨부파일을 정말 열어보겠느냐고 끊임없이 물어오면 우리는 생각해보지도 않고 '예' 버튼을 누르기 시작한다. 이렇게 되면 모든 경고가 무용지물이 될 수밖에 없다.

• 미 국토안보부(Department of Homeland Security)의 색깔 표시 테러 경보 시스템은, 일부 피드백의 경우에는 컴퓨터의 경고 표시처럼 끊임없이 나타나지 않아도 무용지물이 될 수 있다는 사실을 적절하게 입증해준다. 2002년 이후로 미국 공항을 걷다보면 종종 다음과 같은 안내 방송이 들려온다. "국토안보부가 국가 위협 수위(National Threat Advisory)를 주황색으로 올렸습니다." 이런 경고를 내보낸다고 해서 우리가 어떤 행동을 취할 수 있겠는가? 기껏해야 화장품 샘플들을 1리터짜리 지퍼백에 넣는 일 말고는 무엇이 있겠는가?

국토안보부 웹사이트를 들어가 보면 그 답을 알 수 있다. 위와 같은 메시지는 바로 우리에게 다음과 같은 행동을 요구하는 것이다.

"모든 시민들은 계속해서 경계를 늦추지 말고 주위를 잘 살펴야 하며, 의심스러운 물건이나 행동이 눈에 띄면 지역 당국에 즉시 보고해야 합니다." 이런 일은 국가 위협 수위가 노란색일 때에도 해야 하는 일이 아닌가? 따라서 이러한 안내 방송은 무용지물이라고 생각하는 편이 안전하다(차라리 방심하고 있는 여행자들에게 1리터짜리 지퍼 백을 지급하는 편이 훨씬 더 유용할 것이다. 실제로 많은 공항에서 지퍼 백을 지급하고 있다).

• 여러 분야에서 피드백은 다양한 형태로 개선될 수 있다. 천정에 페인트칠을 하는 단순한 작업을 생각해보자. 이것은 보기보다 까다로운 일이 될 수 있다. 천정은 거의 항상 흰색으로 칠해져 있으므로 정확히 어디까지 칠했는지 분간하기가 힘들기 때문이다. 나중에 페인트가 마르고 나면 칠이 안 된 부분들이 눈에 띄면서 짜증이 나기 시작한다. 이러한 문제는 어떻게 해결해야 하는가? 한 현명한 사람이 젖은 상태에서는 분홍색이지만 마르면 흰색이 되는 천정 페인트를 발명했다. 흰색과 분홍색을 분간하지 못할 정도의 색맹이 아니라면 이것으로 문제를 해결할 수 있을 것이다.

매핑: 선택을 행복에 대입시키는 방법

아이스크림 맛을 고르는 것처럼 쉬운 일이 있는가 하면, 치료법을 선택하는 것처럼 어려운 일도 있다. 예를 들어, 칼로리나 영양 성분은 모두 동일하되 맛이 여러 가지인 아이스크림을 판매하는 가게가 있다고 가정해보자. 가장 맛있는 것을 고르면 아이스크림을 쉽게 선택할 수 있다. 바닐라나 초콜릿, 딸기 등의 맛을 모두 먹어본 사람이라면, 대개 자신의 선택과 궁극적인 소비 경험간의 관계를 다소 정확하게 예측할 수 있을 것이다. 이러한 선택과 복지간의 관계를 '매핑(대입, mapping)'이라고 부르겠다. 생소한 맛의 아이스크림이 있을 때에는 판매점에서 무료 시식 서비스를 제공함으로써 대입의 문제를 해결할 수 있다.

그러나 여러 가지 치료법 가운데 하나를 선택하는 것은 전적으로 다른 문제다. 당신이 전립선암 진단을 받았다고 가정해보자. 당신은 세 가지 옵션, 즉 수술과 방사선 치료 그리고 (당장은 아무런 조치도 취하지 않겠다는 의미의) '주의 관찰 대기 요법' 중 한 가지를 선택해야 한다. 각 옵션마다 치료의 부작용과 삶의 질, 수명 등과 관련하여 복합적인 일련의 결과가 수반된다. 이 옵션들을 비교하기 위해서는 다음과 같은 트레이드오프(trade off: 어느 것을 얻으려면 반드시 다른 것을 희생해야 하는 경제 관계-옮긴이) 문제를 검토해봐야 한다. "기꺼이 1/3에 달하는 발기부전 혹은 요실금의 리스크를 감수하고 예상 수명을 3.2년 늘릴 것인가?" 이것은 두 가지 차원에서 쉽지 않은 결정이다. 첫째, 환자는 이러한 트레이드오프의 관계를 모르고 있을 가능성이 높다. 둘째, 환자는 요실금을 안고 살아가는 삶이 어떠한지 상상할 수 없을 가능성이 높다. 그러나 이 시나리오와 관련하여 두 가지의 끔찍한 사실이 존재한다. 첫째, 대부분의 환자들은 의사로부터 암 선고를 받고 그 자리에서 곧바로 자신이 취할 행동 경로를 결정한다. 둘째, 그들이 선택하는 치료법은 주치의의 유형에 따라 크게 달라질 수 있다(수술이 전문인 의사들이 있는가 하면 방사능 치료가 전문인 의사들도 있다. 물론, 주의 관찰 대기 요법을 전문으로 하는 의사는 없다. 그렇다면 선택 빈도가 가장 낮은 치료법이 무엇인지는 쉽게 추측할 수 있을 것이다).

아이스크림과 치료법의 비교는 대입의 개념을 적절하게 보여준다. 선택 설계라는 훌륭한 시스템은 사람들로 하여금 대입을 이해하는 능력을 향상시켜 그들의 삶을 보다 윤택하게 해주는 옵션을 선택하도록 돕는다. 이것을 수행하는 한 가지 방법은 수치로 이뤄진 정보를 보다 쉽게 사용할 수 있는 단위로 환산함으로써 다양한 옵션들을 보다 이해하기 쉽게 만드는 것이다. 예를 들어, 사과를 사서 사과주를 만들려 한다면, 술 한 잔을 만드는 데 사과 세 개가 필요하다는 발견법을 알고 있는 편이 유리하다.

디지털 카메라를 고른다고 가정해보자. 카메라 광고들은 저마다 메가픽셀〔megapixel: 100만을 의미하는 메가(mega)와 디지털 사진의 최소 단위인 화소(pixel)를 결합한 용어로서, 1메가 카메라는 사진 한 장에 화소 100만 개가 담겨 있다는 의미이다.–옮긴이〕 사양을 자랑하며 메가픽셀이 많을수록 좋다는 인상을 심어준다. 그러나 이러한 가정은 그 자체로 의문을 유발한다. 메가픽셀이 많은 카메라로 찍은 사진일수록 카메라의 저장용량과 컴퓨터의 하드드라이브 용량을 많이 잡아먹기 때문이다. 그러나 소비자들에게 정말 문제가 되는 것은 (그리 직관적이라 할 수 없는) 메가픽셀의 개념을 그들이 중요하게 여기는 그 무엇으로 환산하는 일이다. 추가로 100달러를 지불하고 4메가픽셀 대신 5메가픽셀을 구입할 가치가 있는가? 반대로, 제조업자들이 특정 카메라에 대해 메가픽셀 대신 최대의 권장 출력 크기를 제시한다고 가정해보자. 이렇게 되면 소비자들에게는 3메가픽셀과 5메가픽셀, 7메가픽셀 등의 옵션 대신 4×6인치와 9×12인치 또는 '포스터 크기'의 고품질 사진이라는 옵션이 주어진다.

종종 사람들은 제품을 돈에 대입시키는 데 어려움을 겪는다. 물론 선택이 간단할 경우에는 이러한 대입이 쉽게 이뤄질 수 있다. 만약 스니커즈(Sneakers) 초콜릿 바 하나의 가격이 1달러라면, 스니커즈 초콜릿 바를 매일 먹을 경우 비용이 얼마나 드는지 쉽게 계산해낼 수 있다. 그러나 신용카드를 사용할 때 드는 비용이 얼마나 되는지 알고 있는가? 당신이 지불하는 수수료에는 (a) 카드 사용 권리에 대한 연회비(주로 항공 마일리지 등의 혜택을 제공하는 카드에 부과된다)와 (b) 대부금의 이자(당신의 신용도 추정치에 따라 달라진다), (c) 연체금에 대한 추가 수수료(결국 예상했던 것보다 지불이 더 늦어질 것이다), (d) 보통 대금을 제때 지불하면 부과되지 않지만 하루라도 지불이 늦어지면 부과되기 시작하는 해당 월 사용대금의 이자, 그리고 (e) 외국 통화로 물품을 구입한 데 대한 청구액 등이 포함될 것이다.

소비자들이 분명하게 이해할 수도, 납득할 수도 없는 복잡한 가격 정책을 가진 것은 비단 신용카드만이 아니다. 몇 가지 더 나열해보면, 모기지와 휴대폰 요금, 자동차 보험 등에 대해서도 생각해볼 수 있다. 이러한 영역들과 그 관련 영역들에 대해 우리는 아주 온화한 형태의 정부 규제를 제안한다. 자유주의적 개입주의의 일종으로, 우리는 이를 RECAP이라고 칭한다. '기록하라(Record)', '평가하라(Evaluate)', '대체 가격과 비교하라(Compare Alternative Prices)'를 줄여 만든 두문자어다.

휴대폰 시장의 경우, RECAP은 다음과 같이 효과를 발휘한다. 정부는 고지서 발행자들이 서비스에 대해 부과하는 요금의 '액수'는 규제하지 않지만 그들의 정보 공개 관행에 대해서는 규제를 가한다. 그 주요 목표는 소비자들에게 현재 존재하는 모든 유형의 요금에 대해 고지하는 것이다. 이것은 깨알 같은 글씨로 길게 인쇄된 난해한 문서 따위로 해결되는 일이 아니다. 고지서 발행자들은 모든 관련 공식이 포함된 스프레드시트 형태의 서류양식에 요금 체제를 입력하여 공개하도록 요구받는다. 당신이 토론토에 가 있는데 휴대전화가 울린다고 가정해보자. 이 전화를 받으면 얼마의 요금이 부과될까? 이메일 몇 통을 다운로드한다면? 이러한 모든 정보들이 수많은 관련 공식들 속에 끼어 있을 것이다. 이것은 가격 정보 공개에 관한 규제이다.

한편, 사용 정보 공개 규제는 1년에 한 번씩 고지서 발행자들로 하여금 고객들에게 그들이 사용한 모든 통화 방식과 발생한 모든 요금에 대한 완벽한 목록을 보내도록 규제하는 것이다. 이러한 보고서는 두 가지 방법으로 발송된다. 하나는 우편, 보다 중요한 또 한 가지 방법은 온라인이다. 온라인으로 전송된 보고서는 또한 보안 웹사이트에 저장되어 다운로드할 수 있다.

RECAP 보고서가 만들어지면 휴대폰 이용자들에게는 거의 아무런 비용을 부과하지 않으면서도 휴대폰 공급자들의 요금 체계를 비교해보고자 하는 고객들에게는 극도로 유용한 정보가 될 것이다. 특히 사용 첫 해의 내역을 받고 난 후에는 더욱 그렇다. 기존의 여행사 사이트 같은 민간 웹사이트들이 생겨나 서비스를 간편하게 비교하게 해주는 서비스도 판매될 것이다. 구매자는 몇 번의 클릭만으로 전년도의 사용 내역 데이터를 불러와서 자신의 사용 패턴을 토대로 각 공급자들이 비용을 얼마나 부과하는지 손쉽게 파악할 수 있게 된다.[12] 그 상품을 처

12 물론, 우리는 가격에 따라 행동이 달라진다는 것을 알고 있다. 만약 기존의 휴대폰 공급업자가 캐나다에서 이용한 통화에 대해 많은 요금을 부과했는데, 이에 대해 단지 더 이상 캐나다에서 전화를 하지 않는 것으로 대응하는 사용자라면 캐나다에서 저렴하게 통화를 즐기게 해주는 다른 공급업자의 가치를 완전히 평가할 수 없을 것이다. 그러나 과거의 용례가 미래의 사용을 예측하게 해주는 훌륭한 수단이 되는 분야라면 RECAP 제도는 매우 유용한 역할을 할 것이다.

음 접하는 사용자들(예를 들어, 휴대폰을 처음 마련하는 경우)은 다양한 범주의 이용 정보를 추정해야 하겠지만 그 다음 해에는 그 시스템의 능력을 십분 활용할 수 있을 것이다. 우리는 대출과 신용카드에서부터 에너지 사용과 메디케어(Medicare: 미국의 노인의료보험제도)에 이르기까지 수많은 영역에서 RECAP 시스템이 사람들의 선택 능력을 크게 향상시킬 수 있음을 알게 될 것이다.

복잡한 선택들을 조직화하는 방법

사람들은 이용 가능한 옵션들의 규모와 복잡성을 토대로 적절한 선택을 하기 위해 다양한 전략들을 채택한다. 잘 알려진 소수의 대안들이 존재할 경우, 우리는 각 대안들의 속성을 꼼꼼히 살펴본 다음, 필요한 경우에는 트레이드오프를 따져보려는 경향이 있다. 그러나 선택 집합이 커지면 다른 전략을 이용해야 하는데, 이러한 전략들은 우리에게 문제를 야기할 수 있다.

예를 들어, 제인이라는 사람이 현재 사는 곳에서 멀리 떨어진 대도시의 회사로부터 일자리를 제의받았다고 가정해보자. 그녀가 직면한 두 가지의 선택은 바로 영업소와 살 집이다. 제인이 해당 기업으로부터 세 군데의 영업소 가운데 한 군데를 선택할 수 있다는 제의를 받았다고 가정해보자. 그렇다면 그녀가 취할 합리적인 전략은, 영업소 세 군데를 모두 둘러보고 차이점들을 기록한 다음 크기와 전망, 동네, 가장 가까운 화장실까지의 거리 등의 속성들이 얼마나 중요한지 결정하는 것이다. 선택 연구에서는 이것이 '보상' 전략으로 묘사된다. 한 가지 속성(영업소의 규모가 크다는 점)이 갖는 높은 가치가 다른 속성(동네가

시끄럽다는 점)이 갖는 낮은 가치를 보상할 수 있기 때문이다.

그러나 살 집을 고르는 데에는 이와 동일한 전략이 사용될 수 없다. 로스앤젤레스 같은 대도시에서는 이용 가능한 아파트가 수천 채에 달한다. 제인이 그 회사의 제의를 받아들이고자 한다고 해도, 수천 채의 아파트들을 일일이 찾아다니면서 평가할 수는 없는 노릇이다. 그보다는 해당 과제를 모종의 방법으로 단순화할 가능성이 높다. 제인이 이용할 수 있는 한 가지 전략은 아모스 트버스키(1972)가 이름 붙인 '속성별 제거법(elimination by aspects)'이다. 이 전략을 사용하는 사람은 먼저 어떤 속성이 가장 중요한지(일테면, 통근 거리) 결정하고 허용 범위(일테면, 30분 이내)를 설정한 다음, 이 기준에 부합하지 않는 대안들은 모두 제거하는 것이다. 속성별로(월세 1,500달러 이하, 침실 2개 이상, 애완견 허용 등) 이 프로세스를 반복하여 최종 선택을 하거나 '최종 후보들'의 보상 평가를 수행할 수 있을 정도로 선택권을 좁힌다.

이러한 종류의 단순화 전략이 사용될 때, 최소 범위에 부합하지 않는 대안들은 설사 다른 모든 차원에서 아무리 뛰어나다고 해도 제거될 것이다. 따라서 일테면 통근 거리가 35분인 아파트는 아무리 굉장한 전망을 갖췄어도, 그리고 다른 아파트들에 비해 월세가 200달러 더 싸다고 해도 고려대상에서 제외될 것이다.

사회과학 연구에 따르면, 선택안들이 많을수록 그리고/또는 보다 많은 차원으로 다양해질수록 사람들이 단순화 전략을 채택할 가능성이 높아지는 것으로 나타났다. 선택 설계를 위한 함축적 암시들이 상관하고 있기 때문이다. 대안들의 개수가 많아지고 복잡해질수록 선택 설계자들은 보다 많은 것을 생각하고 처리해야 하며 (바람직한 쪽으로든 그렇지 못한 쪽으로든) 선택에 영향을 미칠 가능성도 크게 높아진다. 세 가지 맛의 아이스크림만을 판매하는 아이스크림 가게의 경우, 그 세 가지를 어떤 순서로 써놓든 상관없을 것이며, 사람들이 자신이 좋아하는 맛을 잘 알고 있기 때문에 그들의 선택에도 (메뉴의 순서처럼) 별다른 영향을 미치지 않을 것이다. 그러나 선택 사항들의 개수가 늘어날 경우, 적절한 선택 설계라면 조직화를 제공할 것이며, 조직화는 결과에 영향을 미칠 것이다.

페인트 가게를 예로 들어보자. 간혹 페인트 색깔을 특별히 주문하는 경우도 있지만 이러한 경우를 무시한다고 해도, 페인트 회사들은 집안 벽에 칠할 수 있는 색깔을 2,000가지 이상 갖추고 있다. 이렇게 다양한 페인트 색깔들을 고객에게 어떻게 제시할 것인지를 조직화하는 데에도 여러 가지 방법을 생각할 수 있다. 예를 들어, 페인트 색깔이 알파벳 순서로 열거되었다고 상상해보자. 일테면 'Artic White(변색된 느낌의 흰색)', 'Azure Blue(하늘빛 파란색)' 등의 순서로 색깔이 나열될 것이다. 알파벳순은 사전을 조직화하기에는 만족스러운 방법이지만 (적어도 사용자가 특정 단어의 철자를 추정할 수만 있다면 말이다), 페인트 가게를 조직화하기에는 형편없는 방법이다.

대신 페인트 가게들은 오래 전부터 유사성에 따라 바퀴 모양으로 색깔을 배치한 견본집을 이용해왔다. 파란색 계열들을 모두 한 줄에 모으고 그 옆에는 녹색 계열을 그리고 빨간색 계열 옆에는 주황색 계열을 배치하는 등의 방법을 따랐다는 얘기다. 사람들에게 실제 색깔을 보여줌으로써 선택의 문제가 상당히 쉬워진 것은 특히, 페인트 이름만으로는 거의 아무런 정보도 얻을 수 없기 때문이다. [벤저민 무어 페인트(Benjamin Moore Paint) 웹사이트에서는 비슷한 베이지 색조의 세 가지 색깔에 각각 '볶은 깨', '오클라호마 밀', '캔자스 날알' 등의 이름을 붙이기도 했다.]

현대의 컴퓨터 기술과 월드 와이드 웹(World Wide Web) 덕분에 소비자의 선택과 관련한 수많은 문제들이 보다 간단해진 것이 사실이다. 벤저민 무어 페인트 웹사이트는 소비자들이 수십 가지의 베이지 색조들을 (컴퓨터 모니터가 허용하는 범위 내에서) 모두 훑어보게 해줄 뿐 아니라, 천정이 보색으로 칠해진 경우 벽에 특정 색조를 칠하면 어떻게 보일 것인지 등을 이미지로 보여준다. 페인트 색깔의 다양성은 아마존에서 판매하는 책의 개수(수백만 권)나 구글에 뜨는 웹페이지들의 개수(수십억 개)에 비하면 아무것도 아니다. 통신 판매 DVD 대여 회사인 넷프릭스(Netflix)를 비롯하여 수많은 기업들이 부분적으로는 매우 유용한 선택 설계 덕분에 성공을 거뒀다. 대여할 DVD를 찾는 고객들은 배우별, 감독별, 장르별로 영화를 쉽게 검색할 수 있으며, 자신이 본 영화의 등급을 매기면 비슷한 기호를 가진 영화팬들의 선호를 토대로 추천을 얻을 수도 있다. 이러한 방법을 '협업 필터링(collaborative filtering)'이라 부른다. 자신이 좋아하는 영화나 책을 선택할 가능성을 높이기 위해 취향이 같은 사람들의 판단을 활용하여 방대한 수의 영화나 책들을 걸러낸다는 의미이다. 협업 필터링은 선택 설계의 문제를 해결하기 위한 노력의 일환이다. 당신과 비슷한 사람들이 대체로 무엇을 좋아하는지 알면, 모르는 제품도 편안하게 선택할 수 있다. 당신과 비슷한 사람들이 대체로 좋아한다는 이유로 말이다. 협업 필터링은 수많은 사람들의 어려운 선택을 수월하게 만들어준다.

주의할 것이 있다. 놀라움과 우연한 발견이 사람들에게 재미와 이익을 안겨줄 수 있다는 점을 감안하면, 자신과 비슷한 사람들이 무엇을 좋아하는지 등이 주요 정보원이 된다는 사실은 그리 멋진 일만은 아닐 것이다. 가끔은 우리와 '다른' 사람들이 무엇을 좋아하는지 배우는 것도 그리고 우리가 그것을 좋아할 수는 없는지 확인해보는 것도 좋은 일이다. 만약 당신이 미스터리 작가 로버트 파커(Robert B. Parker)를 좋아한다면(우리 역시 그가 굉장한 작가라는 데 동의한다), 협업 필터링을 통해 다른 미스터리 작가들[어쨌든 리 차일드(Lee Child)의 작품은 꼭 한 번 읽어보기 바란다]을 소개받을 것이다. 그러나 가끔은 조이스 케롤 오츠(Joyce Carol Oates)나 심지어는 헨리 제임스(Henry James)도 시도해 보는 건 어떨까? 설사 당신이 민주당 지지자로서 민주당을 옹호하는 책들을 좋아한다고 해도 공화당 지지자들이 어떤 생각을 갖고 있는지 알고 싶지 않은가? 지혜만큼은 어떤 정당도 독점할 수 없기에 하는 말이다. 공공심을 가진 선택 설계자들(예를 들면, 일간 신문 발행업자들)은 사람들에게 그들이 사전에 구체적으로 선택하지 않았을 법한 방향으로 넛지를 가하는 것이 좋다는 사실을 안다. 선택을 조직화하는 것은 때로는 사람들의 학습을 도와 그들이 훗날 보다 나은 선택을 스스로 할 수 있도록 만드는 것을 의미한다.(5)

인센티브 vs. 넛지

우리가 마지막으로 다룰 주제는 대부분의 경제학자들이 가장 먼저 다루는 주제로서, 바로 가격과 인센티브이다. 우리는 지금까지 전통적인 경제이론에서는 종종 중요하게 여기지 않는 요소들을 강조했다. 그러나 그렇다고 해서 경제학의 표준으로 자리매김한 요소들이 중요하지 않다는 의미는 아니다. 이는 우리가 공식적으로 수요와 공급 체계를 믿는다고 말하는 것만큼 합당한 논지이다. 어떤 제품의 가격이 오르면, 대개의 경우 공급자들은 그 생산량을 늘릴 것이며, 그렇게 되면 소비자들은 예전만큼 그것을 원치 않게 된다. 따라서 선택 설계자는 어떤 시스템을 설계할 때 인센티브를 반드시 고려해야 한다. 양식 있는 설계자라면 적절한 사람들에게 적절한 인센티브를 제공할 것이다. 인센티브를 고려하는 한 가지 방법은 다음과 같은 네 가지 문제를 선택 설계의 출발점으로 삼는 것이다.

- 누가 사용하는가?
- 누가 선택하는가?
- 누가 지불하는가?
- 누가 수익을 얻는가?

자유시장은 종종 사람들에게 좋은 제품을 만들어 적절한 가격에 판매하도록 자극하는 인센티브를 부여함으로써 모든 핵심 문제들을 해결한다. 예를 들어, 운동화 시장이 적절하게 돌아가고 있다면 경쟁이 매우 치열해질 것이다. 질 나쁜 운동화는 시장에서 퇴출당하고 질 좋은 운동화들은 사람들의 기호에 따라 값이 매겨진다. 운동화 생산자들과 운동화 구매자들은 적절한 인센티브를 갖게 된다. 그러나 가끔은 인센티브간에 충돌이 벌어지기도 한다. 간단한 예를 생각해보자. 우리는 평일에 점심을 먹으러 나가서 각자 먹고 싶은 메뉴를 고르고 자신이 먹은 것에 대해 돈을 지불한다. 식당은 우리에게 음식을 제공하고 돈을 받는다. 여기에는 갈등이 존재하지 않는다. 이제 점심값을 돌아가면서 내기로 했다고 가정해보자. 그렇게 되면 탈러가 돈을 낼 때에는 선스타인이 비교적 비싼 것을 주문하는 인센티브를 갖게 되고, 선스타인이 돈을 낼 때에는 탈러가 그러하다(그러나 이 경우에는 우정이 개입되어 문제가 좀 더 복잡해진다. 우리들의 경우, 상대방이 돈을 낼 때는 당연히 비교적 싼 것을 주문할 것이다. 감상적이지만 사실이다).

인센티브의 충돌은 많은 시장에서 (그리고 많은 선택 설계 시스템에서) 수없이 목격할 수 있다. 그 중 가장 악명 높은 것은 미국의 의료 시스템일 것이다. 환자는 자신의 주치의가 선택한 의료 서비스를 받고, 그에 대한 비용은 보험회사가 지불한다. 게다가 여기에는 의료 장비 제조업체와 제약회사에서부터 의료 과오 전문 변호사들에 이르기까지 모든 사람들이 연루되어 있다. 그들은 각자의 역할에 따라 서로 다른 인센티브를 갖고 있으므로 그 결과는 환자에게나 의사에게 이상적이지 않을 것이다. 물론, 이러한 문제들을 생각해본 사람이라면 누구나 이 점을 명확하게 알 수 있다. 그러나 늘 그렇듯이, 경제의 주체가 인간들이라는 점을 고려하여 표준 분석을 정교하게 다듬고 보다 풍성하게 만들 수는 있다. 분명히 지각없는 인간들이라고 해도 가격이 올라갔다는 사실을 깨달으면 수요를 줄일 것이다. 그러나 과연 인간들이 가격이 올라갔다는 사실을 알 수 있을까? 진정으로 주의를 기울이고 있다면 가능하다.

표준 인센티브 분석과 관련하여 가장 중요하게 이뤄져야 할 한 가지 개선은 바로 부각성이다. 선택자들이 자신이 갖는 인센티브들을 모두 인식할 수 있는가? 자유시장의 경우, 그 답은 주로 '예'이다. 그러나 중요한 상황들에서는 '아니오'라는 답이 도출된다. 예를 들어, 도시에 거주하는 어느 가족이 차를 구입할 것인지 여부를 결정한다고 가정해 보자. 그들의 선택안은 두 가지, 즉 택시와 여타의 대중교통을 이용하는 것과 1만 달러짜리 중고차를 구입하는 것이다. 중고차를 사면 집 앞 골목에 주차할 수 있다. 차량 소유와 관련하여 부각되는 비용은 매주 주유소에 들르는 비용과 이따금씩 발생하는 수리비, 그리고 매년 발생하는 보험료뿐이다. 1만 달러라는 기회비용은 무시할 가능성이 높다(다시 말해서, 그들은 일단 차를 구입하고 나면 1만 달러는 잊는 경향이 있으며, 따라서 더 이상은 그 돈을 다른 무언가에 사용할 수도 있었다고 생각하지 않게 된다). 반면, 이들 가족이 택시를 이용할 때마다 몇 블록에 한 번씩 미터기가 딸깍거리면서 올라가는 비용은 결코 무시할 수 없을 것이다. 따라서 차량 소유 인센티브에 대한 행동 분석은, 사람들이 자동차 소유에 대한 기회비용과 감가상각처럼 비교적 부각되지 않는 여타의 측면들은 과소평가하고 택시 이용에 따르는, 매우 부각되는 비용은 과대평가할 것이라고 예상할 것이다.[13] 선택 설계 시스템에 대한 분석들도 이와 유사하게 조정되어야 한다.

물론, 부각은 조작될 수 있으므로, 훌륭한 선택 설계자라면 사람들이 인센티브로 주의를 돌리도록 조치를 취할 수 있다. 프랑스의 '인시아드(INSEAD)' 경영 대학원에 설치된 전화기는 장거리 통화를 할 때 요금이 표시되도록 프로그래밍되어 있다. 환경을 보호하고 에너지 자립도를 높이고 싶다면 이와 유사한 전략을 이용해서 비용을 부각시킬 수 있다. 당신의 집에 설치된 자동온도조절 장치가 폭염이 이어질 때 온도를 2, 3도 낮추는 데 들어가는 시간당 비용이 표시되도록 프로그래밍되어 있다고 가정해보자. 이것은 필경 말 없이 전기료가 인상되는 것보다 당신의 행동에 더 큰 영향을 미칠 것이다. 전기료 인상은 어차피 월말에 고지서를 받고나서야 경험하게 되는 변화니까 말이다. 같은

13 짚카(Zipcar)처럼 자동차 단기임대를 전문으로 하는 기업들은 이러한 심적 회계 문제들을 해결하도록 도움으로써 수익을 올릴 수 있다.

맥락에서 정부가 에너지 보존을 강화하고 싶어 한다고 가정해보자. 이 경우, 전기료 인상은 분명히 효과를 발휘할 것이다. 그러나 전기료 인상을 부각시킨다면 훨씬 더 큰 효과를 얻을 수 있을 것이다. 비용을 공개하는 온도조절 장치는 전기 소비를 줄이기 위해 고안된 (별로 크지 않은) 가격 인상보다 더 큰 영향을 미칠 수도 있다.

일부 영역의 경우, 사람들은 이익과 손실의 부각이 비대칭적으로 이뤄지길 바랄 수도 있다. 예를 들어, 스테어마스터(Stairmaster, 스텝퍼와 회전 계단이 결합된 운동기구. 브랜드명-옮긴이) '한 스텝'당 요금을 부과하는 헬스클럽에는 아무도 가지 않을 것이다. 그러나 스테어마스터를 사용하는 사람들은 '연소된 열량' 측정치를 보면서 운동하는 것을 좋아한다(그것은 특히 측정기들이 실제로 연소된 열량을 다소 관대하게 평가한 것처럼 보이기 때문이다). 심지어 어떤 사람들은 자신이 연소시킨 열량을 음식 그림으로 보여주는 것을 선호할지도 모른다. 10분 후에는 겨우 당근 한 봉지가 나타나겠지만 40분 후에는 커다란 쿠키가 나타날 테니까 말이다.

제2부

Nudge
돈

넛지가 우리를 더 부유하게 한다

돈을 다루는 방식에 있어서도 인간과 이콘이 극도로 다르다는 것은 그리 놀라운 일이 아니다. 이콘들은 지각 있는 소비자인 동시에 저축가이다. 그들은 만일의 경우와 노후를 대비해서 돈을 모으며, 마치 MBA 출신인 양 그 돈을 현명하게 투자한다. 돈을 빌릴 때에도 이콘들은 고정금리 대출과 변동금리 대출 중 하나를 선택하는 데 전혀 어려움을 겪지 않으며 매달 기한 내에 신용카드 대금을 지불한다. 당신이 이콘이라면 2부는 건너뛰어도 좋다. 단 배우자와 아이들 그리고 여타의 인간들의 행동을 이해하고자 한다면 읽어보기 바란다. 제2부에 포함된 4개 장(章)의 주요 목표는 저축과 투자, 대출 등의 어려운 과제들을 보다 적절하게 수행하는 방법을 탐구하는 것이다. 우리는 또한 민간 및 공공기관이 사람들의 삶을 보다 부유하고 안전하게 만들도록 돕는 방향으로 넛지를 가하는 방법에 대해서도 몇 가지 제안을 할 것이다.

6
저축을 늘리는 방법

전 세계 여러 선진국 정부들은 국민들이 노후자금을 충분히 확보하도록 보장하기 위해 연금 플랜을 제공한다. 이러한 플랜들 대다수는 두 가지 인구통계학적 변화 때문에 그 미래를 위협받고 있다. 바로 수명이 늘어난 점과 출산율이 낮아진 점이다. 대부분의 시스템에서는 은퇴 근로자들의 연금이 현직 근로자들의 세금으로 지불된다. 그러나 앞으로 은퇴할 현직 근로자들의 비율이 점점 낮아진다는 점을 감안하면, 세금이 오르거나 그렇지 않으면 혜택이 줄어야 한다. 혜택이 줄면 근로자들은 그 차액을 충당하기 위해 저축을 해야 한다. 또한, 개인 은퇴 플랜의 설계에 변화가 가해지면서 근로자들은 적절한 저축액과 그 투자 방식을 스스로 결정하도록 요구받기 시작했다. 대다수의 인간들은 이처럼 위압적인 일에 대해 적절한 준비를 갖추지 못했다.

그들을 돕기 위해 어떤 조치가 취해질 수 있는가? 우리는 두 가지를 제안한다. 첫 번째는 저축 플랜에 자동으로 가입되도록 하는 것이고 두 번째는 '점진적 저축 증대' 프로그램을 실행하는 것이다. 이러한 넛지들이 효과를 발휘하는 이유와 그것들이 일반적인 경제학 레퍼토리에 포함되지 않는 이유를 이해하기 위해서는 한 걸음 물러서서 살펴볼 필요가 있다.

노후저축에 대한 표준 경제이론은 간단명료하다. 사람들이 앞으로의 여생에서 벌어들일 액수를 계산하고 은퇴 후에 필요한 액수를 파악한 다음, 은퇴 이전에 과도하게 희생하지 않으면서도 안락한 노후를 즐길 만큼의 돈을 저축할 거라고 추정하는 것이다.

이 이론은 저축에 관한 올바른 사고방식의 지침으로서는 매우 훌륭하지만 사람들의 실질적인 행동방식에 대한 접근법으로서는 두 가지 심각한 문제에 부딪친다. 첫째, 사람들이 복잡한 수학 문제를 풀어 저축해야 하는 액수를 산정할 능력이 있다고 가정한다. 적절한 컴퓨터 소프트웨어가 없다면 노련한 경제학자조차도 이 문제를 쉽게 풀 수 없을 것이다. 사실, 우리는 (심지어 소프트웨어로도) 이것을 진지하게 시도해본 경제학자를 거의 (법률가는 전혀) 본 적이 없다.[1]

이 이론이 지닌 두 번째 문제점은 사람들이 관련 계획을 실행할 의지력을 충분히 가졌다고 가정하는 것이다. 표준 이론에 따르면, 사람들은 화려한 스포츠카나 멋진 휴가를 위해 플로리다에 콘도를 사려고 저축하는 일을 결코 포기하지 않는다. 요컨대, 표준 이론은 이콘들에 관한 것이지 인간들에 관한 것이 아니다.

유사 이래 비교적 최근까지 인간들은 노후저축에 대해 크게 걱정할

---

1 파이낸셜엔진스(Financial Engines)나 모닝스타(MorningStar) 같은 독립기업들뿐 아니라 수많은 뮤추얼 펀드 회사에서도 적절한 소프트웨어 제품들이 나오고 있지만 많은 인간들은 이러한 프로그램을 사용하는 것이 어렵고 지루하다고 생각한다.

필요가 없었다. 은퇴 이후 오랫동안 생존할 만큼 수명이 길지 않았기 때문이다. 또, 대부분의 사회에서 늦게까지 살아남은 사람들은 자녀들의 보살핌을 받았다. 그러다가 20세기에 예상 수명이 늘어나고 지리적으로도 가족들이 서로 멀리 떨어져 살게 되면서 사람들은 불가피하게 노후의 수입을 자녀들에게 의존하기보다는 스스로 조달해야 한다고 생각하게 되었다. 상황이 이렇게 되자, 고용주들과 정부는 이 문제를 해결하는 조치를 취하기 시작했다. 그것도 1889년에 독일에서 이러한 움직임을 주도한 비스마르크(Bismarck)의 초창기 사회보장 프로그램으로 말이다.(1)

초창기의 연금 플랜들은 확정급여형으로 치우치는 경향이 있었다. 확정급여형은 가입자들이 특정 공식에 따라 혜택의 자격을 얻게 되는 플랜으로, 대개의 경우 가입자의 급여와 가입 기간, 즉 햇수를 토대로 하는 공식이 사용되었다. 민간 플랜들의 경우, 주로 근로자가 은퇴 전 마지막 몇 년 동안 받은 급여를 토대로 이에 비례하는 혜택을 받게 되며, 그 비율은 근무 연수에 따라 결정된다.

미국을 포함하여 대부분의 공공 사회보장 시스템 역시 확정급여형 플랜이다. 미국인의 사회보장급여는 당사자가 납부한 세금 액수와 근무 연수에 의해 결정된다. 심지어는 지불금이 인플레이션에 맞게 조정되기 때문에 자신이 받을 액수를 정확히 알 수 있다(미 의회가 생각을 바꾸지 않는 한은 말이다. 사실, 의회는 언제든 생각을 바꿀 수 있다. 헌법은 사회보장제도의 혜택에 대한 권리를 절대 보호하지 않는다).

선택 설계의 관점에서 확정급여형 플랜들은 한 가지 커다란 장점을 갖고 있다. 바로 생각 없고 지각없는 인간들에게도 관대하다는 것이다. 사회보장만 있으면 근로자는 언제부터 혜택을 받을 것인지만 결정하면 된다. 작성해야 할 서류 양식도 사회보장 번호를 적는 양식뿐이다. 그러니 돈을 받고 싶다면 반드시 작성하기 바란다! 민간부문의 확정급여형 플랜들도 마찬가지로 쉽고 관대하다. 한 직장에 계속 근무했으며 그 고용주가 사업을 접지만 않는다면 말이다. 물론, 은퇴시기를 결정하기란 그리 쉬운 일이 아니다. 그러나 오직 그것만 결정하면 된다는 점을 명심하라. 사회보장급여의 수혜시기를 결정하는 것도 마찬가지다. 이 장 끝부분에서 이러한 결정에 대해 그리고 정부가 유용한 넛지를 제공하는 방법에 대해 논의할 것이다.

확정급여형 플랜의 세상은 평생 한 직장에 머무는 사람들에게는 편리할 수 있지만, 빈번하게 직장을 바꾸는 사람들은 실질적으로 은퇴연금을 전혀 못 받게 될 수도 있다. 종종 혜택이 주어지기 전에(즉, 혜택이 근로자의 소유가 되기 전에) 반드시 요구되는 최소 근무기간(일테면, 5년)이 있기 때문이다. 확정급여형 플랜들은 또한 고용주들이 운용하기에도 비용이 많이 든다. 따라서 오래된 기업들 가운데에도 상당수가 확정기여형 플랜으로 전환하고 있으며, 신생기업들은 거의 모두 확정기여형 플랜만을 제공한다. 확정기여형 플랜의 경우, 근로자들은 그리고 때로는 고용주들은 조세감면 계좌에 해당 근로자의 명의로 일정액을 기여한다. 은퇴 시 근로자가 받게 되는 혜택은 그들이 결정한 저축액과 투자액에 따라 달라진다.

미국의 401(k)와 같은 확정기여형 플랜은 현대의 근로자들에게 바람직한 특징들을 많이 갖고 있다. 먼저 전적으로 이전이 가능하기 때문에 근로자가 자유롭게 직장을 옮길 수 있고, 유동적이라는 특징 덕분에 근로자들로 하여금 저축과 투자에 관해 자신의 재정적인 상황과 기호를 반영하여 결정을 조정할 수 있는 기회를 제공한다. 그러나 확정기여형 플랜은 그리 관대하지 못하다. 근로자들은 시간을 내서 가입을 하고 저축 액수를 산정하고 수년 동안 자신의 포트폴리오를 관리한 다음, 마침내 은퇴할 때에도 그 수입으로 무엇을 할지 결정해야 한다. 사람들에게는 이 모든 과정이 다소 위협적일 수 있으며, 실제로 많은 사람들이 이러한 과제를 수행하면서 혼란을 겪는 듯 보인다.

당신은 충분히 저축하고 있는가?

물론, 핵심 문제는 사람들이 충분히 저축하고 있는지 여부이다. 당신은 현재 충분히 저축하고 있는가?

이것은 다소 복잡하며 논쟁의 여지가 많은 문제인 것으로 드러나고 있다. 따라서 그에 대한 답은 나라마다 다르다. 우선, 경제학자들 사이에서도 적절한 저축액의 수준에 대해 의견이 분분하다. 은퇴 후의 적정 수입에 대해 의견 일치를 보지 못했기 때문이다. 일부 경제학자들은, 은퇴 후에는 여행처럼 시간 집약적인 고가의 활동을 즐길 기회를 갖게 된다는 점에서 적어도 은퇴 이전에 누리던 만큼의 수입을 목표로 해야 한다고 주장한다. 은퇴한 사람들은 또한 의료비가 늘어난다는 점도 걱정해야 한다. 그러나 다른 경제학자들은, 은퇴 후에는 늘어난 시간을 활용하여 보다 경제적인 생활방식을 추구할 수 있다고 주장한다. 출근 복장에 들어가던 돈을 절약할 수 있고 시간을 들여 꼼꼼하게 장을 보며 집에서 식사를 준비할 수도 있으며 노인 할인 혜택도 활용할 수 있으니까 말이다.

우리는 이 논쟁에 관해서는 강경한 노선을 취하지 않겠다. 그러나 몇 가지 논점들은 짚고 넘어갈 필요가 있다. 한 가지 분명해 보이는 사실은, 저축을 거의 안 할 경우에는 과도하게 저축할 때보다 더 많은 대가를 치러야 한다는 것이다. 과도하게 저축을 했을 경우, 이에 대한 대처 방안은 여러 가지가 존재한다. 예정보다 일찍 은퇴할 수도 있고, 골프를 칠 수도 있으며, 유럽 여행을 하거나 손자 손녀들의 응석을 받아줄 수도 있다. 그러나 정반대의 상황에는, 즉 저축을 거의 안 했을 경우에는 이처럼 유쾌하게 대처할 수가 없다. 두 번째로 짚고 넘어갈 것은, 우리 사회의 '어떤' 사람들은 확실히 저축을 너무 안 한 것으로 단정 지을 수 있다는 점이다. 좀 더 구체적으로 말해서, 은퇴연금 플랜에 전혀 가입하지 않거나 40대(혹은 그 이상)가 돼서야 수입의 극히 일부를 저축하는 근로자들이 바로 그들이다. 이런 사람들은 분명히 넛지를 이용하여 혜택을 얻을 수 있다.

수많은 근로자들은 나름대로 자신이 저축을 더 많이 '해야 한다'고 말한다. 연구 결과, 401(k) 가입자들 가운데 68%가 자신의 저축률이 '너무 낮다'고 생각했고 31%가 '적절하다'고 생각했으며 '너무 높다'고 생각하는 사람은 1%에 불과했다. 경제학자들은 이러한 의견 표명을 중요하게 여기지 않는 경향이 있는데, 어떤 면에서 여기에는 그럴듯한 이유가 존재한다. 유익한 일들을 '해야 한다'고, 일테면 다이어트나 운동을 하거나 자녀와 보다 많은 시간을 보내야 한다고 말하기는 쉽다. 그러나 말보다는 행동이 보다 많은 것을 알려주는 법이다. 어쨌든 저축을 늘려야 한다고 말하는 가입자들 가운데 행동을 변화시키는 사람은 거의 없다. 그렇다고 해서 그러한 말이 무의미하거나 무작위적인 것은 아니다. 내년에는 좀 더 적게 먹고 운동량을 늘리겠다는 의지를 선언하는 사람은 많지만, 내년에는 담배를 더 많이 피우고 싶다고 혹은 시트콤 재방송을 더 많이 보고 싶다고 말하는 사람은 거의 없다.

이런 점에서 '나는 저축을 (또는 다이어트나 운동을) 늘려야 한다'는 말은, 사람들이 이러한 목표들을 달성하도록 돕는 전략을 기꺼이 받아들이겠다는 의미로 해석할 수 있다. 다시 말해서, 그들은 넛지에 대해 개방적인 태도를 갖고 있다는 얘기다. 심지어는 넛지를 고맙게 여길지도 모른다.

사람들이 더 저축하도록 만드는 넛지들

401(k) 같은 확정기여형 플랜에 가입하는 첫 단계는 바로 등록이다. 대부분의 근로자들이 이러한 플랜에 가입하는 것을 아주 매력적인 일로 여겨야 한다. 기여분에 대해 세금이 공제되고 축적되는 양에 대해 세금이 유예되며(일부 경우에는 세금이 면제되며), 많은 경우 고용주들이 근로자의 기여분에 대해 최소한 부분적으로나마 기여금액을 더해주니까 말이다. 예를 들어, 이러한 플랜들의 한 가지 공통적인 특징은 고용주가 특정 한도 내에서, 일테면 월급의 6% 이내에서 근로자 기여분의 50%를 지불해준다는 것이다.

회사의 분담 기여금은 실질적으로 공짜로 얻는 돈이다. 극도로 참을성이 없는 사람이거나 형편이 어려운 가정이 아니라면 이러한 분담 기여금을 십분 활용하는 것이 당연하다. 그럼에도 불구하고 이러한 플랜에 가입하는 비율은 100%에 크게 못 미친다. 401(k) 가입 자격을 갖춘 근로자들 가운데 무려 약 30%가 등록을 하지 않는 실정이다.(2) 주로 젊고 교육수준이 낮으며 임금이 적은 사람일수록 가입 확률이 낮았지만, 토니 스노의 예가 보여주듯 때로는 소득이 높은 근로자들조차도 가입을 하지 않는 것으로 나타났다.

물론, 상황에 따라서는 고용주가 50%를 분담한다고 해도 가입하지 않는 편이 현명할 수도 있다. 일테면, 여타의 금전적 압박을 받는 젊은 근로자들의 경우가 그러하다. 그러나 그저 실수로 가입하지 못하는 경우도 허다하다. 영국에서 한 가지 극단적인 예를 찾아볼 수 있다. 영국의 확정급여형 플랜들 가운데 일부는 근로자에게 전혀 기여분을 요구하지 않고 고용주가 전액을 지불하도록 하는데, 이러한 플랜들의 한 가지 문제는 근로자들로 하여금 해당 플랜에 가입하는 조치를 취하도록 요구한다는 것이다. 이러한 플랜들 25가지를 살펴본 결과, 가입 자격이 되는 근로자들 가운데 실제로 가입한 사람은 겨우 절반가량(51%)에 불과했다!(3) 귀찮다는 이유로 지불 수표를 현금화하지 않은 셈이다.

비교적 나이가 많은 일부 미국 근로자들 역시 이러한 '공돈'을 거절하고 있다. 이 공돈 옵션을 취하려면 근로자는 세 가지 자격요건을 갖춰야 한다. 첫째, 은퇴연금 계좌에서 자금을 인출할 때 세법에 저촉되지 않도록 59.5세 이상이 되어야 한다. 둘째, (근로자가 무언가를 기여하면 회사도 그래야 한다는 의미에서) 직장에서 분담금을 납부해야 한다. 셋째, 근로자가 은퇴 전에 은퇴연금 계좌에서 자금을 인출하는 것을 고용주가 허락해야 한다. 이러한 근로자들의 경우, 은퇴연금 플랜에 가입하면 수익을 얻는 확실한 기회를 누릴 수 있다. 가입 자격이 되며, 가입한 즉시 자신의 기여분을 인출해도 불이익이 전혀 없는 동시에 고용주의 분담금은 그대로 유지할 수 있기 때문이다. 그러나 연구 결과, 자격요건이 되는 근로자들 가운데 무려 40%가 가입하지 않았거나 고용주의 분담금을 최대한 활용할 정도로 충분히 저축하지 않았다.(4)

이러한 극단적인 예들을 통해 우리는 사람들이 은퇴연금에 가입하지 않는 것이 당연히 어리석은 일이라는 점을 분명하게 알 수 있다. 근로자들이 은퇴연금에 가입하기까지 수개월 또는 수년이 걸린 경우도 많은데, 이 경우에는 그들 가운데 대부분이 돈을 보다 유용하게 운용했다기보다는 그저 손을 놓고 있었다거나 차일피일 미루고 있었다고 가정하는 편이 합당하다. 이들이 좀 더 신속하게 가입하게 하려면 어떤 넛지를 가할 수 있는가?[2]

● 자동 가입을 디폴트화

한 가지 분명한 답은 디폴트 규칙을 바꾸는 것이다. 지금은 가입하지 않는 것이 디폴트이므로 은퇴연금 플랜에 가입하려면 약간의 수고를 들여야 한다. 근로자들은 처음 가입요건을 갖추게 되면(때로는 고용이 되자마자), 대개 작성할 양식을 받는다. 가입을 원하는 근로자들은 얼마를 저축할 것인지 그리고 해당 플랜에 제시된 펀드들에 자신의 투자금을 어떻게 할당할 것인지 결정해야 한다. 그러나 서류양식은 본질적으로 골칫거리가 될 수 있기 때문에 많은 근로자들이 그저 옆으로 밀어놓는다.

한 가지 대안은 자동 가입을 채택하는 것이다. 그 작동 원리는 다음과 같다. 자격요건을 갖춘 근로자에게, 능동적으로 옵트아웃을 요청하는 양식을 작성하지 않는 한 (특정 저축률 및 자산 분배 요건으로) 은퇴연금 플랜에 가입될 예정임을 알리는 서류를 제공하는 것이다. 자동 가입은 미국의 확정기여형 플랜의 가입률을 높이는 데 극도로 효과적인 방법으로 판명되었다.(5)

---

2 그건 그렇고, 당신은 당신의 은퇴연금 플랜에 최대한 기여하고 있는가? 적어도 고용주의 분담금을 십분 활용할 정도로 기여하고 있는가? 자녀들이 다 컸다면 그들도 이러한 조치를 취하고 있는가? 아니라면 당장 책을 덮고 서둘러라. 이 책을 읽는 것보다 더 중요한 일이 있을 테니까 말이다.

브리깃 매드리언(Brigitte Madrian)과 데니스 시어(Dennis Shea)(2001)가 초창기 논문에서 연구한 한 플랜의 경우, 옵트인 접근법을 사용했을 때 가입률은 고용 3개월 이후에는 20%에 불과했으며, 점진적으로 증가해서 36개월 후에는 65%에 이르렀다. 그러나 자동 가입이 채택되자 신입사원들의 가입률이 즉시 90%로 뛰었으며 36개월 후에는 98% 이상으로 증가했다. 이렇듯 자동 가입 제도는 두 가지의 효과를 발휘한다. 가입 시기를 앞당겨줄 뿐 아니라 최종 가입률까지 높여주는 것이다.

자동 가입은 그저 근로자들이 타성을 극복하여 실제로 선호하게 될 선택을 취하도록 돕는 것인가? 아니면 근로자들은 소비를 더 선호하는데 저축을 하도록 어느 정도 부추기는 것인가? 한 가지 강력한 증거는 자동 가입이 채택될 경우 가입된 후에 해지하는 근로자가 거의 없다는 사실이다. 자동 가입을 채택한 4개 기업을 연구한 결과, 401(k) 가입자들 가운데 가입 첫 해에 해지한 사람의 비율은 자동 가입이 도입되기 이전보다 겨우 0.3%에서 0.6% 포인트 높아졌다.(6) 물론, 이처럼 낮은 해지율은 일면 타성에서 비롯된 것이지만 해지한 사람이 거의 없었다는 사실 자체만으로도 근로자들은 원했던 것보다 더 많이 저축을 하고 있음을 깨닫고도 낙담하지 않았다고 추정할 수 있다.

● 선택을 빠르고 쉽게

자동 가입의 한 가지 대안은 모든 근로자들로 하여금 은퇴연금 가입 여부를 능동적으로 결정하도록 요구하는 것이다. 즉, 어떤 근로자가 처음 취업을 하여 자격 요건을 갖추게 되면 연금을 받기 위해 가입을 할 것인지 여부를 묻는 항목에 표시를 하도록 요구한다는 얘기다. 선택을 요구받은 근로자는 자신이 선호하는 바를 표명해야 한다. 디폴트 옵션은 존재하지 않는다. 이러한 선택 요구는 (서류양식을 작성하겠다고 결정하지 않으면 가입되지 않는) 일반적인 옵트인 접근법과 비교했을 때, 가입률을 크게 높여줄 수밖에 없다. 한 기업은 옵트인 체제에서 능동적인 결정으로 전환함으로써 가입률을 약 25% 포인트 끌어올렸다.(7)

이와 관련된 전략 가운데 하나는 가입 절차를 단순화하는 것이다. 단순화된 가입 양식을 분석하여 이 아이디어를 시험하는 연구가 시행된 바 있다.(8) 오리엔테이션에서 신입사원들에게 저축률(2%)과 자산 분배 방식이 미리 정해진 은퇴연금 플랜에 가입할 것인지를 묻는 등록 카드를 나눠주었다. 그들은 시간을 들여 저축률과 자산 분배 방식을 선택할 필요가 없었다. 그저 단 하나뿐인 선택 항목 "네" 상자에 표시를 할 수 있을 뿐이었다. 그 결과, 취업 4개월 이내의 가입률이 9%에서 34%로 급증했다. 이처럼 단순화된 가입 절차는 3장에서 언급한 '경로 요인'과 밀접한 연관이 있다. 사람들은 진정으로 은퇴연금 플랜에 가입하고 싶어 하므로, 아주 작아 보이는 장벽들을 제거하여 그들이 활주할 수 있는 경로를 마련해주면 매우 극적인 결과를 얻을 수 있다.

자동 가입 또는 '빠른' 가입은 은퇴연금 플랜의 가입 절차를 보다 수월하게 만들어주지만, 선택 가능한 펀드의 개수를 늘리면 역효과가 날 수 있다. 한 연구 결과에 따르면, 은퇴연금의 옵션이 많아질수록 가입률은 낮아진다.(9) 당연한 결과다. 옵션이 많아질수록 절차는 어렵고 복잡해지며, 따라서 일부 사람들은 선택 자체를 거부할 것이다.

● 어림 감정 이용

자동 가입 프로그램이나 선택 강요 계획이나 모두 대개는 2~3%의 비교적 낮은 디폴트 저축율과 시장금리연동형 예금(money market account, MMA)처럼 매우 보수적인 투자 종목을 채택한다. 그 결과, 많은 근로자들이 디폴트 저축률 2%를 계속 유지하는 것으로 드러났다. 대개의 경우, 2%의 저축률은 충분한 노후자금을 마련하기에는 턱없이 부족하다. 수많은 근로자들은 또한 디폴트 투자 펀드까지 그대로 고수함으로써 많은 돈을 잃고 있다. 투자 전략에 대해서는 다음 장에서 자세히 다루기로 하고, 여기서는 저축액이 너무 적은 사람들에게 넛지를 가하는 방법을 살펴보도록 하자.

사람들이 저축률을 결정하는 데 도움을 필요로 한다는 사실과 그 사실조차 깨닫지 못한다는 사실을 암시하는 한 가지 지표는, 대부분의 사람들이 이처럼 중요한 재정적 결정에 거의 시간을 할애하지 않는다는 점이다. 설문조사 결과, 무려 58%에 달하는 사람들이 기여율과 투자 종목을 모두 결정하는 데 한 시간 이상 소비하지 않는 것으로 드러났다.(10) 새 테니스 라켓이나 텔레비전을 고르는 데에도 그보다 더 많은 시간을 투자할 것이다. 그 중 상당수는 단순한 지름길을 이용하고 있는 듯하다. 대다수의 플랜들은 가입자들에게 월급의 몇 %를 저축하고 싶은지 표시하라고 요구한다. 이러한 요구에 대해 많은 사람들은 단순히 수입의 5%, 10%, 15%라는 '어림수'를 택한다. 물론, 수입 대비 저축률이 정확히 5의 배수가 되어야 한다는 법은 없다.

또 한 가지 흔하게 사용되는 어림 감정은 고용주의 분담금을 십분 활용하는 데 필요한 최소 금액을 은퇴연금 기여분으로 채택하는 것이다. 고용주가 월급의 6% 한도 내에서 기여분의 50%를 분담할 경우,

대다수의 근로자들은 6%를 기여율로 택한다. 이러한 행동방식을 감안할 때, 저축을 장려하고자 하는 기업이라면 분담금 공식을 변경함으로서 직원들에게 도움을 줄 수 있다. 봉급의 6% 한도 내에서 50%를 분담하던 기업은 봉급의 10% 한도 내에서 30%를 분담하는 방식으로 변경함으로써 기여율을 높일 수 있다. 분담금의 한도액을 어림 감정의 수단으로 활용하는 사람들은 분담금 한도액이 높아지면 저축을 늘릴 것이다. 그리고 '5의 배수' 어림 감정을 사용하는 사람들에게는 회사측이 어림수를 상한선으로 택함으로써 넛지를 가할 수 있다.

교육 효과는 기대보다 약하다

직원들의 은퇴연금 가입률을 늘리고 싶은가? 은퇴 후에 적절한 종자돈을 마련할 수 있을 만큼 충분한 돈을 저축하도록 돕고 싶은가? 자금을 충분히 다각적인 방식으로 각종 자산에 분배하도록 돕고 싶은가? 그렇다면 고용주로서 그 밖에 어떤 조치를 취할 수 있는가? 그 확실한 답은 교육이다. 따라서 많은 고용주들은 교육을 통해 직원들이 보다 나은 결정을 내리도록 도우려는 시도를 해왔다. 그러나 안타깝게도 이러한 교육은 적절한 해결책에 포함되지도, 그 자체로 적절한 해결책이 되지도 않는 것으로 드러났다.

한 대기업의 고용주가 직원들에게 확정급여형 플랜을 확정기여형 플랜으로 전환할 기회를 주고 무료 재무교육 프로그램을 제공했다.(11) 그런 다음, 재무지식에 대해 사전 및 사후 테스트를 실시함으로써 교육의 효과를 측정했다. 이 시험은 O/X 형식이었으므로, 무작위로 답해도 평균 50점은 받을 수 있었다. 교육을 실시하기 전에 직원들의 평균 성적은 54점이었지만, 그리고 교육을 실시한 후에는 평균 성적이 55점으로 간신히 올라갔다. 역시 가르치는 것은 쉬운 일이 아니다!

근로자들은 종종 교육 세미나가 끝나면 저축을 늘려야 한다고 흥분해서 떠들어대지만, 그런 다음 이러한 계획을 끝까지 밀고 나가는 데에는 실패한다. 한 연구에 따르면, 세미나에서는 모든 사람들이 저축을 더 많이 하겠다고 말하지만, 이 가운데 실제로 저축 플랜에 가입하는 사람은 14%에 불과하다. 그 정도만으로도 개선이 이뤄졌다고 볼 수는 있지만, 세미나에 참석하지 않은 근로자들 가운데 저축 플랜에 가입한 비율이 7%에 달한다는 점을 감안하면 그리 큰 개선이라고 볼 수는 없다.(12) '연금 수급 박람회' 참석의 효과를 연구한 결과, 이것이 세금유예 저축계좌 가입에 큰 영향을 미치지 못한다는 사실이 드러났다.(13)

점진적 저축 증대 프로그램

자동 가입은 신입사원들이나 젊은 근로자들을 보다 일찍 등록시키는 데에는 효과적이다. 그러나 가입자들은 디폴트 기여율을 고수하는 경향이 있다. 그리고 디폴트 기여율은 전형적으로 상당히 낮은 편이다. 이러한 문제를 완화하기 위해, 탈러와 종종 협력을 제공하는 그의 동료 슐로모 베나르치(Shlomo Benartzi)가 개발한 프로그램에 대해 생각해보자. 이름은 '점진적 저축 증대(Save More Tomorrow)'로, 기여율을 자동으로 높이는 프로그램이다.

'점진적 저축 증대'는 인간 행동의 밑바닥에 잠재한 다음의 다섯 가지 심리학적 원칙들을 상당 부분 참고하여 구성된 선택 설계 시스템이다.

- 많은 가입자들은 스스로 저축을 늘려야 한다고 말하고 저축을 늘릴 계획을 세우지만, 결코 해내지 못한다.
- 자기 통제 제약들은 당장 채택하긴 힘들지만 미래의 어느 시점에 일어날 경우에는 좀 더 쉽게 채택할 수 있다(오늘 당장은 아니지만 곧 다이어트를 시작하겠다고 계획하는 사람은 수없이 많다).
- 손실 회피: 사람들은 자신의 급료가 적어지는 것을 원치 않는다.
- 화폐 환각(money illusion): 손실은 액면가 그대로 느껴진다(즉, 인플레이션에 따라 조정되지 않기 때문에, 1995년의 1달러가 2005년의 1달러와 동일한 가치를 갖는 것처럼 느껴진다).
- 타성은 강력한 역할을 한다.

'점진적 저축 증대'는 가입자들로 하여금 사전에 스스로 급여 인상에 맞춰 지속적으로 기여율을 높이겠다고 결심하도록 독려한다. 봉급 인상과 저축의 증가가 동시에 일어나도록 만들면 가입자들은 결코 실수령액을 감소시킬 일이 없기 때문에 은퇴연금 기여분의 증가를 손실로 간주하지 않게 된다. 이 프로그램에 가입하면 자동으로 저축의 증가가 이뤄지며, 따라서 타성을 이용하여 저축을 막기보다는 저축을 늘리게 된다. 여기에 자동 가입 시스템까지 도입된다면 가입률과 저축률을 모두 높일 수 있다.

'점진적 저축 증대' 프로그램은 1998년 중간 규모의 제조회사에서 처음 실행되었다. 당시 근로자들에게는 금융 컨설턴트와 일대일로 대면할 기회가 주어졌다. 컨설턴트의 노트북 컴퓨터에는 각 근로자가 제공한 관련 정보(일테면, 과거의 저축 기록과 배우자의 노후 계획 등)를 토대로 권장 저축률을 계산하도록 고안된 소프트웨어가 설치되어 있었다.

근로자들 가운데 약 90%가 금융 컨설턴트를 만나보라는 제안을 받아들였고, 이 가운데 상당수가 컨설턴트의 말을 듣고 다소 놀랐다. 대부분의 근로자들이 저축률이 매우 낮았기 때문에 컨설턴트는 근로자들 거의 모두에게 저축률을 크게 늘려야 한다고 말한 것이다. 소프트웨어에 따르면 해당 프로그램에서 허용된 최대값, 즉 봉급의 15%를 저축해야 하는 경우가 많았다. 그러나 이러한 제안이 터무니없다며 거절당할 거라고 생각한 컨설턴트는 대부분의 사람들에게 저축률을 봉급의 5% 포인트 늘리라고 제안했다.

참가자들 가운데 약 25%가 그의 조언을 받아들여 곧 저축률을 봉급의 5% 포인트 올렸다. 나머지 사람들은 봉급이 그 정도로 줄어들면 감당할 수 없다고 말했다. 이렇게 머뭇거리는 참가자들에게는 '점진적 저축 증대' 프로그램을 제안했다. 구체적으로 말해서, 봉급이 인상될 때마다 저축률을 3% 포인트씩 높이라고 제안한 것이다(대개의 경우, 봉급 인상률은 약 3.25%에서 3.50%였다). 당장에는 저축률을 올리려 들지 않았던 근로자들 가운데 무려 78%가 봉급 인상에 따라 기여분을 증가시키는 프로그램에 가입했다.

이러한 결과는 선택 설계의 잠재력을 극적으로 입증한다. 근로자들을 세 집단으로 나눠 각각의 행동을 비교해보자. 첫 번째 집단은 컨설턴트와 만나지 않는 쪽을 택한 사람들이다. 이 집단은 해당 프로그램이 시작되었을 때 수입의 약 6%를 저축하고 있었으며, 이후 3년 동안 동일한 저축률을 고수했다. 두 번째 집단은 저축률을 5% 포인트 올리라는 조언을 받아들인 근로자들이다. 첫 봉급 인상 후에 그들의 평균 저축률은 겨우 4%에서 9%로 올랐다. 그러나 이 인상률은 이후 몇 년 동안 거의 그대로 유지되었다. 세 번째 집단은 점진적 저축 증대에 가입한 사람들이다. 이 집단의 최초 저축률은 3~5%로 세 집단 가운데 가장 낮았지만, 해당 프로그램에 가입하면서 꾸준히 올라가서 봉급이 네 번 인상된 3년 반 후에는 13.6%로 거의 4배가 되었다. 저축을 5% 포인트 올리라는 컨설턴트의 권고를 받아들인 사람들의 저축률이 9% 올라갔다는 것과 비교할 때 현저하게 높은 수치가 아닐 수 없다.

점진적 저축 증대에 등록한 사람들 대부분은 봉급이 네 번 인상되는 내내 해당 프로그램을 탈퇴하지 않았으며, 네 번째 인상 이후 저축률은 더 이상 증가하지 않았다. 해당 프로그램이 허용하는 최대 기여율에 도달했기 때문이다. 극소수의 근로자들이 중도에 탈퇴하긴 했지만, 그들 역시 기여율을 더 이상 올리지 않았을 뿐, 다시 이전 수준으로 낮춰달라고 요구하지는 않았다.

이러한 시범 프로그램이 시행된 이후, 뱅가드(Vanguard)와 티 로우 프라이스(T. Rowe Price), 미국 교직자연금기금(TIAA-CREF), 피델리티(Fidelity), 휴잇 어소시에이츠(Hewitt Associates)를 비롯하여 수많은 은퇴연금 운용회사들이 점진적 저축 증대 아이디어를 채택했다. 이제 점진적 저축 증대는 수천 가지의 연금 상품 속에서 쉽게 찾아볼 수 있다. 미국 이익분배센터(Profit Sharing Council of America)의 보고에 따르면, 2007년까지 미국의 대기업 가운데 39%가 제각기 특정 유형의 기여율 자동 상승 시스템을 채택했다. 이 프로그램이 다양한 방식으로 실행되면서 우리는 이 프로그램의 작동 원리에 대해 보다 많은 것을 알게 되었다.

앞에서 살펴봤듯이, 해당 프로그램이 처음 실행되었을 때 가입률은 80% 이상이었다. 그러나 당시 근로자들은 제각기 개별적으로 금융 컨설턴트를 만났으며, 따라서 금융 컨설턴트는 그 자리에서 관련 양식을 채울 수 있었다. 반면, 근로자들이 금융서비스 웹페이지에서 어렵게 검색을 하여 스스로 등록을 하게 하자, 가입률은 크게 낮아졌다. 여기서 우리는 한 가지 주요한 결론을 도출할 수 있다. 바로 가입이 수월할 때 가입률이 급증한다는 사실이다. 여기까지 충실하게 이 책을 읽은 사람에게는 그리 놀라운 사실이 아닐 것이다. 세미나를 개최하여 해당 프로그램을 설명하는 것도 도움이 되겠지만, 세미나 장소에 필요한 서류 양식을 비치한다면 훨씬 더 유용할 것이다(경로 요인이 중요하다고 말한 것을 기억하는가?).

점진적 저축 증대 프로그램의 가입률을 높이는 가장 효과적인 방법은 여기에 자동 가입 방식을 결합하는 것이다. 최초로 점진적 저축 증대에 자동 가입 시스템을 도입한 기업은 세이프라이트 그룹(Safelite Group)이다. 2003년 6월 근로자들에게 해당 프로그램이 소개됐을 때, 참가자들 가운데 무려 93%가 아무런 조치도 취하지 않음으로써 자동으로 해당 프로그램에 등록되었다. 이듬해에 능동적으로 옵트아웃을 한 사람은 6%에 불과했다. 해당 프로그램을 그대로 고수하는 사람들은 은퇴 후에 훨씬 더 많은 돈을 받게 될 것이다.

좀 더 최근에는 뱅가드가 13개 고객사에 점진적 저축 증대 자동 가입 플랜을 소개했다.[3] 모두 신입사원만을 위한 것으로, 대개 초기 이연율은 봉급의 약 3%, 연 증가율은 봉급의 1%로 설정되어 있다. 자동 가입을 실행하기 전 12개월 동안 점진적 저축 증대에 옵트인한 근로자는 23%에 불과했지만, 자동 가입 실행 이후 12개월 동안에는 무려

---

3 2007년, 추가로 약 50개의 뱅가드 고객사들이 해당 프로그램을 옵트아웃 기반으로 구현하는 단계에 들어갔다.

78%의 저축자들이 이 프로그램에 가입했다. 이처럼 가입과 관련한 극적인 변화는 타성의 힘을 적절하게 입증해준다. 또한, 이를 통해 우리는 저축과 관련하여 선택 설계가 얼마나 중요한 역할을 하는지 알 수 있다.

연금정책에 넛지를 통합한 뉴질랜드 정부

지금까지 논의한 이니셔티브들은 모두 전적으로 민간부문에서 일어난 현상이었다. 기업들은 정부로부터 아무런 넛지도 받지 않은 상태에서 자동 가입을 시도해왔다. 정부가 수행해야 할 주요 역할은 이들 프로그램의 채택을 막는 장벽들을 제거하는 것이다. 사실 정부는 점점 강도를 높여가며 정확히 이러한 역할을 수행해왔다. 당시 재무부에서 미국 연금 정책의 책임자로 재직 중이던 마크 워리(Mark Iwry)는 1998년 6월부터 국세청에 401(k) 및 여타의 은퇴연금 자동 등록의 활용을 정의하고 승인하며 독려하는 일련의 규칙을 (그리고 공식 성명을) 발행할 것을 지시했다.

2006년 여름, 미 의회는 열렬한 지지 속에서 '연금보호법(Pension Protection Act)'를 통과시켰다. 복잡하고 지루한 세부사항들은 책 뒤에 실은 주석을 참고하기 바란다. 여기서는 다음과 같은 한 가지 사실만 짚고 넘어가겠다. 해당 법은 고용주들에게, 근로자들의 기여분 50%를 분담하고 자동으로 가입시키며 시간이 흐름에 따라 기여분을 자동으로 올리게 하는 인센티브를 제공한다는 것이다.(14) 여기서 인센티브는 성가신 규제를 면제해주는 것이다. 합리적인 사람들은 (일반적인 유형의 정치적 타협을 대변하는) 해당 법안의 특정 조항들에 대해 궤변을 늘어놓을 수도 있지만, 우리는 이것이 매우 훌륭한 넛지의 예라고 생각한다. 고용주들은 기존의 은퇴연금을 변경할 의무는 없지만, 변경할 경우에는 보상을 얻게 되며, (서류를 작성할 필요도 없고 읽어보거나 표시할 필요도 없다는 점에서) 이 보상은 실질적으로 납세자들의 돈을 절약해준다.

정부에서 운영하는 연금 계획에 넛지를 직접적으로 통합시키는 것도 가능하다. 뉴질랜드는 이러한 노력의 선구자 역할을 하고 있다. 2007년, 뉴질랜드는 그 이름도 적절한 키위세이버(KiwiSaver) 프로그램을 시작하여, 국민들에게 최초 보조금 1천 뉴질랜드 달러를 포함하여 가입을 독려하는 모종의 재정적 인센티브를 제공했다. 그러나 무엇보다 중요한 것은 정부가 모든 근로자들을 해당 플랜에 자동 가입시켰다는 점이다. 해당 플랜의 경우, 초기 결과가 매우 흥미롭다. 프로그램 시행 첫 달에 등록자들 가운데 대다수가 옵트인 방식으로 적극 가입했지만, 두 달 후 자동 등록 가입자의 수가 옵트인 가입자의 수를 넘어서기 시작했고 여섯 달 후에는 자동 등록이 주요 가입 방식이 된 것이다. 또 한 가지 흥미로운 점은, 옵트인으로 가입한 사람들 가운데 2/3가 투자 계획까지 적극적으로 선택한 반면, 자동 등록된 사람들 가운데 투자 계획을 적극적으로 선택한 사람은 8%에 불과했다는 사실이다.(15)

자동 등록 방식은 또한 2012년 영국에서 시행될 예정인 국민연금 저축제도(National Pension Savings Scheme, NPSS)에서도 이미 채택되었다. 이 플랜의 경우, 근로자가 급여의 4%를, 고용주가 3%를 기여하게 되므로, 경제적인 측면에서 근로자들에게는 매우 매력적인 플랜이 될 것이다. 그러나 NPSS를 설계한 위원회의 책임자인 어데어 터너(Adair Turner) 경은 그럼에도 불구하고 국민들이 가입을 미룰 수 있음을 인지하고 이러한 위험을 배제하고자 노력했다. 그리하여 지금은 자동 가입을 꾀하고 있다.

물론, 이런 유형의 국민 저축 프로그램에 점진적 저축 증대 기능을 통합할 수도 있다. 예를 들면, 급여가 인상됨에 따라 저축 총액도 불어나는 연금 플랜에 근로자들을 자동 가입시키는 것이다. 조만간 어떤 국가에서든 이러한 접근법을 시도해보길 기대한다.

7
순진한 투자자

지금까지 우리는 은퇴 후를 대비한 저축의 첫 번째 부분을 살펴보았다. 은퇴연금 플랜 가입 및 투자 액수 결정이 바로 그것이다. 이제는 가장 중요한 두 번째 부분, 즉 투자 방법으로 눈을 돌려볼 것이다.

앞에서도 언급했듯이, 확정급여형 플랜이 확정기여형 플랜으로 바뀌면서 근로자들에게 부과되는 통제권과 옵션, 책임이 늘어났다. 저축 액수를 결정하는 문제도 어렵지만, 그보다 더 어려운 것은 바로 적절한 포트폴리오를 선택하는 것이다. 사실, 우리는 우리의 견해를 보다 쉽게 이해시키기 위해 사람들이 마주하는 실질적인 문제들을 단순화할 것이다. 그러니 현실은 우리가 누설하는 것보다 훨씬 더 어렵다는 점을 감안하기 바란다.

투자자들이 마주하는 첫 번째 문제는 리스크를 얼마나 감수해야 하는가이다. 일반적으로 (보통주라고도 불리는) 주식처럼 비교적 리스크가 높은 투자는 국채나 시장금리연동형 예금처럼 비교적 안전한 투자에 비해 수익률이 더 높다. 주식과 채권을 (그리고 부동산 같은 여타의 자산을) 적절하게 혼합하는 것을 자산배분전략(asset-allocation decision)이라고 부른다. 리스크가 높은 자산에 보다 많은 돈을 배분한다면 대개는 얻게 되는 수익도 많아질 것이다. 그러나 리스크가 더 높다는 것은 당연히, 수익을 얻을 가능성은 실질적으로 낮아진다는 의미다. 그리고 저축 액수를 결정하는 일은 리스크를 감수하고자 하는 의향과 다소 복잡하게 뒤얽혀 있다. 이자율은 낮지만 안전한 시장금리연동형 예금에 자산을 모두 투자하고자 한다면, 저축 액수를 다소 높여야만 원하는 만큼 편안한 노후를 즐길 수 있다.

어떤 투자자가 가진 돈의 70%를 주식에 그리고 30%를 채권에 투자하기로 했다고 가정해보자. 이 정도 선택만으로는 모든 문제를 해결할 수 없다. 투자 방식과 관련하여 여전히 구체적인 문제들이 미결로 남는다는 얘기다. 은퇴연금 계좌의 경우, 대부분의 투자자들은 주식을 개별적으로 고르기보다는 뮤추얼 펀드를 통해 투자한다. 펀드 자체는 리스크의 수준과 해당 서비스의 수수료에 따라 달라지게 마련이다. 투자를 특화하는(일테면, 특정 산업이나 국가에 속한 기업들에만 투자하는) 펀드가 있는가 하면, 광범위하게 투자하는 펀드도 있다. 또 여러 가지 주식과 채권을 혼합하여 하나의 상품으로 제시하는 이른바 '원스톱 쇼핑(one-stop shopping)' 펀드도 있다. 투자자들은 나름의 방식으로 투자 방식을 혼합해야 하는가, 아니면 사전에 혼합된 펀드를 선택해야 하는가? 이러한 혼합을 더욱 복잡하게 만드는 것은 바로 일부 기업들이 직원들에게 자사주에 투자할 기회를 제공한다는 사실이다. 직원들이 자사주를 소유해야 하는가?

이러한 모든 결정을 내리기란 쉬운 일이 아니기 때문에(쉽게 느껴진다면 충분히 주의를 기울이지 않은 탓이다), 가입자들은 일단 선택을 하고 나면 편안하게 멋진 노후를 기대할 수 있다고 생각할지도 모른다. 그러나 이러한 모든 결정은 정기적으로 검토해야 한다. 절반은 주식에, 나머지 절반은 채권에 투자하기로 한 투자가가, 주가가 치솟아서 이제 포트폴리오의 2/3가 주식에 투자되고 있음을 깨달았다고 가정해보자. 이 경우, 모종의 조치를 취해야 하는가? 주식의 일부를 팔아서 50대 50의 배분을 유지해야 하는가, 아니면 주식이 선전하고 있는 듯 보이니 주식에 더 많이 투자해야 하는가? 이콘들은 아무 문제없이 이러한 모든 결정을 내릴 수 있지만 인간들은 실패를 겪기가 쉽다. 앞으로 살펴보겠지만, 인간 투자자들은 이러한 영역에서 온갖 종류의 실수를 범하고 있으므로, 좀 더 유용하고 관대한 투자 선택 설계가 이뤄진다면 혜택을 얻을 수 있을 것이다.

포트폴리오 설계: 얼마를 주식에 투자할 것인가?

포트폴리오 가운데 어느 정도를 주식에 투자할 것인가? 이것을 어떻게 결정해야 하는가? (당신의 포트폴리오 가운데 어느 정도가 주식에 '투자되고 있는지' 아는가?) 물론 당신은 역사상 주식이 비교적 높은 수익을 냈다는 것을 알고 있다. 그러나 그 수익이 얼마나 더 높았는가?

1925년부터 2005년까지 80년의 기간을 생각해보자. 만약 당신이 미국 재무부채권(U.S. Treasury bills: 정부에서 발행하는, 전적으로 안전한 단기 채권)에 1달러를 투자했다면, 수익률이 연 3.7%일 경우 80년 후에 그 1달러는 약 18달러가 된다. 그리 나빠 보이지 않는다. 평균 인플레이션이 연 3.0%라는 사실을 깨닫기 전까지는 말이다. 만약 장기 채권에 투자하여 수익률이 연 5.5%였다면 당신의 1달러는 71달러가 되었을 것이다. 훨씬 나은 수익률이다. 그러나 미국 최대 기업들의 지분을 보유한 뮤추얼 펀드(일테면 S&P500 지수 펀드)에 투자했다면 당신의 1달러는 연 수익률 10.4%로 2,658달러가 되었을 것이며, 포트폴리오를 비교적 작은 기업들로 광범위하게 구성했다면 훨씬 더 많은 돈을 벌었을 수도 있다.

경제학 용어로 주식은 보통주라고 하며, 재무부채권과 보통주 간의 수익 차이는 '보통주 프리미엄(equity premium)'이라고 부른다. 보통주 프리미엄은 주식 투자와 관련하여 비교적 높은 리스크를 감수한 데 대한 보상으로 간주된다. 재무부채권은 정부가 보증하기 때문에 본질적으로 리스크가 없는 반면, 주식 투자에는 리스크가 따른다. 평균 수익률은 10%였지만 30% 이상 폭락한 해도 있었고 1987년 10월 19일 하루 동안 전 세계적으로 주가 지수가 20% 이상 곤두박질치기도 했다.

이콘들은 자신의 포트폴리오 가운데 주식에 투자할 액수를 어떻게 결정할까? 이콘이라면 노후 소득에 대한 자신의 선호를 토대로 리스크와 수익 간의 트레이드오프를 따져볼 것이다. 즉, 25% 더 부유해질 가능성을 위해 15% 더 가난해지는 리스크를 감수할 가치가 있는지 여부를 결정할 거라는 의미이다. 당연히 인간들의 경우에는, 설사 문제를 이런 식으로 생각한다고 해도 그에 필요한 계산을 수행하는 방법을 모를 것이다. 따라서 인간들은 두 가지 면에서 이콘들과는 다른 결정을 내릴 것이다. 첫째, 단기적인 변동에 과도한 영향을 받을 것이고, 둘째, 어림 감정을 토대로 결정을 내릴 가능성이 높다. 이 두 가지를 하나씩 차근차근 생각해보자.

리스크 감수: 테이블을 떠나기 전에는 돈을 세지 말 것

앞 장에서 인간들은 손실을 싫어한다고 말한 바 있다. 줄잡아 얘기해서 인간들은 이익을 좋아하는 것의 두 배로 손실을 혐오한다. 이 점을 염두에 두고 두 명의 투자자 빈스(Vince)와 립(Rip)의 행동을 생각해보자. 빈스는 주식중개인이기 때문에 자신의 모든 투자에 대해 지속적으로 정보를 얻을 수 있다. 그는 하루가 저물면 습관적으로 그 날의 이익이나 손실을 계산하는 프로그램을 실행시킨다. 인간인 빈스는 하루에 5,000달러를 잃으면 비참한 기분을 느낀다. 그 비참함의 수준은 10,000달러의 수익을 낸 날 느끼는 행복감의 수준과 맞먹는다. 빈스는 주식 투자에 대해 어떻게 느낄까? 사실, 그는 극도로 초조하다! 주가는 하루하루 올라가는 빈도수와 내려가는 빈도수가 거의 동일하다. 따라서 수익의 기쁨보다 손실의 고통을 훨씬 더 크게 느낀다면 주식 투자를 싫어하게 될 것이다.

이제 빈스를 립과 비교해보자. 립은 빈스의 친구이자 고객이며 오랜 밴 윙클〔Van Winkle: 19세기의 소설가 워싱턴 어빙(Washington Irving)의 유명한 소설 《립 밴 윙클(Rip Van Winkle)》에서 따온 이름-옮긴이〕 가문의 자손이다. 립은 의사를 찾아갔다가 자신이 오랜 가문의 전통에 따라 곧 20년간 잠들게 될 거라는 얘기를 듣는다. 의사는 그에게 편안한 침대를 마련하라고 일러주고는, 그의 주식중개인을 불러서 자산 분배가 적절히 이뤄지도록 조처하라고 제안했다. 립은 주식 투자에 대해 어떻게 느낄까? 지극히 담담하다! 20년이면 주가는 거의 확실히 올라가게 마련이다(역사상 20년 동안 주식의 실질적인 가치가 떨어지거나 채권보다 수익률이 낮았던 적은 없었다). 그래서 립은 빈스에게 전화를 걸어 자신의 돈을 몽땅 주식에 투자하라고 이르고는 아기처럼 잠에 빠져든다.

빈스와 립의 이야기가 주는 교훈은, 리스크에 대한 태도는 투자자들이 자신의 포트폴리오를 점검하는 빈도수에 따라 달라진다는 것이다. 케니 로저스(Kenny Rogers)는 자신의 유명한 노래 '도박사(The Gambler)'를 통해 이렇게 조언한다. "테이블을 떠나기 전에는 절대 돈을 세지 말아요. 게임이 끝나면 돈을 셀 시간이 충분히 있을 테니." 많은 사람들은 이처럼 훌륭한 조언을 저버린 채 주식에 거의 투자를 하지 않는다. 우리는 이것이 충분히 실수일 수 있다고 믿는다. 투자자에게 오랜 기간에 걸친, 일테면 (대다수 투자자들이 한계로 생각하는) 20년에 걸친 주식 및 채권의 리스크를 기록한 증거를 보여주면 거의 모두가 주식 투자를 택할 것이기 때문이다.(1)

타이밍: 고점매수 저점매도

1990년대 전반에 걸쳐 연 저축률 면에서나 보유 계좌 잔고 면에서나 사람들의 노후자금 주식투자율은 꾸준히 상승했다. 무엇이 이러한 행동변화를 촉구했을까? 한 가지 (다소 희박한) 가능성은 투자자들이 그 10년 동안 금융잡지와 경제잡지를 탐독하여 지난 100여 년 동안 실질적으로 주식 수익률이 채권 수익률보다 높았다는 사실을 알아내고 주식투자율을 높이기로 결심했다는 것이다. (훨씬 더 그럴듯한) 또 한 가지 가능성은 투자자들이 주식을 오르기만 할 뿐 떨어지지 않으며 설사 떨어지더라도 재빨리 다시 오르기 때문에 그저 또 하나의 매수 기회로 봐야 한다고 믿게 되었다는 것이다. 주식 시장은 2000~2002년에 침체 현상을 보이면서 경쟁을 벌이던 이 가설들을 시험해볼 기회를 제공했다.

투자자들의 시장 접근 시기 조정 능력을 분석하는 한 가지 방법은 그들의 자산배분전략(즉, 그들의 포트폴리오 가운데 주식에 투자되는 비율)이 시간의 흐름에 따라 어떻게 변화하는지를 살피는 것이다. 이 접근법이 가진 문제는 앞에서 언급했듯이, 대부분의 사람들은 이직을 해서 새로운 일련의 서류를 작성해야 할 때를 제외하고는 포트폴리오에 변화를 가하지 않는다는 점이다. 따라서 우리는 보다 나은 전략을 통해 사람들이 무슨 생각을 갖고 있는지 판단해야 한다. 바로, 이제 막 결정을 내린 신규 가입자들의 주식 투자 비율을 살펴보는 것이다. 뱅가드 뮤추얼 펀드 회사 상품의 대규모 신규 고객들에 대한 데이터를 분석한 결과, 1992년에 신규 가입자들은 자산의 58%를 보통주에 배분했고, 2000년에는 보통주 배분율이 74%로 증가했다. 그러나 이후 2년 동안 신규 가입자들의 보통주 배분율은 다시 54%로 떨어졌다. 그들의 시장 접근 시기는 다소 뒤떨어져 있었다. 주가가 높을 때 많은 주식을 사들이고 주가가 낮을 때 주식을 매도한 것이다.

보통주 내에서의 자산 배분에서도 이와 유사한 행동이 관찰된다. 일부 플랜들은 투자자들이 특정 산업이나 특정 부문에 특화된 펀드를 선택하도록 허용한다. 근로자들에게 기술 펀드 투자 옵션을 제공하는 어느 플랜의 데이터를 분석한 결과, 기술 기업들의 주가가 급상승세를 보이던 초창기에 기술 펀드에 투자한 근로자는 12%에 불과했다. 그러나 2000년, 기술 주가가 정점에 달했을 때 기술 펀드에 투자한 비율은 37%에 달했으며, 주가가 하락하자 2001년 신규 가입자들 가운데 기술 펀드 투자율은 다시 18%로 떨어졌다. 이 경우에도 역시 기술 펀드가 정점에 달했을 때 가장 공격적으로 매수하고 가격이 하락한 후에 매도하는 행태를 보인 것이다.

고지식한 분산투자: 1/n 발견법

아무리 노련한 투자자라 해도 때로는 투자 방법을 결정하는 일이 위협적이라고 느낄 수 있다. 그 결과 그들은 종종 간단한 어림 감정에 의존한다. 금융경제학자이자 노벨상 수상자이며 현대 포트폴리오 이론의 창시자 가운데 하나인 해리 마코위츠(Harry Markowitz)의 경우를 생각해보자. 그는 은퇴연금 계좌를 어떻게 배분하느냐는 질문을 받고 이렇게 고백했다. "과거 투자자산에 대해 공분산(결합 확률 분포를 이루는 두 확률변수가 변화하는 양상을 측정하는 척도-옮긴이)을 계산해보고 효율적인 투자 분야를 도출했어야 했는데 대신 기여분을 그저 50대 50으로 나눠 각각 채권과 보통주에 투자했지요."(2)

마코위츠뿐이 아니다. 1980년대 중반 대부분의 교육자들은 어느 기업이 제공하는 확정기여형 은퇴연금 플랜에 가입되어 있었다. 머리글자를 따서 TIAA-CREF라는 플랜이었다. 당시 해당 플랜에는 오직 두 가지 옵션만이 갖춰져 있었다. 채권 같은 고정수익증권에 투자하는 TIAA와 주로 주식에 투자하는 CREF가 바로 그것이었다. 가입자 절반 이상이 이 두 가지 옵션에 정확히 50대 50으로 투자하는 쪽을 택했는데, 그 중 상당수는 교수로 재직하던 사람들이었다. 선스타인도 50대 50 투자자 가운데 한 사람이었다. 수년 전부터 그의 오랜 친구 탈러가 장기적으로 볼 때 TIAA보다 CREF에 투자하는 것이 더 낫다고 말했지만 그는 계획을 전혀 수정하지 않았다. 선스타인의 해야 할 일 목록에서 잡지 구독 신청 해지하기 다음이 바로 이것이었는데 말이다.

물론, 주식과 채권에 균등하게 투자하는 것이 명백히 우둔한 포트폴리오라고 할 수는 없다. 그러나 최초의 배분을 절대 바꾸지 않을 경우

〔즉, 금융 용어로 '배분 재조정(rebalancing)'을 가하지 않을 경우〕, 시간이 흐르면서 자산은 수익률에 의존하게 된다. 예를 들어, 선스타인은 25년이 넘도록 TIAA와 CREF에 각각 동일한 금액을 투자해왔는데, 현재 그의 자산 가운데 CREF 투자율은 60%를 크게 웃돈다. 그가 교수로 재직하는 동안 주식이 채권보다 현저하게 높은 성과를 내왔기 때문이다. 따라서 대부분의 돈을 주식에 투자했더라면, 지금보다 훨씬 더 많은 이익을 얻었을 것이다.

마코위츠의 전략은 이른바 '분산투자 발견법'의 한 예로 간주될 수 있다. "확실하지 않을 때는 분산투자하라." 계란을 모두 한 바구니에 담지 말라는 얘기다. 일반적으로 분산투자는 훌륭한 아이디어지만, 분별 있는 분산투자와 고지식한 분산투자는 전적으로 다르다. 이러한 종류의 고지식한 분산투자 어림 감정에는 '1/n 발견법'이라는 이름을 붙일 수 있을 것이다. "'n'가지의 옵션이 있으면 자산을 이 모든 옵션에 균등하게 배분하라."라는 논리가 적용되었으니까 말이다.(3) 즉, 모든 바구니에 달걀을 균등하게 나눠 넣으라는 얘기다.

고지식한 분산투자는 어린 시절부터 시작되는 듯하다. 대니얼 리드(Daniel Read)와 조지 뢰벤스타인(Geroge Loewenstein)이 할로윈날 밤에 수행한 독창적인 실험을 생각해보자.(4) '피실험자들'은 집집마다 찾아다니며 과자를 주지 않으면 장난을 치겠다고 외쳐대는 아이들이었다. 상황은 두 가지였다. 한 가지 상황에서는, 나란히 위치한 두 집에서 동일한 두 종류의 캔디 바〔쓰리 머스키티어스(Three Musketeers)와 밀키웨이(Milky way)〕를 내주며 그 중에서 하나만 고르라고 했다. 또 한 가지 상황에서는 한 집에서 역시 이 두 종류의 캔디 바를 내주며 '아무거나 좋아하는 것으로 두 개를 고르라'고 제안했다. 이 경우, 아이들이 똑같은 캔디 바를 두 개 골라도 미안해하지 않도록 두 종류 모두 수북이 쌓아두었다. 그러나 두 상황의 결과는 크게 달랐다. 한꺼번에 캔디 바를 두 개씩 고르게 한 집에서는 모든 아이들이 종류별로 하나씩 골랐다. 반면, 두 집을 차례로 방문하여 캔디 바를 고르게 한 경우, 종류별로 하나씩 고른 아이들은 48%에 불과했다.

두 가지의 캔디 바 가운데 하나를 고르는 상황에서는 양쪽 결과가 크게 차이나지 않는다(어쨌든, 쓰리 머스키티어스와 밀키웨이는 모두 맛있으니까 말이다). 그러나 포트폴리오 선택의 경우, 고지식한 분산투자는 사람들의 행동과 그들이 최종적으로 갖게 되는 액수에 훨씬 더 커다란 영향을 미칠 수 있다. 어느 노골적인 연구에서, 대학 직원들에게 선택 가능한 펀드의 종류가 두 가지뿐이라면 은퇴연금을 어떻게 투자할 것인지 물었다.(5) 조건은 세 가지로, 하나는 두 가지 펀드 중 한 가지는 몽땅 주식에만 투자하고 다른 한 가지는 채권에만 투자하는 것이었다. 참가자 대부분은 자산을 반으로 나누어 주식에 50%를 투자하는 자산배분을 택했다. 또 다른 집단에게는 한 펀드는 몽땅 주식에만 투자하고 나머지 '균형투자' 펀드는 절반은 주식에 그리고 절반은 채권에 투자해야 한다고 말했다. 이 경우, 사람들은 자금을 모두 '균형투자' 펀드에 투자함으로써 50%를 주식에 투자할 수도 있었다. 그러나 그들은 1/n의 법칙을 따라 자금을 두 가지 펀드에 균등하게 나누어 투자했다. 결국 대부분을 주식에 투자한 셈이다. 세 번째 집단에 속한 사람들은 균형투자 펀드와 채권 펀드 둘 중 하나를 선택할 수 있었다. 이제 당신은 이들이 어떤 선택을 했을지 추측할 수 있을 것이다.

이러한 결과는 특정 플랜에 제시된 펀드의 조합이 가입자들의 선택에 막대한 영향을 미칠 수 있음을 암시한다. 이 가설을 검증하기 위해 베나르치와 탈러(2001)는 170개사의 은퇴 저축 플랜에 나타난 행태를 살펴보았다. 그 결과, 해당 플랜이 주식 펀드를 많이 권할수록 가입자들의 주식 투자 비율도 높아진다는 사실을 발견했다.

수많은 플랜들은 다양한 수준의 리스크 감수 니즈를 충족시키는 방식으로 주식과 채권을 혼합하는 '라이프스타일' 펀드를 제안함으로써 포트폴리오 구성에 어려움을 겪는 가입자들을 돕고자 노력해왔다. 예를 들어, 고용주는 세 가지의 라이프스타일 펀드를 제시할 수 있다. 일테면 보수적인 라이프스타일 펀드와 중간 수준의 라이프스타일 펀드 그리고 공격적인 라이프스타일 펀드, 세 가지로 말이다. 이들 펀드들은 이미 분산 투자가 설정되어 있기 때문에 개인은 자신의 리스크 선호에 맞는 펀드를 고르기만 하면 된다. 어떤 펀드들은 또한 가입자들의 연령을 고려하여 자산 배분을 조정하기도 한다.

이처럼 구색을 맞춘 펀드를 구성하는 것은 훌륭한 아이디어인 동시에 탁월한 디폴트 옵션의 배합을 표상한다(수수료가 합당하다면 말이다). 그러나 이러한 펀드가 그저 다른 펀드들의 배합에 포함되어 있는 경우에는 많은 사람들이 그 활용 방법을 이해하지 못하는 듯하다. 예를 들어, 자산을 모두 하나의 펀드에만 투자하는 가입자는 거의 없다. 이러한 펀드들은 본래 그 중 하나만 선택해서 투자하도록 설계되었는데도 말이다. 이것은 특별히 배가 고프지 않은 사람이 다섯 가지 코스 메뉴를 갖춘 식당에 가서 코스 요리에 구운 오리와 후식까지 주문하는 것과도 같다. 세 가지 라이프스타일 펀드와 여타의 펀드 여섯 가지(인덱스 펀드, 성장형 펀드, 채권 펀드 등)를 제시하는 플랜의 가입자 행태를 분석하는 연구가 수행된 바 있다.(6) 이상하게도 보수적인 라이프스타일 펀드에 투자한 가입자들은 해당 펀드에 자산의 31%만 배분하고 나머지는 다른 펀드들에 나누어 투자했다. 다른 펀드들의 메뉴는 주식 펀드가 압도적이었기 때문에 보수적인 펀드에 투자하는 사람들은 결과적으로 주식에 77%나 투자하는 셈이었다. 그리하여 이들 가입자들은 결국 상당히 공격적인 포트폴리오를 갖게 되었다. 필경 그들 자신도 모르는 새에 벌어진 일일 것이다.

자사주 투자에 올인 하면 안 되는 이유

인생의 황금기를 텍사스 에너지 사업에 바친 찰리 프레스트우드(Charlie Prestwood)의 경우를 생각해보자. 그는 1967년에 휴스턴 천연가스(Houston Natural Gas)라는 회사에서 보도를 청소하고 쓰레기통을 비우는 등의 밑바닥 일로 경력을 시작했다. 1985년 휴스턴 토박이로서 당시 그 회사의 CEO였던 케네스 레이(Kenneth Lay)가 네브래스카의 경쟁업체 인터노스(Internorth)에 자사 매각을 꾀했을 때에도 찰리는 여전히 그 회사에 몸담고 있었다. 레이는 미국 전역에 전기와 가스를 공급하는 신생기업 엔론(Enron)의 구조조정을 도왔다. 프레스트우드는 이렇게 말한다. "파이프라인을 담당하던 저의 임무는 우리 고객들에게 가스를 막힘없이 흘려보내는 일이었습니다. 평생을 그 일에 바쳤지요."

엔론 직원으로서의 삶은 나쁘지 않았다. 프레스트우드의 연봉은 꾸준히 올라서 65,000달러에 이르렀고 퇴직금으로 엔론의 주식이 주어졌다. 휴스턴 천연가스와 인터노스 사가 합병하면서 프레스트우드의 투자금이 모두 자동적으로 엔론의 주식으로 전환된 것이다. 그는 회사 은퇴연금 펀드에 계속해서 돈을 넣으며 주식을 훨씬 더 많이 매입했다. 엔론 사내에서도 끈질기게 직원들의 주식 매입을 장려했다. 회보에서 엔론의 성장이 '경악할 수준'이라고 떠들어대자, 레이는 사내 행사가 열릴 때마다 직원들에게 주식을 더 많이 매입하라고 부추겼다. 자신의 미래가 엔론의 미래와 직결되어 있다는 사실이 문제가 될 거라고는 한 번도 생각해보지 않았다. 그는 그저 자신에게 헌신하는 엔론에게 보답을 하고 있을 뿐이었다. 그는 이렇게 말한다. "고용주에게 충성하는 것, 그것이 미국식이지요."

프레스트우드는 끝까지 충성을 다했다. 2000년에 은퇴할 때, 그가 소유한 엔론의 주식은 13,500주에 달했다. 최고가로 환산하면 130만 달러였다. 그러나 얼마 후, 68세가 되던 해에 프레스트우드는 갑자기 엔론 종자돈을 몽땅 날리고 말았다(엔론은 미국의 7대 기업에 속하던 에너지회사로 2002년 회계부정 사건으로 파산하고 말았다.-옮긴이). 지금은 매달 이전 고용주가 가입한 연금 521달러와 사회보장급여 1,294달러로 근근이 살아가고 있다. "더 이상 꿈은 없습니다." 그는 말한다. 그는 1938년, 그가 아기였을 때 어머니가 돌아가시면서 유산으로 남긴 휴스턴 북쪽의 3에이커(약 3,800평) 농장에서 살고 있다. "노후 계획을 많이 세워놓지 못했습니다. 낚시나 사냥을 하고 싶었지요. 여행도 할 생각이었고요." 이제 그는 가족의 땅을 매각할 예정이다. 그래야 한다고 그는 말한다. 그는 여전히 모기지를 갚아나가고 있다.

어떤 면에서 프레스트우드의 사례는 그리 드문 일이 아니다. 사람들은 종종 분산 투자를 전혀 실행하지 않으며 근로자들이 자사주에 많은 돈을 투자하는 일도 가끔씩 벌어진다. 놀랍지만 사실이다. 미국인들 가운데 500만 명이 노후 저축의 60% 이상을 자사주에 투자하고 있다. 이러한 집중투자는 두 가지 이유에서 리스크가 높다. 첫째, 단일

유가 증권은 뮤추얼 펀드가 제시하는 포트폴리오보다 리스크가 훨씬 더 높다. 둘째, 엔론과 월드콤(WorldCom)의 직원들이 힘들게 깨달았듯이, 근로자들은 일자리와 노후저축을 한꺼번에 잃을 위험이 있다.

놀라운 일이지만 수많은 근로자들은 여전히 이러한 리스크가 자신의 회사에 적용될 리 없다고 생각한다. 여기에는 세 가지의 문제가 존재한다. 첫째, 근로자들은 자사주의 위험/수익 구조를 이해하지 못하는 듯 보인다. 2002년에 '보스턴 리서치 그룹(Boston Research Group)'이 401(k) 가입자들을 대상으로 실시한 설문조사에서 응답자 가운데 절반이 엔론 사태를 매우 잘 알고 있으면서도 자사 주식의 리스크는 금리연동제 투자신탁(Money Market Fund, MMF)과 동일하거나 그보다 더 낮다고 생각하는 것으로 나타났다. 최근의 또 다른 설문조사에서는 자사주를 소유한 응답자들 가운데 자사주가 '다양한 주식들을 보유한 분산투자 펀드'보다 리스크가 높다는 사실을 인식하고 있는 사람은 1/3에 불과한 것으로 나타났다.

둘째, 은퇴연금 가입자들은 과거의 실적을 토대로 미래를 추정하는 경향이 있다. 과거 10년간 주식 실적이 좋았던 기업의 근로자들은 실적이 부진했던 기업의 근로자들보다 훨씬 더 많은 돈을 자사주에 투자하는 경향을 보인다. 그러나 과거의 실적은 미래를 전혀 예측해주지 못한다. 근로자들이 자사의 전망에 대해 특히 유익한 정보를 갖고 있다고 생각하는 사람도 있겠지만, 슐로모 베나르치(2001)는 꼼꼼한 연구를 통해 그렇지 않다는 사실을 밝혀냈다. 구체적으로 말해서, 자사주에 투자하는 것과 그에 따르는 주식의 성과 사이에는 상관관계가 전혀 존재하지 않는다. 엔론처럼 주식이 고공 행진을 하던 기업의 근로자들이, 회사가 내파하여 주식이 휴지조각으로 변한 바로 그 순간까지

(경영진의 독려를 받으며) 자사주에 많은 돈을 쏟아 부은 것도 바로 그런 이유에서이다.

셋째, 고용주의 분담금을 자사주로 받는 근로자들은 그 기여분을 암묵적인 조언으로 받아들인다. 특히, 고용주의 분담금을 자사주 형태로 받도록 요구받은 사람들은 자신의 '자유재량(discretionary)' 즉, 자신이 통제할 수 있는 기여분의 29%를 자사주에 배분한다. 반면, 의무가 아닌 선택에 따라 고용주의 기여분을 자사주로 받을 수 있는 사람들은 자신의 펀드 가운데 겨우 18%만을 자사주에 배분했다.

분산 투자된 포트폴리오와 비교하여 단일 주식 지분을 보유하는 것이 얼마나 리스크가 높은지 살펴보자. 경제학자 리사 뮬브로크(Lisa Meulbroek)(2002)의 추정에 따르면, 자사주의 1달러는 가치 면에서 뮤추얼 펀드의 1달러의 절반에도 못 미친다! 다시 말해서 회사가 자사주를 직원들에게 떠넘길 경우, 직원들은 달러당 50센트만 받는 셈이 된다. 결론은 일반적으로 근로자들은 자사주보다 분산 투자된 뮤추얼 펀드에 투자할 때 훨씬 더 큰 이익을 볼 수 있다는 것이다(힌트: 당신의 회사에 퇴직금의 10% 이상을 투자하고 있다면 가능한 한 빨리 분산투자해라).

이러한 문제는 어떠한 넛지를 통해 해결할 수 있을까? 우리는 자유주의적인 접근 방법을 선호하지만, 자유주의에 위배되는 주장, 즉 근로자의 은퇴연금 포트폴리오 가운데 자사주 투자 비율을 일테면 10%로 제한하자는 주장도 받아들일 필요가 있다. 미국에는 이러한 효력을 가진 법안들이 의회에 상정된 바 있다. 좀 더 자유주의적인 대안은 자사주를 401(k) 은퇴연금이 제시하는 여타의 투자들과 똑같이 다루는 것이다. 확정기여형 플랜들의 경우, 자사주는 현재 주요 연방 신탁법 덕분에 중요한 혜택을 누리고 있다. 1974년에 미 종업원은퇴소득보장

법(Employee Retirement Income Security Act, ERISA)이라는 이름으로 제정된 이 헌법은 극도로 중요한 동시에 대체로 이해하기 힘든 법률이다. ERISA는 은퇴연금 플랜과 관련하여 세 가지의 신탁 원칙을 천명한다. 은퇴연금 플랜이 오직 가입자들의 이익만을 위해서 운용될 것을 요구하는 '수익전념의 원칙'과 자산이 '신중한 투자자'의 기준에 맞게 투자될 것을 요구하는 '신중투자자의 원칙' 그리고 은퇴연금 자산이 대규모 손실의 리스크를 최소화하는 방향으로 분산 투자될 것을 요구하는 '분산 투자 원칙'이 그것이다. 여기서 가장 주목할 점은, 자사주에는 확정기여형 플랜의 분산 투자 원칙이 적용되지 않는다는 사실이다. 이는 주로 ERISA가 통과될 당시 이익분배제도를 시행하던 대기업들이 확정급여형 플랜에 분산 투자 원칙이 적용되지 않도록 의회에 로비를 벌였기 때문이다. 그럼에도 불구하고 사람들은 여전히 고용주들이 자사주가 적절한 투자인지 여부를 신중하게 결정해주리라 기대하고 있다.

그렇다면 미 의회가 자사주에 호의를 베푼 이유는 무엇일까? '신중함'의 정의에는 결코 단일 주식 집중 투자전략이 포함되지 않을 텐데 말이다. 특히 그 단일 주식의 성과가 가입자들의 노동의 대가와 직결되어 있다면 더더욱 그러하다. 기존 법률은 자사주를 이처럼 기묘하게 차별 대우함으로써 실질적으로 자사주를 401(k) 플랜에 포함시키도록 독려한다. 근로자의 복지 차원에 보면 지극히 사악한 처사가 아닐 수 없다. 그 대안은 당연히 어떤 형태로든 자사주를 우대하지 않고 다른 모든 투자와 똑같이 다루는 것이다. 이처럼 간단한 변화는 그 자체만으로도 문제를 해결할 수 있다. 기업들은 근로자들에게 다량의 자사주를 떠넘김으로써 신탁 리스크를 감수할 가치가 없다고 결론 내릴지도 모를 일이니까 말이다.

법이 바뀌지 않더라도 공공심을 지닌 기업이라면 알아서 근로자들에게 이례적으로 많은 양의 자사주를 보유하지 않도록 넛지를 가할 수 있다. 여기서 소개하는 접근법은 이제 어느 정도 익숙하게 들릴 것이다. 바로 '점진적 매도 증대(Sell More Tomorrow)'이다. 이 아이디어는 두 가지 문제를 해결해준다. 첫째, 자사주가 근로자들에게 그리 바람직한 것이 아니라는 점을 기업이 인정한다고 해도 대부분의 혹은 모든 근로자들이 보유 주식을 한꺼번에 매각하는 것은 원치 않을 것이다. 이렇게 되면 주가가 떨어질 우려가 있기 때문이다. 둘째, 기업은 자사의 주식을 적절하지 못한 투자로 생각한다는 신호를 보내고 싶어 하지 않는다. '점진적 매도 증대' 아이디어는 근로자들에게 일정 기간(일테면 3년)에 걸쳐 점진적으로 주식을 매도하고 그 수익으로 분산 투자 포트폴리오를 구성하는 옵션을 제공한다. 이 프로그램은 옵트인 방식으로도, 옵트아웃 방식으로도 실행될 수 있다.

넛지의 활용

각종 플랜들은 보다 나은 선택 설계를 통해 다양한 측면에서 가입자들을 도울 수 있다. 수년 사이에 선택 설계에 대한 관심이 더욱 중요해진 것은 각 플랜들이 옵션의 가짓수를 늘려 사람들의 적절한 선택을 크게 방해하고 있기 때문이다.

● 디폴트

역사적으로 대부분의 확정기여형 플랜에는 디폴트 옵션이 없었다.

가입자들에게는 옵션 목록과, 제시된 펀드들 중에서 원하는 곳에 자산을 배분하라는 지시만이 주어졌다. 사실, 플랜들에는 디폴트 옵션이 필요치 않았다. 그러다가 플랜들이 디폴트를 필요로 하는 자동 등록 체제를 채택하기 시작하면서, 자동으로 등록된 가입자들에게는 구체적인 자산분배 방식을 설정해야 한다는 책임이 주어졌다. 전통적으로 기업들은 가장 보수적인 투자 옵션을 디폴트로 선택했으며 대개는 시장금리연동형 예금이 그것이었다.

대부분의 전문가들은 시장금리연동형 예금에 자산을 100% 배분하는 것이 지나치게 보수적인 투자라고 생각한다. 인플레이션을 간신히 웃도는 낮은 수익률과 수많은 근로자들이 선택하는 낮은 저축률이 합쳐지면 황금기를 빈곤하게 보내는 지름길이 산출된다. 기업들이 이러한 옵션을 선택한 것은 해당 옵션이 현명하다고 생각해서가 아니라 근로자들에게 좀 더 현명한 (그러나 리스크는 좀 더 높은) 옵션을 디폴트로 제시할 경우 고소를 당할지도 모른다는 두려움 때문이었다. 합리적인 세상에서 이러한 선택은 지극히 불합리한 것이 될 것이다. 사람들에게 지나치게 안전한 (그리하여 수익이 극도로 낮은) 투자를 하라고 넛지를 가하는 것은 지나치게 위험한 투자를 하라고 넛지를 가하는 것만큼이나 무책임한 일이다.

다행히 적절한 디폴트 옵션의 예는 여러 곳에서 찾아볼 수 있다. 그 중 한 가지는 다양한 수준의 리스크가 포함된 일련의 포트폴리오 모델들을 제시하는 것이다. 일부 플랜 스폰서들은 이미 보수적인 라이프스타일 포트폴리오와 중간 수준의 라이프스타일 포트폴리오, 공격적인 라이프스타일 포트폴리오를 제공하고 있다. 가입자는 그저 자신이 선호하는 리스크 수준에 부합하는 라이프스타일 펀드를 선택하기만 하면 된다. 플랜 스폰서들이 이용할 수 있는 또 한 가지 옵션은 가입자들에게 '목표액 만기 펀드(target maturity funds)'를 제공하는 것이다. 목표액 만기 펀드는 대개 그 이름에 연도가 붙어 있다. 2010년, 2030년 혹은 2040년처럼 말이다. 가입자는 그저 자신의 은퇴 예상일에 부합하는 펀드를 선택하기만 하면 된다. 그러면 목표액 만기 펀드 운용자들이 리스크 수준을 선택하여 목표일에 가까워질수록 배분을 점차 주식에서 보수적인 투자로 돌려준다.

이런 상품의 일부 판매자들과 플랜 스폰서들은 포트폴리오 선택을 위해 자동화 솔루션을 제공하기 시작했다. 특히 일부 플랜 스폰서들은 표준 은퇴 연령을 토대로 가입자들을 목표액 만기 펀드에 자동으로 배정하고 있다. 그런가 하면, 가입자들이 디폴트로 '자산관리계좌'에 가입하게 하는 스폰서들도 있는데, 이는 전형적으로 가입자들의 연령과 여타의 정보를 토대로 주식과 채권을 배분한 포트폴리오이다.

복잡한 선택의 조직화

401(k) 플랜은 관심과 노련함의 수준이 서로 다른 가입자들의 니즈에 맞게 특정한 의사 결정 프로세스를 제공하기에 탁월한 영역이다. 여기서 좀 더 유망한 접근방법을 개략적으로 소개하겠다. 신규등록자들에게, 스스로 투자 계획을 선택하고 싶지 않을 경우에는 식견 있는 전문가들이 주의 깊게 선택한 디폴트 펀드를 선택할 수 있다고 일러주는 것이다. 디폴트 펀드는 위에서 언급한 자산관리계좌가 될 수도 있다. 어느 정도 개입하고 싶어 하는 가입자들에게는 (가입자가 전 자산을 단일 펀드에 투자하고자 할 경우) 몇 가지의 균형투자 펀드나 라이프사이클 펀드들 가운데 하나를 선택하라고 제안한다. 그리고 보다 깊이 개

입하고 싶어 하는 사람들에게는 노련한 (혹은 스스로 노련하다고 믿는) 그들이 자신의 의사에 따라 독특한 투자 능력을 펼칠 수 있도록 뮤추얼 펀드 메뉴 전체를 제시하는 것이다. 많은 기업들이 이와 매우 흡사한 플랜들을 실행하기 시작했다.

● 오류 예측

자동가입을 독려하는 것은 가입절차를 완료하지 못하는 사람들을 돕기 위해서다. 여기에 '점진적 저축 증대'를 결합하면 사람들이 적절한 저축률을 달성하도록 도울 수 있을 것이다. 라이프사이클 펀드에 투자하지 않는 사람들에게는 가입자의 자산 배분이 시간의 흐름에 따라 조정되도록 자동 재조정 계획을 제공할 수 있다.

● 대입과 피드백

대부분의 근로자들은 저축률과 기대 수익률 그리고 가격변동률 등의 수치들이 노후의 라이프스타일 변화에 어떻게 대입되는지 쉽게 이해하지 못한다. 이런 추상적인 개념들은 누구든 이해할 수 있는 개념으로 전환함으로써 의미를 보다 명확하게 만들 수 있다. 예를 들면, 노후 소득에 따라 마련할 수 있는 다양한 주거 옵션을 그려주는 것도 한 방법이 될 수 있다. 소득이 최저 수준인 가입자에게는 금방이라도 무너질 듯한 작은 아파트를 보여주고 소득이 비교적 높은 가입자에게는 수영장이 갖춰진 커다란 집을 보여주는 것이다. 이러한 시각적 정보에 정기적인 피드백을 결합하는 것도 좋은 아이디어다. 가입자들에게 노후저축 목표달성과 관련하여 현재의 성취도가 어떠한지에 대해 정기적으로 피드백을 제공하라는 의미다. 일테면, 특정 가입자의 연례보고서를 통해 현재 저축으로는 헛간만한 집에서 살게 되겠지만 저축률을 높인다면 (혹은 점진적 저축 증대 프로그램에 가입한다면) 방 2개짜리 아파트를 장만할 수 있다고 귀띔해주는 것이다.

● 인센티브

이러한 맥락에서 대두될 수 있는 주요 인센티브 문제는 고용주와 근로자간의 이해의 충돌 우려다. 한 가지 좋은 예는 바로 자사주 문제다. ERISA 법규들은 이미 기업이 근로자들에게 최대의 이익을 안겨주는 방향으로 행동할 것을 요구하고 있다. 이러한 법규들은 반드시 강행되어야 한다.

수년에 걸쳐 투자 포트폴리오를 만들고 관리하는 것은 쉬운 일이 아니다. 대부분의 기업들은 내부 전문가 팀에게 외부 컨설턴트의 도움을 받아 자산 관리 업무를 수행하도록 요구하고 있다. 그러나 개별 가입자들은 이 일을 혼자 수행하거나, 직관력은 있지만 충분히 훈련받지 못한 동료나 친척들의 도움을 받는다. 그 결과는 자기 머리를 스스로 깎을 때 기대되는 결과와 크게 다르지 않을 것이다. 엉망이 될 거라는 얘기다. 대부분의 사람들은 어느 정도의 도움을 필요로 한다. 이런 점에서 훌륭한 선택 설계와 신중하게 선택된 넛지는 큰 도움이 될 수 있다.

8
우리를 함정에 빠뜨리는 신용 시장

앞 장에서 언급했듯이, 미국인들은 현재 저축액보다 대출액이 더 많다. 그리고 인간 소비자들이 투자만큼이나 대출에도 노련하지 못하다는 사실은 그리 놀라운 일이 아니다. '캐뇨네로(Canyonero)'라는 레저용 차를 임대할 때 호머 심슨이 겪은 상황을 생각해보자.

- 캐뇨네로 세일즈맨 : 자, 이게 임대료 분납 방식입니다. 이게 계약금이고 이건 월간 납부금, 그리고 이건 주간 납부금이지요.
- 호머 : 더 이상은 없는 거죠?
- 영업직원 : 물론입니다. 아, 마지막 달 할부금을 내신 다음에 통상적인 CBP 즉 손상 상환금(Crippling Balloon Payment)만 내시면 됩니다.
- 호머 : 하지만 그건 나중에 내는 거잖아요?
- 영업직원 : 그럼요!

• 호머: 좋아요!(1)

호머처럼 순진한 사람들을 우리 주변에서도 쉽게 찾아볼 수 있다. 그러나 이러한 순진성은 보이는 것보다 훨씬 더 큰 의미를 갖는다. 세 가지 주요 대출 시장 즉 모기지와 학자금 융자, 신용카드를 살펴보면서 우리들 가운데 수많은 호머들에게 넛지를 가하는 것이 도움을 줄 수 있는지 여부를 알아보자.

모기지: 복잡성의 덫

예전에는 적절한 모기지를 선택하는 일이 그리 어렵지 않았다. 모기지의 기간은 주로 30년이었고 대부분의 모기지가 이 기간 내내 고정 이자율을 고수했으며, 차용자들은 계약금으로 20%를 지불했다. 대출상품들을 비교하는 것도 쉬운 일이었다. 이자율이 가장 낮은 것만 고르면 아무 문제가 없었기 때문이다. 이러한 일을 더욱 수월하게 만들어준 것은 바로 선택 우호적인 (Z 규정으로도 알려져 있는) 공정융자법(Truth in Lending Act)이었다. 공정융자법은 이른바 '연이율(Annual Percentage Rate, APR)'을 이용해서 모든 대부업자들이 이자율을 같은 방식으로 보고할 것을 요구하는 규정이었다. 당시 공정융자법은 대출상품들을 쉽게 비교할 수 있도록 도왔다는 점에서 탁월한 선택 설계였다고 간주할 수 있다. 연이율처럼 간단하게 대출상품들을 판단하게 해주는 수단이 없으면 다양한 모기지 옵션들을 쉽게 평가할 수 없다. 수잔 슈(Suzanne Shu)(2007)는 연구를 통해 최고 수준의 학교에서 MBA 과정을 밟는 학생들조차도 최선의 대출을 고르는 데 어려움을 겪는다는 사실을 밝혀냈다. 그것도 현실의 상황보다 훨씬 더 간단하게 설계된 과제에서 말이다.

이제는 적절한 모기지를 선택하는 일이 훨씬 더 복잡해졌다. 차용자들은 다양한 확정금리 대출(대출 기간 내내 이자율의 변동이 없는 대출)들뿐 아니라 시장의 움직임에 따라 이자율이 오르내리는 수많은 '변동금리' 대출들까지 등장하면서 막대한 선택권을 누리게 되었다. 또한 원금은 전혀 상환하지 않은 채 이자만 지불하는 등의 색다른 대출 상품들도 고려해볼 수 있다. 이는 곧, 집이 팔리거나(운이 좋으면 수익까지 얻으면서 말이다) 복권에 당첨되거나 다시 대출을 받지 않는 한 상환이 절대 안 된다는 의미다. 수많은 변동금리 모기지를 더욱 복잡하게 만드는 것은 바로 이른바 '티저금리(teaser rate)'이다. 티저금리란 처음 1~2년간 적용되는 낮은 금리를 일컫는다. 그러나 티저금리 기간이 끝나면 이자율이 (그리고 상환금이) 상승하며 때로는 매우 극적으로 상승하기도 한다. 또 한 가지 문제는 수수료이다. 수수료는 포인트에서부터 조기상환벌과금에 이르기까지 매우 다양해질 수 있다. 포인트는 차용자가 낮은 이자율을 할당받기 위해 지불하는 선불 수수료이고 조기상환벌과금은 대출금을 약정보다 일찍 상환할 때 지불해야 하는 수수료이다. 이러한 현실에서 적절한 모기지를 찾다보면, 오히려 은퇴 포트폴리오를 선택하는 일이 쉬워 보일 정도다. 그리고 판돈도 그만큼 크다.

다른 영역에서와 마찬가지로 여기서도 옵션을 추가함으로써 사람들의 상황을 개선해줄 수 있지만, 그것 역시 그들이 자신의 상황과 선호에 가장 부합하는 대출을 적절하게 고르를 수 있을 때 가능한 얘기다. 사람들은 어떤 방식으로 적절한 모기지를 찾고 있을까? 경제학자 수전

우드워드(Susan Woodward)(2007)는 한 연구를 통해 연방주택청(Federal Housing Administration, FHA)이 보증하는 대출 7천 건 이상을 살펴보았다. 연방주택청은 소액 대출을 보증하고 계약금 인하를 허용하는 정부 기관이다. 우드워드는 리스크와 여타의 요인들을 통제한 상태에서 가장 유리한 거래를 달성하는 차용자의 유형과 이러한 거래가 이뤄지는 상황을 연구했다. 다음은 몇 가지 핵심 연구결과이다.

- 아프리카계 미국인 차용자들은 대출금에 대해 425달러를, 라틴계 차용자들은 400달러를 더 지불한다(모든 차용자들을 종합하여 평균을 냈을 때 대출금 약 105,000달러당 수수료는 3,133달러였다).
- 고졸 성인들이 많은 지역에 거주하는 차용자들은 대졸 성인들이 많은 지역에 거주하는 차용자들보다 대출금에 대해 1,160달러를 더 많이 상환한다.
- 모기지 중개인들이 제공하는 대출은 직거래 대부업자들이 제공하는 대출에 비해 약 600달러 더 비싸다.
- (대출 상품 비교를 더욱 어렵게 만들 수 있는) 포인트 및 매매 수수료 매도자 분담금처럼 대출을 복잡하게 만드는 요인들은 차용자들에게 많은 비용을 부과하며, 그러한 추가 비용은 직거래 대출보다 중개인이 개입된 경우에 더욱 크다.

우리는 이러한 분석을 통해 일반적인 교훈을 도출할 수 있다. 시장이 복잡해질수록 교육 수준이 낮고 고지식한 사람들이 특히 이러한 복잡성 때문에 불이익을 당하게 된다는 사실이다. 순진하고 고지식한 사람들은 또한 순수하고 유익한 조언자의 역할을 자처하는 사람들의 이기적인 조언 혹은 형편없는 조언에 의지할 가능성이 비교적 높다. 신용시장에서 공정거래로 명성을 쌓아야 한다는 인센티브를 가진 사람들은 부유한 의뢰인을 상대하는 모기지 중개인들이다. 반면, 가난한 사람들을 상대하는 중개인들은 종종 부당하게 돈을 버는 데 더 큰 관심을 보인다.[4]

이러한 요인들은 리스크가 가장 높은 극빈층 차용자들을 상대하는 시장, 소위 '서브프라임 시장(subprime market)' 부문에서 더욱 악화되는 경향이 있다. 종종 그렇듯이, 서브프라임 대출에 대해서도 두 가지 극단적인 관점이 존재한다. 일부 사람들, 특히 좌익의 성향을 가졌거나 언론 매체에 종사하는 사람들은 이러한 모든 대출에 '약탈'이라는 경멸적인 이름을 붙인다. 그러나 이렇게 싸잡아서 비난한다면, 비교적 리스크가 높은 대출은 이자를 높임으로써 대부업자에게 보상을 제공해야 한다는 명백한 사실을 제대로 인식하지 못한 셈이다. 리스크가 높은 가난한 차용자들에게 보다 높은 이자를 부과한다고 해서 이러한 대출을 '약탈'로 치부할 수는 없다. 실제로 2006년 무하마드 유누스(Muhamad Yunus)에게 합당한 노벨 평화상을 안겨준 개발도상국의 소액융자는 종종 그 이자율이 200%를 웃돌지만 차용자들은 이러한 융자 덕분에 자신의 형편을 개선시킬 수 있었다.(2) 또 한 가지 관점은 '약탈' 대출을 요란하게 비난하는 것은 전적으로 좌익 저널리스트 등

4 짧은 여담 하나를 소개한다. 경제학자들은 종종 사람들이 판돈이 높아질 때 전문가의 조언을 구할 인센티브를 갖게 된다고 주장한다. 이론상으로는 분명히 그렇지만, 그렇다고 해서 실제로도 유용한 조언을 구하고 얻는 것은 아니다. 모기지 시장에서는 모기지 중개인이 이러한 서비스를 제공한다고 착각하는 사람들이 많지만, 사실 모기지 중개인은 본질적으로 공정한 정보원이 되기 힘들다. 물론, 이러한 사실은 모기지 중개인에게만 해당되는 것은 아니다. 가난한 사람들은 서비스를 제공하는 척하는 사람들에게 속아서 강탈당하는 경우가 빈번하다.

의 사람들이 리스크가 높은 대출은 이자율이 더 높아야 마땅하다는 사실을 이해하지 못한 데 기인한 것이라는 의견이다. 늘 그렇듯, 진실은 이 양극단 사이에 자리한다. 서브프라임 모기지는 전적으로 선한 것도, 전적으로 악한 것도 아니다.

서브프라임 모기지의 장점은 달리 돈을 빌릴 수 없는 사람들에게 융자를 제공하여 일부 빈민 가정이나 리스크가 높은 가정이 집을(또는 사업을) 소유하도록 돕는다는 것이다. 서브프라임 모기지는 또한 사람들에게 매우 귀중한 두 번째 기회를 제공한다. 서브프라임 모기지 대부업자들은 대규모 구매를 위한 자금을 제공하며, 이러한 대규모 구매는 종종 사람들이 일종의 아메리칸 드림, 즉 '더 나은' 집 마련이라는 꿈을 이루도록 돕는다. 사실, 서브프라임 모기지의 대다수는 재융자 모기지(refinanced mortgage)나 후담보 대출(home equity loan: 주택 구입 가격에서 집을 담보로 은행에서 대출 받은 돈을 제외한 집의 가치를 담보로 또 다시 대출받는 소위 '추가 대출'-옮긴이)이다.

그렇다면 서브프라임 모기지가 실제로 약탈이 되는 것은 어떤 경우일까? 서브프라임 모기지 차용자들은 종종 고지식하고 순진하기 때문에 이따금씩 중개인들에게 이용을 당한다. 〈월 스트리트 저널(Wall Street Journal)〉 1면 기사에서 이러한 중개인, 구체적으로 말하면 한때 프로 크리켓 선수였다가 지독한 모기지 대부업자로 변신한 앨터프 셰이크(Altaf Shaikh)의 행태가 상세히 묘사된 바 있다.(3) 셰이크는 모기지 회사들을 옮겨 다니며 자신에게는 막대한 이익이 돌아오지만 자신의 고객들에게는 대체로 큰 도움을 주지 못하는 대출거래를 꾸준히 성사시켰다. 셰이크가 선호하는 유형의 차용자들에게는 전형적인 패턴이 있었다. 중개인이 호의를 베푸는 척하며 접근하면 굳이 다른 모기지를 찾아보지 않았던 것이다. 구매 유도는 직접 대면이나 우편 또는 여타의 거의 모든 매체를 통해 이뤄질 수 있었다. 예를 들어, 주택 보수업자가 집에 들러서 개조를 권유한 다음, 거주자들에게 모기지 중개인을 추천해주기도 했다.

그렇게 해서 약속이 잡히면 중개인은 가망 차용자에게 다양한 종류의 모기지들을 제시한다. 이때 차용자는 이자율과 월 납부금, 지불하고자 하는 포인트를 '선택'할 수 있다. 포인트는 특히 차용자의 혼란을 가중시킨다. 차용자는 낮은 이자율을 할당받으려면 수수료(이 금액 역시 대출금에 추가되게 마련이다. 대개의 경우 차용자는 해당 포인트를 지불하기 위해 또 돈을 빌린다는 의미이다)를 지불하면 된다는 얘기를 듣지만, 해당 포인트가 지불할 가치가 있는 것인지 여부를 파악할 수 있는 능력은 거의 없기 때문이다(힌트: 대개는 지불할 가치가 없다). 법적으로, 일단 차용자가 특정 모기지 계약에 동의하면 중개인에게 지불하는 수수료를 포함하여 해당 대출에 따르는 모든 비용을 명시한 '융자견적서(good-faith estimate)'가 제시되어야 한다. 이 견적서는 최초 신청 3일 이내에 차용자에게 제시되어야 하지만 가끔은 차용자가 모기지 계약에 서명을 하기 직전에 이르러서 제시되기도 한다. 이 시점에 이르면, 융자견적서는 두툼한 서류더미 속에 끼어들어가 있으며, 대부분의 차용자들은 이러한 서류더미를 꼼꼼히 읽어보기보다는 그저 휘익 넘겨보게 마련이다. 이렇게 되면 융자견적서는 완전히 무용지물이 되고 만다. 종결 단계에서도 동일한 문제가 발생한다. 중개인은 차용자가 검토하고 서명할 서류뭉치를 가져오는데, 이 서류들에는 해당 모기지의 조건들이 기술되어 있지만 대부분의 사람들은 서류에 서명하는 것을 형식적인 절차로만 생각한다. 이 막바지 단계에서는 대부분의 차용자들이 재고할 (실제로 생각할) 입장이 못 된다.

아이러니컬하게도, 이러한 문제는 부분적으로 좋은 의도에 의해 시작되었다. 어쨌든 공정융자법은 본래 대출 조항들을 명확하게 요약하려는 취지로 만들어졌으니까 말이다. 그러나 산더미처럼 쌓인 작은 글씨의 서류더미 속에서 어떻게 '공정성'을 찾을 수 있겠는가. 리스크가 높은 대출의 경우, '주택 소유권 및 자산 보호법(Home Ownership and Equity Protection Act)'에 따라 차용자에게 별도의 주의를 주는 정보 공개가 이뤄지도록 규정되어 있다. 그러나 정보 공개 양식에는 노골적으로 '리스크가 높다'고 명시되어 있지 않으며, 차용자들은 그저 양식에 서명만 하면 된다. 집을 한 번이라도 사본 사람이라면 잘 알겠지만, 서명해야 하는 서류 양식은 한두 장이 아니기 때문에 구매자들은 종종 대충 훑어본 후에 서명을 하기 시작한다.

이밖에도 헛갈리는 서류들은 수없이 많으며, 이 때문에 차용자는 대출 자체와 여기에 수반되는 수수료를 분간하기가 힘들다. 모기지 서류들에는 수백 줄에 달하는 글이 적혀 있고, 난잡한 숫자들 때문에 다양한 요금들도 헛갈리기 십상이다. 수수료 가운데 상당수는 확정되지 않은 상태다. 어떤 차용자들은 원금을 약정 기일보다 일찍 상환할 경우 더 많은 금액이 청구된다는 사실, 즉 조기상환벌과금이 부과된다는 사실도 알지 못한다. 그리고 대부분의 서브프라임 모기지는 거래를 이해하는 일 자체를 훨씬 더 복잡하게 만드는 변동금리가 적용된다는 사실 역시 문제를 악화시킨다.

2007년, 미국에서 서브프라임 저당물 압류 사태가 발생하면서 세계 금융 시장 전체에 일대 파문이 일고 이것이 결국 2008년의 금융위기로 이어졌다. 그리고 이로 인해 세계의 여러 정부들은 도울 방법을 좀 더 숙고해야 한다는 자극을 받았다. 물론 시장은 그 자체만으로도 일부 문제를 해결할 수 있을지도 모른다. 서브프라임 모기지에 투자한 투자자들이 서브프라임 모기지는 생각보다 리스크가 높다는 사실을 힘들게 깨닫게 될 테니까 말이다(모기지 중개인들은 돈을 빌린 사람들은 물론이고 모기지 투자자들까지 다양한 방식으로 속이고 있었다). 그러나 시장의 힘만으로는 문제를 예방할 수 없었기 때문에 그 이상의 개입이 지속적으로 요구되었다. 약탈 대출을 완전히 제거할 것을 요구하는 사람들도 있지만, 처음부터 '약탈'이라고 노골적으로 광고하는 대출은 없다. 따라서 어떠한 식으로든 자금을 마련해야 하는, 리스크 높은 차용자들의 융자 수단을 빼앗지 않으면서도 약탈을 금지하는 조치를 실행하기란 쉬운 일이 아니다. 게다가 우리 자유주의적 개입주의자들은 금지 조치를 선호하지 않는다. 우리가 선호하는 방식은 선택 설계를 개선함으로써 사람들이 보다 나은 선택을 하고 약탈 대출(즉, 사람들의 무지와 혼란과 취약성을 이용해먹는 대출)을 피하도록 돕는 것이다. 사실, 선택 설계를 중요한 방식으로 갱신함으로서 모기지 시장 전체에 이익을 안겨줄 수도 있다는 것이 우리의 생각이다.

기본적인 문제는 낡은 '공정융자법'이 더 이상은 손 쓸 수 없을 만큼 적절성을 잃었다는 사실이다. 변동금리가 적용되고 지불해야 할 수수료가 산더미처럼 많아진 상태에서는 공정융자법을 훑어보는 것만으로 충분하지 않다. 법학 교수인 로렌 윌리스(Lauren Willis)(2006)는 비교를 좀 더 수월하게 만들기 위해 허용가능한 모기지의 종류를 제한하자는 개혁 전략을 제안한다. 여기에는 차입 원금의 마이너스 상각(negative amortization: 매달 상환금이 이자보다도 적어서 나머지 이자액이 원금에 더해져 오히려 원금이 갈수록 늘어나는 경우-옮긴이)이나 만기일시상환

(balloon payment) 등의 특징을 가진 모기지들을 금지하는 정책이 포함된다. 이러한 모기지들의 경우, 대출금과 이자가 약정 기간에 완전히 상환되지 않기 때문에 결국 약정기간이 끝날 때 이전보다 현저히 큰 상환금을 갚아야 한다. 로렌 윌리스가 제안하는 전략의 기본적인 아이디어는 모기지의 종류가 적어지면(예를 들어, 30년 고정금리 모기지뿐이라면) 차용자들이 보다 쉽게 현명한 선택을 할 수 있다는 것이다. 윌리스는 위에서 언급한 독특한 모기지들의 경우, 비용이 편익을 초과한다고 생각한다. 윌리스는 또한 대출 견적이 30일간 유효하도록 법제화해 차용자가 어느 정도 기다렸다가 대출을 계약하도록 허용해야 한다고 제안한다. 윌리스의 제안은 분명히 장점들을 갖고 있으며 적절한 모기지를 보다 쉽게 찾도록 돕는다는 점에는 공감하지만, 상호 이익이 될 수 있는 계약을 금지한다는 점에서 자유주의적 개입주의에는 부합하지 않는다. 변동금리 모기지는 설사 티저금리가 적용된다고 해도 본질적으로 나쁜 것이 아니다. 2~3년 안에 집을 팔거나 재융자를 받을 계획이라면 이러한 모기지가 훨씬 더 매력적일 수 있다.

그보다는 앞에서 말한 RECAP 계획을 적용하는 편이 더 유익하다고 우리는 생각한다. 이 영역과 관련하여 우리가 구상한 RECAP 계획은 두 가지이다. 간단히 말하면, 모기지 대부업자들에게 두 범주의 대출 비용을, 즉 수수료와 이자를 보고하도록 요구하는 것이다. 윌리스가 제안한 보고서로도 각종 수수료를 고지할 수는 있지만, 모두 합산되어 하나의 두드러진 수치로 기록된다는 점이 문제다.

앞에서 언급한 우드워드의 연구에서 최고의 거래를 따내는 사람들은(그것도 현저한 차이로 말이다!) 선불 수수료를 지불하지 않는 사람들인 것으로 드러났다(이는 곧 중개인이 모든 수수료를 자신의 커미션에서 지불했다는 의미이다. 어쩌다 공짜 점심은 얻어먹을 수 있지만, 공짜 모기지 따위는 세상에 존재하지 않는다). 이 결과에 대한 해석으로 가장 가능성이 높은 것은, 차용자들은 수수료가 0일 경우 이자율만 살펴보면 되기 때문에 조건들을 보다 간편하게 비교할 수 있다는 것이다. 이자율을 공개할 때에는 이자율뿐 아니라, 기본적인 이자율이 변하지 않는다는 전제하에 수년간의 상환 일정까지 공개되어야 한다. 이렇게 되면 차용자들은 적어도 티저금리 적용 기간이 끝난 후에 상환금이 얼마나 되는지 확실하게 알 수 있다. 최악의 시나리오에 대한 정보를 추가하여 차용자들에게 향후 상환금이 최대 어느 정도까지 올라갈 수 있는지 알려주는 것도 좋은 생각이다.

대부업자들은 또한 기계로 판독할 수 있는 상세 RECAP 보고서를 제공해야 한다. 이 보고서에는 티저금리와, 변동금리에 영향을 미치는 연동 요인, 이러한 변화의 연 상한선 등을 비롯하여 모든 비용과 이자율 조항이 통합되어야 한다. 이러한 정보는 또한 이해관계가 없는 제3자가 보다 나은 조언을 하도록 허용한다. 우리의 강력한 직감에 따르면, RECAP 데이터가 공개될 경우 대출회사들을 비교분석 해주는 제3자 서비스가 등장할 것이다. 물론, 이러한 시스템이 업자들 간의 공모를 조장하지 않도록 주의해야 하겠지만 이를 감시하고 방지하는 일은 그리 어렵지 않을 것이다.

RECAP 데이터는 또한 온라인으로 훨씬 더 쉽게 모기지를 선택할 수 있도록 도울 것이며, 이로써 모기지 시장의 경쟁은 더욱 치열해질 것이다. 온라인 쇼핑은 특히 여성들과 소수 집단들을 도울 것이다. 자동차 구매에 관한 연구 결과, 여성과 아프리카계 미국인들은 온라인으로 차를 구입할 때에는 백인 남성과 거의 동일한 금액을 지불하지만 대리점을 통하는 경우에는 소득 등의 다른 요인을 감안하더라도 더 높은 금액을 지불하는 것으로 나타났다.(4)

학자금 대출: 전문가들을 믿지 말라

대학 교육에 드는 비용은 거의 의료비나 희귀한 야구 카드(baseball card: 일종의 수집물로서 거래되는 카드로, 주로 야구선수들이나 여타의 야구 관련 스포츠 인물들이 한 명 이상 실려 있다-옮긴이)의 가격만큼이나 빠르게 치솟고 있다. 우리가 재직하는 대학을 포함하여 여러 사립대학들의 경우, 학생 한 명당 들어가는 등록금과 숙박료는 연간 5만 달러가 넘는다. 장학금과 아르바이트만으로는 이러한 비용을 감당할 수 없다. 따라서 학생들과 학부모들은 종종 도움을 받기 위해 학자금 대출로 눈을 돌린다. 실제로 대출은 매우 흔한 옵션이다. 4년제 대학 학생들 가운데 약 2/3가 빚을 안은 채 학교를 졸업한다.

시장에는 두 가지 대출이 존재한다. 금융기관이 제공하는 순수한 사설 융자와 연방 정부가 지원하는 이른바 '스태포드론(Stafford loan)'이 그것이다. 스태포드론은 필요에 따라 제공된다. 정부는 학생의 재학기간 동안 대출 이자를 지불해주고 학생이 채무불이행 상태에 빠지면 대부업자에게 대출금의 상환을 보증하고 보조금을 지급해준다. 사실, 대부업자들에게는 이러한 대출이 매우 높은 수익을 안겨준다.

한 가지 안타까운 점은 학생 차용자들과 그 가족들이 서브프라임 모기지 차용자들과 똑같은 종류의 난관에 봉착한다는 사실이다. 사설 대부업자들은 서브프라임 모기지 시장에처럼 현혹적인 우편 유인물을 제작하여 발송한다. 그러나 그 대상은 훨씬 더 어린 고객들이다. 이러한 유인물 가운데에는 실소를 자아낼 만큼 터무니없는 것들도 있지만, 그것이 오히려 커다란 효과를 발휘하기도 한다. 예를 들어, 고등학교 졸업반인 우리 인턴 학생 역시 우편으로 수많은 대출 관련 유인물을 받았는데, 그 중 하나에는 피자 요리사의 사진과 '결정만 하시면 15분 내에 배달해드립니다!'라는 문구가 실려 있었다고 한다. 4만 달러 대출이 피자 주문만큼이나 쉽다는 얘기다.

적절한 학자금 대출을 찾는 일은 거의 모기지를 찾는 일만큼이나 복잡하다. 대개 학생들은 비교적 저렴한(광고 속 피자 요리사가 알려주지 않는 사실이다) 정부 대출을 시도해본 다음, 필요한 경우에는 사설 융자로 눈을 돌린다. 정부 대출을 신청하려면 무상 연방 학자금 보조 신청서(free application for federal student aid, FAFSA)를 작성해야 하며, 여기에 사립대학의 학자금 보조까지 신청하는 경우에는 '대학 이사회'의 재정 보조 신청서도 함께 작성해야 한다. 각 양식에는 학교에 따라 다양하게 구성된 100개 이상의 질문들이 포함되어 있다. 따라서 양식 하나를 모두 작성하기까지 많은 시간이 소요된다(일부 고등학생들과 대학생들은 이것이 대학 지원 자체보다 더 많은 시간을 잡아먹는다고 농담을 하기도 한다).

전형적인 모기지 서류와 마찬가지로, 이런 질문들은 그 규모만으로도 충분히 압도적이다. 학생들은 잘 알지도 못하는 부모님의 재정 상태에 관한 질문에 답해야 한다. 이 서류들을 모두 작성하고 나면 교육부가 해당 학생의 가족이 어느 정도의 학비를 지불할 수 있는지〔이른바 '가정 분담 예상액(expected family contribution)'〕 결정한다. 이것을 출발점으로 삼아 대학은 대출의 규모를 결정한다.

이에 대한 대안은 민간부문에서 대출을 받는 것이다. 대부업자에게 대학 입학 증명서를 발송하면 학생은 필요한 만큼 돈을 구할 수 있다. 그러나 이 돈은 정부 대출과는 달리 어떤 비용으로든 이용될 수 있다. 따라서 이러한 이른바 '직접 판매(direct to consumer)' 대출은 잠재적으로 학생들로 하여금 필요 이상의 돈을 빌려 쓰도록 부추기는 원인이 될 수도 있다.

모기지 시장에서 순진하고 고지식한 차용자들은 종종 모기지 중개인에게 조언을 구한다고 말한 바 있다. 이와 마찬가지로, 학생들과 학부모들은 전통적으로 해당 대학의 학자금 지원국에 가서 조언을 구한다. 물론, 학자금 지원국은 대부분 정직하고 유용하다. 그러나 안타깝게도 일부 지원국은 모기지 중개인으로 전업한 크리켓 선수만큼이나 비양심적이다. 물론, 학자금 지원 담당자들은 조언을 제공한다. 그러나 그러한 조언들이 선한 의도의 넛지라기보다는 이기적인 강요가 되는 경우도 빈번하다. 일부 대학의 학자금 지원 담당자들은 '선호하는 대부업자'〔학자금 대출 분야의 '굿 하우스키핑 도장'(인기 여성 잡지 〈굿 하우스키핑(Good Housekeeping)〉은 제품 또는 서비스를 소개하면서 자체 연구소의 승인 도장을 찍어주는 것으로 유명하다.-옮긴이)'인 셈이다.〕가 되기 위해 해당 대학에 선물과 스톡옵션 그리고 '기부금'을 제공한 대부업자들과 손을 잡고 있다. 간혹 일부 대학의 학자금 지원 담당자들은 학생들의 선택권을 '선호하는 대부업자' 목록에 있는 대부업자들로 제한한다. 해당 대부업자들이 반드시 학생들에게 가장 이익이 되는 대출을 제공하지 않는데도 말이다. 심지어는 대부업자가 단과대별 콜 센터에 자사의 직원들을 배치하도록 허용한 대학도 있었다. 학생들이 대출 문의를 위해 전화를 걸면 이 '공정한' 직원들이 자사의 대출 상품을 권고하고, 그렇게 해서 학생들이 자사의 대출 상품을 선택하면 친절하게도 그 수익을 대학과 나누어 가졌던 것이다.

이쯤 되면 왜 대부업자들이 더러운 관행, 심지어는 불법이 될 수도 있는 관행들을 일삼으면서까지 학자금 대출 사업에 열을 올릴까 하는 의문이 들 것이다. 그것은 바로, 학자금 대출이 융자보증과 정부 보조금의 결합으로 이례적일 만큼 수익성이 좋기 때문이다. 대부업자들이 학자금 대출 사업을 선점하기 위해 치열한 경쟁을 벌이는 것은 모두 이런 이유에서다. 추정해보면, 이러한 경쟁은 바로 정부가 원하는 바였을 것이다. 정부가 해당 프로그램을 부분 민영화 방식으로, 즉 정부가 보조금을 지급하되 유통은 민간부문에 의존하는 방식으로 설계한 것은 경쟁을 유도하기 위해서였다는 얘기다. 그러나 그것은 가격에 초점을 맞춘 경쟁이 아니었다. 대부업자들은 오히려 경제학자들이 지대추구 행위(rent seeking activity)라 일컫는 행위에 전념해왔다. 지대추구행위의 기본적인 개념은, 공급자들은 고수익이 보장되기만 하면 기꺼이 해당 사업을 차지하기 위해 많은 돈과 시간을 투자한다는 것이다. 학자금 대출 사업을 낚아채는 사람에게는 초과 수익이 돌아가게 마련이다. 따라서 대부업자라면 어떤 희생을 치르더라도 해당 사업을 선점해야 한다는 유혹을 피할 수 없을 것이다.

모기지의 경우와 마찬가지로, 이러한 예는 어렵고 위험한 문제에 직면하여 무엇을 해야 할지 막막할 때 '전문가'의 조언을 구하라고 지시하는 것이 어떤 문제를 일으킬 수 있는지를 입증해준다. 간편한 피자 광고에 반응하지 않고 유용한 조언을 구하려 노력한 사람들도 결국에는 피자 요리사만큼이나 이기적인 제안에 이끌릴 것이다. 한편, 그들이 상담을 의뢰한 조언자는 순진하고 고지식한 고객이라는 보물을 건진 셈이다. 순진한 고객들을 속여 폭리를 취하는 기회는 보물처럼 귀중한 것일 테니까 말이다. 테이블에 돈이 놓여 있다. 새로운 공공 정책을 고안하여 이른바 '조언자들'이 그 돈을 갈취하지 못하도록 막는 일은 그리 쉽지 않다. 그보다는 선택 설계를 개선함으로써 소비자들에게 정보를 제공하는 편이 나을 것이다. 차용자들이 대출 상품들을 좀 더 쉽게 비교할 수 있다면, 실제로 우리가 열망하는 가격 경쟁이 현실화될지도 모를 일이니까 말이다.

한 가지 유용한 넛지는 학자금 보조 신청서를 간소화하는 것이다. 신청서의 복잡한 형식은 학생들로 하여금 학자금 보조 신청을 포기하고 그 대신 값비싼 '직접 판매' 대출 상품을 모색하도록 부추길 수 있다. 교육부가 특정 가정의 지원금 산정 공식을 발표하지는 않았지만, 학자금 대출에 대해서도 RECAP을 적용할 수 있다. 무상 연방 학자금 보조 신청서의 질문 개수를 줄이고 정부 대출이든 사설 대출이든 모든 대출에 대해 학자금 보조 신청서를 통일하는 것이 그 출발점이 될 것이다.

무상 연방 학자금 보조 신청서는 또한 연간 세금 환급과도 결합될 수 있다. 오하이오 주에서 진행 중인 한 연구에서 'H&R 블록(H&R Block: 미국 최대의 세금 컨설팅 회사 – 옮긴이)'의 세금 전문가들은 연방 정부나 주 정부의 재정 보조 자격 요건을 갖췄다고 생각되는 가정에 FAFSA 소프트웨어 패키지를 제공했다. 이 소프트웨어는 세금 환급 데이터를 사용하여 FAFSA의 대부분을 작성해준다. RECAP 정책을 활용하면 학생들은 각자의 학교를 통해 제공되는 각종 대출 옵션들을 훨씬 더 쉽게 비교할 수 있을 것이다. 실제로, 학자금 대출 RECAP 스프레드시트 사용법을 익히는 것은 고등학교 3학년 수학 수업에서 매우 유용한 교과 과정이 될 수도 있다.

또 한 가지 가능성은 각 가정들이 학자금 저축 계좌(529 플랜)를 통해 일찍부터 대학교육비를 저축하도록 도움으로써 대출을 완전히 피하거나 적어도 대출의 필요성을 줄이도록 만드는 것이다. 에릭 베팅거(Eric Bettinger)와 브리짓 롱(Bridget Long) 그리고 필 오레풀러스(Phil Oreopoulos)가 수행 중인 연구에서는, 중학교 2학년생들과 그 학부형들이 반드시 학교 상담교사를 만나 작은 넛지를 받도록 요구한다. 넛지는 바로, 매달 당좌 예금 계좌에서 일정 금액을 학자금 저축 계좌로 자동 이체시키는 옵션을 제안하는 것이다. 가입을 할 경우 일종의 인센티브로서 저축 계좌로 100달러를 받게 된다. 이러한 프로세스를 통해 여러 가정들은 편리하게 대학교육비를 저축할 수 있었다.

신용카드: 최소금액 결제방식의 함정

이제 신용카드는 어디서나 찾아볼 수 있는 현대 생활의 한 특징이 되었다. 신용카드가 없으면 사회생활이 거의 불가능할 정도다. 신용카드 없이 호텔에 체크인을 하거나 차를 렌트하거나 골프채를 빌려본 적이 있는가? 신용카드는 두 가지 역할을 한다. 첫째, 현금 대신 지불 수단이 되어주며, 따라서 직접적인 대면거래에서 (고맙게도) 지불 수단으로서 수표를 크게 대신하고 있다. 아직도 가끔은 식료품점에서 겨우 7.37달러어치를 사면서 수표를 발행하려는 사람 때문에 꼼짝없이 기다려야 하는 경우도 있지만 말이다. 신용카드의 두 번째 목적은 현재 갖고 있는 현금보다 더 많은 액수를 쓰고자 할 때 언제든 유동성을 제공한다는 것이다. 신용카드와 똑같아 보이는 직불카드는 첫 번째 기능만을 제공한다. 은행계좌와는 연계되어 있지만, 신용한도까지 연계되지 않는 이상은 대부가 허용되지 않기 때문이다(주의: 일부 직불카드들은 높은 수수료를 받고 신용한도를 제공한다. 따라서 직불카드로 대출을 받고자 한다면, 그 수수료가 신용카드를 사용할 때보다 저렴한지 확인해보기 바란다).

고맙게도 신용카드는 매우 편리하다. 신용카드를 사용하면 종종 현금보다 더 신속하게 물건 값을 지불할 수 있으며 처치 곤란한 잔돈이 생기는 것도 막을 수 있다. 주머니를 뒤져 잔돈을 세거나 집에 커다란 통을 놓고 동전을 모아놓는 등의 성가신 일로부터 해방될 수 있다는 얘기다. 종종 공짜로 항공 마일리지가 생기기도 한다! 그러나 조심하지 않으면 신용카드는 중독을 유발할 수 있다. 다음의 통계 수치들을 보자.

- 미 인구조사국에 따르면, 2004년에 1억 6천 400만 명의 사람들이 14억 개 이상의 카드를 소지한 것으로 나타났다. 한 명당 평균 8.5개의 카드를 소지한 셈이다.
- 현재 1억 1천 500만 명의 미국인들이 다달이 신용카드 빚을 지고 있다.
- 1989년 일반 미국인 가정이 신용카드 회사에 진 빚은 가구당 2,697달러에 불과했지만 2007년에는 약 8,000달러로 불어났다. 게다가 이 수치는 주로 자진 신고된 것이므로 실제 액수는 이보다 훨씬 더 많을 가능성이 높다. 일부 연구자들은 연방준비은행의 데이터를 토대로 미국의 가정들이 평균 12,000달러의 신용카드 빚을 안고 있는 것으로 추정한다. 일반적인 연이율이 18%라는 점을 감안하면, 이자만 연간 2,000달러가 넘는 셈이다.(5)

3장에서 논의한 자기 통제의 문제들을 되짚어보면 신용카드가 일부 사람들에게 심각한 문제를 야기하는 이유를 알 수 있다. 신용카드가 도입되기 전, 각 가정은 현금지불 회계시스템을 사용할 수밖에 없었다. 사람들이 돈 통을 놓고 각 통에 용도나 수취인의 이름을 붙인 것도 바로 이런 이유에서였다. 이제는 차에 연료를 넣을 때에도 현금이 없으면 신용카드를 사용하면 된다. 이밖에도 신용카드는 여러 가지 방식으로 자기 통제를 방해한다. 드라젠 프랄렉(Drazen Prelec)과 던컨 시미스터(Duncan Simister)(2001)의 연구 결과, 사람들은 보스턴 셀틱스(Boston Celtics) 농구 경기 입장권 경매에서 현금으로 지불할 때보다 신용카드로 지불할 수 있을 때 기꺼이 2배의 금액을 지불한다는 사실이 드러났다. 대개의 경우, 신용카드를 얼마나 사용해야 항공 마일리지가 쌓이는지 따위는 언급되지 않는다. 또, 한도액이 초과되면 언제든 다른 카드를 사용할 수 있으며, 혹은 당신이 '사전 승인'을 받았음을 알리며 거의 매일 우편으로 발송되는 유인물들 가운데 하나를 사용하여 새로운 계좌를 열면 된다.

이 경우에도 자유주의적 개입주의가 도움이 줄 수 있을까? 모기지에서와 마찬가지로 우리는 이것 역시 RECAP을 활용하기에 완벽한 영역이라고 생각한다. 따라서 신용카드 회사들이 매년 인쇄물과 온라인을 통해 1년 동안 발생한 모든 요금을 목록으로 만들어 합산한 명세서를 발송하도록 규정할 것을 제안한다. 첫째, 신용카드 사용자들은 전자형태의 보고서를 보다 나은 거래를 모색하는 데 활용할 수 있다. 고객들은 자신의 정확한 사용처와 지불금을 파악함으로써 무엇에 대한 대금을 지불하고 있는지 보다 잘 알게 될 것이다.

한 가지 예를 들어보자. 신용카드 회사들이 교활하게 가격을 올리는 한 가지 방법은 고객의 고지서 수령 시점과 대금 납부 시점 사이의 일

수를 줄이는 것이다. 대금을 지불하지 못하면 벌금을 물어야 할 뿐 아니라, 다음 달의 모든 구매에 대해서도 이자를 내야 한다. 이것은 대금을 모두 정상적으로 지불했다고 해도 마찬가지다. 출장이 잦은 등의 이유로 신용카드를 많이 사용하는 사람의 경우에는 5,000달러의 대금을 하루만 늦게 지불해도 100달러 이상을 추가로 지불하게 될 수 있다.

둘째, 이 보고서는 사용자들에게 1년 내내 납부한 액수를 좀 더 부각시켜줄 것이다. 현재 일부 신용카드는 세금 정산에 도움이 되도록 항목별로 목록을 작성한 연례 구매 요약서를 발행하고 있다. 그러나 RECAP이 실행될 경우 카드 발행인들은 이러한 문서에 수수료 정보까지 포함시켜야 한다. 이런 수수료들은 종종 숨어 있는 경우가 많기 때문이다. 예를 들어, 당신이 외환으로 물건을 구매할 경우 신용카드 회사는 해당 구매를 달러로 환산하는 데 대해서도 수수료를 부과한다(사실, 은행에서는 여기에 거의 비용이 들지 않는데도 말이다). RECAP 명세서를 활용하게 되면, 당신이 멕시코에서 휴가를 보내면서 사용한 카드 대금을 정확하게 알 수 있다. 신용카드 이자는 공제 항목이 아니기 때문에 사용자는 전년도에 모든 신용카드에 얼마의 이자를 지불했는지 확인할 이유가 없다. 따라서 수수료는 다른 비용에 묻혀 무시될 가능성이 높다. 그러나 신용카드 사용자에게 작년 한 해 동안 이자로 2,153달러, 연체 수수료로 247달러 그리고 환가 수수료로 57달러를 지불했음을 알려주면 커다란 경각심을 불러일으킬 수 있을 것이다.

이밖에도 도움을 줄 수 있는 넛지들이 있다. 예를 들어, 신용카드의

---

5 마찬가지로, 명목상 소비를 제한할 목적으로 마련된 신용카드 한도도 오히려 실제로는 소비를 조장하는 상한 기준점의 역할을 할 수 있다.

경우 월간 고지서에 언제나 최소결제금액이 언급되어 있다. 이것은 일종의 기준점인 동시에 넛지의 역할을 할 수 있다. 즉, 이 최소결제금액을 적절한 지불금액으로 인식하도록 만든다는 얘기다.[5] 물론, 최소결제금액은 총 결제금액에 비해 상대적으로 매우 적기 때문에 이 금액만을 지불할 경우 이자로 지불되는 금액은 점점 극대화된다. 이렇듯 신용카드 회사들은 심지어 매달 카드 대금 전액을 갚는 것조차 어렵게 만들고 있다. 거래 은행에서 신용카드 대금이 자동 이체되도록 설정해 보아라. 십중팔구 전체 대금이 아닌 최소결제금액만 납부하는 것이 유일한 디폴트 옵션으로 설정되어 있을 것이다. 우리는 신용카드 회사들에게 전체 대금 자동 납부를 허용할 것을 요구해야 한다고 생각한다.

우리는 이 장에서 여러 가지 주제들을 다뤘다. 그러나 기본적인 메시지는 간단하다. 모기지와 학자금 대출 그리고 신용카드 때문에 삶이 필요 이상으로 훨씬 더 복잡해지고 있으며, 사람들은 교묘하게 이용을 당한다. 종종 최선의 방법은 사람들에게 스스로 조심하도록 당부하는 것이다. 그러나 인간들이 보편적으로 지닌 약점들은 대출을 받을 때 심각한 고충을, 심지어는 재난을 야기할 수 있다. 다른 분야에서와 마찬가지로 여기서도 정부는 선택의 자유를 존중해야 한다. 그러나 선택 설계에서 몇 가지만 개선하면 사람들이 치명적인 선택을 할 가능성을 크게 낮출 수 있을 것이다.

제3부

Nudge 사회

더 좋은 세상을 만들기 위하여

우리가 사는 세상에 이콘들만 존재한다면 사회를 설계하는 데 아무런 고민의 여지가 없을 것이다. 어떻게 선택 설계를 하든 가장 합리적인 결론이 도출될 테니 말이다. 그런데 너와 나 모두 대개는 이콘이 아닌 인간이다. 따라서 우리의 선택을 좀 더 똑똑한 방향으로 이끌기 위해 바람직한 선택 설계를 해야 한다. 이 장에서는 사회보장제도, 의료보험제도, 환경문제, 결혼제도 등 우리가 그 그물망에 갇혀 살 수밖에 없는 여러 제도에 있어 인간들을 올바른 방향으로 인도하기 위해 고안된 선택 설계에 대해 살펴본다.

9
사회보장의 민영화 : 스모가스보드* 스타일

2000년 미국 대통령 선거에서 조지 부시(George W. Bush)는 '사회보장' 제도의 부분적인 민영화를 주장했다. 그의 계획에 따르면, 지불 급여세(payroll tax: 종업원에게 지급된 임금의 총액을 토대로 고용주에게 과하는 세금-옮긴이)의 일부가 개인의 저축 계좌에 할당된다. 미국에서 이 문제를 놓고 논쟁이 한창이던 바로 그때, 스웨덴에서는 부시 대통령의 제안과 유사한 시스템이 이미 시작되고 있었다. 부시의 계획은 개각 초창기에는 큰 주목을 받지 못했지만, 2005년 들어서 다시 두드러지게 표면화되기 시작했다. 이런 점을 감안할 때, 해당 제안은 미 의회에서는 부결되었지만 약간의 변형이 가미되어 머지않아 미국이나 또 다른 나라에서 다시 논의될 가능성이 높다. 우리는 스웨덴의 경험을 통해 중요한 교훈을 얻을 수 있다. 무엇보다도 간단한 선택의 자유들을

* 스모가스보드(Smorgasbord) : 여러 가지 전채가 나오는 스웨덴식 식사, 뷔페와 흡사하다.

제한하는 것과 관련한 교훈을 말이다.

우리는 스웨덴의 관리들이 선택 설계의 일부 측면들에 대해서는 상당히 훌륭한 업적을 달성했으나 적어도 한 가지의 중요한 실수를 저질렀으며 그 실수가 없었더라면 시민들이 보다 바람직한 포트폴리오를 선택하도록 인도할 수 있었다는 것을 보게 될 것이다. 넛지들을 좀 더 나은 방식으로 결합했다면 훨씬 더 나은 성과를 이룰 수 있었다는 사실을 말이다. 그 이유를 이해함으로써 우리는 사회보장제도의 개혁뿐 아니라 여타의 수많은 사항들에 대해서도 교훈을 얻을 수 있다.

국민들은 이콘이 아니라 인간이다

스웨덴 민영화 계획의 설계상의 특징을 한마디로 표현하면 '선택 우선론(pro-choice)' 정도가 될 것이다. 사실, 스웨덴의 계획은 선택을 극대화하는 전략의 좋은 예이다. 다시 말해서, 사람들에게 가능한 한 많은 옵션을 제공한 다음 그들이 원하는 바를 하도록 허용하는 전략이다. 설계자들은 거의 모든 단계에서 자유방임주의적 접근법을 택했다. 구체적으로 스웨덴의 계획은 다음과 같은 핵심 특징들을 갖췄다.

- 가입자들이 승인된 목록에서 다섯 가지의 펀드를 선택하여 나름의 포트폴리오를 구성하도록 허용했다.
- 모종의 이유로 능동적으로 선택하지 않는 사람들을 위해 (다소 주의 깊게) 한 가지 펀드가 디폴트 펀드로 선택되어 있었다.
- 가입자들이 디폴트 펀드에 의존하기보다는 (대대적인 광고 캠페인을 통해) 나름의 포트폴리오를 구성하도록 독려했다.

- 특정 신탁 기준을 충족시키는 펀드는 모두 해당 시스템에 포함시켰다. 따라서 어떤 펀드든 시장에 진입하기만 하면 가입자들이 선택할 수 있는 펀드 배합에 포함될 수 있었다. 이러한 프로세스를 실시한 결과, 처음에 선택 가능한 펀드는 모두 456가지였다(2007년 8월 14일 자로 해당 계획에 포함된 펀드는 783개에 달했다. 그러나 해당 계획을 시작한 이래 한 번 이상 포함된 펀드를 모두 합치면 1,000개가 넘는다. 일부 펀드들은 잠시 진입했다가 금세 빠져나간 셈이다).
- 모든 가입자들에게 펀드에 대한 정보, 즉 수수료와 과거의 실적 그리고 리스크 등이 책자의 형태로 제공되었다.
- (디폴트 펀드를 제외한) 모든 펀드는 투자 유치를 위해 광고를 할 수 있었다.

스웨덴 국민이 모두 이콘들이라면 이러한 설계는 전혀 논란이 되지 않았을 것이다. 자유로운 시장 진입에 자유로운 경쟁과 막대한 선택권까지 결합된 계획은 분명히 훌륭히 보이지 않는가. 그러나 스웨덴 국민이 인간들이라면, 선택안을 최대한 늘린다고 해도 최선의 결과가 도출되지는 않을 것이다. 그리고 결국 최선의 결과가 도출되지 않았다.

디폴트 펀드에도 지위가 있다

디폴트 펀드에 관한 쟁점은 두 가지로 구분할 수 있다. 한 가지는 "포트폴리오에 무엇이 포함되어야 하는가?"이고 다른 한 가지는 "그것이 정부로부터 어떤 지위를 부여받아야 하는가?" 다시 말해서, "정부는 사람들이 해당 펀드를 취하도록 독려하길 바라는가 아니면 저지하길 바라는가? 그것도 아니라면 무엇을 원하는가?"이다. 이에 대해 선택 가능한 옵션 몇 가지를 제시해보겠다.

A 가입자들에게 어떠한 선택권도 부여하지 않는다. 디폴트 펀드만을 제시할 뿐이다.

B 디폴트가 정해져 있지만 그것을 선택하는 것을 저지한다.

C 디폴트가 정해져 있으며 그것을 선택하는 것을 권장한다.

D 디폴트가 정해져 있으며 그것을 선택하는 것을 권장하지도 저지하지도 않는다.

E 선택 요구. 디폴트 옵션이 존재하지 않는다. 가입자들은 능동적으로 선택해야 하며, 그렇지 않으면 자신의 기여분을 잃게 된다.

훌륭한 선택 설계자라면 이 중 어느 것을 선택하겠는가? 그 답은 설계자가 스스로 포트폴리오 선택이라는 과업을 훌륭히 수행하고자 하는 가입자의 의향과 그것을 수행할 수 있는 능력을 얼마나 신뢰하느냐에 따라 달라질 수 있다. 옵션 A는 넛지가 되기 힘들다. 모든 선택권이 배제되었으므로 자유주의적 개입주의에 부합하지 않는다. 따라서 우리가 권장하는 방식이 아니다.

이와 극적으로 대조되는 대안은 설계자들이 디폴트 펀드 결정을 피하고 모든 사람들에게 스스로 포트폴리오를 선택하도록 요구하는 것이다. 즉, 옵션 E 선택 요구가 바로 그것이다. 설계자들이, 사람들이 스스로 포트폴리오 선택이라는 과업을 훌륭히 수행할 수 있다고 믿는다면 이러한 정책을 고려해볼 수도 있다. 일부 영역에서는 선택 요구가 매력적인 옵션이 될 수 있지만, 해당 상황에서는 스웨덴 정부가 이것을 고집하지 않은 것이 옳았다고 우리는 생각한다.(1) 일부 가입자들의 경우, 불가피하게 선택의 기회를 놓칠 수도 있다(외국에 나가 있거나 아파서 혹은 다른 일로 바쁘거나 커뮤니케이션이 불가능하거나 단순히 무지해서 말이다). 이러한 사람들의 혜택을 박탈하는 것은 가혹한 일이며, 필경 정치적으로든 원칙적으로든 이해할 수 없는 일일 것이다. 어쨌든 400개가 넘는 펀드들 가운데서 몇 가지를 선택하기란 쉬운 일이 아니지 않은가. 전문가의 조언에 의존하고 싶어 하는 사람들, 즉 디폴트 선택을 선호하는 사람들도 있는데, 정부가 국민들에게 선택을 강요해야 할 이유가 어디 있겠는가?

이제 남은 옵션은 양극단을 제외한 세 가지이다. 디폴트 옵션과 여타의 선택안이 함께 존재할 경우, 디폴트의 사용을 장려해야 하는가 아니면 저지해야 하는가? 분명히 디폴트를 강력하게 저지하는 것에서부터 디폴트를 강력하게 장려하는 것 사이에는 무수히 많은 선택안들이 존재한다. 최선의 선택은 무엇인가? 옵션 D는 매력적으로 보인다. 그저 디폴트를 정하기만 할 뿐, 그것을 장려하지도, 저지하지도 않는다. 그러나 이러한 옵션이 문제를 완전히 해결해준다고 생각하면 엄청난 오산이다. 중립의 의미는 무엇인가? 사람들에게 해당 플랜이 전문가들에 의해 설계되었으며 수수료가 낮다고(실제로 선택된 디폴트도 그러했다) 고지한다면 그것을 장려하는 셈이 되지 않겠는가? 부질없이 꼬치꼬치 따지고 들자는 게 아니다. 요는, 설계자들은 해당 디폴트 플랜을 어떻게 설명할 것인지 결정해야 하며 이 결정은 해당 플랜의 시장 점유율을 결정하는 데 영향을 미칠 거라는 점이다.

양극단을 제외한 세 가지 옵션들을 분석하려면 해당 디폴트를 설계한 사람들의 능력과 그것을 출발점으로 삼을 만한 사람들의 다양성 및 능력에 대해 어느 정도 알아둘 필요가 있다. 만약 설계자들이 매우 뛰어난 능력을 갖췄으며 디폴트가 모든 사람들에게 적합하다면 그리고 선택자들이 큰 실수를 저지를 가능성이 높다면, 사람들이 디폴트를 선택하도록 장려하는 것이 합당할지도 모른다. 반면, 설계자들이 기본적으로 수익률을 추정하는 수준에 불과하고 선택자들이 많은 지식을 보유했다면 그리고 선택자들의 입장이 서로 다른 상황이라면 공식적으로 중립에 의존하는 것이 최선이 될 수도 있다.

어쨌든 스웨덴의 계획은 옵션 B를 채택했다. 값비싼 광고 캠페인을 통해 가입자들이 스스로 자신의 포트폴리오를 선택하도록 적극적으로 장려한 것이다. 실제로 가입자들의 2/3가 스스로 포트폴리오를 선택했다는 점을 감안하면 이러한 광고가 충분히 의도한 효과를 거둔 듯하다. 가입자들은 판돈이 높을수록 능동적으로 선택할 확률이 높았으며, 보유 금액이 동일할 때에는 여성과 젊은 층이 능동적으로 선택할 확률이 비교적 높았다(우리는 여성이 능동적으로 선택하는 확률이 더 높은 이유에 대해 한 가지 이론을 정립했다. 여성들은 등록 서류를 잃어버릴 확률이 비교적 낮기 때문에 서류를 발송할 가능성이 더 높다는 것이다. 그러나 이것은 전적으로 우리의 생각이다. 이 이론을 뒷받침할 데이터가 전혀 없다는 점을 인정하며, 입수가능성 편향에 좌우되어 여성들이 우리 남성들보다 훨씬 더 정리정돈에 능숙하다는 생각에 과도하게 치우친 것일 수도 있다는 점 역시 인정한다).

물론, 나머지 1/3은 결국 디폴트 펀드를 선택했다. 1/3은 꽤 높은 수치인 듯하다. 사실, 디폴트 펀드는 모든 펀드를 통틀어 시장점유율이 가장 높았다. 그러나 정부는 사람들이 능동적으로 선택을 하도록 열심히 캠페인을 벌였으며, 해당 캠페인의 영향력은 이후 수년간의 상황을 통해 쉽게 추론할 수 있다. 결론은 정부 캠페인의 강도가 낮아지면서 스스로 포트폴리오를 선택하는 비율도 현저히 낮아졌다는 것이다.

좀 더 구체적으로 살펴보면, 2000년 봄에 해당 계획이 시작되면서 당시의 노동인구를 구성하던 모든 가입자들은 포트폴리오 하나를 선택하라는 요청을 받았다. 이후 수년 동안, 새로 취업한 근로자들(주로 젊은이들)이 계속해서 해당 플랜에 가입했으며, 그들 역시 포트폴리오 하나를 선택하라는 요청을 받았다. 그러나 초창기 등록 기간이 끝나자마자 정부는 능동적인 선택을 독려하는 광고 캠페인을 중단했다. 게다가 사설 펀드들도 투자 유치 광고를 대대적으로 줄였다. 그 결과, 스스로 포트폴리오를 선택하는 사람들의 비율은 현저히 감소했다. 필경 이 두 가지 요인이 모두 작용한 결과일 것이다. (우리가 보유한 데이터상 가장 최근에 속하는) 2006년 4월에 해당 플랜에 가입한 근로자들의 경우, 스스로 포트폴리오를 선택한 사람은 겨우 8%에 불과했다![1] 신규 가입자들이 주로 젊은 근로자들이었다는 점을 감안할 때, 이러한 비율은 2000년에 해당 플랜이 시작될 당시 22세 미만의 근로자 비율과 비교하는 것이 가장 적절할 것이다. 2000년 당시, 22세 미만 근로자들 가운데 스스로 포트폴리오를 선택한 비율은 56.7%로 2006년보다 훨씬 더 높았다.

능동적인 선택자들은 적절한 선택을 했을까?

스스로 포트폴리오를 선택한 사람들은 보다 나은 삶을 영위할 수 있었

1 사실, 능동적인 선택자의 비율은 해당 계획이 시행된 바로 다음 해인 2001년에 17.6% 감소했으며 이후 꾸준히 감소 추세를 보였다.

을까? 물론, 우리로서는 가입자 개개인의 선호도도, 그들이 사회보장 시스템 이외에 어떤 자산을 보유했는지도 알 길이 없으므로, 그들이 포트폴리오 선택이라는 과업을 얼마나 적절하게 수행했는지 단언할 수는 없다. 그렇다고는 해도 분별 있는 투자자들이라면 높은 가치를 두었을 측면들, 일테면 수수료와 리스크, 실적 등의 측면에서 사람들이 능동적으로 선택한 포트폴리오를 디폴트 펀드와 비교해보면 많은 것을 알아낼 수 있다. 간단히 말해서, 능동적인 선택자들은 자신의 과업을 그리 훌륭하게 수행하지 못했다.

디폴트 펀드는 다소 주의 깊게 선택된 듯하다(표 9.1 참조). 외국주(즉, 스웨덴 이외 국가의 주식)에 65%, 스웨덴 주식에 17%, 채권에 10%, 헤지 펀드에 4%, 사모펀드에 4%로 자산이 배분된다. 투자 자산을 통틀어 펀드의 60%가 수동적으로 운용되는데, 이는 포트폴리오 운용자들이 그저 지수 펀드만을 매입하고 '시장 이기기' 전략(beat the market: 포트폴리오 리스크에 상응하는 기대수익률보다 높은 투자이익을 얻기 위한 전략-옮긴이)은 시도하지 않는다는 의미이다. 지수 펀드의 한 가지 장점은 저렴하다는 것이다. 지수 펀드는 시장 이기기를 시도하는 펀드들보다 수수료가 훨씬 더 저렴하다. 이처럼 저렴한 지수 펀드 수수료 덕분에 디폴트 펀드의 비용은 매우 낮은 수준인 0.17%로 유지될 수 있었다(이는 곧, 투자액 100달러당 투자자에게 부과되는 수수료가 17센트라는 뜻이다). 대부분의 전문가들은 이 펀드가 전반적으로 매우 적절하게 설계되었다고 간주할 것이다.

이번에는 능동적인 선택자들을 하나의 집단으로 간주하고 그들의 선택 방식을 살펴보자. 먼저, 그들이 최초에 선택한 포트폴리오의 수치들을 디폴트 플랜의 각 수치들과 비교해보겠다. 이러한 비교를 통해 우리는 세 가지의 흥미로운 사실을 발견할 수 있다. 첫째, 주식 배분율은 디폴트 플랜에서도 상당히 높은 수준이지만 능동적으로 선택된 포트폴리오에서는 훨씬 더 높은 96.2%이다. 사람들이 이처럼 주식에 과중하게 투자한 것은 필경 주식 시장이 지난 몇 년간 활황이었기 때문일 것이다.

표 9.1 디폴트 펀드와 능동적으로 선택된 포트폴리오의 평균 수치 비교

자산 배분	디폴트(%)	능동적으로 선택된 포트폴리오의 평균 수치(%)
보통주	82	96.2
스웨덴	17	48.2
미국	35	23.1
유럽	20	18.2
아시아	10	6.7
고정수익증권(채권)	10	3.8
헤지펀드	4	0
사모펀드	4	0
지수 펀드 비율	60	4.1
수수료	0.17	0.77
최초 3년간 수익률	−29.9	−39.6
2007년 7월까지의 수익률	+21.5	+5.1

주: 이 표는 디폴트 펀드와 능동적으로 선택된 포트폴리오들의 평균을 비교한 것이다. 자산배분 데이터는 모닝스타(Morningstar)의 펀드 보유 데이터이며, 수수료는 펀드 자산 대비 연간 비용의 비율이다. 사후 실적은 개혁 이후 3년간의 수익률이며(2000년 10월 31일부터 2003년 10월 31일까지), 2000년 포트폴리오 선택제 시행 이후 각 펀드의 시장 점유율이 능동적으로 선택된 포트폴리오의 평균 수치를 산출하는 데 가중치로 적용되었다.

둘째, 능동적인 선택자들은 자금의 거의 절반(48.2%)을 스웨덴 기업들에 투자했다. 경제학자들은 이것을 국내주식 편향(home bias) 현상이라고 부른다. 투자자들은 자국의 주식을 매입하는 경향이 있다는 뜻이다.(2) 물론 당신은 국내에 투자하는 것이 합당하다고 생각할지도 모른다. 아는 것을 사는 것이 당연하다고 말이다. 그러나 투자에 관한 한, 안다고 생각하는 주식을 구입하는 것이 언제나 합당하지만은 않다. 8장에서 봤듯이, 자사주를 매입하는 근로자들도 수익성 높은 거래 결정 능력을 전혀 입증하지 못하지 않았는가.

다음 사실을 생각해보자. 스웨덴의 경제는 세계 경제의 약 1%를 차지한다. 미국이나 일본에 거주하는 합리적인 투자가라면, 스웨덴 주식에는 약 1%만을 투자할 것이다. 스웨덴 투자자라고 해서 그들의 48배를 투자하는 것이 합당하다고 할 수 있는가? 답은 '아니올시다'이다.[2]

셋째, 능동적으로 선택된 포트폴리오 펀드들 중 지수 펀드는 4.1%에 불과했다. 그 결과, 능동적인 선택자들은 훨씬 더 높은 수수료를 지불했다. 디폴트 펀드에 부과된 수수료는 0.17%인데 반해 능동적으로 선택된 포트폴리오의 수수료 부과율은 0.77%에 달한다. 이는 곧, 두 사람이 각각 1,000달러씩 투자했을 때 능동적인 투자자는 디폴트 포트폴리오를 선택한 사람들보다 수수료로 연간 60달러를 더 지불하게 된다는 뜻이다. 시간이 갈수록 수수료는 점점 높아진다.[3] 요컨대, 능동적으로 포트폴리오를 선택한 사람들은 보다 높은 주식 배분율과

---

2 환위험(currency risk)이 걱정돼서라면 이것은 쉽게 해결될 수 있는 문제이다. 사실, 디폴트 펀드는 환시장을 이용한 헤징을 통해 이 문제를 해결했다(본질적으로 보험의 한 유형이다).

3 우리가 여기서 보고한 수수료는 광고를 토대로 한 것이다. 이후 일부 펀드들이 할인을 제공하면서 수수료가 내려갔다.

보다 적극적인 관리, 보다 심한 지역 편중, 보다 높은 수수료를 선택한 셈이다.

사실, 결정이 내려진 시점에도 능동적으로 선택된 포트폴리오가 디폴트 펀드보다 바람직한 투자라고 주장하기는 힘들었을 것이다. 게다가 몇 년 간의 수익으로는 아무것도 단언할 수 없지만, 디폴트 펀드는 처음부터 보다 적절하게 설계되었을 뿐 아니라 실적도 더 좋았다. 이 계획이 시작된 직후부터 시장이 침체된 탓에 처음 3년 동안(2000년 10월 31일부터 2003년 10월 31일까지) 투자자들은 좋은 성과를 거두지 못했지만, 적어도 디폴트 펀드에 투자한 사람들의 손실은 비교적 적었다. 이 3년 동안 능동적으로 펀드를 선택한 가입자들의 포트폴리오는 평균 39.6%의 손실을 기록한 반면, 디폴트 펀드의 손실은 29.9%에 그쳤다.

이후 수년 동안 디폴트 펀드의 실적은 꾸준히 능동적인 선택의 실적을 웃돌았다. 2007년 7월을 지나면서 디폴트 펀드의 수익률은 21.5%에 달한 반면, 능동적으로 운용된 포트폴리오의 평균 수익률은 5.1%에 불과했다. 사실, 이 기간 동안 디폴트 펀드의 실적은 펀드 평가 서비스 제공업체인 모닝스타가 2003년 이래 (여타의 '글로벌' 펀드들과 비교해서) 최고의 펀드로 평가하여 별 5개를 부여할 정도로 훌륭했다. 반면, 가입자들이 선택한 평균 포트폴리오는 단일 글로벌 펀드로 간주했을 경우, 필경 세 개의 별을 받았을 것이다.

스웨덴의 경험이 지닌 한 가지 흥미로운 특징은 해당 펀드가 주식 활황이 (그리고 기술주의 거품이) 끝나가는 시점에 시작되었다는 것이다. 이처럼 우연한 타이밍이 사람들의 선택에 (심지어는 민영화 프로그램을 시작해야 한다는 결정에) 미친 정확한 영향력을 구체적으로 분석할 수는 없지만, 이러한 데이터는 모종의 강력한 암시를 제공한다. 우리는 이미 능동적으로 선택된 포트폴리오의 주식 배분율이 96%를 웃돈다는 사실을 알아냈다. 이러한 프로그램이 2년 늦게 시작되었다면, 십중팔구 주식 배분율이 더 낮았을 것이다. 앞 장에서 살펴봤듯이, 자산 배분 결정에 관한 한 개인 투자자는 합리적으로 예측하기보다 시류를 쫓는 경향이 강하다.

기술주가 급상승세를 보이던 기간에 투자자들이 기술주에 치우친 투자 성향을 보였다는 점도 그리 놀라운 일은 아니다. 이를 입증하는 한 예로, (디폴트 펀드를 제외하고) 최대의 시장점유율을 누린 펀드는 총 투자액의 4.2%를 유치한 로부르 악티에폰드 콘투라(Robur Aktiefond Contura)였다(펀드가 무려 456개였으며 투자금의 1/3은 디폴트 펀드에 유입됐다는 점을 감안할 때, 이것은 엄청난 시장점유율이다). 로부르 악티에폰드 콘투라는 주로 스웨덴과 여타 지역의 기술 및 의료 종목에 투자했다. 사람들이 이 펀드를 선택하기 전까지 5년 동안 그 가치는 534.2% 증가했는데, 이는 선택 가능한 모든 펀드들 가운데 가장 높은 증가율이었다. 그러나 해당 프로그램이 시작된 후 처음 3년 동안, 이 펀드는 그 가치를 69.5% 상실했으며, 이후 다시 3년 동안 계속해서 몹시 불안정한 수익률을 보였다.

돌이켜보면, 로부르 악티에폰드 콘투라 같은 펀드가 투자금의 상당 부분을 유치했다는 점도 그리 놀라운 일은 아니다. 사람들에게 요구되는 바를 생각해보자. 그들은 적절한 이해력도 갖추지 못한 채, 다양한 시기에 걸친 456개 펀드의 수익률 목록과 여타의 중요한 정보, 일테면 수수료와 리스크 등이 다량 수록된 책자를 받는다. 그들이 확실히 알고 있는 한 가지는 필경 수익률이 높으면 좋다는 점일 것이다. 물론,

과거의 수익률이지만 투자자들은 전통적으로 과거의 수익률과 미래의 예상 수익률을 명확하게 구분하지 못한다. 스웨덴 어딘가에서 스벤손 씨와 스벤손 부인이 식탁에 앉아 다음과 같은 대화를 나눴을 것으로 짐작하지 않을 수 없다.

- 스벤슨 씨: 월마, 뭘 그리 열심히 들여다보는 거요?
- 스벤슨 부인: 투자할 만한 최고의 펀드를 찾고 있어요, 비에른. 벌써 하나 찾은 것 같은데요. 로부르 악티에폰드 콘투라. 지난 5년 동안 534%나 올랐대요. 여기에 투자하면 노후를 마조르카에서 보낼 수 있겠어요!
- 스벤슨 씨: 그래? 그럼 그렇게 하지, 뭐. 그라브락스(gravlax, 향신료를 넣은 연어 요리-옮긴이)나 좀 더 줘봐요.

가입자들의 투자가 최근 수익에 의해 좌지우지된다는 점을 감안하면, 해당 프로그램의 개시 타이밍도 사람들의 선택에 강력한 영향을 미칠 수 있다. 이러한 효과는 오랫동안 지속될 수 있다. 가입자들 가운데 포트폴리오를 바꿔야겠다고 결정하는 사람들은 극히 드물기 때문이다. 현상유지 편향은 스웨덴에서도 건재하다. 처음 3년의 기간을 살펴봤을 때, 각 해에 적어도 한 번 이상 포트폴리오에 변화를 가한 가입자들의 비율은 각각 1.7, 2.7, 3.1%에 불과했다. 미국의 401(k) 플랜에서 나타나는 타성과 흡사한 비율이다.(3) 최근 수익에 대한 과도한 관심과 이후에 포트폴리오를 운용할 때 작용하는 타성이 결합된다는 것은, 우연한 타이밍(새로운 시스템이 도입될 때)이 결국 가입자들이 선택한 투자에 깊은 영향을 미칠 수 있다는 의미다.

사실, '우연한 타이밍'은 잘못된 표현일 것이다. 민영화 계획은 오랫동안 시장이 활황을 보인 후에 승인될 가능성이 가장 높은 듯 보이기에 하는 말이다. 2001년과 2002년에 시장이 약세를 보인 후에 부시의 계획에 대한 정치적 지지가 약해진 것만 봐도 알 수 있다. 투자 결정이 그러하듯, 정치적 판단도 입수 가능한 최근의 사건들에 의해 좌지우지될 수 있다.(4)

광고는 우리에게 리스크를 감수하라고 한다

펀드 광고를 허용한다는 결정은 특별히 논란의 여지가 없어 보인다. 사실, 해당 시스템 설계의 나머지 부분을 감안하면, 광고를 금지하는 것은 상상하기도 힘들다. 펀드들이 자유롭게 시장에 진입할 수 있다면, 합법적인 수단을 모두 동원해서 고객을 자유롭게 유치할 수 있어야 마땅하다. 그리고 당연히 합법적인 수단에는 (정직한) 광고도 포함된다. 그렇다고는 해도, 광고가 펀드 시장에 미치는 영향을 알아보는 것은 흥미로운 일이 아닐 수 없다. 그렇다면 우리는 무엇을 기대해야 하는가?

두 가지 양극단의 '꿈' 시나리오를 생각해보자. 첫 번째 꿈은 어느 자유 시장 경제학자가 만면에 평화로운 미소를 띠고 꾸는 꿈이다. 이 꿈속에서는 광고주들이 보다 낮은 비용으로 장기적으로 분산투자할 때 따르는 혜택과, 최근 수익을 토대로 미래의 수익을 추정하는 행위의 어리석음을 설명함으로써 소비자들의 교육을 돕는다. 이러한 꿈속에서 광고는 소비자 각자가 경제학자들이 '효율적 경계선(efficient frontier)'이라 일컫는 지점, 즉 합리적인 투자자라면 누구나 찾고 싶어 하는 지점에서 자신의 이상적인 위치를 발견하도록 돕는다. 다시 말해, 광고가 소비자들로 하여금 보다 유익하고 보다 현명한 선택을 하도록 돕는다.

또 하나의 꿈은 심리학자들과 행동 경제학자들을 밤새도록 뒤척거리게 만드는 악몽에 가깝다. 이러한 꿈속에서는 광고주들이 가입자들로 하여금 (지수에 연동함으로써) 평균에 안주하는 것 대신에 대박을 좇도록, 즉 투자를 부자가 되는 방편으로 생각하도록 부추긴다. 이 악몽 속의 광고들은 거의 수수료를 언급하지 않는다. 다만 과거의 실적만을 떠들어댈 뿐이다. 과거의 실적이 미래의 실적을 예견한다는 실질적인 증거가 전혀 없는데도 말이다(스포츠 경기를 놓고 내기하는 것을 좋아하는 사람이라면 앞으로 열릴 경기에서 '확실한 성공'을 거둘 거라고 떠벌리는 광고 속에서, 그리고 일테면 지난 3주 동안 거의 무적에 가까울 만큼 놀라운 예측이 나왔다고 떠벌리는 광고 속에서 이와 유사한 현상을 목격할 수 있을 것이다).

그렇다면 현실은 어떠했을까? 한 전형적인 광고에서는 '스타워즈(Star Wars)'와 '인디아나 존스(Indiana Jones)'로 유명한 배우 해리슨 포드(Harrison Ford)가 어느 스웨덴 펀드 회사의 상품을 끈질기게 권고했다. 광고 카피는 이러했다. "해리슨 포드가 더 나은 연금을 선택하도록 돕겠습니다." 지금까지 우리가 알고 있는 포드의 역할 가운데 이러한 조언을 입증할 만한 것이 있었는가(인디아나 존스가 시카고 대학의 교수로 묘사되긴 했지만 안타깝게도 그는 경영대학 교수도, 경제학과 교수도 아니었다)?

좀 더 일반적으로 말해서, 헨릭 크론비스트(Henrik Cronqvist)(2007)의 연구는 이러한 광고들이 달콤한 꿈보다는 악몽과 흡사하다는 점을 입증한다. 합리적인 투자자들에게 관련성을 지닌 특성들, 일테면 펀드 수수료 등에 대해 직접적인 정보를 제공하는 것으로 해석할 수 있는 광고는 그리 많지 않았다. 또한, 각종 펀드들은 과거의 수익만을 중점적으로 광고할 뿐(수익이 높았던 펀드들의 경우), 결코 미래의 수익에 대해 긍정적인 전망을 내놓지 않았다. 그럼에도 불구하고 펀드 광고는 투자자들의 포트폴리오 선택에 강력한 영향을 미쳤다. 이 때문에 사람들은, (비교적 높은 수수료 때문에) 예상 수익은 비교적 낮고 (높은 주식배분율과 적극적인 운용, '과열' 부문 집중 투자, 국내투자 편향 현상 때문에) 리스크는 높은 쪽으로 포트폴리오를 구성하도록 조종당한 것이다.

넛지 없는 형편없는 선택

스웨덴의 사회보장 민영화 사례는 매우 많은 의미를 내포한다. 근본적인 문제는 정부 입안자들이 최고의 선택 설계자를 선발하지 않았다는 것이다. 대신 그들은 거의 광신적으로 선택안을 최대한 늘리라는 주문에만 의존하여 입수가능성 편향과 타성을 통해 충분히 예측할 수 있는 결과를 도출하고 말았다. 보다 나은 선택 설계가 있었다면 큰 도움이 되었을 것이다.

우리는 디폴트를 선택하는 주요 쟁점에 관한 한, 스웨덴 입안자들이 매우 훌륭한 과업을 수행했음을 강조했다. 이 디폴트 플랜은 매우 세심하게 설계되었기 때문에, 오히려 외국 투자자들도 할 수만 있었다면 해당 펀드에 투자했을 거라고 우리는 생각한다. 이러한 성과는, 정부는 본질적으로 제대로 할 수 있는 것이 전혀 없다는 생각을 무색하게 만든다. 스웨덴 플랜이 지닌 최악의 특징은 가입자들이 자신의 포트폴리오를 직접 선택하도록 독려한 것이다. 복잡한 상황에서는 정부가 실제로 모종의 유용한 힌트를 제공할 수도 있다. 1부에서 배운 주요 교훈을 떠올려보자. 기본적인 결정이 어렵고 생소할 때에는 그리고 사람들이 실수를 저질러도 즉각적인 피드백을 받지 못할 때에는 약간의 넛지를 가해주는 것이 합당하다고, 심지어는 바람직하다고 말하지 않았던가.

이러한 상황에서는 정부가 이렇게 말하는 편이 나았을 것이다. "우리는 광범위한 펀드들을 갖춘 프로그램을 설계했습니다. 여러분은 어떤 펀드든 자유롭게 선택할 수 있습니다. 그러나 만약 스스로 이러한 결정을 내리는 것이 어렵게 느껴진다면, 전문가의 조언을 구할 수 있으며, 그런 사람들을 위해 전문가들이 고안한 디폴트 펀드를 선택할 수도 있습니다." 스웨덴 정부도 우리의 생각에 동의하는 모양이다. 더 이상 국민들이 스스로 포트폴리오를 선택하도록 적극 장려하지 않기에 하는 말이다.

훗날 미국이 전통적인 시스템의 대체 방안으로든 보완책으로든 자국의 사회보장 시스템에 대해 이와 유사한 부분적 민영화를 시도한다면 스웨덴의 경험을 통해 유익한 교훈을 많이 얻을 수 있을 것이다. 미국의 경제규모는 스웨덴 경제규모의 30배가 넘는다는 점을 감안할 때, 스웨덴처럼 자유진입 시스템을 도입하면 필경 수천 개의 펀드들이 생겨날 것이다. 선택안을 최대한 늘리라는 주문을 믿는 사람들이라면 흡족해하겠지만, 대부분의 인간들은 이처럼 수많은 옵션들 속에서 선택해야 한다는 사실에 압도당할 것이다. 이러한 문제점을 개선하기 위해서는 먼저 적절한 디폴트 플랜, 즉 경쟁 입찰을 통해 운용자들을 선발하여 주로 지수펀드들로 구성된 디폴트 플랜을 선택한 스웨덴의 선례를 따르는 데서 출발해야 할 것이다. 그런 다음 가입자들이 간소화된 선택 프로세스를 (가능하다면 웹을 통해) 거치도록 안내하는 것이다. 선택 프로세스의 출발점은 다음 질문에 '네' 또는 '아니오'로 답하는 것이다. "디폴트 펀드를 원하십니까?" '네'라고 대답한 사람들은 더 이상 아무것도 할 필요가 없다(물론, 나중에라도 언제든 결정을 바꿀 수는 있다). 디폴트 펀드를 거절한 사람들에게는 (역시 경쟁력 높은 수수료율로 민간에서 운용되는) 소수의 펀드들이 제시된다. 기준은 가입자의 연령이 될 것이다. 이러한 펀드들을 모두 거부한 가입자들에게만 막대한 펀드 목록이 제시된다. 민간부문에서 입증된 바에 의하면 이처럼 긴 목록을 활용하는 가입자는 거의 없다. 그렇다고는 해도 이러한 방식을 통해 이를 활용하려는 사람들의 권리 또한 완전히 보장할 수 있을 것이다.

스웨덴의 경험은 훨씬 더 폭넓은 교훈을 제공한다. 사람들에게 선택안을 많이 허용할수록 의사 결정을 내리는 데 필요한 도움도 많이 제공해야 한다는 것이다. 앞으로 보게 되겠지만, 미국의 메디케어 처방약 플랜을 설계한 사람들은 이러한 교훈을 배우지 못한 사람들이었다. 대개는 사람들에게 많은 옵션을 제공하는 것이 좋지만, 문제가 복잡할 경우, 현명한 선택 설계자는 사람들을 올바른 방향으로 인도한다.

10
사람들을 위압하는 미국 의료보험 프로그램

미국인들이 약값을 직접적으로 또는 종종 고용주가 제공하는 보험에 가입하는 방식으로 스스로 지불하도록 요구받는다는 사실을 알면 전 세계 많은 사람들이 놀랄 것이다. 미국의 수많은 노인들은 메디케어라는 정부 의료보험 프로그램에 의존하고 있다. 그러나 메디케어는 최근에 들어서야 처방약값을 지원하기 시작했다. 이 문제를 해결하는 것은 2000년 대선 선거운동에서 논의된 주요 문제들 가운데 하나였다.

당시 부통령이었던 앨 고어(Al Gore)는 해결책의 일환으로 고전적인 정부 위임을 제안했다. 즉, 처방약 플랜을 단일 계획으로 메디케어에 추가하고 의료 전문가 위원단을 구성하여 명세를 정한 다음, 이 모든 것을 하나의 패키지로서 모든 노인들에게 제공하자는 것이었다. 반면, 공화당 후보였던 조지 부시(George W. Bush)의 제안은 그의 선거운동 주제, 즉 온정적 보수주의를 적절하게 함축하는 표본으로 간주될 만했다. 사실, 부시는 온정적 보수주의를 자유시장 및 민간부문의 주요 역할과 결합시키고자 했다. 노인들에게 값비싼 신(新) 복지후생 계획을 제안한 것이다. 민간 의료보험 회사들이 고안한 의약 플랜들을 매우 다양하게 제시한 다음, 소비자들에게 스스로 가입여부와 선호하는 플랜을 선택하도록 만드는 계획이었다.

3년 후, 부시 대통령의 법안이 의회에서 아슬아슬하게 통과되었다. 메디케어 역사상 최대 규모의 총 정비 점검에 해당했던 부시의 계획에 따라, '파트 D'라는 처방약 플랜에 5천억 달러의 정부 보조금이 책정되었다. "우리는 이 시스템이 소비자의 니즈를 충족시키길 바라는 마음에서 반드시 선택권을 제공해야 한다고 느꼈습니다." 2006년에 플로리다의 어느 노인 회관에서 해당 계획을 처음 발표하면서 부시 대통령은 이렇게 말했다. "선택안이 많아질수록 자신의 구체적인 니즈에 부합하는 프로그램을 찾을 확률도 높아지지요. 다시 말해, 획일적으로 통일하는 것은 소비자 우호적인 프로그램이 아닙니다. 그리고 저는 소비자 여러분을 믿습니다. 정부의 정책을 신뢰하는 여러분을 믿습니다."(1)

미국 노인들에 대한 부시 대통령의 믿음은 그들에게 막대한 양의 의사결정 책임을 안겨주었다. 그러나 그것은 결코 자유방임 시스템이 아니었다. 정부가 적지 않은 체계를 부과했기 때문이다. 소비자들이 선택을 시작하기도 전에 정부는 최소 보상 요건을 설정하고 모든 민간 플랜들을 승인했다. 이러한 제한적 자유 선택 시스템은 자유주의적 개입주의 실행의 좋은 본보기처럼 보일지도 모른다. 그리고 실제로 우리는 일부 측면에서는 부시가 올바른 행로를 걸었다고 생각한다. 의료서비스 보급 시스템으로서 파트 D는 입안자들의 예상을 어느 정도는 충족시켰다. 그러나 선택 설계의 일환으로서는 훌륭한 의사 결정을 방해하는 성가신 설계 때문에 곤혹을 치러야 했다. 막대한 선택권을 제공한 해당 시스템은 어떤 면에서는 적절했지만 다음과 같은 네 가지의 주요 결함을 안고 있었다.

- 가입자들에게 가능한 옵션들 속에서 최선의 선택을 하도록 돕는 지침을 거의 제공하지 않았다.
- 대부분의 노인들에게 디폴트 옵션은 비등록이었다.
- 자동 가입된 600만 명에 대해서는 디폴트를 무작위로(!) 선택했으며, 개인이 복용해온 처방약들을 토대로 해당 개인에게 적합한 플랜을 할당하려는 노력을 적극적으로 거부했다.
- 가장 무력한 인구집단, 특히 빈곤층과 교육수준이 낮은 인구집단에게는 혜택을 제공하지 않았다.

오해는 없길 바란다. 파트 D는 훌륭한 성과도 많이 기록했다. 비평가들은 이것이 순전히 재앙이었다고 비난했지만, 꼭 그런 것만은 아니다. 그렇다고는 해도 선택 설계의 측면에서는 개선의 여지를 상당부분 찾아볼 수 있다.

이 장에서 우리는 다소 세부적인 논의를 진행할 것이다. 주요 선택들과 그것들이 지닌 문제를 파악하지 않으면, 해당 프로그램과 그 문제점을 쉽게 이해할 수 없기 때문이다. 그러나 위에서 언급한 네 가지 결함들을 유념한다면 숲은 보지 못한 채 나무만 보는 우(愚)는 범하지 않게 될 것이다.

메디케어 파트 D의 설계

파트 D가 시행되기 전까지 미국의 노인들을 통틀어 절반가량(대략 2,100만 명)은 국가보훈처(Department of Veterans Affairs) 등의 정부 당국이나 민간 플랜을 통해 모종의 형태로 처방약에 대한 보상 서비스를 제공받았다. 그러나 정부 관리들은 파트 D를 통해 이들을 제외한 나머지 노인들에게 보상 서비스를 제공하고자 했다. 따라서 파트 D의 실행 원칙은 노인들에게 가능한 한 많은 정부 승인 선택안을 제공하는 것이었다. 그 결과, 다음의 여섯 가지 주요 특징을 지닌 정책이 마련되었다.

1 대부분의 사람들은 자의에 의해 파트 D에 가입할 수 있다. 그리고 자발적으로 등록을 해야만 혜택을 받을 수 있다. 단, 620만 명의 저소득층 노인들과 기존에 메디케이드(Medicaid, 빈곤층을 위한 정부 의료 보험 프로그램) 혜택을 받고 있는 장애인들은 예외다. 이 두 집단은 엄선된 일부 민간 플랜들, 즉 특정 기준을 충족시키는 최저가의 가장 기본적인 플랜들 가운데서 선택해야 한다(2007년 기준으로 미국의 각 주들은 5~20가지의 기본 플랜을 갖추고 있었다). 능동적으로 선택하지 않는 사람들은 모두 이들 가운데 하나를 무작위로 선정하여 자동 가입된다.

2 최초 가입 기간은 2005년 11월에서 2006년 5월까지였으며, 이후에는 매년 말에 가입이 가능하다. 가입자격이 될 때 등록하지 않은 노인들과 이에 상응하는 사설 플랜을 보유하지 않은 노인들은 이러한 늑장 행위에 대해 한 달 단위로 벌과금이 부과된다.

3 선택 가능한 플랜은 주(州) 별로 다르다. 독립형 플랜은 알래스카 주에는 47개, 웨스트버지니아 주와 펜실베이니아 주에는 63개 등이 있다. 대부분의 주는 50~60개의 독립형 플랜을 갖추고 있다. 해당 법안이 시행된 이래로 선택 가능한 플랜의 총 가짓수는 꾸준히 증가했다.

4 최초 등록 기간에 정부는 플랜 한 가지를 선택하도록 장려하는 대중 계몽 캠페인에 4억 달러를 지원했다. 보건복지부 장관을 포함하여 메디케어 담당 관리들은 커다란 파란색 버스를 타고 전국 각지를 돌며 해당 프로그램을 홍보했다. 기업들 또한 나름대로 광고를 벌였다. 그러나 지금은 노인들에게 "아는 사람이나 믿을 만한 사람의 조언에 의지하라"고, "잘 알고 있는 계획을 선택하라"고 혹은 메디케어 웹사이트의 '메디케어 처방약 플랜 검색기(Medicare Prescription Drug Plan Finder)'라는 맞춤 안내 서비스를 이용하라고 조언한다.(2)

5 보상 서비스는 환자가 요구하는 첫 처방부터 적용된다. 그러나 환자가 일정 금액을 소비하고 나면 한동안 서비스가 중단되었다가, 지출 안정 상태에 도달하면 다시 서비스가 시작된다. 유명한 언론에서는 이러한 중단 기간을 주로 '도넛 구멍'으로 묘사한다. 그러나 도넛 구멍을 언급하지 않아도 플랜 D의 세부사항을 논의하는 것만으로 충분히 머리가 지끈거릴 수 있다는 점을 잘 알기 때문에, 이 문제에 대해서는 책 뒷부분에 실은 각주에서 좀 더 상세히 논하기로 하겠다. 다만, 어떤 경제학자도 이런 특징을 가진 보험 정책은 추천하지 않을 거라는 점만 알아두기 바란다.

플랜을 적용받는 사람들이 이콘들이었다면, 이러한 설계상의 특징들은 아무런 문제가 되지 않았을 것이다. U. C. 버클리(University of Califonia-Berkeley) 경제학 교수이자 노벨상 수상자로서 파트 D를 광범위하게 연구한 대니얼 맥패든(Daniel McFadden)은 이렇게 썼다. "소비자들은 이러한 과제가 부과되면 시장에서 성공을 거둔 플랜 및 보험업자들이 그들의 니즈에 부합하는 플랜 및 보험업자라는 전제하에 선택 결정을 내릴 것이다. 그러나 많은 사람들이 혼란 또는 곤혹을 겪는다면 시장은 만족스럽게 효과를 발휘해야 한다는 신호를 받지 못할 것이다."(3) 선택 가능한 복잡한 플랜들이 그처럼 많았다는 점을 감안할 때, 노인들이 적절한 신호를 보내지 못한 것은 어쩌면 당연한 일이었을 것이다.

감내할 만한 혼란?

파트 D 등록 기간 6개월이 끝나갈 무렵, 사람들은 어떻게든 가입을 하려고 안간힘을 쓰고 있었다. 텍사스 주 매캘런의 노인들이 겪은 일을 생각해보자. 야자나무의 도시로 유명한 매캘런은 멕시코 국경 부근의 리오그란데 계곡에 위치한 인구 10만의 도시다. 매캘런은 다국적 기업들의 제조 중심지로서, 파트 D로부터 막대한 혜택을 받아야 하는 빈민가다(65세 이상 주민들의 1/5이 빈곤층).

그러나 이러한 혜택을 받기 위해 가입 자격이 되는 주민들은 먼저 47가지에 달하는 처방약 플랜들을 힘겹게 헤쳐나가야 했다. "이론적으로는 훌륭한 프로그램입니다." 히댈고-스타 카운티 의료협회(Hidalgo-Starr County Medical Society)의 전 회장인 린다 빌러리얼(E. Linda

Villarreal) 박사의 말이다. "그러나 제 환자들 대부분은 극심한 혼란과 곤혹을 겪었습니다. 해당 시스템과 그 작동 방식을 이해하지 못해서였지요." 미션 시에 위치한 리처드 약국(Richard's Pharmacy)의 공동 경영주인 라미로 배리라(Ramiro Barreara)는 이렇게 말했다. "새로운 메디케어 프로그램 때문에 다른 일은 할 수가 없답니다. 수급자들의 도움 요청이 쇄도하기 때문이지요."(4)

이런 상황은 매캘런에서만 발생한 것이 아니었다. 도처에서 노인들이 혼란을 겪었으며, 그들의 주치의들과 약사들도 마찬가지였다. 노인들과 의사들, 약사들이, 최고의 플랜을 선택하도록 돕기 위해 마련된 메디케어 전화 상담 서비스를 완전히 점령할 정도였다. 메디케어 파트 D의 복잡성을 비판하는 것은 너무나 흔한 일이 되어버렸으며, 심지어 '새터데이 나이트 라이브(Saturday Night Live: 미국 NBC TV의 인기 코미디 프로그램-옮긴이)'는 공공 서비스 광고를 모방하여 미로 같은 복잡성을 풍자하기도 했다. 이 모방 광고에서는 해당 프로그램이 컴퓨터와 아이팟(iPod) 그리고 위성 텔레비전 조작법을 완벽히 익힌 '기술 전문가 노인들'에게 간단하고 손쉬운 플랜이 되어줄 거라고 약속했다.

부시 대통령은 이러한 좌절에 공감하면서도 해당 프로그램이 궁극적으로는 고통을 이겨낼 가치가 있는 것이라고 말했다. "우리가 노인들에게 선택권을 제공하는 계획을 설계했을 때 이것이 일부 노인들에게는 약간의 혼란을 줄 수 있다는 점을 저는 알고 있었습니다." 대통령은 플로리다의 노인들에게 이렇게 말했다. "어쨌든 지금까지는 해당 시스템에 그리 많은 선택권이 존재하지 않았지요. 그런데 갑자기 생각이 났습니다. 예전 조지 W. 부시 시절의 시스템이 꽤 괜찮다고 생각한 노인[이라면]……그러면서 46가지의 선택안이 나타난 것이지요."

노인들이 이러한 모든 선택안들을 어떻게 다룰 거라고 기대했을까? 부시 대통령은 그들에게 인내심을 갖고 사설 기관에 도움을 요청할 것을 촉구했다. "우리는 모든 종류의 사람들에게 노인들을 도우라고 독려했습니다." 그가 말했다. "AARP도 도울 것이고, NAACP(National Association for the Advancement of Colored People, 전미 유색인 지위 향상 협회)도 도울 것이며 자녀들도 도울 것입니다. 신앙기반 프로그램들도 여러분들이 각종 프로그램들을 상세히 살펴보고 각자의 니즈에 부합하는 프로그램을 설계하도록 도울 것입니다. 물론, 선택안이 너무 많아서 가입하고 싶지 않다고 말하는 노인들도 있을 것입니다. 그러나 그런 분들께는 도와줄 사람이 많다는 점을 말씀드리고 싶군요."

추진력은 훌륭했다. 그러니 여기까지 이 책을 읽은 사람이라면, 46가지의 선택안을 주고 도움을 요청하라고 말하는 것은 전혀 도움을 안 주는 것과 같다는 사실을 잘 알 것이다. 그리고 메디케어 파트 D의 경우, 노인들을 도울 거라 예상했던 사람들도 대다수가 혼란스러워 했다. 혼란은 의료 전문가들에게까지 퍼져나갔다. 그들은 결국 현 프로그램에 존재하는 플랜의 개수가 누구든 압도당할 정도로 많다는 환자들의 의견에 동의하고 말았다. AARP 같은 조직들은 이해의 충돌이 일어날 것이 분명해 보이는 플랜 선정에 대해 조언을 제공하고 보험 플랜을 제공하는 사업에 착수하기로 했다.

마침내 최대의 문제는 노인들을 특정 플랜에 가입시키는 것이 아니라는 점이 드러났다. 조직들이 결국 수혜자들을 가입시키는 데에는 성공한 것이다.(5) 2007년 1월, 파트 D 또는 이에 상응하는 사설 플랜을 통해 처방약 보험을 적용받지 않는 사람들은 전체 메디케어 수혜자(약 400만 명)의 10%도 채 안 됐다.(6) 플랜 가입자들 가운데 1/4는 필경 당장 가입할 필요가 없을 정도로 건강한 사람들이었을 것이다.(7) 그러나 그들의 가입은 병든 노인들을 지원하는 데 일조를 했다는 점에서 파트 D의 사활에 결정적인 역할을 했다. 정부의 보건 담당 관리들은 높은 가입률을 부인할 수 없는 성공의 지표로 간주했다. 선택의 자유가 그만큼 효과를 발휘했다는 의미였으니까 말이다. 이는 우리처럼 '획일적으로 통일하는' 아이디어를 거부하는 사람들에게는 훌륭한 논거가 될 수 있었다.

전반적으로 노인들은 이 프로그램에 만족하는 듯 보인다(그도 그럴 것이, 해당 프로그램은 노인들에게 막대한 정부 보조금을 제공하고 있지 않은가!) 이 새로운 메디케어 법안이 통과된 이래로, 해당 프로그램에 대한 비난은 꾸준히 줄어든 반면 지지도는 꾸준히 높아졌다. 그것은 시간이 지나면서 빠른 속도로 학습이 이뤄졌기 때문일 것이다. 2005년 11월 노인들이 40여개의 플랜들을 처음 맛보고 있을 때 설문조사를 실시한 결과, 노인 1,800명 가운데 절반이 해당 프로그램에 대해 부정적인 입장을 보였으며, 호의적인 태도를 보인 사람은 28%에 불과했다. 그러나 2006년 11월에 이르자, 호의적인 평가는 42%로 높아진 반면, 부정적인 평가는 34%로 떨어졌다. 각자의 개인적인 경험에 대해 물었을 때, 4명 중 3명이 파트 D에 대해 '매우' 또는 '다소' 긍정적인 견해를 보였다.(8)

이러한 양상을 감안할 때, 열렬한 파트 D 옹호자라면 새로운 프로그램이 모두 그러하듯 가입자들은 다소 고통스러운 교육 과정을 겪었지만 전반적으로는 결국 자신이 선택한 플랜에 만족했다고 주장할 수 있을 것이다. 실제로 대다수의 사람들은 자신이 적절한 선택을 했다고 생각했다. 그러나 우리는 과연 그들이 충분한 근거를 갖고 그러한 평가를 내린 것인가 하는 의문을 떨쳐버릴 수 없다. 그 이유를 살펴보자.

물론, 학습 덕분에 복잡했던 선택들이 쉬워진 것은 사실이다. 그러나 파트 D에 관한 학습은 그저 한 번 훑어보는 수준에도 못 미쳤다고 우리는 생각한다. 우선 가입률이 높아진 것은 부분적으로 노인 인구 중 2/3 가량이 고용주 플랜이나 조합 플랜, 메디케이드, 국가보훈처, 연방 근로자 보험, '메디케어 어드밴티지(Medicare Advantage)'로 알려진, 보다 포괄적인 특수 프로그램 등의 다양한 경로를 통해 손쉽게 혹은 자동으로 가입이 되었기 때문이다. 광고 캠페인과 언론 보도가 인식을 높여준 것은 사실이지만, 이러한 통계를 읽고 3,800만 노인들이 정부의 요청 때문에 파트 D 신청서를 작성했다고 결론내릴 사람은 아무도 없을 것이다.

그뿐 아니라, 해당 프로그램에 가입해야 한다는 사실이 분명한데도 아직 가입하지 않은 사람들도 많다. 비가입자 400만 명은 결코 적은 숫자가 아니다. 각종 연구들을 종합해보면, 이 집단은 필경 주로 빈곤선(poverty line) 바로 위에 해당하며(그래서 메디케이드의 적용대상에 들지 못하며) 교육 수준이 낮은 사람들로 구성되었을 거라고 추정할 수 있다. 게다가 저소득층 지원금 수급 자격을 갖춘 1,320만 명의 노인들(역시 대부분이 교육 수준이 낮은 독거노인들) 중 1/4이 해당 프로그램을 활용하지 못하고 있다. 보조금이 추가될 경우 이 마지막 집단에 대한 보험금은 실질적으로 무료가 될 거라는 점을 감안할 때, 25%라는 비가입률은 우려할 정도로 높은 셈이다.

설사 등록을 결심했다고 해도, 넘쳐나는 선택안들에 압도당할 수도 있다. 이 새로운 메디케어 법안이 통과된 이래로 노인들은 언론기관 취재진들에게 파트 D 때문에 기가 막힐 지경이라며 끊임없이 불평을 토로했다. 해당 프로그램을 1년 동안 겪어본 사람들 가운데, 그것이 적절하게 효과를 발휘하며 '실질적인 변화가 전혀' 필요 없다고 말한 사람은 10명 중 1명에 불과했다. 다시 1년 동안 경험과 지식을 쌓은 후 2006년 11월에 조사를 실시한 결과, 73%의 노인들이 파트 D는 '지나치게 복잡하다'고 말했고, 60%는 '누군가'가, 즉 정부일 가능성이 가장 높은 누군가가 "노인들이 보다 쉽게 선택할 수 있도록 몇 가지 플랜을 골라주어야 한다"는 데에 동의했다. 의료 공동체의 경우, 의견 일치는 이보다 훨씬 더 강력한 것으로 드러났다. 등록기간 내내 환자들의 질문 공세에 시달린 의사들과 약사들의 90% 이상이 해당 프로그램이 지나치게 복잡하다고 입을 모은 것이다.

이러한 반응은 설계가 개선되면 전반적인 소비자 만족도가 훨씬 더 높아질 수 있음을 시사한다. 가장 분명한 문제는 바로 복잡성이다. 그러나 그뿐이 아니다. 사실, 파트 D의 선택 설계 부분에는 이와 동등하게 혼란스러운 문제가 두 가지 더 존재한다.

가장 취약한 사람들에게 제공된 무작위 디폴트 플랜들

서론에서 우리는 급식 담당 책임자인 캐롤린이 직면한 옵션들을 살펴보았다. 그 중 하나는 음식을 무작위로 배열하는 것이었다. 우리는 이 옵션이 원칙에 의거한 공정한 방식으로 간주될 수도 있지만, 이를 따를 경우 일부 학교의 학생들은 상대적으로 해로운 식생활을 영위하게 될 것이라고 말했다. 피자와 에그롤, 아이스크림으로만 구성된 식생활을 하도록 유도함으로써 일부 학생들을 불리하게 만들 수 있다는 점에서 이 옵션은 바람직하지 않다고 말이다.

그러나 정부가 가장 가난하고 가장 몸이 불편한 600만 시민들을 위해 채택한 옵션이 바로 그것이었다. 스스로 플랜을 선택하지 않은 사람들에게 자동으로 당사자의 지역별 특정 기준 이하로 가격이 책정된 무작위 선택 디폴트 플랜이 할당된 것이다. 그리고 2007년에 플랜 체제 개편을 통해 추가로 110만 명이 무작위 배정 가입 자격을 갖추게 되었다. 그러나 단 한 개의 주, 즉 메인 주만이 4만 5천 명의 사람들을 위해 일종의 '지적 할당' 프로세스를 통해 이러한 시스템에 날카롭게 저항했다. 현명한 메인 주의 상황은 잠시 후에 살펴보기로 하고 지금은 나머지 49개 주에 초점을 맞춰보자.

가장 가난하고 가장 몸이 불편한 가입자들은 메디케어와 메디케이드에 모두 가입할 수 있는 사람들로서(즉, '이중수혜자'로서) 아프리카계 미국인이나 라틴계 또는 여성이 압도적인 수를 차지한다. 이중수혜자들은 여타의 메디케어 수혜자들에 비해 당뇨와 뇌졸중을 앓을 가능성이 높으며, 따라서 평균적으로 10가지 이상의 처방약을 사용한다.(9) 여기에는 가장 중증인 장애인들과 지체장애 및 정신장애를 가진 모든 연령의 남성들과 여성들 그리고 치매 때문에 24시간 보살핌을 필요로 하는 노인 환자들이 포함된다. 이중수혜자들 가운데 능동적으로 플랜을 선택한 사람들의 수를 정부가 정확히 발표한 적은 없지만, 우리가 보유한 증거를 토대로 분석해보면 거의 없다는 사실을 알 수 있다. 이중수혜자들은 또한 자의에 의해 언제든 플랜을 바꿀 수 있다(그러나 능동적으로 플랜을 선택한 사람이 거의 없다면 유동적인 옵션 전환을 활용하는 사람도 거의 없을 것이다).

무작위 배정은 자신의 니즈에 부합하지 않는 플랜을 배정받은 운 나쁜 사람들에게 무작위로 해를 미칠 수 있다. 이중수혜자들이 가장 자주 투여 받으며 법적으로 보상 받을 수 있는 범주에 속한 약들의 경우, 플랜에 따라 낮으면 76%에서 높게는 100%까지 보상 범위가 크게 달라지는 것으로 드러났다. 이는 곧, 일부 이중수혜자들은 가장 많이 사용하는 약물을 보상해주지 않는 플랜을 디폴트로 지정받았다는 의미다. 물론 플랜을 바꿀 수는 있지만 인간인 그들은 대부분 누군가가 (애정을 담아) 무작위로 선택해준 플랜에 안주한다. 그리고 이처럼 일정하지 않은 의약 접근성을 감안하면, 무작위 디폴트 플랜이 오히려 사람들의 건강을 악화시켰다는 것도 그리 놀라운 사실은 아니다. 최근 이중수혜자들을 대상으로 실시한 설문조사에서 의료 서비스 접근성이 개선되었다고 응답한 사람은 10%에 불과한 반면, 새로운 계획에 따르는 문제점들 때문에 일시적으로 또는 영구적으로 투약을 중단했다고 답한 사람은 22%가 넘었다.(10)

지적 배정을 거부하고 무작위 배정을 채택한 이유에 대해 정부는 공식적으로 사람들의 처방에 변화를 가할 필요가 있기 때문이었다고 밝혔다. 과거에 사용한 약이 미래에도 효과를 발휘한다는 보장이 없다는 논리다. 사실, 의료계에서는 이 주장에 대해 고개를 갸우뚱한다. 특히 장기적인 치료를 많이 받는 노인들의 경우, 작년에 사용한 의약은 올해에 사용할 의약에 대한 훌륭한 지표가 되며, 적어도 무작위로 제비뽑기를 하는 것보다는 훨씬 더 나은 지표가 된다.

사람들의 구체적인 니즈를 고려하지 않은 채 플랜을 배정하는 것은 무정한 처사인 동시에 무책임한 처사이다. 무작위 배정은 또한 시장기반 플랜 철학에도 위배된다. 시장에서는 보다 나은 플랜이 보다 높은 점유율을 차지하게 마련이며, 대부분의 자유시장 경제학자들은 이것이 훌륭한 특징이라고 생각한다. 자동차 제조업체의 경우에도, 모든 기업이 동일한 시장 지분을 확보할 수 없다는 것은 사람들이 자신의 자동차를 무작위로 선택할 수 없는 것만큼이나 자명하다고 우리는 생각한다. 그런데 어째서 보험 플랜에 대해서는 무작위성을 적용해야 하는 것인가?

무작위성으로 인한 부적절한 배정과 실수는 얼마나 큰 대가를 치렀을까? 이 문제를 진단하는 한 가지 방법은 시행 첫해 이후에 플랜을 변경한 사람들이 얼마나 많았는지를 살펴보는 것이다(매년 11월은 신규 등록 기간으로, 가입자들은 이 시기에 플랜을 변경할 수 있다). 안타깝게도, 우리는 플랜 변경에 대해서는 원하는 만큼의 정보를 얻지 못했다. 정부가 이러한 데이터를 공개하는 데 그리 친절하지 않았기 때문이다. 2007년 등록 기간에 약 240만 명(파트 D 가입자들의 10%)이 플랜을 변경했다고 발표하기는 했지만, 그 가운데 110만 명은 저소득층 수혜자로 주로 보험금 인상을 막기 위해 정부가 일방적으로 변경을 가한 사람들이었다. 이는 곧, 이중수혜자를 제외하면 능동적으로 플랜을 변경한 비율이 6%에 불과했다는 의미이다(가입자 전체 인구를 놓고 보면 능동적으로 변경한 사람들의 비율이 이보다 훨씬 더 낮아질 것이다).(11)

이처럼 낮은 변경률은 두 가지로 해석할 수 있다. 첫 번째 해석은 해당 프로그램을 옹호하는 사람들이 크게 지지하는 것으로, 이콘들로 구성된 인구 집단에 적용하면 완벽하게 들어맞을 만하다. 즉, 다양한 플랜들이 각종 건강 조건들을 폭넓게 아우르기 때문에 노인들은 자신의 니즈에 가장 적절하게 부합하는 플랜을 선택하여 변경할 필요가 없었다는 해석이다. 인간 가입자들에게 좀 더 적합한 두 번째 해석은 타성과 현상유지 편향이 변경을 막고 있다는 것이다. 둘 중 어느 쪽이 옳은지는 어떻게 판단해야 하는가? 한 가지 방법은 능동적으로 플랜을 선택한 가입자들과 무작위로 플랜이 배정된 가입자들을 비교하는 것이다. 후자의 경우, 그들이 최초에 가입한 플랜이 최선의 선택이었다는 전제는 성립될 수 없다. 또한, 두 집단 모두 변경률이 낮았다는 점을 감안하면 두 번째 해석이 옳다고 봐야 한다. 대부분의 가입자들은 (최선의 플랜을 결정하는 데 들어가는 시간과 에너지를 감안할 때) 굳이 수고를 들여 변경의 부담을 질 가치가 없다고 생각하는 듯하다.

그러한 수고가 가치 있는 일인가? 그 답은 얼마나 다양한 플랜들이 존재하는가 그리고 사람들이 사용하는 의약의 구성별로 비용이 어떻게 달라지는가에 따라 달라질 수 있다. 미국의 세 지역을 대상으로 기본 플랜(빈곤층 수혜자들이 디폴트로 가입하게 되는 플랜)이 적용되는 의약 가격들을 비교 연구한 결과를 생각해보자. 이 연구는 개인들이 자신의 니즈에 가장 잘 부합하는 최저 비용의 기본 의약 플랜을 지정받았을 경우, 매달 약품별로 5~50달러가 절감된다고 보고했다.(12) 곧 개별 약품이 아닌 전체 플랜을 비교한 데이터들이 공개되어야 할 것이다. 이러한 데이터들은 여타의 연구팀들이 밝혀내기 시작한 결과들을 확증해줄 것이다. 클링(Kling)의 연구팀은 무작위로 선택된 플랜과 최저 비용 플랜 사이에 발생하는 비용 차액이 연간 700달러에 달하는 것으로 추산했다. 노인들과 정부 모두에게 막대한 돈을 절약해주는 것은 무작위로 배정된 플랜이 아니라 적절하게 선택된 플랜이다. 모든 개인에게 수백 달러가 걸려 있다면, 대다수의 노인들은 (새 세탁기나 골프채를 구입할 때처럼) 적어도 한두 시간을 할애하여 최선의 플랜을 찾는 것이 매우 가치 있는 일이라는 사실을 알게 될 것이다.

사용자 비(非)우호적인 선택

안타까운 일이지만, 이러한 과업은 한두 시간 만에 끝나는 일이 아니다. 사람들의 플랜 선택을 돕는 주요 도구는 바로 메디케어 웹사이트이다. "메디케어 웹사이트는 적절한 결정을 내리도록 도와줄 것입니다." 연방 메디케어 사무국의 책임자는 이렇게 말했다. "유례없는 일련의 도구들을 구비하여 적절한 의약 플랜을 찾도록 돕겠습니다." (13) 그러나 웹사이트에만 지나치게 의존하는 것은 분명히 옳지 않다. 대부분의 노인들은 메디케어 웹사이트는 둘째치고 아직 인터넷조차 사용하지 못하는 실정이며, 설사 사용한다고 해도 능숙하게 다루는 경우는 매우 드물다(물론, 시간이 흐르면 바뀌겠지만 말이다). 대부분의 노인들은 보험업자나 정부, AARP 같은 단체가 발송한 우편물을 통해 자신의 파트 D 정보를 수동적으로 얻는다. 이러한 우편물들의 경우, 개인 맞춤형 정보가 실려 있을 가능성은 극도로 희박하다. 그렇게 따지면 도움을 제공하는 최고의 원천은 웹사이트다. 그렇다면 사이트를 검색하는 역할은 누구에게 주어지겠는가? 물론, 그들의 장성한 자녀들이다.

의료보험을 연구하는 우리의 동료 경제학자 케이티 메럴(Katie Merrell) 역시 연로하신 부모님들을 위해 플랜을 선택하는 책임을 떠맡았다. 그러나 그녀 같은 전문가조차도 플랜을 선택하는 데 여러 시간이 소요되었다. 친절한 케이티는 자신의 어머니가 복용하는 약품의 목록을 제공함으로써 플랜을 선택하는 것이 얼마나 힘든 일인지 알려주었다. 탈러는 메디케어 파트 D 웹사이트에 접속해서 자신의 운을 시험해보았다. 악몽과도 같은 일이었다! 한 예로, 해당 사이트에는 철자 교정기조차 제대로 갖춰져 있지 않았다. 'Xanax'를 'Zanax'로 잘못

입력하면 (구글과는 달리) 전혀 도움을 받을 수가 없었던 것이다. 무작위적인 알파벳의 조합처럼 보이는 약품명은 오타가 쉽게 발생할 수 있다는 점을 감안할 때, 이것은 큰 문제가 아닐 수 없다. 복용량을 정확히 파악하는 것 또한 까다로운 문제이다. 알약의 크기(일테면, 25mg)와 복용 빈도수를 모두 알아야만 정확한 정보를 얻을 수 있기 때문이다. 이 웹사이트는 당신이 가능한 한 상표 등록이 안 된 약을 복용한다고 전제하고 최고 상표의 약품을 선택할 수 있는 옵션을 제공한다. 그러나 많은 사람들은 상표 등록이 안 된 약에 대해서도 해당 약품의 대표적 브랜드 이름으로 부르는데, 이 때문에 약품을 선택할 때 일일이 세심한 주의를 기울여야 한다.

이러한 과정을 이포크레이츠 Rx(Epocrates Rx)라는 무료 소프트웨어와 비교해보자. 이 프로그램을 이용하면 약 이름을 완전히 잊어버린 경우에도 약을 찾을 수 있다. 아이폰(iPhone)이나 여타의 모바일 장치로 쉽게 다운로드 할 수 있는 이포크레이츠 Rx는 일반인이나 의사들이 색깔과 크기, 모양으로 해당 약품을 찾도록 돕는다(참고자료에는 투약 방법과 경고, 가격, 다른 약품과의 상호작용 등에 관한 정보가 풍부하게 포함되어 있다).

다시 메디케어 웹사이트로 돌아가보자. 사용자가 앞서 말한 모든 애로사항을 극복하고 모든 데이터를 입력하고 나면, 세 가지 권장 플랜과 각각의 연간 예상 비용이 나온다(컴맹인 노인들은 1-800-MEDICARE로 전화해서 고객 서비스 상담원들로부터 세 가지의 권장 플랜과 가격을 들을 수 있다. 그러나 그 세 가지 플랜이 어떻게 선택된 것인지에 대해서는 아무런 설명도 들을 수 없다).(14)

결국 (심리요법에 가까웠던 케이티의 도움으로) 탈러는 모종의 답을 구할 수 있었다. 그러나 케이티가 얻은 것과 똑같은 답은 아니었다. 탈러는 자신이 메디케어를 적용받을 나이가 다 되어간다는 점을 고려하여, 젊은 사람들이라면 이 작업을 더 수월하게 해낼 수 있을 거라고 제안했다. 그래서 우리는 대학원생 연구 조교 한 명에게 시도해보라고 요청했다. 좀 더 젊고 침착하다는 점이 유리하게 작용하긴 했지만 그 학생 역시 또 다른 일련의 답을 얻어냈다. 이렇게 되자 우리는 가능한 모든 노력을 기울여 가장 어리고 똑똑한 팀원이자 〔게다가 틴 제퍼디(Teen Jeopardy: 미국의 인기 퀴즈 프로그램 '제퍼디'에서 10대들을 위해 개최하는 퀴즈 대회-옮긴이)의 신동이며〕 지금은 일류 대학에서 공부하고 있는 학생 인턴에게 해당 작업을 시켜보았다. 그러나 평소에 모든 일을 쉽게 해결하는 그 학생조차도 이따금씩 혼란스러워 하는 모습을 보였다. 그리고 같은 데이터를 사용했음에도 불구하고 우리들 가운데 비용 산정이나 권장 플랜이 동일하게 나온 경우는 없었다.[4]

처음에 우리는 몹시 막막했다. 그러나 곧 이콘들 네 명이 모여도 서로를 완벽하게 따라할 수는 없다는 사실이 드러났다. 우리가 제각기 다른 결과를 얻은 것은, 처방약 플랜들이 지속적으로 약품 가격을 갱신하고 있기 때문이었다. 오늘 당신의 어머니에게 가장 저렴한 플랜이 내일도 가장 저렴한 플랜이 되리라는 보장이 없다는 얘기다. 실제로 소비자 연맹은 규모가 큰 5개 주의 가격 차이를 추적하여 그것이 매달 꾸준히 달라진다는 사실을 알아냈다. 그 변동 폭은 몇 달러에 불과한

4 케이티는 속상해할 필요가 없다고 말한다. 해당 분야의 전문가 집단에게 이 이야기를 들려주다가 자신의 어머니에게 맞는 플랜을 고르는 연습문제를 내보았는데, 그들 역시 우리처럼 상이한 답변을 내놓았으며 우리처럼 좌절감을 느꼈다고 말이다.

경우도 있었지만, 그 이상에 달하는 경우도 있었다. 225개의 플랜들 중 거의 40%가 5% 이상의 변동을 겪었는데, 이것을 모두 합치면 연간 수백 달러에 이를 수 있다.(15) 빈번한 가격 변동은 인간들이 뛰어넘어야 할 또 하나의 장애물이며, 우리의 경험에 비춰봤을 때 그에 대해 알지 못하는 사람들은 그런 장애물의 존재를 깨닫는 순간 심한 불쾌감을 느끼지 않을 수 없다.

능동적인 선택자들은 유익한 선택을 했는가?

처방약 플랜을 고르는 일은 어떤 느낌일까? 적절한 것을 고르기란 얼마나 어려울까? 간단하게 답하면, 몹시 힘들다. 논의를 위해, 일단 메디케어 파트 D와 독립형 처방약 플랜, 메디케어 어드벤티지 플랜 중 어느 것에 가입할 것인가 하는 문제는 배제해두겠다. 당신이 대부분의 가입자들처럼 독립형 플랜을 선택했다고 가정해보자. 그렇다면 당신은 15가지 주요 측면들을 토대로 플랜들을 비교해야 할 것이다(이것이 혼란스럽다고 생각된다면 책 뒷부분에 제시한 주석을 참고하라. 그것도 세부사항들 가운데 일부에 불과하지만, 어쨌든 시작하기 전에 아스피린 두 알 정도는 복용해두는 편이 좋을 것이다).(16)

물론, 메디케어 웹사이트는 노인들이 이러한 측면들 가운데 일부를 토대로 각각의 플랜들을 비교하도록 돕고자 노력한다. 그러나 우리는 이미 이 웹사이트를 활용하는 데 따르는 고통과 어려움을 지적한 바 있으며, 따라서 당신은 결론 페이지에 도달하여 가장 저렴한 플랜 세 가지를 보게 되더라도 안도해선 안 된다. 당신의 상황에서 사전 인증을 쉽게 받을 수 있는지 여부 혹은 특정 약품의 제한 수량 등은 해당 웹사이트에서 알아낼 수 없기 때문이다. 이러한 정보는 필경 어떤 플랜에 가입하여 특정 처방 양식을 작성해봐야만 얻을 수 있을 것이다.

노인들이 바람직한 선택을 하고 있는지 여부를 파악하기 위해서는 그들의 건강상의 특징들과 그들이 가입한 플랜에 대한 정보가 필요하다. 정부는 (추측컨대) 프라이버시에 대한 우려 때문에 이러한 데이터를 공개하지 않았다. 그러나 그들은 노인들이 적절한 선택을 하고 있다고 믿는 듯 보인다. 심지어는 이것을 직접 표명하기도 했다. 우리도 확신할 수는 없다. 적절한 선택이란 한 개인의 구체적인 니즈에 부합하는 선택이다. 경제학자 대니얼 맥패든과 그의 팀은 실험을 통해 노인들의 선택이 결과적으로 얼마나 적절한 것인지 (또는 부적절한 것인지) 평가해보았다. 그의 연구에서 약 2/3에 달하는 노인들이 현금 지불 경비를 최소화하는 플랜을 선택하지 못한 것으로 드러났다.(17)

어떤 넛지가 문제를 해결할 것인가?

자유주의적 개입주의자로서 우리는 파트 D에 선택의 자유를 포함시킨 데 대해 부시 행정부에 박수를 보낸다. 단일가격적용 플랜(single-payer plan)에 대한 찬반 논쟁은 다른 이들에게 맡기겠다. 그러나 옵션이 많이 포함된 제도들이 모두 그러하듯, 여기서도 선택 설계의 개선이 큰 도움을 줄 수 있다.

● 지적 배정

무작위 디폴트 플랜 배정은 끔찍한 아이디어가 아닐 수 없다. 빈곤층에 속하는 사람이 부적절한 플랜을 배정받았다고 가정해보자. 플랜을 변경하지 않는 한, 그 사람의 약값은 상승할 것이다. 심지어는 일부 사람들이 이미 그러했듯, 값비싼 약의 복용을 중단해야겠다고 결정할 것이다. 단기적으로는 이것이 정부의 비용을 절감해주겠지만, 장기적으로는 오히려 비용을 증가시킬 것이다. 특히 당뇨 등의 질병은 지속적으로 약을 투여하지 않으면 수많은 합병증이 나타날 수 있다. 또, 어떤 개인에게 특정 플랜을 배정했는데, 다른 플랜이 그 사람의 약값을 모두 지불하는 동시에 비용이 15% 더 낮다면, 이 역시 정부의 비용부담을 가중시킬 것이다.

가장 확실한 대응은 무작위 배정을 중단하고 이른바 '지적 배정'을 도입하는 것이다. 앞에서 지적했듯이, 처방약 플랜과 관련하여 이중수혜자 배치에 지적 배정 시스템을 활용하는 주는 메인 주뿐이다.(18) 미 회계감사원(Government Accountability Office)의 보고에 따르면, 무작위 배정은 "메인 주에 거주하는 이중수혜자들 다수에게 부적합성이라는 결과를 낳았다." 무작위 배정을 시행했을 때 수혜자들 가운데 최근 사용한 약품 모두에 적용되는 플랜을 배정받은 사람은 1/3에 불과했으며, 1/4은 각자의 플랜을 통해 보상 받는 약품이 60%도 채 안 되었다.(19)

메인 주는 수혜자들에게 적합한 플랜을 배정하기 위해 3개월간의 처방약 사용 이력 데이터를 토대로 메인 주 보험 기준에 부합하는 10개의 플랜을 평가했다. 플랜 가입자들의 투여 약품에 적용되는 보상의 범위가 80% 미만일 경우, 플랜이 자동으로 변경된다(단, 가입들에게 재배정을 취소할 수 있는 옵션이 주어진다). 또 다른 일련의 가입자들에게는 편지를 발송하여 각각의 니즈에 좀 더 적절하게 부합하는 플랜이 존재한다는 점을 통보하고 그 이상의 정보를 원할 경우 주 담당 직원에게 연락하라고 조언했다. 이러한 지적 배정을 통해 1만 명이 넘는 사람들(전체 이중수혜자의 22%)의 플랜이 변경되었다(그리고 극적인 결과가 창출되었다). 불완전한 데이터와 기술적 결함 때문에 초창기에는 몇 가지 문제가 발생하기도 했지만, 메인 주의 관리들은 모든 이중수혜자들이 이제 각자가 사용하는 약품의 90~100%에 대해 보상을 받고 있다고 말한다.(20)

지적 배정에 관심을 보인 것은 메인 주뿐이 아니었다. 2005년에 주도적인 두 제약 단체, 즉 전미체인약국협회(National Association of Chain Drug Store)와 전미약사연합(National Community Pharmacists Association)은 플로리다 탬파의 의료기술정보회사인 인폼드 디시전(Informed Decisions)과 협력하여 적합한 플랜을 배정해주는 소프트웨어를 개발했다. 그러나 컨소시움에서 정부 관리들을 대상으로 프레젠테이션을 수행한 결과, 정중하지만 냉담한 반응에 부딪치고 말았다.(주창자들은 여기에 '지적 설계'라는 이름을 붙였어야 마땅했을 것이다). 결국 이 같은 워싱턴의 회의주의와 보험업자들의 법적 도전 때문에, 지적 배정은 여전히 메인 주에서만 이중수혜자들을 배정하는 데 사용되고 있다. 다른 주들도 분명히 유사한 방법들을 실험해보도록 장려해야 한다. 결코 이것을 제지해서는 안 된다. 그리고 그보다 더 중요한 것은 무작위 배정 법안이 개정되어야 한다는 사실이다.

RECAP

우리의 RECAP 시스템이 메디케어에 적용되면 노인들에게 큰 도움이 될 수 있다. RECAP은 또한 메디케어 웹사이트도 쉽게 사용할 수 있도록(물론, 상대적으로 말이다) 만들어줄 것이다.

RECAP의 적용 방식은 다음과 같다. 1년에 한 번 등록 기간이 시작되기 직전에 기업들은 노인들에게 지난 한 해 동안 사용한 약품과 발생 수수료를 항목별로 완벽하게 정리하여 발송한다. 보험업자들은 또한 원하는 사람에게는 가격 정책을 통틀어 요약한 전자 서류를 제공해야 한다. 온라인으로 입수할 수 있는 이 정보를 메디케어 웹사이트와 가격 비교 프로그램에 게재한다. 물론, 이제는 제3자를 통해 가격 비교 프로그램을 손쉽게 얻을 수 있다는 전제 하에 말이다. 이 정보의 목적은 노인들이 현상유지 편향을 탈피하도록 넛지를 가하고 처방약 비용을 최대한 부각시킴으로써 비교 쇼핑을 장려하는 것이다. 대다수의 노인들이 늑장 행위에 대해 부과되는 비용이 비싸다고 생각한다는 점을 감안하면, 비가입자들에 대해서도 유사한 넛지가 사용될 수 있다. 가입을 미루고 있는 노인들에게 가격 공개정보를 발송하고 인기 있는 플랜 하나를 견본으로 삼아 해당 플랜의 최근 할증금과 현재 할증금을 명확하게 명시한 정보까지 동봉하는 것이다. 그 한 가지 목적은 노인들에게 늑장 행위 비용의 액수를 부각시키는 것이다.

다른 영역에서와 마찬가지로 이 영역에서도 공급자들에게 RECAP 보고서를 제공할 것을 요구함으로써 민간부문의 기업들로 하여금 가입자들이 자신의 데이터를 입력하여 최선의 플랜을 선택하도록 돕는 서비스를 제공하도록 유도할 수 있다고 우리는 믿는다. 사실, 매사추세츠 주에 위치한, 엑스페리온 시스템(Experion System)이라는 기업은 이미 정부 웹사이트에 있는 툴을 좀 더 사용자 우호적으로 변형한 온라인 '처방약 플랜 도우미(Prescriptions Drug Assistant)' 툴을 개발했다. 이 툴의 초기 버전에는 보다 나은 의사결정으로 안내하는 질문들이 실려 있다. 엑스페리온은 또한 체인 형태의 약국인 CVS/파머시

(CVS/Pharmacy)와 협력하여 RECAP 보고서에서 볼 수 있을 법한 유형의 투약 정보를 게재할 수 있게 만들었다. RECAP 규칙이 정착되었다면 엑스페리온은 처방처에 관계없이 관련 투약 데이터 모두 읽어 들일 수 있었을 것이다.

RECAP 정보는 또한 지적 배정 프로그램을 개선하는 데에도 이용될 수 있다. 한 연구팀이 RECAP 형태의 넛지가 매우 유망하다는 사전 증거를 산출한 바 있다. 위스콘신의 수혜자들을 대상으로 연구를 수행하여, 사람들이 지속적으로 약품 니즈를 충족시키는 최저 비용의 플랜으로 변경을 꾀할 경우, 연 평균 약 500달러를 절감할 수 있다는 결론을 도출한 것이다.(21) 사람들이 약간의 넛지만 가해주면 이 정도의 절감을 이용할 것인지 여부를 파악하기 위해 연구자들은 개인 약품사용 이력 공개에 동의한 가입자들 가운데 무작위로 표본 집단을 선정하여 개별적으로 편지를 발송했다. 편지에는 기존 플랜의 비용과 최저 비용의 대안 플랜 그리고 플랜을 변경함으로써 절감할 수 있는 비용의 액수가 기재되어 있었다. 그들은 또한 가입자들 가운데 무작위로 또 다른 집단을 선정하여 일반적인 파트 D 브로슈어를 보냈다. 편지와 브로슈어 모두에 메디케어 플랜 검색 웹사이트의 주소와 그 사용법에 관한 정보를 포함시켰다. 그 결과, 개별적으로 발송된 편지가 보다 많은 사람들에게 비교적 비용이 낮은 플랜을 선택하도록 넛지를 가하는 것으로 나타났다. 편지를 받은 노인들을 통틀어 27%가 플랜을 변경했는데, 이는 브로슈어를 받은 노인들과 비교할 때 10% 포인트 더 높은 수치였다. (편지에 언급된) 최저 비용의 플랜을 고른 사람들의 수는 브로슈어를 받은 사람들과 비교할 때 세 배 이상에 달했다(그러나 전체 비율은 한 자릿수에 그쳤다). 또한 여타의 연구들을 통해, 사람들이 플랜을 선택하는 과정에서 실수를 저지르고 있으며 간단명료한 정보가 이러한 실수를 줄여줄 수 있다는 사실이 입증된 바 있다.

파트 D는 스웨덴의 사회보장 개혁과 유사한 교훈을 안겨준다. 복잡한 상황에서는 선택안을 최대한 늘리라는 주문만으로 적절한 정책을 창출할 수 없다. 선택안이 많을수록, 상황이 복잡할수록 사람들을 교화할 수 있는 선택 설계를 갖추는 것이 더욱 중요하다. 사용자 우호적인 설계를 창출하기 위해서는 설계자가 인간들을 어떻게 도울 수 있는지 이해해야 한다. 소프트웨어 설계자들과 건축 설계자들은 오래전부터 내려오는 슬로건을 실천한다. 바로 "간단하게 유지하라"이다. 그리고 건물이 그 기능 때문에 복잡해질 수밖에 없는 상황이라면 사람들의 항해를 돕는 표지판을 충분히 제공하는 것이 최선의 방법이다. 선택 설계자들은 이러한 교훈들을 통합할 필요가 있다.

11
장기기증을 활성화하는 방법

장기이식이 최초로 성공을 거둔 것은 1954년이었다. 당시 환자는 자신의 쌍둥이 형제의 신장을 이식받았다. 사망한 기증자의 신장 이식이 처음으로 성공을 거둔 것은 그로부터 8년 뒤였다. 그때부터 1980년대 중반까지의 이야기는 대부분 아는 내용이므로 생략하고 넘어가기로 하겠다.

1988년 이래 지금까지 미국에서만 36만 개 이상의 장기가 이식되었는데, 그 중 약 80%는 사망자의 장기로 이뤄진 것이다. 안타깝게도 장기에 대한 수요는 공급을 크게 앞지르고 있다. 2006년 1월까지 장기이식 대기자 명단에 오른 미국인들은 9만 명 이상으로, 대부분은 신장 이식을 기다리는 사람들이었다. 명단에 오른 대기자들 가운데 (무려 60%로 추정되는) 많은 사람들이 죽음을 맞이할 것으로 보인다. 게다가 대기자 명단은 연 12%의 비율로 늘어나고 있다.[5] 물론, 이러한 주제는 책 한 권에 걸쳐 논의할 수 있을 만큼 흥미롭고 중요하지만, 여기서는 이용 가능한 장기의 개수를 늘려주는, 보다 나은 선택 설계의 잠재력에 대해서만 짤막하게 언급하고 넘어가겠다.(1) 우리는 몇 가지 간단한 개입을 통해 매년 수천 명의 목숨을 구할 수 있다고 생각한다. 그것도 본질적으로 납세자들의 부담을 가중시키지 않으면서 말이다.

장기기증의 주요 원천은 '뇌사' 판정을 받은 환자들이다. 뇌사는 모든 뇌 기능이 회복할 수 없는 손실을 입은 상황에서 일시적으로 인공호흡기에 의존하여 숨을 쉬고 있는 상태를 말한다. 미국의 경우, 이러한 범주에 드는 잠재 기증자가 매년 약 1만 2천 명에서 1만 5천 명에 달하지만, 실질적으로 장기를 기증하는 사람들은 그 절반에도 미치지 못한다. 기증자 한 명으로부터 사용할 있는 장기는 무려 세 가지이므로, 1천 명의 기증자를 더 유치할 경우 3천 명의 목숨을 구할 수 있다는 계산이 나온다. 장기기증 활성화의 주요 장애물은 반드시 유족들의 동의를 얻어야 한다는 점이다. 그러나 적절한 디폴트 규칙을 정한다면 장기기증의 수를 늘려 사람들의 목숨을 구할 수 있을 것이다. 가능한 접근법들을 생각해보자.

---

5 물론, 경제학자들은 이 문제에 대해 간단한 해결책을 갖고 있다. 바로 장기 매매 시장을 허용하는 것이다. 이 아이디어는 분명히 장점을 갖고 있지만, 한편으로는 쉽게 이해할 수 없는 이유들로 지지도가 매우 낮은 편이다. 여기서는 이 문제를 다루지 않을 예정이니, 장기 매매 시장의 찬성 입장을 알고 싶다면 베커(Becker)와 엘리어스(Elias)(2007)의 저술을 참고하기 바란다. 공개적인 매매 시장은 현재 정치적인 이유로 실행이 불가능해 보이지만, 일종의 물물교환은 허용될 수 있을 듯 보인다. 선스타인과 탈러가 각각 신장을 하나씩 필요로 하며 공여해줄 의향이 있는 형제나 자매가 한 명씩 있는데, 혈액형이 일치하지 않는다고 가정해보자(혈액형 일치는 필수적인 요건이다). 선스타인의 누이의 혈액형이 탈러와 일치하고 탈러의 형의 혈액형이 선스타인과 일치한다면 거래가 성립될 수 있다. 현재 이러한 교환을 조율하기 위해 많은 연구가 이뤄지고 있다. 이 연구에 사용된 것과 유사한 기법들이 학교 선택을 다룬 부분에서 다시 등장할 것이다. 다음과 같은 문제를 생각해보기 바란다. 선스타인과 탈러가 이런 거래를 행하는 것이 사회적으로 용인된다면, 선스타인이 탈러의 형에게 신장을 주고 그 대가로 새 차를 받는 거래는 어째서 용인될 수 없는 것인가?

방법1 : 명시적 승인

미국 내 대부분의 주들은 이른바 '명시적 승인(explicit consent)'을 채택하고 있다. 명시적 승인이란 사람들이 모종의 구체적인 절차를 밟아 스스로 기증을 원한다는 점을 입증해야만 기증이 이뤄질 수 있다는 의미다. 그러나 장기기증 의향이 있는 사람들 가운데 다수가 필수적인 단계들을 밟지 못하고 있는 것도 사실이다. 셸던 커츠(Sheldon Kurts)와 마이클 색스(Michael Saks)는 아이오와 주민들을 대상으로 조사를 실시하여 이 점을 입증해보였다. "응답자 중 97%가 장기이식에 대해 전반적으로 찬성하는 입장을 보였다(비극적인 상황이 일어나서 장기기증 요건을 갖추게 된다면). 자신과 자녀들의 장기를 기증할 의사가 있다고 답한 사람들도 상당수에 달했다." 그러나 기증자가 되고 싶다는 의사를 표현했다고 해서 반드시 그것이 필수적인 행동으로 전환되는 것은 아니었다. "찬성하는 입장을 보인 사람들 가운데 운전면허증에 의사표시를 한 사람은 43%에 불과했으며, 자신의 장기를 기증하고 싶다고 말한 사람들 가운데 운전면허증에 표시한 사람은 64%, 장기기증 카드에 서명한 사람은 36%에 불과했다."(2)

요컨대, 장기기증자로 등록하는 데 필요한 구체적인 절차가 기증 희망자들의 등록을 단념시킨다는 얘기다. 장기기증자로 등록하지 못한 미국인들 가운데 다수는 적어도 기증 의사가 있다고 밝혔다. 다른 영역에서와 마찬가지로, 여기서도 디폴트 규칙과 타성이 큰 영향력을 발휘하고 있다. 선택 설계에 변화를 가할 경우, 장기기증의 활성화가 보장되어 사람들의 목숨을 구하는 것은 물론이고 잠재 기증자들의 소망까지 성취될 것이다.

방법2 : 상례적 적출

디폴트 규칙을 넘어서서 가장 공격적인 접근법은 이른바 '상례적 적출(routine removal)'이다. 이러한 체제가 적용되면, 주(州)가 사망자나 가망 없는 사람들의 신체 부분들에 대한 권리를 소유하여 누구의 허락도 구하지 않고 그들의 장기를 적출할 수 있다. 다소 괴기스럽게 들리겠지만, 옹호의 가능성이 전혀 없는 것은 아니다. 이론상으로는 사람들의 목숨을 구할 수 있는 동시에 조금이라도 살 가망이 있는 사람들에게 강요할 필요도 없어질 테니까 말이다.

미국에서 이러한 접근법을 포괄적으로 활용하는 주는 없지만, 많은 주들이 (이식을 통해 일부 맹인들에게 세상을 보게 해주는) 각막에 한하여 이 규정을 이용하고 있다. 심지어는 법의관이 허락을 구하지 않고 각막을 적출할 수 있도록 허용하는 주도 있다. 이러한 규정을 적용한 주들의 경우, 각막의 기증률이 극적으로 증가했다. 예를 들어, 조지아 주의 각막 이식 건수는 1978년에 25건에 불과했지만 상례적 적출이 시행된 이후 1984년에는 1,000건 이상으로 증가했다.(3) 신장의 상례적 적출이 널리 시행된다면 틀림없이 수천 명의 목숨을 구할 수 있을 것이다. 그러나 정부가 사전 동의 없이 장기를 가져가도록 법적으로 허용될 경우, 많은 사람들이 이에 반대할 것이다. 이러한 접근법은 일반적으로 수용되는 원칙, 즉 개인은 광범위하게 자신의 신체로 무엇이 행해지는지 그리고 자신의 신체에 무엇이 행해지는지 결정할 수 있어야 한다는 원칙에 위배된다.

방법3 : 옵트아웃 승인 추정

우리의 기준에서 자유주의 검열을 통과할 수 있는 한 가지 정책은 이른바 '승인 추정(presumed consent)'이다. 승인 추정은 선택의 자유를 보호하지만 디폴트 법칙에 변화를 가한다는 점에서 명시적 승인과는 다르다. 즉, 모든 시민들이 장기기증에 동의한다고 추정하되, 기증을 원치 않을 경우 매우 손쉽게 의사를 표명할 기회를 제공하는 정책이다. 여기서 우리는 '손쉽게'라는 단어를 강조하고자 한다. 기증을 원치 않는다는 의사 표시가 어려워지면 이 정책은 그리 자유주의적이라고 할 수 없기 때문이다. 자유주의적 개입주의자들은 나름의 결정을 따르고자 하는 사람들에게 많은 비용을 부과하지 않기를, 가능하다면 비용을 전혀 부과하지 않기를 바란다는 점을 기억하라. 승인 추정은 어떤 면에서는 명시적 승인과 정반대이지만, 이 두 정책 사이에는 한 가지 중요한 유사점이 존재한다. 둘 다 디폴트 옵션을 따르지 않는 사람들은 사전 등록을 통해 옵트아웃할 것을 요구한다는 사실이다.

논의를 위해, 명시적 승인과 승인 추정이 모두 '한 번의 클릭'으로 실행될 수 있다고 가정해보자. 좀 더 구체적으로 말해서, 주 당국이 이메일을 통해 모든 시민들에게 (그리고 미성년자의 부모들에게) 등록을 요청할 기회를 성공적으로 제공했다고 가정해보자. 이콘들의 세상에서는 이 두 정책이 동일한 결과를 산출할 것이다. 등록에 따르는 비용이 무시할 수 있을 만큼 작아서 모든 사람들이 스스로 선호하는 선택안을 클릭할 수 있을 테니까 말이다. 그러나 아무리 '한 번의 클릭' 세상이라고 해도 그 구성원들이 인간들로 채워져 있다면 디폴트가 중요한 변수가 될 것이다.

물론, 세상은 이콘이 아닌 인간들로 채워져 있다. 우리는 에릭 존슨(Eric Johnson)과 댄 골드스타인(Dan Goldstein)(2003)이 수행한 중요한 실험을 통해 이러한 영역에서 디폴트 선택이 얼마나 중요한 역할을 하는지 알게 되었다. 그들은 온라인 설문조사를 통해 서로 다른 방식으로 사람들에게 장기기증 의향이 있는지 여부를 물었다. 명시적 승인 조건에서는, 장기를 기증하지 않는 것이 디폴트 옵션으로 설정된 주(州)로 막 이주했으며 이러한 상태를 승인하거나 변경할 수 있다는 상황이 주어졌고, 승인 추정 조건에서는 다른 것은 모두 동일하되 장기를 기증하는 것이 디폴트 옵션으로 설정된 상황이 주어졌다. 마지막으로 중립적인 조건에서는 디폴트 옵션이 언급되지 않았다. 참가자들은 어느 쪽이든 선택을 해야 했다는 얘기다. 그리고 세 조건 모두에서 말 그대로 한 번의 클릭만으로 의사를 표시할 수 있게 했다.

이제는 당신도 예상할 수 있겠지만, 결정적인 변수는 바로 디폴트였다. 옵트인으로 장기기증 여부를 선택하게 한 경우 장기기증에 동의한 사람은 42%에 불과했지만, 옵트아웃을 적용한 경우에는 82%가 장기를 기증하는 데 동의했다. 더욱 놀라운 것은, 중립적인 조건에서도 거의 동수의 사람들(79%)이 장기기증에 동의했다는 사실이다.

미국에서는 거의 모든 주들이 일종의 명시적 승인 정책을 사용하고 있지만, 유럽의 경우 많은 나라들이 승인 추정을 법으로 채택하고 있다(그러나 옵트아웃에 부과되는 비용은 나라마다 다르며, 한 번의 클릭만으로 해결되는 나라는 없다). 존슨과 골드스타인은 승인 추정을 시행하는 나라들과 명시적 승인을 채택한 나라들을 비교함으로써 이러한 법의 효과를 분석했다. 그 결과, 법이 승인률에 미치는 효과는 엄청난 것으로 드러났다. 비슷한 두 국가, 즉 오스트리아와 독일의 승인률을 비교해보면 디폴트 법칙의 위력을 한 눈에 알아볼 수 있다. 옵트인 시스템을 사용하는 독일의 경우 장기기증에 동의한 국민은 12%에 불과했던 반면, 오스트리아에서는 거의 모든 사람들(99%)이 동의했다.

이쯤해서 승인 추정이 매우 훌륭한 정책처럼 보이긴 하지만 만병통치약이 될 수는 없다는 점을 강조해야겠다. 사망한 기증자의 장기를 이식 수혜자에게 성공적으로 이식하는 프로그램을 시행하려면 완벽한 하부 구조가 갖춰져야 한다. 현재 이러한 하부 구조 개발 측면에서 세계를 선도하는 스페인의 기증률은 100만 명당 거의 35명꼴에 달한다. 100만 명당 20명의 기증률을 보이는 미국보다 좀 더 높은 수준이다. 그러나 미국의 기증률은 승인 추정을 채택한 여타의 수많은 나라들보다 오히려 높은 수준이다. 신속하게 꼭 맞는 기증자와 수혜자를 배정하여 장기를 수송하고 성공적으로 이식수술을 끝마치는 의료 체계의 우수성 덕분이다. 이런 점을 감안하면 디폴트 승인 규칙만이 중요한 요소는 아니다. 그렇다고는 해도 경제학자인 애버디(Abadie)와 게이(Gay)(2004)의 면밀한 통계 분석에 따르면, 다른 모든 조건을 동일하게 놓고 명시적 승인을 승인 추정으로 변경할 경우 한 나라의 기증률은 대략 16% 높아지는 것으로 드러났다. 존슨과 골드스타인도 이보다 약간 낮긴 하지만 유사한 결과를 도출했다. 정확한 수치가 무엇이든 한 가지 분명한 사실은 이러한 변경을 통해 매년 수천 명의 생명을 구할 수 있다는 점이다.

디폴트 규칙의 변화가 정확히 어떤 결과를 가져오는지는 쉽게 결정할 수 있는 문제가 아니다. 이러한 법률을 시행하는 방법이 나라마다 크게 다르기 때문이다. 프랑스는 기본적으로 승인 추정을 채택했지만, 의사들은 통상적으로 유가족에게 허락을 구한 다음 대개는 가족의 의견을 따른다. 이러한 정책은 승인 추정과 명시적 승인의 경계를 모호하게 만든다.

그렇다고는 해도 디폴트 법칙은 여전히 중요한 역할을 한다. 미국의 경우, 유족들은 살아 있는 사람이 볼 수 있는 명백한 기증 카드가 없으면 절반가량이 기증 요청을 거절한다. 실제로 거부율은 승인 추정 법률을 채택한 나라들에서 훨씬 더 낮게 나타난다. 대개는 기증자의 소망에 대한 기록이 전혀 존재하지 않는데도 말이다. 스페인은 거부율이 약 20%이며 프랑스는 약 30%이다.(4) 한 보고서는 이렇게 설명한다. "유족에 대한 접근법은 사망자의 침묵이 기증 동의 결정을 의미한다고 추정되느냐 아니면 기증 거부 결정을 의미한다고 추정되느냐에 따라 크게 달라질 수 있다. 승인 추정 시스템이 적용되면, 장기구득기관들과 병원 관계자들은 해당 유족을 '비기증자'의 가족이 아닌 '기증자'의 가족으로 간주하고 접근할 수 있다. 이러한 변화는 가족들이 장기기증을 좀 더 쉽게 받아들이도록 도울 것이다."(5)

방법 4 : 선택 위임

승인 추정은 이식용 장기 공급량을 늘리기에 극도로 효과적인 방법이지만, 정치적으로는 쉽게 받아들여지지 않을 것이다. 이처럼 민감한 문제에 관해서는 무언가를 '추정한다'는 생각 자체를 반대하는 사람들도 있을 것이다. 이런 반대가 타당하다고 확신할 수는 없지만, 이 영역에서는 분명히 선택 강요가, 혹은 영역의 특성상 이른바 '선택 위임'이 큰 호소력을 가질 것이다.

선택 위임은 미국의 수많은 주에서 사용되는 운전면허등록 절차에 간단히 덧붙여서 시행될 수 있다. 즉, 운전면허증을 갱신할 때 장기기증에 관한 의사 표시란에 체크 표시를 하게 하는 것이다. 여기에 표시를 하지 않으면 당신의 신청서는 수리되지 않는다. 옵션에는 '기증하겠음'과 '기증하지 않겠음'이 포함될 것이다. 한 가지 흥미로운 문제는 '확실하지 않음' 또는 '잘 모르겠음' 등의 옵션까지 포함시켜야 하느냐의 여부이다. 이러한 옵션이 포함된다면 진정한 선택 위임이 될 수 없다. 그보다는 '본인의 의사에 따른 선택 위임!'이라는 이름을 붙여야 할 것이다. 그리고 다른 영역에서 실험을 통해 얻어낸 증거들로 미루어 짐작하건대, 어떤 결정에 대해 '나중에 답하겠음'이라는 옵션이 주어지면 사람들은 종종 그 옵션을 선택할 것이다.

선택 위임 정책을 채택할 경우, 승인 추정 정책을 시행할 때보다 기증자가 많아지진 않겠지만, 그렇다고 해도 명시적 승인보다는 기증자의 수가 크게 증가하여 많은 사람들의 목숨을 구할 수 있을 것이다. 그리고 가족들 역시 '아니오'라고 답하지 못한 기증자보다는 '네'라고 답한 기증자의 소망을 존중할 가능성이 더 높을 것이다.

승인 추정 > 선택 위임 > 명시적 승인

우리는 승인 추정이나 선택 위임이 모두 수많은 생명을 구하는 동시에 자유까지 보호할 수 있다는 점에서 주 당국들이 이 두 정책을 깊이 고려해야 한다고 생각한다. 그러나 명시적 승인 시스템을 채택하는 경우에도 도움을 주는 몇 가지 간단한 조치들을 취할 수 있다. 예를 들어, 일리노이 주의 계획은 선택 설계에 대한 놀라운 직관적 이해를 보여준다.

이 계획의 핵심은 일리노이 주 당사자 승인(Illinois First Person Consent) 등록제로, 2006년에 제정되어 230만 명 이상이 장기기증에 동의하도록 도왔다. 주요 특징은 일단 당사자가 승인한 경우에 한해서는 장기기증 시점에 유족의 추가적인 동의를 요구할 필요가 없다는 것이다. 이 계획은, 일리노이 주에서는 당사자가 운전면허증 뒷면에 서명한 것으로는 완전한 법적 승인이 되지 못한다는 점에서 중요한 의의를 갖는다. 즉, 운전면허증 뒷면에는 아무리 서명을 해봐야 가족 구성

그림 11.1 일리노이 주의 온라인 장기기증 홍보 자료
[일리노이 도네이트 라이프(Donate Life Illinois)의 승인 하에 게재함]

원이 그 사람의 소망을 뒤엎을 수 있다는 얘기다. 이전의 일리노이 주 시스템에서는 이것을 피하는 유일한 방법이 기증 카드에 서명을 하여 제출하거나 증인 두 명의 서명을 받아 제출하는 것이었다. 그러나 새로운 당사자 승인 등록제는 온라인으로 등록하게 함으로써 승인에 따르는 비용을 크게 줄였다.

우리는 기증자를 유치하는 데 사용된 웹페이지(그림 11.1 참조)가 훌륭한 넛지의 좋은 예라고 생각한다. 그 이유는 다음과 같다. 첫째, 주 당국은 전반적인 문제(9만 7천 명에 달하는 대기자들)의 중요성을 강조한 다음, 해당 문제를 말 그대로 가정(일리노이 주 내 4,700여 가구)으로 끌어들인다. 둘째, 사회적 영향력의 힘을 토대로 사회적 규범이 직접적으로 효과를 발휘한다. 다음과 같은 문구를 통해서 말이다. "일리노이 주에 거주하는 성인들 중 87%가 장기기증자로 등록하는 것이 올바른 일이라고 느낍니다." "일리노이 주에 거주하는 성인들 중 60%가 장기기증자로 등록되어 있습니다." 사람들은 대부분의 사람들이 옳다고 생각하는 일을 하고 싶어 한다는 점 그리고 사람들은 대부분의 사람들이 실제로 행하는 일을 행하고 싶어 한다는 점을 명심해라. 일리노이 주는 강요를 배제한 채 기존의 규범을 생명 구호 선택에 편입시켰다. 셋째, 이 웹페이지에는 자신이 지각 있는 시민임을 알릴 수 있는 인터넷 커뮤니티 마이스페이스(MySpace)의 링크가 포함되어 있다. 환경보호의 경우, 사람들은 종종 스스로 옳다고 믿는 바를 실천하는데, 이는 부분적으로 다른 이들이 그들도 옳다고 믿는 바를 실천하는 자신을 보게 될 거라는 생각에서다. 장기기증의 경우에도 똑같은 논리가 적용될 수 있다.

이 웹사이트는 많은 사람들의 생명을 구하고 있는 것이 거의 확실하다. 따라서 다른 주들의 귀감이 된다고 말할 수 있다.

12
지구를 구출하라

최근 수십 년간 세계 각국의 정부들은 공격적인 환경보호 조치들을 취해왔다. 대기오염과 수질오염, 살충제와 독성 화학물질의 확산, 멸종위기의 동식물 멸종 등을 우려한 각국의 정부들은 인간의 건강을 증진하고 야생 및 원시 지역에서의 인간 활동이 낳은 해로운 결과를 줄이기 위해 상당한 자원을 투자해왔다. 이 중 많은 조치들이 커다란 성과를 거두었다. 일테면, 대기 오염을 줄이려는 노력으로 수십만 명의 조기 사망과 수백만 가지의 질병을 예방했다. 그러나 이러한 규제 노력 가운데는 막대한 비용을 헛되이 낭비한 것들도 상당수에 달하며, 그 중 일부는 해결하고자 했던 문제를 오히려 악화시키기도 했다. 예를 들어, 새로운 대기 오염원을 공격적으로 통제할 경우, 기존의 오래된 오염원의 수명이 길어져서 적어도 단기적으로는 대기오염을 가중시킬 수 있다.

최근 몇 년 사이에는 국제적인 환경문제들에 초점이 맞춰졌다. 오존층 고갈도 그 중 하나였지만, 이제는 국제협약들을 통해 오존층을 고갈시키는 화학물질들의 사용이 금지되었으며, 계속해서 이들 국제 협약들이 오존층 고갈을 통제하고 있다. 그러나 무엇보다도 대중이 집중적으로 관심을 기울이는 것은 바로 기후 변화다. 기후 변화는 아직 국제 사회에 의해 효과적으로 통제되지 않고 있으며, 따라서 여기서 그에 대해 몇 가지를 언급하고자 한다. 넛지와 선택 설계의 개선을 통해 온실 가스를 줄일 수 있을까? 물론이다. 유망한 가능성 몇 가지를 개략적으로 살펴보자.

지금까지 각국 정부들은 환경을 보호하고 건강에 해로운 오염 물질을 통제하려는 노력을 통해 넛지 이상의 탁월한 성과를 거뒀다. 또한, 그들의 조치는 자유주의적인 것이 아니었다. 이 영역에 관한 한, 선택의 자유가 주요 원칙이 될 수 없었다. 규제자들은 대개 자유 선택과 자유 시장을 완전히 거부하는 모종의 지휘통제 방식을 선택하고 환경 목표 추진에 관해서는 유동성을 거의 허용하지 않는다. 이따금씩 지휘통제 방식의 규제는 기술 위임의 형태로 구현되며, 이를 통해 정부는 정부가 선호하는 환경 친화적 기술을 효과적으로 요구한다. 자동차 공해 방지장치가 그 한 예이다.

그러나 정부 관리들은 기술을 세부적으로 규제하지 않은 채 전반적인 배기 가스량을 줄일 것만 요구하는 경우가 빈번하다. 예를 들면, 10년 후까지 새로운 차량들이 모두 일산화탄소 방출량을 기존보다 90% 줄일 것을 요구하거나 발전소의 이산화황 방출량을 일정 수준 이하로 규제하는 것이다. 또는 국가 대기성질 기준 등을 정하여 모든 주가 지정된 날짜까지 그것을 따르고 해당 기준을 초과하는 수준의 오염물에 대한 배출은 허용하지 말아야 한다(드물지만 몇 가지 예외는 있을 수도 있다).

미국의 경우, 주요 오염원에 부과되는 국가 배출량 제한 규제는 강력한 법령으로 적용되어왔다. 이러한 제한은 어떤 면에서는 효과적이었다. 대기가 1970년보다 훨씬 더 깨끗해졌으니까 말이다. 그러나 냉정하게 생각해보면, 이 같은 제한은 소련식의 5개년 계획과 불쾌할 정도로 흡사해 보인다. 워싱턴의 관리들이 수백만 명의 사람들에게 향후 5년 안에 행동방식을 바꿀 것을 요구한다는 점에서 그러하다는 얘기다. 변화를 달성하는 사람도 있지만 그러지 못하는 사람도 있으며, 해당 변화를 달성하는 데 따르는 비용이 예상 외로 높아서 관리들이 정책을 수정해야 하는 경우도 생긴다. 목표가 환경보호라면 적절한 선택 설계가 도움을 줄 수 있지 않겠는가?

우리는 환경문제에 관한 한, 온화한 넛지는 우스꽝스러울 정도로 부적절해 보일 거라는 사실을 너무도 잘 알고 있다. 쥐덫으로 사자를 잡으려고 하는 것처럼 보일 수도 있다. 표준분석에 따르면, 공기나 물이 지나치게 더러운 것은 오염자들이 숨을 쉬는 사람들 혹은 공기나 물을 마시는 사람들에게 '외적영향(externality)'(즉 위해)을 가하기 때문이다. 심지어는 대부분의 자유주의자들도 외적영향이 존재하면 시장의 힘만으로는 최선의 결과를 도출하지 못한다는 데 동의한다. 오염시키는 사람들(즉 우리들 모두)은 우리가 환경에 부과하는 모든 비용을 지불하지 않으며, 대개의 경우 우리들 가운데 오염으로 해를 입는 사람들(역시 우리들 모두)에게는 오염자들이 오염 행위를 중단하도록 협상할 방법이 없다. 선택의 자유를 누리는 사람들은 '거래 비용'(자발적인 계약에 참여하는 데 드는 비용을 일컫는 전문용어)이 높으면 정부가 불가피하게 모종의 조치를 취해야 한다는 사실을 잘 알고 있다. 대부분의 자유주의자들은, 사람들이 자발적인 계약을 맺을 입장이 아닐 때에는 정부가 개입할 수도 있다는 데에 동의한다.

한 가지 도움이 되는 사고방식을 소개하자면, 환경을 소비자에서부터 대기업과 정부에 이르기까지 모든 행위자가 결정하는 세계적인 선택 설계 시스템의 결과로 생각하는 것이다. 시장은 이 시스템의 큰 부분을 구성한다. 그러나 시장은 그것이 지닌 모든 장점에도 불구하고 환경문제에 야기하는 두 가지 문제에 봉착한다. 첫째, 인센티브가 적절하게 부합하지 않는다. 예를 들어, 당신은 내년에 환경을 희생시키는 행위에 종사하게 된다고 하더라도 소비 선택을 통해서 필경 당신이 가하는 환경적 위해에 대해 아무것도 지불하지 않을 것이다. 이른바 '공유 재산의 비극(tragedy of commons : 재산의 사용권을 가진 여러 사람들이 각자의 비용부담을 고려하지 않고 재산이 주는 혜택만을 누리다 보면 결국 그 혜택이 고갈되거나 황폐화되어 비극적 결말을 맞게 된다는 의미-옮긴이)'인 셈이다. 낙농업자들의 경우, 각각의 낙농업자는 자신이 기르는 암소의 개체수를 늘려야 한다는 인센티브를 갖고 있다. 암소가 늘어나면 아주 작은 비용만으로 보다 많은 수익을 얻을 수 있기 때문이다. 그러나 암소들은 목초지를 파괴한다. 따라서 낙농업자들은 일테면 각자 늘릴 수 있는 암소의 수를 제한하는 계약 등을 통해 이러한 비극을 회피하는 모종의 방법을 찾아야 한다. 어업 분야도 이와 유사한 문제로 골치를 썩고 있다.

과도한 오염에 이바지하는 두 번째 문제는 사람들이 자신의 행위가 야기한 환경적 결과에 대해 피드백을 받지 못한다는 것이다. 당신은 에너지를 사용하여 대기 오염을 유발했다고 해도 그 사실을 알거나 인정하지 못할 가능성이 높다. 분명히 지속적으로 그 사실을 인지하거나 인정하지는 않을 것이다. 설사 그 연계성을 잘 알고 있어도 필경 그것이 당신의 행위에 부각되지는 않을 것이다. 에어컨을 틀고 몇 주 동안 그대로 방치하는 사람들 역시 매순간, 심지어는 하루에 한 번이라도 모든 개인적, 사회적 비용에 관해 생각할 가능성은 희박하다. 따라서 우리는 이 같은 선택 설계의 두 가지 측면에서, 즉 인센티브와 피드백의 측면에서 환경문제에 관한 논의를 시작하고자 한다.

자유를 허용하는 제한

인센티브가 적절하게 부합하지 않으면, 정부가 나서서 인센티브를 재조정함으로써 문제를 해결하고자 노력하는 것이 합당하다. 환경 분야와 관련해서는 두 가지의 폭넓은 접근법이 제안된 바 있다. 첫 번째는 오염시키는 사람들에게 세금이나 벌금을 부과하는 것이다. 기후 변화의 측면에서는 간단한 예로 많은 환경주의자들(그리고 경제학자들)이 지지하는 온실 가스 배출 세금을 들 수 있다. 두 번째 접근법은 이른바 '배출 총량 거래제(cap-and-trade system)', 즉 시장 거래를 통해 오염시키는 사람들에게 일정 수준의 오염 '권리'를 부여하는(혹은 판매하는) 제도를 도입하는 것이다. 대부분의 전문가들은 이러한 인센티브 기반 시스템이 지휘통제 방식의 규제를 대부분 대체해야 한다고 믿으며, 우리 역시 여기에 동의하는 바이다. 인센티브 기반 접근법들은 보다 효율적이고 효과적인 동시에 선택의 자유도 보장한다.(1)

물론 이러한 제안들이 독창적이지 않다는 점은 십분 인정한다. 그러나 우리가 해당 쟁점에 대해 대부분의 경제학자들과 뜻을 같이 한다는 사실만으로 해당 아이디어를 거부하는 것은 부당하게 보이지 않는가!

(우리는 경제의 주체가 인간이라는 사실을 구체적으로 입증하는 몇 가지 행동학적 고찰을 제시할 것이다). 게다가 우리는 사람들이 오염물을 배출하지 않음으로써 세금을 피할 수 있다는 점에서 이 기본적인 접근법이 자유주의적 개입주의에 부합한다고 생각한다. 특히 지휘통제 시스템과 비교할 때, 경제적 인센티브는 강력한 자유주의적 요소를 갖고 있다. 사람들에게 "정부의 말을 정확히 따라야 한다"고 말하는 것보다는 "당신의 행위가 야기하는 사회적 위해의 대가만 지불한다면 해당 행위를 계속해도 좋다"고 말하는 것이 보다 많은 자유를 허용하는 것이다. 기업들 역시 엄격한 정부의 지휘보다는 배출 총량 거래제를 훨씬 더 선호한다. 이러한 시스템은 보다 많은 자유를 허용하는 동시에 보다 낮은 비용을 부과하기 때문이다. 오염자가 오염 행위의 수위를 높이고자 해도, 그리하여 오염의 수위가 높아진다고 해도 그것이 전적으로 저지되지는 않는다. 자유 시장을 통해 승인권을 구매할 수 있기 때문이다. 온실 가스가 규제 대상이 될 거라고 추정한 미국의 기업들이 배출 총량 거래제를 주장해온 것도 정확히 이런 이유에서다. 그리고 기후 변화의 문제가 진지하게 다뤄질 경우, 궁극적인 전략은 지휘통제가 아닌 인센티브를 토대로 할 것이다.

대부분의 경우, 오염 문제에 대한 최선의 접근법은 해로운 행위에 세금을 부과하고 비용 증가에 대한 대응은 시장의 힘이 결정하도록 맡기는 것이다. 위해를 산출하는 제품은 가격이 올라갈 것이고, 그렇게 되면 그 소비도 줄어들 것이다. 물론, 우리들 가운데 세금을 좋아하는 사람은 없다. 그러나 예를 들어, 휘발유에 부과되는 세금을 올리면, 결국 운전자들은 좀 더 연비가 좋은 차를 구입하거나 자동차 운행량을 줄일 것이다. 이 두 가지를 모두 실천할 수도 있다. 그 결과, 지구 온난화의 한 원인인 일산화탄소의 배출이 줄어들 것이다. 또한, 휘발유세가 올라가면 자동차 제조사들은 새로운 기술을 개발하여 고연비 차에 대한 수요를 충족시켜야 한다는 인센티브를 충분히 갖게 될 것이다.

배출 총량 거래제의 대안도 그 취지와 접근법 면에서는 이 제도와 유사하다. 대기오염의 경우, 오염물 배출을 일정 수준 이하로 줄인 사람들에게 '배출권'을 현금으로 환불하도록 허용하는 것이다. 이러한 시스템을 도입할 경우, 시장기반 대기오염 인센티브 억제와 시장기반 대기오염 통제 인센티브 제공이라는 두 마리 토끼를 잡을 수 있다. 이 시스템은 또한 오염 통제 기술 혁신에 대해 처벌이 아닌 보상을 제공하며 민간 시장의 원조를 그 수단으로 이용한다. 시장 원리에 기반을 둔 이 거래 시스템은 현재 국제적으로도 점점 큰 인기를 얻고 있다. 온실 가스 규제를 위해 고안된 교토 의정서(Kyoto Protocol)에도 구체적으로 배출량 감소에 따르는 비용을 줄이기 위해 설계된 거래 메커니즘이 포함되어 있다.(2)

유럽 연합(EU)은 기후 변화 문제에 막대한 관심을 보여왔으며, 많은 회원국들이 미국과는 대조적인 우려의 태도와 행동을 보여왔다. 그리하여 실제로 EU는 배출권 거래 시스템(Emissions Trading System, ETS)이라는 야심찬 프로그램을 만들어, 이것으로 EU 온실가스 배출량의 약 40%를 책임지고 있다. 배출량 거래 시스템은 원래 유럽 연합 국가들이 교토 의정서의 요구를 충족시키도록 돕기 위해 고안된 것으로, 국내 할당 계획을 통해 각국 산업에 고정적인 배출량 허용치가 할당되는 일종의 배출 총량 거래제이다.(3) 허용치는 매년 방출되는 CO_2 1톤을 기준으로 하여 산정되며(4), 또한 다년간의 기간, 즉 거래 기간을 토대로 설정된다. 첫 거래 기간은 2005년부터 2007년까지였으며 두 번째 거래 기간은 2012년까지가 될 것이다.(5) 현재 적용되는 산업에는 에너지와 광물(유리, 세라믹, 시멘트), 철과 강철, 종이와 펄프 등이 포함된다.(6)

지금까지의 결과로 볼 때, EU의 배출권 거래 시스템은 적어도 어느 정도는 성공을 거뒀다. 2005년과 2006년 사이에 검증된 배출량은 새로운 설비의 유입에 맞춰 겨우 0.3% 증가한 데 반해 유럽 연합의 국내총생산(GDP)은 무려 3%가 증가했다. 2006년, 설비의 99%가 관련 법규를 따랐으며,(7) 학자들이 추정한 바에 따르면, 배출권 거래 시스템 덕분에 CO_2 배출량이 연간 5천만 톤에서 1만 톤 감소했다. 2.5%에서 5%가 감소한 셈이다. 물론, 필요한 만큼 혹은 목표한 만큼보다는 훨씬 적은 감소치지만 이것은 분명히 하나의 출발점이 될 것이다.

그러나 배출권 거래 시스템을 포함하여 이러한 유형의 인센티브 기반 시스템들이 항상 그 약속을 지키는 것은 아니며, 언제나 정치권의 지지를 얻어내는 것도 아니다. 우리는 그것이 환경 정화 비용을 투명하게 만든다는 데에 그 부분적인 이유가 있다고 생각한다. 새로운 연비 기준 발표는 '공짜'라는 착각을 불러일으키는 반면, 탄소세 부과는 매우 값비싼 것처럼 느껴진다. 그러나 실제로는 탄소세를 부과하는 쪽이 동일한 목표를 좀 더 저렴하게 달성할 수 있는 방법이다. 해당 법안 통과라는 정치적 문제를 해결하는 한 가지 방법은 부분적으로 심적 회계를 활용하는 것이다. 예를 들어, 탄소세입은 개인의 세율 인하나 사회보장 및 메디케어 자금지원 혹은 전국민 의료 보험 공급 등으로 전환시킬 수 있다. 이와 유사하게, 배출 총량 거래제의 '오염권'을 경매로 매각하여 그 세입을 같은 방법으로 사용할 수도 있다. 비용과 편익을 이런 방식으로 연결시키면 하기 싫은 일의 고통을 완화시킬 수 있을 것이다.

미국 역사상, 가장 극적인 경제적 인센티브 프로그램은 1990년의 '대기 오염 방지법(Clean Air Act)' 수정 조항에서 찾아볼 수 있다. 조지 허버트 부시(George H. W. Bush) 대통령이 추진하고 공화당과 민주당 양당으로부터 폭넓은 지지를 받은 이 법은 산성 강하물(즉, 산성비) 규제를 위한 배출 거래 시스템을 토대로 한 것이었다. 사실, 미국을 통틀어 상당 부문이 기꺼이 이 시스템을 받아들였다. 배출권 거래 능력이 비용 절감을 촉진할 거라는 생각에서였다. 해당 프로그램을 시행하면서 미 의회는 산성 강화물을 양산하는 오염물질들의 (총 배출량 기준으로) '한계(ceiling)', 즉 '상한(cap)' 수위를 결정했다. 이제 오염자들은 공공연하게 허가권을 거래하도록 허용되고 있다. 오염을 줄이면 그만큼을 현금으로 환불받을 수 있기 때문에 환경적으로 이로운 행위를 할 만한 강력한 인센티브가 창출된다.

산성 강화물 프로그램은 큰 성공을 거두었다.(8) 사람들의 순응 태도가 거의 완벽에 가까웠던 것이다. 상당한 거래가 발생했고 예상했던 그대로 효과적인 허가권 시장이 발전했다. 프로그램 시행 이후로 규제가 완화되어 석탄 수송 가격도 극적으로 내려갔다. 이 프로그램은 또한 허가권 거래량이 예상보다 훨씬 적게 나타나는 뜻밖의 성과까지 보였다. 지휘통제 시스템과 비교했을 때, 거래 메커니즘은 시행 5년 만에 연 3억 5천 700만 달러를 절감한 것으로 추산되며, 처음 20년 동안 연간 22억 8천만 달러를 절감하여 총 200억 달러 이상을 절감한 것으로 추정되었다.

사실, 공정하게 말해서 산성 강화물 프로그램은 미국의 모든 환경 규제를 통틀어서 매우 눈부신 성공에 속한다. 또, 프로그램에 들어간 비용이 예상했던 것보다 훨씬 더 낮았다는 점에서 비용편익비가 유달리 훌륭했던 듯하다. 연간 편익 추정치는 120억 달러에서 780억 달러까지 이르렀는데, 그에 반해 납세순응비용(compliance cost)은 연간 8억 7천만 달러에 불과했다. 그뿐 아니라 조기사망 약 1만 건, 만성 기관지염 1만 4천 500건 이상을 감소시켰다.

이렇게 되면 당연히, 의회가 온실 가스에 대해 탄소세에 의존하거나 산성 강하물 모델을 구축하여(이쪽이 좀 더 가능성이 높다). 경제적 인센티브를 통해 배출 총량을 감소시키길 기대하는 것이 합당하다. 사실 전 세계적으로, 세계 배출 총량에 상한선을 정하고 온실 가스 배출권 시장을 만드는 가능성에 대해 이미 많은 관심이 쏠리고 있다.(9) 이러한 시스템의 핵심 이점은 배출량 감소가 이를 가장 저렴하게 실천할 수 있는 사람들에 의해 달성되도록 (그리고 배출권을 절실히 필요로 하는 사람들은 다른 이들에게, 특히 환경 정화보다는 돈을 선호하는 가난한 나라 사람들에게 돈을 지불하도록) 보장한다는 점이다.

환경을 살리는 사회적 넛지

우리는 환경문제 해결 과정에서 가장 중요한 조치가 적절한 가격(즉, 인센티브) 정책이라고 생각하지만, 이러한 접근법이 정치적으로 힘들다는 사실도 인정하지 않을 수 없다. 정치가들은 유권자들이 휘발유가 비싸다고 불평하는 상황에서 휘발유가를 올리는 해결책을 활용하기가 쉽지 않을 테니까 말이다. 한 가지 핵심 이유는 오염에 따르는 비용은 눈에 띄지 않는 반면, 주유소에 붙여놓은 가격은 다소 부각되기 때문이다. 이런 점을 감안하면, 적절한 가격 정책과 함께 (혹은 적정 가격을 책정할 수 있는 정치적 용기를 기다리면서) 정치와 쉽게 부합하는 방식으로 문제를 줄이도록 돕는 여타 넛지 형태의 조치들을 취해야 할 것이다.

극도로 자유주의적이며 중요한 한 가지 조치는 정보의 개선과 공개를 통해 소비자 피드백 프로세스를 개선하는 것이다. 이러한 전략들은 시장과 정부의 실행을 모두 향상시킬 수 있는 동시에, 입법부가 그토록 선호해온 지휘통제 접근법보다 비용도 적게 들고 개입도 줄일 수 있다. 물론, 많은 환경론자들은 공개 자체만으로는 거의 아무것도 달성하지 못한다고 우려할 것이다. 그들이 옳을지도 모른다. 그러나 정보는 때때로 놀랍도록 강력한 동기부여제가 된다.

흡연의 위험에 관한 메시지를 의무화하는 법안은 1965년에 처음 제정되어 1969년과 1984년에 수정되었다. 이는 공개 정책 가운데 가장 친숙한 예일 것이다. 미 식약청은 오랫동안 의약품에 위험 라벨을 적용토록 요구하는 정책을 고수하고 있다. 환경보호국(Environmental Protection Agency, EPA)은 살충제와 석면에 대해 이 같은 정책을 유지해왔다. 오존을 고갈시키는 화학물질들을 단계적으로 규제하기 전에는 이러한 화학물질들이 함유된 제품들에 의무적으로 경고 라벨을 붙여야 했다. 미 의회는 현재 사카린 함유 제품에 경고문을 붙일 것을 요구하고 있다. 규제를 좋아하지 않았던 레이건(Reagan) 대통령 시절, 미 산업안전보건청(Occupational safety and Health Administration)은 유해 정보 전달 기준(Hazard Communication Standard, HCS)을 발행했다. 모든 고용주는 개별 훈련을 포함하여 유해성에 대한 정보를 전달하는 프로그램을 채택하고 근로자들에게 관련 위험에 대해 통지할 것을 요구하는 정책이었다. HCS는 강제 공개와는 달리 고용주들에게 조금의 행동 변화도 요구하지 않는 방식으로 작업장을 훨씬 더 안전하게 바꿔놓았다.

시장 메커니즘이 아니라 정치 메커니즘을 자극하도록 고안된 공개 법규들도 있다. 이 경우, 목표는 소비자들에게 그들의 결정에 대한 피드백을 주는 것이 아니라 유권자들과 정치인들에게 정보를 주는 것이다. 이러한 법규들 가운데 가장 유명한 것은 1972년에 제정된 국가환경정책법(National Environmental Policy Act)이다. 이 법령의 주요 목표는 정부가 환경에 주요한 영향을 미치는 프로젝트를 진행할 때에는 반드시 그에 앞서 환경 관련 정보를 수집하여 공개하도록 요구하는 것이다. 공개의 목적은 명백히 환경에 영향을 미치는 경우에는 정부의 판단을 토대로, 그렇지 않은 경우에는 그러한 영향에 대해 알게 된 시민들에게 외부의 압력이 가해짐으로써 정치적 보호책을 활성화하는 것이다. 그러나 이 법령의 저변에 깔린 아이디어는, 대중이 분노할 경우 정부는 어쩔 수 없이 환경적 영향에 대해 어느 정도 책임을 지겠지만, 대중이 공개 내용을 대수롭지 않게 받아들일 경우 정부는 아무런 조치도 취하지 않는 것을 정당화할 수 있다는 것이다.

주요한 공개 규정 성공담 가운데 하나는 1986년 우크라이나의 체르노빌 원자폭파사건 여파에 대해 미 의회가 제정한 '비상조치계획 및 지역사회 알 권리에 관한 법률(Emergency Planning and Community Right to Know Act)'이다.(10) 본래 이 법은 논쟁의 여지가 없는 온건한 법안으로서, 환경적 혜택을 창출하기 위해 고안된 것이 아니었다. 본질적으로는 환경보호국이 외부의 상황을 파악하도록 도울 목적으로 제정된 일종의 기록 규정이 결과적으로 그보다 훨씬 더 많은 역할을 수행한 것이다. 사실, 유해화학물질 배출목록(Toxic Release Inventory)에 적힌 공개 요구는 환경에 관한 법률을 통틀어 가장 분명한 성공담

일 것이다.

유해화학물질 배출목록이 완성되려면, 기업들과 개인들이 보유하고 있거나 이미 환경에 방출한 잠재 위험 화학물질의 양을 국가 정부에 보고해야 한다. 이 정보는 환경보호국 웹사이트를 통해 누구나 쉽게 입수할 수 있다. 현재 2만 3천 개 이상의 공장들이 부지 내외에서 43억 4천만 파운드(약 20억 킬로그램) 이상으로 폐기되거나 배출되는 650가지 이상의 화학물질에 대해 상세한 정보를 공개하고 있다. 유해독성물질 사용자들도 보유하고 있는 화학물질의 양과 종류, 보유 위치를 관할 소방서에 보고해야 한다. 또한, 잠재적인 건강 유해성에 대한 정보 역시 공개해야 한다.

놀라운 사실은 해당 법률이 어떠한 행동 변화도 강요하지 않고 미국 전역에 걸쳐 유해화학물질 배출량을 크게 줄이는 데 박차를 가하여 유익한 효과를 막대하게 이끌어냈다는 것이다.(11) 이러한 예상치 못한 결과는 공개 요구가 그 자체만으로도 유해물질 배출량을 크게 감소시킬 수 있음을 암시한다.[6]

유해화학물질 배출목록이 이처럼 유익한 효과를 발휘한 이유는 정확히 무엇일까? 한 가지 주요 이유는 환경을 걱정하는 단체들과 일반 언론 매체가 최악의 법률 위반자들을 겨냥하여 일종의 '환경 블랙리스트'를 창출하는 경향이 있기 때문이다.(12) 이것은 사회적 넛지의

6 징거 제 진(Ginger Zhe Jin)과 필립 레슬리(Phillip Leslie)(2003)는 식당과 관련하여 이와 유사한 연구 결과를 도출했다. 1998년 로스앤젤레스 카운티는 위생 등급 카드를 도입하여 이를 식당 창문마다 비치하도록 했다. 두 사람의 연구 결과, 위생 등급 카드는 각 식당의 위생 검사 점수를 향상시키고 식당 위생에 대한 소비자들의 인식을 끌어올렸으며 식품매개 감염증으로 인한 입원 건수를 감소시킨 것으로 드러났다.

훌륭한 예가 된다. 어떤 기업도 이러한 리스트에 오르고 싶지는 않을 것이다. 평판이 나빠지면 주가 하락을 포함하여 온갖 종류의 해가 발생할 수 있으니까 말이다.(13) 이 리스트에 오른 기업들은 배출량 감소 조치를 취할 가능성이 높다. 이보다 더 좋은 점은 기업들에게 애초부터 이 리스트에 오르지 말아야 한다는 동기가 부여된다는 사실이다. 그 결과는 일종의 경쟁이다. 기업들은 유해물질 오염의 확실한 기여자로 비춰지는 것을 피하기 위해 경쟁적으로 보다 나은 조치들을 더 많이 취하게 된다. 기업들은 비용이 많이 들지 않는 한, 평판이 나빠져서 해를 입는 일을 피하기 위해서라도 배출량을 줄일 것이다.

이제 우리는 이러한 예를 토대로 기후 변화 문제를 해결하기 위한 최초의 저비용 넛지를 그려볼 수 있다. 바로 정부가 온실가스 배출목록(Greenhouse Gas Inventory, GGI)을 만들어서 주요 온실가스 배출자들을 공개하도록 요구하는 것이다. GGI는 시민들로 하여금 미국의 다양한 온실가스 원천들을 눈으로 확인하고 시간이 흐르면서 그것들이 어떻게 변화하는지 추적하도록 허용한다. 주 당국과 지방 당국들은 그 목록을 보고 입법 조치를 고려함으로써 대응할 수 있다. 십중팔구 언론 매체 등의 관심 있는 단체들은 최대의 온실가스 배출자들을 공개적인 관심의 대상으로 대두시킬 것이다. 기후 변화 문제의 부각성을 감안할 때, 온실가스 배출목록은 유해화학물질 배출목록만큼 유익한 효과를 도출할 것이다. 물론, 이런 종류의 목록은 그 자체로는 막대한 변화를 양산하지 못할지도 모른다. 그러나 이러한 넛지는 극도로 적은 비용으로 거의 확실히 도움을 줄 것이다.

다른 방식의 정보 공개 정책을 채택할 수도 있다. 1975년부터 미 의회는 새로 제조되는 차량들에 대해 연비 기준을 따를 것을 요구해왔다. 연비 기준 충족을 요구하는 한 가지 유용한 공개 명령은 기업들로 하여금 구매자들이 각 차량에 대해 기대할 수 있는 연비를 커다란 활자로 표시하도록 요구함으로써 경쟁을 촉진하기 위해 고안된 것이다(그림 12.1 참조).

그러나 연비를 나타내는 수치가 정확히 무엇을 의미하는가? 우리들 대부분은 그 답을 명확히 알지 못한다. 연비 데이터를 달러로 환산하여 대입 문제를 해결했다면 경쟁 촉구라는 목표를 훨씬 더 효과적으로 달성할 수 있었을 것이다. 실제로 환경보호국은 수치 결정 방법은 물론이고 연비 스티커까지 연 추정 연료비를 강조하는 방향으로 개정하고 있다. 새로 개정된 스티커는 또한 동급 차량의 MPG(miles per gallon, 갤런 당 마일) 등급 범위 내에서 특정 차량의 MPG가 어디에 위치하는지를 그래픽으로 보여준다(그림 12.2 참조). 이 같은 규정은 2008

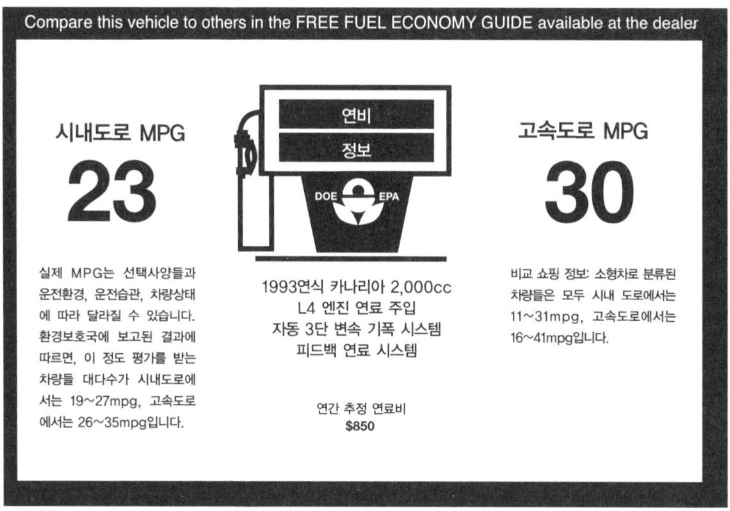

그림 12.1 연비 스티커(환경보호국)

연식 차량부터 적용되었다.

우리는 이 새로운 스티커에 박수를 보내는 바이지만, 5년간의 연료비 액수를 추정하여 표시한다면 훨씬 더 효과적일 수도 있다고 생각한다. 허머(Hummer)에 이런 스티커가 붙어 있다고 상상해보라! 다른 운전자들이 볼 수 있도록 차량 후면에 붙여놓으면 더욱 좋을 것이다. 듀크 대학(Duke University)의 리처드 래릭(Richard Larrick)과 잭 솔(Jack Soll)은, MPG는 연비가 개선될 경우 절약되는 연료비를 정확하게 나타내지 못한다는 점에서 라벨에 갤런 당 마일(MPG) 대신 마일 당 갤런, 즉 GPM(gallons-per-mile)이 표시되어야 한다고 생각한다. MPG가 10일 경우에는 MPG가 50일 경우보다 마일 당 더 많은 연료가 절약된다. 그러나 인간들은 이것을 깨닫지 못하므로(물론, 이콘들은 깨달을 수 있다), 허머처럼 연비가 떨어지는 차량에서 포드 스테이션왜건처럼 연비가 다소 높은 차량으로 바꿀 경우의 MPG는 평가절하하는 반면, 이

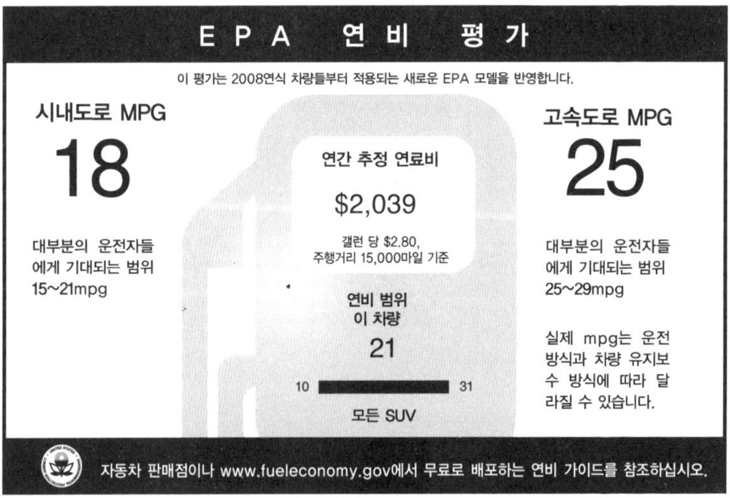

그림 12.2 개정된 연비 스티커(환경보호국)

미 연비가 높은 차량에서 또 다른 연비 높은 차량으로 바꿀 경우, 일테면 혼다(Honda)의 시빅(Civic)에서 도요타(Toyota)의 프리우스(Prius)로 바꿀 경우의 MPG는 과대평가하게 된다.(14)

사실, 도요타의 프리우스가 특히 여타의 하이브리드 차량(속도와 주행상태에 맞춰 엔진과 모터를 번갈아 사용하는 자동차-옮긴이)들과 비교했을 때 그토록 큰 상업적 성공을 거둔 것은 비단 연비 때문만은 아니다. 또 한 가지 이유는 프리우스가 〔기존 버전과 하이브리드 버전으로 모두 판매되는 캠리(Camry)와는 달리〕 하이브리드로만 판매되기 때문이다. 환경을 생각한다는 사실을 알리고 싶어 하는 사람이라면 하이브리드 캠리를 탈 때보다는 프리우스를 탈 때 훨씬 더 큰 만족감을 느낄 것이다. 캠리는 차에 붙은 라벨을 주의 깊게 들여다보지 않는 한, 그것이 하이브리드 차량이라는 것을 아무도 알 수 없다.

라벨은 환경문제 해결과 관련하여 막대한 잠재력을 과시하고 있다. 이는 정확히 대부분의 인간들에게 관련 개념들이 몹시 추상적이고 불가해하기 때문이다. 숫자와 이미지 그리고 제품 비교는 보다 큰 쟁점들을 해석하고 애매한 부분을 제거하도록 돕는다. 일본은 이 같은 사실을 깨닫고 대중에게 지구 온난화에 대한 경각심을 일깨우기 위해 소비재에 라벨을 붙여 이산화탄소 배출량을 표시하는 계획을 세우고 있다. 이 계획이 시행될 경우 음료수에서부터 세제에 이르기까지 다양한 제품들에 이산화탄소 배출량(혹은 제조나 배송 과정에서 배출된 지구 온난화 유발 물질의 양)이 표시될 것이다. 영국과 프랑스를 포함하여 여타의 선진국들도 이와 유사한 라벨을 도입했다. "이산화탄소 배출량을 표시할 경우, 기업들뿐 아니라 소비자들에게까지 그들의 이산화탄소 배출량을 일깨워줌으로써 이를 줄여야 한다는 동기를 부여할 것으로 기

대합니다." 무역부 관리 이시하라 신타로의 말이다.(15)

이와 유사한 공개 요구들을 통해 주거공간을 좀 더 친환경적으로 바꿀 수도 있다. 인센티브 문제는 주택 건축 산업에도 적용된다. 냉난방비는 주택 소유자의 몫인 반면, 집의 에너지 효율성을 높이는 데 들어가는 비용은 건축업자가 선불로 지불하는 몫이기 때문이다. 주택들이 최종 사용자(그리고 공과금 납부자)에 의해 설계되지 않을 경우, 에너지 절감 장치들이 갖춰지지 않는 것은 당연한 일이다. 호텔 사업에서 한 가지 예를 찾아보자. 특히 유럽의 대다수 호텔방들은 방에 들어갈 때 사용하는 플라스틱 방 열쇠를 문 옆에 있는 슬롯에 끼워 넣어 불을 켜도록 되어 있다. 열쇠를 빼면 전등과 에어컨은 꺼지지만 시계 겸용 라디오의 전원은 차단되지 않는다. 호텔방들은 왜 이런 식으로 설계되었을까? 그것은 바로 공과금을 호텔 회사가 납부해야 하는데, 투숙객들에게는 불을 꺼야 한다는 인센티브가 전혀 없다는 것을 경영진들이 잘 알고 있기 때문이다. 호텔 기업들은 이러한 기능을 갖추는 데 들어가는 추가 비용을 기꺼이 선불로 지불한다.

그런데 어째서 우리들은 집에 이와 유사한 스위치를 구비하지 않는가? 현관을 나서면서 스위치 하나만 내리면 시계 전원을 제외한 전등을 모두 소등할 수 있는 시스템을 원하지 않는가?

앰비언트 오브와 에코 페달

좀 더 야심찬 아이디어 하나를 소개한다. 매일 자신이 사용한 에너지 총량을 확인하게 해주는 수단이 마련된다면 어떨까?

클리브 톰슨(Clive Thompson)(2007)은 서던 캘리포니아 에디슨

(Southern California Edison)이 자사 소비자들의 에너지 절약을 장려하기 위해 기울인 노력(그리고 넛지 형태의 창의적인 해결책)을 탐구한 바 있다. 그들은 이전에 이메일이나 문자 메시지를 통해 사람들에게 그들의 에너지 사용량을 알리려고 시도했으나 아무런 성과를 거두지 못했다. 실효를 거둔 방식은 바로 사람들에게 이른바 '앰비언트 오브(Ambient Orb)'를 지급하는 것이었다. 앰비언트 오브는 고객이 에너지를 많이 사용하면 붉은 빛이 들어오고 에너지 사용량이 적절할 때에는 녹색 빛이 들어오는 작은 구체이다. 앰비언트 오브를 사용한 사람들은 몇 주 만에 에너지 사용량을 최대 40%까지 줄였다. 붉은 빛을 발하는 이 구체는 진정으로 사람들의 주의를 끌어 에너지 사용량을 줄이고 싶도록 유도한다. [우리는 에너지 사용량이 일정 수준을 넘어갈 경우 귀에 거슬리는 소리를 내도록, 일테면 아바(ABBA)의 노래가 나오도록 고안되었다면 훨씬 더 큰 효과를 냈을지도 모른다고 생각한다.]

톰슨이 지적하듯이, 근본적인 문제는 에너지가 눈에 보이지 않기 때문에 사람들이 에너지를 많이 사용할 때에도 그것을 인식하지 못한다는 것이다. 앰비언트 오브의 천재성은 에너지 사용량을 가시적으로 만들어준다는 데 있다. 톰슨은 피드백의 중요성을 강조하며 일일 에너지 소비량을 확인하는 방법을, 그리고 어쩌면 관련 수치를 공공장소에, 일테면 '페이스북(Facebook: 미국의 인기 커뮤니티 사이트-옮긴이)'에 게재하는 방법까지 찾아야 한다고 제안한다. 사실, (국제적인 온실가스 배출 통제 노력의 일환인 교토 의정서를 기반으로 하는) 디자인 회사 DIY 교토(DIY Kyoto)는 이미 왓슨(Wattson)이라는 제품을 판매하고 있다. 왓슨은 에너지 소비량을 표시해주고 사용자가 해당 데이터를 웹사이트로 전송하여 다른 모든 왓슨 사용자들과 비교할 수 있게 해준다. 톰슨은 이러한 유형의 접근법을 통해 '단계적인 에너지 절약'을 유도할 수도 있다고 제안한다.

이러한 단계적 에너지 절약을 펼치는 한 가지 가능한 방법은 선의의 경쟁을 활용하는 것이다. 〈뉴욕 타임스(New York Times)〉 칼럼니스트 존 티어니(John Tierney)는 사람들에게 반짝거리는 작은 감지기가 달린 보석, 일테면 라벨 핀을 착용하게 하자는 제안을 내놓았다. 그들의 이산화탄소 배출량에 따라, 전기와 가솔린의 사용량이나 항공기 여행의 횟수에 따라 (그리고 전용기를 사용하느냐의 여부에 따라) 색깔이 붉은색에서 노란색으로, 그런 다음 녹색으로 바뀌는 보석을 착용하게 하자는 것이다. 티어니는 자신의 블로그를 통해 이 장치의 이름을 정하는 대회를 개최했다. 1위를 차지한 이름은 아이페드(iPed)였다(그러나 우리가 가장 마음에 들어 한 이름은 '앨고어리듬AlGoreRhythm'이었다). 다음은 아이페드에 대한 티어니의 주장이다.

"물론, 에너지 사용 감시 장치를 설치하는 것은 성가신 일이겠지만, 환경을 생각하는 사람들은 기꺼이 이러한 대의에 많은 시간을 투자할 것입니다. 환경보호를 종교처럼 숭배한다는 점에서 광신도, 즉 지구온난화 광신도라는 비난을 받는 사람들도 있습니다. 그러나 종교의 이점 가운데 하나는 공익을 위해 이타적인 행위를 하도록 촉구하는 것입니다. 사람들에게 선을 과시하게 함으로써 열성적인 환경보호에 대해 보상을 제공하는 것도 좋은 생각이 될 수 있지요.

게다가 이처럼 패션에 접목하여 환경보호에 대한 열정을 실용적으로 활용할 경우, 지구온난화 논쟁에 어느 정도의 현실주의가 주입될 수도 있습니다. 자신이 사용하는 모든 에너지를 추적하기 시작하면 그것을 극적으로 감소시키는 것이 얼마나 어려운지 그리고 효과적인 행동과 피상적인 과시의 차이점은 무엇인지를 자각하게 될 것입니다. 태양력을 이용한 온수기나 풍차만으로는 별장을 유지하고 여행을 하는 데서 방출되는 이산화탄소 배출량을 상쇄할 수 없습니다. 유리병을 재활용하고 슈퍼마켓의 비닐봉지 사용량을 줄이는 것으로는 당신의 자동차에서 배출되는 이산화탄소량을 상쇄할 수 없지요."(16)

우리는 피드백 장치들이 기술혁신을 통해 해마다 좀 더 정교해지기를 기대한다. 예를 들어, 프리우스는 내부 계기판을 통해 운전자들이 가능한 한 브레이크를 밟지 않고 가속페달을 부드럽게 밟음으로써 훨씬 더 많은 연료를 절약하도록 독려한다.

가속페달의 부드러운 조작은 자동차업계의 거물인 닛산(Nissan)이 간단한 장치로 피드백을 넘어서는 조치를 취하면서 추구한 목표이기도 하다. 운전자가 속도를 내기 시작하면 말 그대로 뒤로 물러나는 가속페달을 개발한 것이다. '에코(ECO) 페달'이라는 별명을 가진 이 시스템은 가속 페달에 일정 수준 이상의 압력이 가해지면 이를 감지하여 좀 더 약하게 밟을 경우 연료를 절약할 수 있음을 보여줌으로써 스피드광 운전자에게 넛지를 가한다. 사내 테스트 결과, 이 페달은 연비를 5~10%까지 높여줄 수 있는 것으로 입증되었다. 운전자에게는 에코페달에서 발을 떼는 옵션이 주어지며, 외면해야 할 때에는 당연히 '페달을 세게 밟을' 수도 있다.

에너지 사용량을 실제로 공개하고자 하는 사람들이 어느 정도인지 확실하지 않다는 점을 감안할 때, 정책적으로 에너지 사용량을 공개하도록 요구하는 것은 아직 시기상조라고 우리는 생각한다. 그러나 사람들이 남들보다 에너지를 더 많이 절약하는 일종의 경쟁에 돌입하고자 한다면 어느 누가 반대할 수 있겠는가? 핵심은, 에너지 사용량을 가시화하는 방법을 찾아낼 수 있다면 에너지 절약을 강요하지 않고도 에너지 소비를 줄이는 방향으로 넛지를 가할 수 있다는 것이다.

관련 아이디어 하나를 소개한다. 바로, 개인 소비자가 아닌 대기업 및 중소기업들을 겨냥하여 자발 참여 프로그램을 고안하는 것이다. 이러한 프로그램이 고안되면, 공직자들은 더 이상 누군가에게 무언가를 하라고 요구하지 않는다. 대신, 기업들에게 환경에 바람직한 영향을 미칠 것으로 예상되는 특정 기준들을 따를 의향이 있는지 여부만을 묻는다.(17) 기본적인 아이디어는, 기업들은 자유 시장에서도 종종 최신 상품을 이용하지 못하며, 따라서 가끔은 정부가 나서서 기업들이 오염을 줄이는 동시에 수익까지 창출하도록 도울 수 있다는 것이다.

예를 들어, 1991년 환경보호국은 에너지 효율을 높이자는 취지에서 '그린 라이트 프로그램(Green Lights Program : 사무실에서 에너지 효율이 높은 조명을 사용할 것을 장려하는 자발적 환경운동 프로그램-옮긴이)'을 채택했다. 에너지 효율을 높이는 것은 (환경보호국의 관점에서) 수익을 창출하는 동시에 환경에도 도움이 되는 목표였다. 환경보호국은 (병원과 대학 등을 포함하여) 비영리기관과 영리기관 모두와 일련의 자발적인 계약을 체결해나갔다. 이러한 계약을 통해 기업들은 에너지를 절약하도록 조명 시설을 개선할 것을 약속했다. 1992년에 환경보호국은 이와 유사한 혁신으로 '에너지 스타 사무용 제품(Energy Star Office Product)' 프로그램을 채택했다. 역시 에너지 효율 촉구를 골자로 하는 프로그램으로서, 조명이 아닌 프린터와 복사기, 컴퓨터 장비 그리고 일반 전자제품에 초점을 맞춘 것이었다. 환경보호국은 자발적 수행 능력 기준을 설정하고 참여 기업들에게는 환경보호국의 '에너지 스타' 로고를 사용하도록 허용했다. 그뿐 아니라, 산업단체들의 협력을 홍보하고 막대한 언론 매체 캠페인을 채택했으며, 에너지 효율 면에서 특별한 이익을 안겨주는 기업들에게 상을 주기도 했다.

환경보호국의 주요 목표 가운데 하나는 에너지 효율성이 환경에 이로울 뿐 아니라 막대한 비용 절감을 창출한다는 사실을 보여주는 것이다. 그러나 표준 경제 이론의 관점에서 보면 이로 인한 비용 절감은 발생하지 않는다. 이유는 다음과 같다. 기업들이 실제로 환경을 보호하는 동시에 돈을 절약할 수 있다면 이미 그렇게 했을 것이다. 시장 경제에서는 기업이 자사의 비용을 절감하는 데 정부의 도움을 필요로 해선 안 된다. 경쟁사들의 압력 때문에 비용을 절감하지 않는 기업들은 곧 자사가 돈을 잃고 있음을 깨달을 것이며 그리하여 결국에는 시장에서 퇴출당할 수밖에 없기 때문이다.

그러나 실제 상황은 언제나 이론과 똑같이 돌아가지는 않는다. 바쁜 경영자들은 모든 일에 일일이 신경을 쓸 수가 없다. 모종의 변화를 실행하기 위해서는 해당 기업의 누군가가 그 변화를 옹호해야 한다. 에너지 비용 절감 정책을 추진하는 것이 CEO로 향하는 지름길이라고 생각하는 경영자는 거의 없다. 특히 총결산에서 비용 절감의 액수가 상대적으로 적은 경우에는 더욱 그러하다. 이러한 프로젝트는 따분함과 구두쇠라는 인상을 안겨줄 것이며, 따라서 이것을 제안한 경영진은 CEO의 사무실이 아닌 경리부로 직행하게 될지도 모른다.

이처럼 환경보호국의 프로그램들은 이론상으로 효과를 발휘할 수 없었다. '이론상으로는' 말이다. 그러나 결과적으로는 두 프로그램 모두가 저비용 에너지 효율 기술의 활용을 장려하는 데 성공했다. 그 결과, 이러한 기술들은 이전에 비해 훨씬 더 광범위하게 확산되었다. '그린 라이트' 덕분에 많은 곳에서 비용 절감 조명 프로그램이 채택되었으며, '에너지 스타 사무용 제품'은 에너지 효율의 막대한 개선으로 이어져 관련 장비를 사용하는 사람들의 비용을 절감해주었다. 이 모든 것을 정부는 강요가 아닌 부드러운 넛지로 달성했다.

지구 온난화와 에너지 가격 상승, 에너지 시장 개혁 등은 유럽의 여러 전력회사들을 에너지 절약의 혁신가로 변화시켰다. 이들은 현재 오염물질 배출량을 줄이는 동시에 실질적인 소비량을 토대로 요금을 좀 더 정확하게 산정할 수 있는 접근방법들을 발전시키고 있다. 2007년의 한 연구조사에 따르면, 2012년까지 유럽 전역에 걸쳐 약 6천만 개의 지능형 계량기가 설치될 것으로 추정된다. 이는 네 가구당 한 가구 꼴이다.(18) 이탈리아는 2000년에 최초로 지능형 계량기의 본격적인 시판을 시작하면서 지능형 계량기의 선두주자가 되었다. 스웨덴은 2009년까지 전국적인 설치를 완료할 것으로 내다보고 있으며, 덴마크와 핀란드, 오스트리아에서도 대대적인 설치가 진행 중이다.

이들 프로그램의 성공은 환경보호에 대해 폭넓은 교훈을 제공한다. 특히 기후 변화를 우려하는 사람들에게는 그 교훈이 더욱 명백할 것이다. 정부가 모종의 인센티브 기반 시스템을 선택하느냐의 여부에 관계없이, 그들은 넛지를 통해 에너지 소비량을 줄이고 그에 따라 온실 가스 배출량을 줄이도록 도울 수 있다. 공공부문의 관료들은 분명히 무지한 경우가 많다. 그러나 가끔은 유용한 정보를 갖고 있으며, 기업들은 그 정보를 활용하여 말 그대로 수익을 올릴 수 있다. 그리고 그 결과로 이익을 내는 동시에 선한 일을 수행할 수 있다.

13
결혼의 민영화

우리는 자유주의적 개입주의라는 개념이 여러 가지 오래된 문제들에 대해 새로운 방식으로 생각하는 길을 제시하길 바란다. 그런 점에서 이제는 결혼이라는 아주 오래된 제도로 눈을 돌려 결혼과 동성애에 대해 최근에 불거진 문제들을 살펴볼 것이다.

매우 자유주의적인 동시에 종교의 자유를 비롯한 갖가지 자유를 보호하며, 원칙적으로 모든 당사자들이 수용할 수 있는 것으로 입증될 만한 한 가지 제안을 제시함으로써 논의를 시작해보겠다. 우리는 종교 단체의 구성원을 포함하여 수많은 사람들이 동성간의 결혼을 강력하게 반대한다는 점을 인정한다. 종교 단체들은 그들이 성별과 종교, 연령, 여타의 요소들을 고려하여 인정할 수 있는 결혼의 기준을 자체적으로 결정할 권리가 있다고 주장한다. 그러나 우리는 또한 동성 커플 중 다수가 서로와 평생 함께하고 싶어 한다는 것도 알고 있다. 따라서 널리 개인의 자유를 보호하는 동시에 종교 단체의 자유까지 존중하기 위해서 결혼이 그 자체로 완전히 민영화되어야 한다고 제안하는 바이다. 우리의 제안하는 제도에서는, '결혼'이라는 단어가 어떠한 법률에도 언급되지 않으며, 결혼 허가증이 더 이상 연방 정부나 지방 정부에 의해 제공되지도, 인정되지도 않는다. 정부와 종교 단체들은 제각기 각자의 의무를 이행한다. 이렇게 되면 현재 '결혼'이 공식적 (법적) 지위와 종교적 지위를 모두 언급한다는 사실 때문에 발생하는 모호성도 사라질 것이다.

우리의 접근법이 적용될 경우, 주 정부가 커플들에게 수여할 수 있는 유일한 법적 지위는 '시민 결합(civil union: 현재는 동성간의 결혼을 합법적으로 인정하는 말로 사용된다.-옮긴이)'이다. 이것은 이성과 동성에 관계없이 어떠한 두 사람의 동거 협약을 의미하는 말이 될 것이다.[7] 결혼이 종교 단체나 여타의 민간단체가 주관하는 극도로 사적인 문제가 된다는 얘기다. 이처럼 제재가 완화되면 결혼을 허락하는 조직들은 나름의 기준에 따라 결혼에 대해 원하는 규칙은 무엇이든 자유롭게 선택할 수 있다. 예를 들어, 교회는 해당 교회의 신도들끼리만 결혼하도록 결정할 수도 있고, 스쿠버 다이빙 클럽은 스쿠버 다이버 자격증을 소지한 사람들만 해당 클럽에서 결혼식을 올려준다는 결정을 내릴 수도 있다. 모든 부부관계를 정부에서 인정하는 결혼이라는 획일적 통일 정책으로 돌리기보다는 각 커플들이 자신의 니즈와 열망에 가장 부합하는 결혼 허가 조직을 선택할 수 있다는 얘기다. 정부는 그들에게 '결혼'이라는 용어를 부여함으로써 특정 관계를 보증할 필요가 없어진다. 지금부터 이러한 제도의 작용방식을 상세하게 설명할 것이다.

---

7 '시민 결합'이 두 사람 이상의 관계가 될 수 있는가의 문제는 여기서 논하지 않겠다.

그런 다음, 선택 설계의 문제로 눈을 돌려보겠다. 저축 정책과 그 밖에 삶의 다른 측면들을 분석하도록 도와준 원칙들을 사용해서 우리는 다음과 같은 질문을 던질 것이다. 주 정부가 (사적인 결혼식의 결과로 때로는 부부가 될 수도 있는) 동거인들 간의 계약합의 사항들을 통제하는 적절한 규칙들을 어떻게 설계할 수 있는가?

결혼이란 무엇인가?

법적으로 결혼은 주 정부에 의해 성립되고 정부의 복지·후생과 강제가 수반되는 공식적인 지위 이상도, 이하도 아니다. 결혼을 하면 당신은 경제적 혜택과 비경제적 혜택을 포함하여 많은 물질적 혜택을 얻는다.(1) 법은 주마다 다르지만 이러한 혜택들은 크게 다음과 같이 여섯 가지 범주로 분류할 수 있다.(2)

● 조세 혜택(및 부담)

일부 국가들에서 조세제도는 많은 커플들에게 결혼의 대가로 커다란 보상을 제공한다. 적어도 한쪽이 다른 쪽보다 소득이 훨씬 더 많은 경우에는 그렇다(둘 다 소득이 아주 높은 경우에는 결혼으로 인해 세금이 크게 높아질 수도 있다).

● 복지후생

각국의 법은 여러 가지 복지후생 프로그램을 통해 결혼한 커플들에게 혜택을 제공한다. 예를 들어, 미국에서 '가족 및 의료 휴가법(Family and Medical Leave Act)'은 고용주들로 하여금 배우자를 돌보고자 하는 근로자에게 무급 휴가를 허용할 것을 요구한다. '동거자들'에게는 이렇게 할 의무가 없다.(3) 이외에도 여러 나라들이 이와 유사한 방식으로 결혼한 커플들에게 혜택들을 제공하고 있다.

● 상속 및 사별에 따르는 혜택

결혼한 커플의 경우, 배우자가 사망하는 경우 많은 혜택이 따른다. 일부 국가들의 경우, 배우자에게는 상속세를 물지 않고 전 재산을 상속할 수 있도록 허용한다.

● 소유권 혜택

결혼한 부부들은 법에 따라 자동 소유권을 가질 수도 있다. 이는 동거 커플들은 가질 수 없는 권리이다. 일부 지역에서는 자동으로 배우자의 소유물에 대한 권리를 가지며, 법에서 정한 바 이외의 내용으로 계약을 체결할 수 없다.

● 대리의사 결정

때로는 결혼한 커플들에게 배우자가 불능 상태에 빠졌을 때 여러 종류의 결정을 대리할 수 있는 권리가 주어지기도 한다. 위급한 상황에서는 배우자가 불능 상태의 남편이나 아내를 대신해서 판단을 내리도록 허용된다. 파트너들은 이러한 혜택을 누리지 못할 가능성이 훨씬 더 높다.

● 증거 관련 특권

일부 국가들에서는 부부간의 대화 내용을 기밀에 부칠 권리와 배우자에게 불리한 진술을 거부할 권리 등을 비롯하여 여러 가지 부부의 특권을 법원이 인정한다.

이러한 혜택은 최소한으로 열거해도 매우 다양하고 방대하기 때문에 여기서 모든 것을 열거할 수는 없다. 이 혜택들은 또한 시간이 지날수록 다소 안정화되는 경향이 있다. 현상유지 편향이 강력하다는 점과 그것을 재고하는 데에는 엄격한 정치적 제약이 따른다는 점을 잊어선 안 된다. 그러나 이런 종류의 경제적, 물질적 혜택들만으로는 결혼의 의미를 철저히 규명하기 힘들다. 가혹하게도 주 정부는 결혼에 따르는 이러한 물질적 권리와 의무들을 결혼 상태와 관련된 상징적이고도 의미심장한 혜택들과 연관 짓는다. 많은 사람들은, 어쩌면 대부분의 사람들은 이처럼 의미심장한 상징적 혜택들을 결혼의 의미와 상당 부분 연결 지을 것이다. 주 정부가 결혼 허가증을 인정하는 한, '공식적인 결혼'의 지위, 즉 특정한 법적 지위를 수반하는 결혼의 지위는 막대한 중요성을 지닐 수밖에 없다. 종교적 전통 혹은 여타의 민간 전통을 통해 결혼은 했지만 주 당국이 인정하지 않는 커플은 그들의 개인적인 약속 또는 전념의 강도나 종교적 요소가 이들의 결혼에 얼마나 중요한 역할을 하는지에 관계없이 주요한 인증을 얻지 못한다.

한 가지 가정(假定)을 통해서 주 정부의 결혼 허가증이 얼마나 중요한지 살펴보자. 이인종간에 결혼한 커플들은 결혼에 따르는 물질적 혜택은 모두 받을 수 있지만, '결혼'이 아닌 이른바 '시민결합' 상태로 살아야 한다. 결혼제도로부터, 즉 공식적인 지위로부터 추방당하는 것은 그 자체로 이인종 커플들에게 모욕이 될 것이다. 사실, 이것은 헌법에도 위배된다. 주 정부가 이인종 커플들에게 물질적인 혜택은 제공하되 결혼이라는 법적 제도에 들어오는 것은 허용하지 않겠다고 통보하는 것은 명백한 위법이다. 이인종 커플의 경우, 그들의 결혼이 민간단체의 지지와 승인을 받은 경우에는 문제될 것이 없다. 요컨대, 사람들은 결혼할 때 물질적인 혜택뿐 아니라 주 정부의 승인 도장, 즉 공식적인 적법성까지 받게 되는 것이다.

공식적인 허가증이 반드시 필요한가?

이제 우리는 지금까지 결혼이 정부를 통해 운영되는 공식적인 허가 제도라는 것을, 그리고 주 정부가 결혼 허가증을 수여하는 것은 그들이 인정하는 커플들에게 물질적인 혜택과 상징적인 혜택을 모두 제공하는 것이라는 점을 알 수 있다. 그렇다면 이 두 가지 기능을 결합하는 이유는 무엇인가? 그리고 '결혼'이라는 단어를 공식적으로 사용함으로써 부가되는 것은 무엇인가?

결혼을 다른 유형의 파트너십과 비교해보자. 우리 두 저자는 이 책을 공저하기로 결정하면서 일련의 계약을 맺어야 했다. 공동으로 출판사와 계약을 맺으면서 누군가가 이 책을 구입할 경우 우리가 받게 될 저작권료를 어떻게 나눌 것인지 합의하고, 책의 내용과 구성에 대해서도 수많은 사항들을 비공식적으로 합의해야 했다. 누군가가 우리의 책을 다시 출간하려 한다면 법적 시스템이 저작권법을 통해 우리를 보호해줄 것이다(그리고 이 책을 완성하기 전에 모종의 분쟁에 휩싸여서 둘 중 한 사람이 진저리를 내며 이 프로젝트를 중단할 경우에도 법적 시스템이 규칙들을 제시해줄 것이다). 그러나 법적 시스템은 결코 우리가 서로에게 가장 친한 친구가 되겠다고 엄숙하게 선언해야 한다고, 일주일에 두 번 이상 함께 점심식사를 해야 한다고, 맹세코 여타의 공동 작업은 하지 않겠다고 선언해야 한다고 혹은 그렇게 해선 안 된다고 규정하지 않는다. 저술 활동은 일부일처제와 같은 규칙에 얽매일 필요가 없다. 그러나 우리의 협의가 비공식적이며 법적 구속력에 의해 뒷받침되지 않는다고 해도 우리는 그것을 진지하게 받아들이고 있으며 맹세코 그것을 충실히 지킬 의향이 있다. 그렇다면 주 정부의 경우, 어째서 동거 관계를 여타의 비즈니스 파트너십처럼 취급하지 않는 것인가? 어째서 민영화하지 않는 것인가?

시대착오적인 정부의 결혼 통제

여기서 우리가 기본적으로 주장하는 바는, 주 정부가 운영하는 결혼으로는 종교 단체들이 나름대로 적절하다고 간주하는 절차를 밟을 자유와 주 정부로부터 2급 시민으로 대우받지 않고 그들이 추구하는 약속과 전념을 행할 수 있는 자유를 모두 보호하는 것이 불가능하다는 것이다. 그러나 우리는 또한 공식적인 결혼 허가 제도가 더 이상 오늘날의 실정에 부합하지 않는다고 믿는다. 우선 주 정부가 운영하는 결혼제도는 성적, 인종적 차별의 차원에서 극심한 불평등의 과거를 갖고 있다. 이러한 과거는 기존의 결혼제도에서 완전히 분리될 수가 없다.(4)

정부를 통해 운영되는 결혼제도는 본래 성적 행위와 자녀 양육을 모두 허가해주는 정부의 한 수단이었다. 성행위를 하거나 아이를 갖고 싶다면 정부의 허가를 받는 편이 훨씬 더 유리하다. 실제로 이것은 운전할 때 운전면허증이 필요한 것만큼이나 필수적인 것일지도 모른다.

주 정부의 허가는 성적 행위가 범죄가 되지 않을 거라는 점을 보증하는 한 방편이었으며, 결혼을 하지 않고는 아이를 입양하기도 어려웠다. 그러나 더 이상은 공식적인 결혼이 이러한 역할을 수행하지 않는다. 사실 오늘날의 사람들은 결혼하지 않고도 성관계를 가질 수 있다는 헌법상의 권리를 갖고 있다. 또한 결혼을 하지 않고도 부모가 될 수 있으며 입양을 할 수도 있다. 결혼이 성행위를 하거나 아이를 갖기 위한 법적 전제가 아닌 이상, 주 정부의 허가는 그 중요성이 크게 사라진 듯 보인다.

역사적으로 공식적인 결혼제도가 생겨난 주요 이유는 결혼을 제한하는 것이 아니라 결혼 생활 탈퇴를 단속하기 위함이었다. 사람들이 배우자에 대한 약속을 쉽게 포기하지 못하게 하기 위해 만든 제도였다는 얘기다. 물론, 이런 형태로 단속을 시행하는 데에는 그럴듯한 이유가 있다. 단속은 넛지의 역할, 혹은 그보다 훨씬 더 큰 역할을 할 수 있다. 결혼은 부분적으로는 자기 통제 문제의 한 해법으로 간주될 수도 있다. 사람들은 이를 통해 관계를 지속시킬 확률을 높여주는 절차들을 밟기 때문이다. 이혼이 어려워지면 결혼 생활이 안정될 가능성이 크게 높아진다. 결혼 생활의 안정은 대개의 경우 자녀들에게도 유익하다(그러나 부적절한 결혼 생활이라면 끝내는 편이 아이들에게 유익할 수도 있다). 결혼 생활의 안정성은 또한 배우자에게도 유익하다. 부부 관계와 장기적인 안녕에 해를 입히는 충동적 결정 혹은 파괴적 결정으로부터 보호받는다는 혜택을 누릴 수 있기 때문이다.

이콘들과 반대로 인간들은 분명히 충동적인 결정에 대한 법적 보호를 기꺼이 고려할 것이다(이콘들의 경우, 충동이 있다고 해도 숙고 시스템이 그것을 통제한다). 심지어 우리는 결혼이라는 법적 제도를 일종의 사전

공약 전략(precommitment strategy)으로 간주할 수 있다. 이것은 세이렌에게 다가갈 때 율리시스가 취한 접근 방법과 유사한 것으로, 자신의 실수를 보호해줄 법적 지위를 사전에 선택하는 것을 의미한다. 일부 주 정부들은 실제로 '특약 혼인(covenant marriage: 미국의 일부 지역에서 무과실 이혼을 막고 이혼율을 낮추기 위해 주로 신교 정통파 기독교인들에 의해 법으로 규정된 혼인 형태로, 혼전 카운슬링을 받고 이혼에 대해서도 보다 엄격한 요건들을 받아들이도록 요구한다.-옮긴이)'이라는 제도를 시범 시행하기도 했다. 이 제도는 결혼 생활 탈퇴를 극도로 어렵게 만든다. 사람들은 다른 부분에서 자신의 장기적인 이익을 보호하는 절차를 밟을 수 있듯이, 이러한 결혼에도 자진해서 등록할 수 있다.

그러나 현대 시대에는 탈퇴에 대한 단속이 훨씬 더 느슨해졌다. 대부분의 주에서는 본질적으로 자신의 의사에 따라 결혼 생활을 저버릴 수 있다. 그리고 특약 혼인의 경우에도 일반적인 결혼제도의 경우와 거의 다를 것이 없다는 사실이 밝혀지고 있다. 특약 혼인이 가능한 지역에서 이것을 택한 사람은 약 1~3%에 불과했다. 당연한 얘기겠지만, 이 옵션을 선택한 사람들은 주로 종교를 갖고 있으며 결혼과 자녀 양육 그리고 이혼에 대해 전통적인 관점을 견지한 사람들이었다.(5) 대개 이러한 커플들은 이미 안정적인 결혼 생활을 유지하겠다는 열망을 갖고 있으며 배우자와의 약속도 그만큼 충실히 지켜나간다. 그들이 나름의 목표에 부합하는 결혼 형태를 선택할 수 있다는 것은 결코 나쁜 일이 아니다. 자유주의적 개입주의자로서 우리는 이러한 옵션이 존재한다는 사실을 기쁘게 생각한다. 그러나 특약 혼인이 상대적으로 인기가 없다는 점과 그것을 법제화하려는 움직임이 명백히 실패했다는 점으로 미루어볼 때, 거의 모든 커플들은 일반적인 결혼이라는 옵션에 다소 '고착'되어 있음을 알 수 있다.

결혼은 점차 특별히 예외적인 계약의 범주를 벗어나고 있다. 이제 결혼은 영구적인 지위라기보다는 당사자들의 의지에 따라 쉽게 해체될 수 있는 지위이다. 탈퇴가 금기되지도, 드물지도 않다는 점을 감안할 때, 공식적인 결혼제도가 관계의 안정성을 증진시키는 수단으로서 필수적인 그 무엇이라고 주장하기는 힘들다. 결국, 우리가 추천하는 시민결합 형태가 민간단체들과 그들이 적용하는 다양한 기준들을 아울러 이러한 안정성의 증진을 위해 바람직한 역할을 수행할 수 있어야 한다.

공식적인 결혼 허가는 또한 세상을 '기혼자'와 '미혼자'의 지위로 양분하여 미혼자에게 (때로는 기혼자에게) 심각한 경제적 · 물질적 불이익을 낳는, 불행한 결과를 내고 있다. 이러한 경제적 · 물질적 불평등 가운데는 정당화할 수 없는 것들도 많다. 예를 들어, 동성 관계에서는 파트너를 대신해서 의학적 결정을 내리거나 세금 없이 재산의 일부를 상속하지 못하도록 막아야 한다는 합당한 이유가 존재하는가? 사적인 관계는 친밀하든 그렇지 않든 매우 다양한 방식으로 이뤄질 수 있다. 사람들이 선택할 수 있는 바에 대해 '미혼자'와 '기혼자'라는 단순한 이분법을 적용하는 것은 공평하지 못하다. 사실 이처럼 간단한 이분법은 사람들의 실제 선택을 점점 더 부정확하게 그려내고 있다. 친밀하고 헌신적이며 서로에게 충실한 관계를 유지하는데도 불구하고 결혼의 혜택을 누리지 못하는 사람은 부지기수다. 반면, 결혼 생활을 하는데도 불구하고 친밀하지도, 서로에게 충실하지도 않은 사람들도 수없이 많다. 이밖에도 무수히 많은 형태들이 존재한다. 그럼에도 사람들이 관계를 스스로 선택하고 종교단체나 여타 민간단체의 결정에 따르도록 허용하지 않는 이유는 무엇인가?

공식적인 결혼의 대차대조표

공식적인 결혼 생활을 유지하고자 하는 사람들 그리고 우리의 제안에 경악하는 사람들은 자녀의 이익 혹은 그보다 더 취약한 배우자(대개는 여성)의 이익을 우려해서일 수도 있다. 당연한 일이다. 지금부터 차근차근 살펴보기로 하자.

결혼은 종종 자녀들을 보호하는 수단으로 간주되어 왔으며, 이러한 목표가 중요하다는 것은 말할 필요도 없이 당연한 것이다. 그러나 공식적인 결혼제도는 그러한 보호를 제공하기에는 지나치게 미숙한 도구다. 보다 훌륭하고 직접적인 방식으로 보호를 제공할 수도 있다는 얘기다.(6) 예를 들어, 법은 함께 살지 않는 부모가 자녀를 위해 금전적인 도움을 제공하도록 보장하는 것 이외에도 훨씬 더 많은 역할을 수행할 수 있다. 자녀의 이익에 관해서는 분명히 강제를 적용하는 것이 합당하다. 사회는 자유주의적 개입주의를 넘어 이른바 '뺀질이' 아빠들이 양육비를 지불하도록 만들 수 있으며 실제로도 그렇게 하고 있다. 넛지를 선호하는 사람이라면 몇 가지 간단한 도구들이 도움이 될 수도 있다고 부언할 것이다. 예를 들어, 부재 부모의 관련 당좌에서 매달 일정 금액이 인출되는 지불 플랜 자동 등록을(이 경우에는 옵트아웃이 없어야 한다) 고려해보자.

어쨌든 시민 결합과 종교 단체 또는 여타의 민간단체에 의한 합의가 공식적인 결혼과 똑같은 자녀 보호를 제공하지 못한다고 생각할 만한 근거는 없지 않는가? 자녀가 물질적인 지원을 필요로 한다면 법제도를 통해 지원을 요구할 수 있다. 자녀가 안정된 가정을 필요로 할 경우, 문제는 '결혼'이라는 이름의 공식 허가 제도가 충분히 타당할 정도로 가정의 안정에 기여하느냐이다. 그럴 수도 있지만, 확실히 그렇다고 말할 수 있는 근거는 찾아보기 힘들다.

장기적인 관계가 해체된 후 부양가족들이 위기에 처하는 것이 걱정이라면 최선의 출발점은 바로 적절한 디폴트 규칙을 정하는 것이다. 이 문제를 상세하게 다룬 저술이 있는데, 여기서 가장 유용한 제안들 가운데 일부는 선택의 자유를 유지하는 동시에 사람들을 바람직한 방향으로 이끈다는 점에서 자유주의와 개입주의의 자격을 모두 갖췄다고 할 수 있다.(7) 가능한 접근법들에 대한 논의는 잠시 뒤로 미뤄두고, 일단은 공식적인 결혼제도가 적절한 디폴트 규칙의 필요조건도, 충분조건도 아니라는 점을 기억하기 바란다.

훌륭한 선택 설계의 관점에서 볼 때, 기존 허가 제도의 주요 문제는 충분히 자유주의적이지 않다는 것이다. 물론, 법에 의해 결혼을 강요당하는 사람은 없다. 이런 점에서 결혼제도는 주로 개인의 자유를 위협하는 엄격한 정부 명령들과는 완전히 다르다. 민주주의 사회의 경우, 결혼 허가를 내줄 때 정부가 취하는 행위는 (일테면) 모든 고용주들에게 일정 수준의 의료보험 혜택을 제공할 것을, 혹은 모든 근로자들에게 일정 금액의 돈을 절약할 것을 요구하는 행위와는 전적으로 다르다. 결혼은 심지어 개인적인 선택을 배제시키는 것이 아니라 오히려 활성화하는 방안으로 보일지도 모른다. 그러나 허가 제도는 단지 선택의 활성화만을 위한 장치가 아니다. 그것은 계약법과는 매우 다르다. 정부는 단지 사람들이 종교가 허용하는 범위 내에서 결혼을 하도록 허용하기만 하는 존재가 아니다. 사람들의 협약을 강요하기만 하는 존재가 아니다. 그들은 또한 결혼이라는 법적 형태를 독점하고, 누가 어떻게 결혼의 테두리 내에 들어올 수 있는지에 대해 까다로운 제한을 부과하며, 오직 그들만이 수여하는 법적 형태의 물질적 · 상징적 혜택을 제공한다. 자유를 믿는 사람들에게 이것은 확실한 이익이라고 할 수가 없다.

많은 커플들이 공개적인 서약을 통해 다양한 방식으로 혜택을 얻을 수 있다는 점은 우리도 인정한다. 많은 사람들은 공식적인 결혼제도가 개인적으로나 사회적으로나 유익한 방식으로 서로에 대한 서약을 보증하도록 돕는다고 믿는다. 그러나 서약이 아무리 중요하다고 해도 시민 결합이나 종교 단체 등의 민간단체에 의존하지 못할 이유는 없지 않은가? 반드시 정부가 '결혼'이라는 말로 허가를 해야만 하는가? 대개의 경우, 서약은 주 정부의 허가 없이도 안정적으로 유지된다. 사람들은 친구들, 교회, 공저자, 고용주들과 오랫동안 결속을 유지하지 않는가? 그리고 정부의 허가 제도나 법적 조치 따위 없이도 사람들은 사적인 서약을 진지하게 받아들인다. 종교단체나 입주자협회, 컨트리클럽의 구성원들도 해당 단체의 구조와 규칙에 대해 의무감을, 때로는 아주 강력한 의무감을 느낀다. 공식적인 서약이 바람직한 것일 수도 있다. 그러나 우리의 제안 역시 공식적인 서약을 막지는 않는다는 점을 명심하기 바란다. 우리의 제안 역시 시민결합의 형태로 또는 전적으로 민간단체만을 통해서 공식적인 서약을 하도록 보증한다.

이러한 견지에서 공식적인 결혼의 대차대조표를 따져보자. 우선 혜택은 놀라울 정도로 적다. 여러 가지 측면에서 시대착오적이기 때문이다. 그나마 단언할 수 있는 것은 공식적인 결혼이 부부와 자녀 모두에게 혜택을 주는 일종의 서약에 이바지 '할지도 모른다'는 점이다. 비용을 따져보면, 공식적인 결혼은 그리 많은 해를 입히지는 않는다. 그러나 불필요한 양극화와, 주 정부가 후원하는 결혼과 종교적인 결혼의 관계에 대한 혼란 그리고 기본적인 쟁점들과 정의에 관한 강렬한 논쟁을 양산하는 것은 사실이다. 현대 사회에서 가장 명백한 난관은, 종교단체들은 그들이 원하는 대로 결혼을 정의하도록 허용해야 한다고 주장하는 반면, 동성애자들은 법적으로 2급 시민으로 분류되지 않고 장기적으로 서약을 이행할 수 있어야 한다고 주장한다는 점이다. 우리의 제안은 이처럼 대립되는 양쪽 입장을 동시에 만족시킬 수 있다. '결혼'은 주 정부가 아닌 민간단체의 소관이어야 하며 종교단체들은 결혼 기준에 대해 나름의 규칙을 자유롭게 정할 수 있다는 간단한 선언만으로도 근본적인 문제들을 쉽게 피해갈 수 있다. 이제 (정교 분리의 일종인) 이 선언에 따르는 부수적인 혜택들을 살펴보자.

커플들에게 넛지 가하기

우리는 공식적인 결혼제도와 그 속성 및 미래에 관한 논쟁 때문에 선택 설계자들이 핵심 문제에서 다소 빗나가고 있다고 생각한다. 핵심 문제는 바로 이것이다. 서로간의 서약을 이행하는 사람들에게 적절한 디폴트 규칙은 무엇인가?

바로 이것이 훌륭한 선택 설계자들이 진정한 개선을 이룩할 수 있는 부분이다. 지면관계상 복잡한 쟁점들을 모두 담을 수는 없지만, (기존의 결혼을 포함해서) 모든 형태의 합법적 동거 관계에 적용될 수 있는 몇 가지 제안들을 개략적으로 살펴보겠다. 우리의 동기는 간단하다. 만약 처음부터 다시 시작한다면 필경 제정신을 가진 사람 가운데 기존의 시스템을 고안할 사람은 없을 거라는 것이다. 기존 시스템은 혼란과 임의성으로 가득 차 있다. 여러 주의 노련한 이혼 전문 변호사들조차도 종종 분쟁의 결말이 어떠할지 전혀 예측하지 못할 만큼 말이다. 최소한의 수준에서 선택 설계는 사람들이 자신의 권리와 의무를 보다 분명하게 인식할 수 있도록 바뀌어야 한다. 좀 더 원대한 수준에서는 가장 취약한 당사자들, 즉 주로 여성들과 무엇보다도 어린이들을 보호하기 위해 넛지가 도입되어야 한다.

늘 그렇듯, 사람들의 실질적인 목표와 의도를 출발점으로 삼아야 한다. 일반적으로 법은 사람들 사이의 명백한 약속이 제대로 지켜지도록 돕는 역할을 해야 한다. 따라서 법은 사람들이 간극이나 불확실성을 남긴 범위에 대해 일련의 디폴트 규칙들을 선택해야만 한다. 안타깝게도 사람들 사이의 장기적인 상호 약속은 모종의 조종을 필요로 할 가능성이 높다. 앞에서도 시사했듯이, 결혼의 맥락에서는 비현실적인 낙관주의가 극에 달하는 경향이 있다. 예를 들어, 최근에 수행된 여러 연구에 따르면, 사람들은 다른 이들이 이혼할 확률(약 50%)을 정확히 인식하고 있다. 그러나 자신이 이혼할 확률에 대해서는 터무니없이 낙관하고 있다는 점을 잊어선 안 된다. 핵심적인 조사 결과를 다시 한 번 되새길 필요가 있다. 바로, 자신이 이혼하지 않을 것이 거의 혹은 완전히 확실하다고 믿는 비율이 거의 100%에 가까웠다는 사실이다.(8)

사람들이 혼전합의 계약(prenuptial agreement: 이혼이나 별거에 대비하여 결혼 전에 재산 분배 방식을 정하는 계약으로, 미국에서는 매우 보편화되었음-옮긴이)을 크게 꺼리는 것도 부분적으로는 그러한 이유에서다. 이혼하지 않을 거라는 믿음과 그러한 계약이 좋은 분위기를 망칠지도 모른다는 두려움 때문에 대부분의 사람들은 그저 기존의 이혼법에 운을 맡기는 것이다. 그러나 이혼법은 (기탄없이 말해서) 종종 해당 분야의 전문가들도 이해할 수 없을 정도로 혼란스럽다. 게다가 혼전합의 계약을 맺고 관련 법률을 이해하고 있으며, 이혼할 경우 노련한 변호사를 구할 가능성이 높은 사람들은 주로 세련되고 부유한 커플들이다. 이러한 모든 요소들 때문에 대부분의 사람들은 예측할 수 없는 운에, 그리고 놀라울 만큼 불확실한 법적 시스템에 자신을 내맡길 수밖에 없다. 우리는 혼전합의 계약이 이뤄지지 않았을 경우, 관련 규칙들이 가장 약한 당사자(대개는 여성)를 돕는 결과가 나오도록 넛지를 가해야 한다고 믿는다. 대개 이혼 후에 여성의 경제성은 떨어지는 반면 남성의 경제성은 높아진다.(9) 그렇다면 가장 심각한 손실에 대해 보상을 제공하는 디폴트 규칙을 채택하는 것이 마땅하지 않겠는가.

예를 들어, 사람들이 원할 경우 나름의 규정을 정하도록 허용해야 한다. 남자들과 여자들이 자유 의지에 따라 주로 남자에게 이익이 되는 결과에 합의한다면 법은 그러한 합의를 존중하는 동시에 필요에 따라 조세이전제도(tax and transfer system) 등, 법적 시스템의 다른 부분을 이용하여 도움을 제공해야 한다. 선호하는 조항들에 합의하는 것을 금하는 강제 규정은 의도한 목표를 달성하지 못할 가능성이 높다. 사람들이 거래의 다른 부분들을 조정함으로써 해당 규칙들을 피해가는 계약을 체결할 테니까 말이다. 그러나 사람들이 하고자 하는 바는 법의 디폴트 규칙에 의해 영향을 받을 가능성이 높다. 법이 표준 판례를 설정한다면 많은 사람들이 그것을 따를 것이다.

자녀 양육을 주도적으로 맡아온 사람에게 특별한 지원을 제공하는 것이 디폴트 규칙이라면, 사람들은 이것을 고수할 가능성이 높다. 양쪽 부모 모두 충실하게 자녀를 양육해온 경우 공동 양육이 디폴트 옵션이라면, 사람들은 해당 가정이 해체되었을 때 어떤 상황이 벌어질지 분명하게 파악할 수 있을 것이다. 그리고 이혼할 경우 자녀 양육을 주도적으로 맡아온 사람이 계속해서 일차적인 양육자가 되어 금전적 보조를 받는 것이 디폴트 규칙이라면, 사람들은 이것 역시 고수할 것이다. 이러한 정황에서는 디폴트 규칙의 고수가 쉽게 지지를 받을 수 있다. 가장 취약한 사람들에게 최악의 결과가 발생하는 상황을 막기 위해서라도 말이다.

이 영역의 경우, 약자를 돕는 것 외에도 디폴트 규칙들이 명확하게 정립되어야 한다. 이콘들과 달리 인간들은 타협점을 협상할 때 이기심 편향(self-serving bias)을 갖게 되기 때문이다.(10) 이기심 편향이란 본질적으로 어렵거나 중요한 협상에서 객관적으로 '공정한' 동시에 가장 가능성 높은 결과는 자신에게 유리한 결과라고 생각하는 속성을 의미한다. 〔시카고 베어스(Chicago Bears) 팀과 그린 베이 패커스(Green Bay Packers) 팀의 농구경기가 끝난 후에 베어스 팬들과 패커스 팬들에게 심판이 어느 팀에게 편향적이었는지 물어보면 쉽게 이해할 수 있을 것이다.〕 양 당사자가 이기심 편향에 치우쳐 있으면 교섭은 난국에 처할 가능성이 높으며, 따라서 사람들은 법정 싸움에 많은 시간을 허비하고 때로는 (적어도 한동안은) 자신의 삶을 망가뜨리기도 한다. 이혼 소송에서는 감정이 격해지기 때문에 양쪽 당사자 모두가 제각기 자신이 전적으로 옳고 판사도 분명히 같은 생각일 거라고 생각할 가능성이 높다. 배우자는 이기심 편향에 얽매어 있다 해도 변호사는 그렇지 않을 것이며, 따라서 변호사가 배우자의 기대를 꺾을 수 있다고 생각할지도 모른다. 그러나 많은 경우, 변호사들 역시 이기심 편향을 겪는다.

결론은, 법률이 불명확하면 장기간의 강렬한 분쟁이 일어날 가능성이 높다는 것이다. 예상하는 결과의 범위를 좁히도록 넛지를 가하면 양쪽 모두에게 이익이 될 것이다. 두 사람의 기대치가 어느 정도는 겹

칠 테니까 말이다. 법률이 어떤 기준이나 범위를 제시하여 사람들이 공정한 결과 혹은 가능성 높은 결과의 구성 요소들을 파악하도록 돕는다면 이혼을 앞둔 가족들에게 이득이 될 것이다.

이 목표를 달성하기 위한 최선의 해결책은 형법 지침과 흡사한 정책을 도입하는 것이다. 즉, 판사가 여타의 요인들을 고려해 재량권을 행사할 수 있는 범위를 크게 줄여야 한다는 얘기다. 이미 여러 주에서 이와 유사한 정책이 시행되고 있지만, 이러한 규칙들은 이기심 편향 때문에 그리 유용하지 못하다. 특히 사람들이 이에 대해 잘 모르는 경우에는 더욱 그러하다. 그리고 조사에 따르면, 결혼 생활을 하고 있는 수많은 사람들이 이혼할 경우 자녀 양육이나 이혼 수당 측면에서 일반적으로 어떤 일이 벌어지는지 분명하게 파악하지 못하고 있는 것으로 나타났다(당신이 결혼을 했거나 결혼할 계획이라면, 당신이 거주하는 주에서 이혼 수당과 자녀 양육비가 어떻게 산정되는지 알고 있는가? 사실, 몰라도 상관없다. 당신은 절대 이혼하지 않을 테니까).(11) 주 정부들은 일반적으로 용인되는 부양금의 범위를 (아마도 최대한) 수입 대비 비율로 정확하게 밝혀야 한다.

양 배우자의 연령과 재정적 능력, 결혼 기간 등의 요인들을 토대로 확실한 공식을 산출하는 것이 최선의 접근법이 될 수도 있다. 그렇게 되면 판사는 이 공식을 기준으로 결혼생활의 수준과, 부양을 모색하는 배우자의 건강, 양쪽의 재정적 전망 그리고 여타의 관련 요인들을 평가해야 한다. 이 범위에서 '벗어나는' 것은 모두 이유가 명확하게 제시되어야 하며 용인될 수 있는 조정의 근거 역시 극소수로 제한되어야 한다. 해당 프로세스를 투명하게 만드는 것은 전적으로 커플들이 예상된 범위 내에서 합의에 이르도록 넛지를 가하기 위함이니까 말이다.

그러나 좀 더 광범위한 결론을 내려보겠다. 결혼에 관한 한 반드시 민영화가 이뤄져야 한다는, 즉 종교단체나 여타의 민간단체들이 디폴트 규칙과 형법에 따라 원하는 대로 결혼을 주관하도록 허용해야 한다는 주장들이 강력하게 제기되고 있다. 우리는 주 정부가 기존의 '결혼'을 폐지하고 대신 시민결합에 의지해야 한다고 주장했다. 종교단체들이 '결혼'을 이성 커플들에게만 제한하고 싶어 한다면, 정확히 이것이 허용되어야 한다. 그들은 또한 원한다면 이혼(즉, '결혼'을 끝내는 것)도 같은 방식으로 제한할 수 있어야 한다. 이 제안의 매력은 광범위한 실험을 허용한다는 점이다. 그 과정에서 개인과 종교단체들의 자유가 확대되는 동시에 불필요한 그리고 불쾌한 기존의 논쟁은 점차 시들해질 것이다.

제4부

Nudge

여타의 넛지들과 여러 가지 반론들

혹시 화가 머리끝까지 난 상태에서 상대방에게 이메일을 보낸 뒤 바로 후회해본 적이 있는가? 'send' 버튼을 누르는 순간 '메일의 상당 부분이 분노로 가득 차 있습니다. 진짜 보내겠습니까' 하는 메시지를 한번 노출하는 것만으로 몇 시간 후 우리의 괜한 후회와 자책, 무엇보다 더 큰 갈등을 없앨 수 있다. 이처럼 일상속의 사소한 넛지가 우리 안의 좀 더 선한 본성을 깨워줄 수도 있다. 이처럼 넛지는 보이지 않는 듯해도 어디에나 존재한다. 사소해 보이는 일상생활의 모든 순간에서 우리는 현재도 넛지를 당하고 있으며 넛지를 가할 수 있다.

14
12가지 미니 넛지

지금까지 설명한 여러 가지 넛지들 외에도 분명히 무수히 많은 넛지들이 존재할 것이다. 추가로 열두 가지의 '미니 넛지'들을 소개한다.

점진적 기부 증대

자선 행위에 대해 강력한 욕구를 지닌 사람은 많지만, 그 중 대다수는 타성 때문에 실제로 원하는 만큼 충분히 기부를 하지 않는 듯 보인다. 숙고 시스템은 자선을 행하고 싶어 하지만 자동 시스템이 이것을 피한다는 얘기다. 남을 도와야겠다고 생각하면서도 다른 일에 집중하느라 그 순간을 놓친 경험이 있지 않는가?

이를 해결하는 한 가지 간단한 넛지는 '점진적 기부 증대'이다. '점진적 저축 증대'를 본뜬 '점진적 기부 증대'의 기본적인 개념은 사람들에게 조만간 선호하는 자선단체에 소액의 돈을 기부하기 시작하여 해마다 기부금을 조금씩 늘릴 의향이 있는지 물어보는 것이다(기부 증대를 저축 증대처럼 급여 인상에 연결시키는 것은 필경 실효성이 없을 것이다). '점진적 기부 증대'에서 옵트아웃하고자 하는 사람은 언제든 전화 한 통화로 혹은 짤막한 이메일 한 통으로 해지할 수 있다. 이렇게 되면 많은 사람들이 기꺼이 이 프로그램에 가입하지 않겠는가?

안나 브레만(Anna Breman)(2006)은 이 아이디어를 활용하여 대규모의 자선단체와 함께 예비 실험을 수행했다. 이미 매달 기부금을 내고 있는 사람들에게 당장 또는 2개월 후부터 기부금을 올려달라고 요청한 것이다. 2개월 후에 올려달라는 요청을 받은 사람들은 기부금을 32% 올렸다. 우리는 우리 대학과 협력하여 추가적인 실험을 수행하고 있는데, 초기 결과는 낙관적인 편이다. 자선 행위를 늘리는 것이 목표라면 이것이 가장 간단한 방법이다. 사실 누구나 예상한 일이겠지만, '점진적 기부 증대' 프로그램은 기부금이 필요한 사람들에게 훨씬 더 많은 돈을 안겨주었을 뿐 아니라 기부를 원하지만 결코 실천에 옮기지 못하는, 선하지만 게으른 기부자들까지 만족시켰다.

자선 직불카드와 세금 공제

이와 관련하여 사람들이 기부금에 대해 세금 공제를 보다 쉽게 받을 수 있도록 넛지를 가할 수도 있다. 일부 인간들에게는 기부내역을 기록하고 그것을 세금 환급 항목으로 올리는 것이 매우 수고스러운 일이다. 그러나 절세가 자동으로 이뤄진다면 그들은 오히려 기부금을 더 올릴 수도 있다. 한 가지 분명한 해결책은 '자선 직불카드'이다. 즉, 은행에서 발행하고 자선단체에서만 사용할 수 있는 특수 직불카드를 도입하는 것이다. 자선 직불카드를 사용하면 모든 기부금이 일반 계좌에서 인출되며, 은행은 연말에 기부내역을 적어 총계를 낸 명세서를 발송한다. 또한 이 카드를 이용하여 가구나 자동차 같은 비화폐성 품목의 기부내역을 기록하고 은행이 기부 품목의 가치를 파악하여 연말 명세서에 합산하도록 만들 수도 있다. 심지어는 해당 명세서가 곧바로 국세청(Internal Revenue Service, IRS)으로 발송되어 정부가 자동으로 적절한 세금공제를 처리할 수도 있다. 이러한 카드는 기부 사실을 부각시킴으로써 자선 행위를 보다 간편하고 매력적으로 만들 수 있다.

자동 세금 신고

세금과 자동 세금 처리의 경우, 현명한 선택 설계자라면 소득세 시스템을 지금처럼 복잡하게 설계하지 않았을 것이다. 원천징수는 모든 사람들의 삶을 간편하게 해주는 주요 선급금이었다. 해당 프로세스가 좀 더 자동화될 수 있다면 일반 사람들에게나 국세청에게나 큰 도움이 될 것이다. 경제학자 오스턴 굴스비(Austan Goolsbee)(2006)가 제안한 간단한 조치로, '자동 세금 신고(Automatic Tax Return)'가 있다. 이 접근법이 적용될 경우, 공제내역을 기록하지 않으며 국세청에 보고되지 않는 소득(일테면, 팁)이 없는 사람은 모두 이미 작성되어 있는 세금 환급 신청서를 받게 된다. 그러면 납세자는 거기에 서명을 해서 우편으로 부치기만 하면 된다(그보다 좋은 방법은 국세청 보안 웹사이트에 접속해서 로그인을 하고 클릭을 하는 것이다. 물론, 상태가 바뀌었거나 보고되지 않은 소득이 발생하기 시작한 납세자에게는 변경 사항을 기재하도록 요구해야 한다).

굴스비는 이러한 접근법이 시행될 경우 연간 2억 2천 500만 시간에 달하는 납세자들의 납세 준비 시간과 연간 20억 달러가 넘는 납세 준비 비용을 절감할 수 있다고 추정한다. 물론, 국세청을 신뢰하지 않는 사람도 많다. 그런 사람들을 위해 국세청이 정직하다는 점을 입증해줄 한 가지 방편이 있다. 바로 오류가 있을 경우, 해당 액수에 보너스(일테면, 100달러)를 더해서 돌려줄 것을 약속하는 것이다.

자동 세금 환급은 이미 미국을 제외한 세계 여러 나라에서 사용되고 있다. 덴마크는 1980년대에 최초로 신고서 사전작성 안내제도를 시행했으며 곧이어 다른 북유럽 국가들도 그들의 선례를 따랐다. 핀란드의 마티 반하넨(Matti Vanhanen) 총리는 2006년 핀란드 국세청의 자동 환급 프로그램에 대해 상을 수여했다. 당시 심사위원회는 국세청이 "납세자들이 연말정산 신고서를 작성하고 제출하는 데 드는 시간을 현저하게 줄였으며……(그리고) 세금 신고서를 처리하는 데 따르는 국세청 내부의 비용까지 크게 줄였다"고 평가했다. 이제는 오스트레일리아와 노르웨이, 스웨덴, 벨기에, 칠레, 포르투갈, 스페인, 프랑스 등이 다양한 수준으로 신고서 사전작성 안내제도를 채택했으며, 2009년에는 네덜란드도 이에 합류할 예정이다. 노르웨이의 경우, 자신의 세금 정보를 변경하고자 하는 납세자들은 휴대폰 문자메시지를 통해서도 변경을 요청할 수 있다.(1)

스틱닷컴

많은 사람들은 자신의 목표와 열망을 달성하기 위해 도움을 필요로 한다. 성공 확률을 높이는 한 가지 방법은 특정 행위를 공식적으로 약속하는 것이다. 예를 들어, 신용카드를 잘라버리거나 주방에 브라우니와 캐슈너트를 쌓아놓지 않거나 낙엽을 모두 치울 때까지 아내에게 TV 리모컨을 숨기게 함으로써 쉽게 특정 행위를 약속할 수 있는 경우도 있다. 그러나 그보다 어려운 경우도 많다. 2장에서 언급한 두 대학원생의 체중 감량 내기를 기억하는가? 그 중 한 사람으로 현재 예일 대학 경제학 교수인 딘 칼런(Dean Karlan)은 예일대 동료인 이안 에어리스(Ian Ayres)와 팀을 구성하여 체중 감량과 동일한 개념을 토대로 웹 기반 사업을 계획했다. 에어리스와 칼런은 이 사업에 스틱닷컴이라는 이름을 붙였다.(2)

스틱닷컴은 두 가지 방법의 약속, 즉 금전적인 방법과 비금전적인 방법을 제시한다. 금전적인 방법은 돈을 내고 특정 목표를 특정 날짜까지 달성하기로 합의하는 것이다. 이 경우, 자신이 해당 목표를 달성했음을 입증할 방법도 구체적으로 정해야 한다. 예를 들어, 병원이나 친구네 집에서 체중을 측정한다거나 병원에서 소변 검사를 통해 니코틴 배출량을 확인한다거나 여타의 양심적인 입증 방법을 사용하기로 동의하는 것이다. 목표를 달성한 경우에는 돈을 돌려받지만, 실패할 경우에는 그 돈이 자선단체에 기부된다. 혹은 금전적인 약속 집단에 가입할 수도 있다. 이 경우, 구성원들이 모은 돈은 목표를 달성한 구성원들이 나눠 갖는다. 〔그보다 더 가혹하고 짓궂지만 어쩌면 훨씬 더 효과적일 수도 있는 옵션은 그 돈을 참가자가 혐오하는 사람들, 일테면 반대 정당이나 자신이 좋아하는 팀의 최대 라이벌 팀 팬클럽에게 주는 것이다. 양키스(Yankees) 팬의 돈을 레드 삭스(Red Sox) 팬클럽에 기부했다고 생각해보라.〕 비금전적 약속에는 동료 집단의 압력을 활용하거나(가족이나 친구들에게 성공 여부를 알리는 이메일을 보내는 등) 특정 그룹 블로그를 통해 자신의 목표를 관리하는 방법 등이 포함된다.

참가자의 목표는 체중 감량이 될 수도 있고 금연이나 운동 횟수 늘리기, 성적 향상 등이 될 수도 있다. 그러나 색다른 목표를 가진 사람들을 위해 창의적인 섹션도 마련되어 있다. 정상이 얼음으로 뒤덮인 킬리만자로 산 등반(사진으로 증명), 몽고 여행(여권 스탬프로 증명), 오렌지 일곱 개와 수박 한 통으로 저글링 하는 법 배우기(비디오로 증명), 마라톤 출전, 저축 증대(분명히 창의성은 떨어진다), 가스와 전기 소비량 감축(그리 창의적이지는 않지만 칭찬할 만한 일이다), 그밖에 사람들이 생각해내어 해당 웹사이트에 올릴 수 있는 자기 개선이라면 무엇이든 포함된다.

니코틴 패치 없이 금연하기

사람들이 약속을 하고 목표를 달성하도록 돕는 단체들은 기존에도 존재해왔다. 케어스[CARES, Committed Action to Reduce and End Smoking(흡연 감소 및 금연 약속 운동)]는 필리핀 민다나오의 카라가 그린 은행(Green Bank of Caraga)이 제공하는 저축 프로그램이다. 금연 희망자들은 최소 1달러를 넣고 계좌를 개설한다. 그런 다음 6개월 동안 담뱃값을 이 계좌에 입금하는 것이다(해당 은행 직원들이 매주 찾아가서 직접 돈을 수금하는 경우도 있다). 6개월 후에 고객은 소변검사를 통해 최근에 담배를 피우지 않았음을 확인받는다. 고객이 이 검사를 통과하면 돈을 돌려받지만 검사를 통과하지 못하면 계좌가 폐쇄되고 잔고는 자선단체에 기부된다.

MIT의 빈곤퇴치 실험연구소(Poverty Action Lab)가 수행한 이 프로그램의 초기 성과 평가는 매우 낙관적이었다. 계좌 하나를 개설함으로써 금연을 원하는 사람들의 목표 달성 가능성이 53% 올라간 것이다.(3) 여타의 금연 방법으로는, 심지어 니코틴 패치로도 이 정도의 성공은 거두지 못한 것으로 나타났다.

오토바이 헬멧

미국의 여러 주들은 헬멧을 착용하지 않고 오토바이 타는 것을 금하고 있다. 자유주의자들은 이러한 금지 조치에 의문을 제기한다. 그들은 이렇게 묻는다. 위험을 감수하고자 하는 사람들에게는 그것을 허용해주어야 하지 않는가? 지금까지도 위험을 강조하며 금지 조치를 지지하는 골수 개입주의자들과 정부에서 사람들이 원하는 대로 행동하도록 허용해야 한다고 주장하는 자유방임주의의 팬들 사이에 격렬한 논쟁이 벌어지고 있다. 칼럼니스트 존 티어니(John Tierney)(2006)는 자유를 유지하는 동시에 안전을 증진시킬 수 있는 넛지 형태의 방법을 제안했다. 기본적인 아이디어는 헬멧 착용을 원치 않는 오토바이 탑승자들에게 특별 면허를 취득하도록 요구하는 것이다. 즉, 추가 코스 시험에 합격하고 의료보험 증서를 제출하는 사람들에게만 특별 면허증을 내주는 것이다.[1]

티어니의 접근법이 채택될 경우, 바람에 머리칼을 날리고 싶어 하는 사람들에게는 모종의 비용이 부과된다. 추가 코스 시험과 의료보험 증서 제출은 다소 성가신 일이 될 수 있다. 그러나 이런 종류의 요구들은 금지 조치보다 개입주의적인 요소가 덜하며 어쩌면 많은 이익을 안겨줄지도 모른다.

---

1 티어니 칼럼을 읽은 한 독자는 편집자에게 보내는 편지에서 특별 면허증에 장기 기증 동의 서명까지 전사하는 것이 어떻겠느냐고 제안했다.

자기 금지에 도박 걸기

줄잡아 말해도, 도박은 수많은 복잡한 쟁점들을 제기한다. 따라서 이 부분에 대해서는 자유주의적 개입주의자가 이행할 만한 여타의 조치들을 상세히 탐구하지는 않을 것이다(우리가 당국의 책임자였다면 도박에 대해 주 정부들에게 전권을 넘겨주진 않았을 것이라고만 말해두겠다. 특히 주 정부들이 고객들에게 최악의 승률을 제시하는 도박, 말하자면 주 복권 등을 전문으로 삼는 쪽을 택한다면 더더욱 그랬을 것이다. 주 복권은 대략 1달러 당 50센트를 상환금으로 책정한다. 힌트: 승률이 괜찮은 도박을 하고 싶다면 친구들과 미식축구 내기를 하라). 그러나 우리들 중에는 분명히 도박에 중독된 사람들이 있으며, 그들은 진정으로 도움을 필요로 한다.

기발한 해결책 한 가지를 소개한다. 지난 10년 동안 일리노이와 인디애나, 미주리를 비롯한 몇몇 주들은 도박 중독자들이 스스로를 카지노 출입 금지자 혹은 당첨금 수령 금지자 목록에 올리게 하는 법을 시행해왔다. 저변에 깔린 생각은, 자기통제에 문제가 있는 사람은 자신의 약점을 알고 있으며 자동 시스템이 숙고 시스템을 통제해주길 바란다는 것이다. 기분전환으로 도박을 하는 사람이라면 혼자서 또는 친구들과 함께 이를 실천할 수 있다. 때로는 민간단체들이 그들을 도울 수도 있다. 그러나 도박 중독자들의 경우에는 주의 지원을 요청할 방법이 있어야만 최선을 다할지도 모를 일이다. 우리는 자가 금지가 훌륭한 아이디어라고 생각하며 따라서 연구를 통해 다른 영역에서도 이러한 개념을 이용하는 방법을 탐구하라고 제안한다.

데스티니 헬스 플랜

보험 회사들은 환자들만큼이나 의료비 지출이 늘어나는 것을 원치 않는다. 보험 회사의 입장에서 창의적인 노력을 통해 고객들과 함께 건강을 개선하도록 노력하는 동시에 모두의 의료비를 줄일 수 있는 방법이 있다. 현재 4개 주(일리노이, 위스콘신, 미시건, 콜로라도)에서 제공되는 '데스티니 헬스 플랜'을 보자. 이 플랜의 특징은 '활력 프로그램(Health Vitality Program)'을 통해 인센티브를 활용하여 사람들이 건강에 좋은 결정을 내리도록 독려하는 것이다. 가입자는 또한 특정 주간에 헬스클럽에서 운동을 하거나 자녀를 축구팀에 가입시키거나 혈압을 측정해서 결과가 정상으로 나오면 '활력 화폐(Vitality Bucks)'를 획득할 수 있으며, 이 활력 화폐는 비행기표나 호텔 투숙권, 잡지 구독권, 가전제품을 구입하는 데 사용될 수 있다. '데스티니 헬스 플랜'은 사람들에게 보다 건강한 삶을 안겨주기 위해 고안된 넛지를 건강 보험과 결합한 현명한 시도이다.

하루 1달러 프로그램

10대 청소년 임신은 많은 소녀들에게 심각한 문제이며 (가령) 18세에 아이를 가진 소녀들은 종종 1, 2년 후에 다시 임신을 한다. 노스캐롤라이나의 그린즈버러를 포함하여 몇몇 도시들은 '하루 1달러(dollar a day)' 프로그램을 시범 운영해왔다. 이미 아기를 낳은 10대 소녀들에게 임신을 안 하고 있는 기간 동안 하루에 1달러씩 지급하는 프로그램이다.(4) 지금까지의 결과는 지극히 낙관적이다. 하루 1달러는 설사 그 기간이 1, 2년에 달한다고 해도 시 당국에게는 아주 미미한 비용이므로 해당 계획에 들어가는 총 비용은 극도로 낮다. 그러나 과거를 상기시키는 이 작은 지급금은 10대 미혼모들이 다시 임신하는 것을 피하는 조치를 취하도록 독려할 만큼 '부각' 효과가 충분히 크다. 게다가 납세자들도 10대들이 낳은 수많은 아기들을 위해 결국 많은 돈을 지불하게 된다는 점을 감안할 때, 이 같은 비용은 그것이 안겨주는 혜택에 비해 훨씬 적은 셈이다. 많은 사람들이 '하루 1달러'를 10대 임신을 줄이도록 돕는 하나의 모델 프로그램으로 적극 지지하고 있다(분명히 앞으로 이 같은 프로그램들이 더 많이 고안될 것이다. 이를 또 하나의 넛지를 고안하게 하는 넛지로 생각해보라).

에어컨 필터, 유용한 적색등

날씨가 무더우면 사람들은 에어컨에 의존하게 되는데, 대다수의 중앙 냉방 시스템들은 정기적인 필터 교체를 요구한다. 필터를 교체하지 않으면 좋지 않은 일들이 일어날 수 있다. 예를 들면, 냉방 시스템이 얼어서 고장이 날 수도 있다. 안타깝게도 필터 교체를 기억하기란 쉽지 않기 때문에, 당연히 많은 사람들이 엄청난 수리비를 떠안게 된다. 해결책은 간단하다. 눈에 잘 띄는 관련 지점에 적색등을 설치하여 필터를 교체해야 한다는 사실을 알리는 것이다. 현재 출시되는 자동차들도 오일 교체시기를 알려주며 신형 냉장고들도 내장 정수필터의 교체시기를 알리는 경고등을 갖추고 있다. 에어컨에도 이 같은 방식이 적용될 수 있다.

손톱 물어뜯는 습관을 고쳐주는 매니큐어와 디설피람

나쁜 습관을 고치고자 하는 사람들 중에는 그러한 습관에 탐닉하는 것을 고통스럽게 만드는 제품을 사고 싶어 하는 사람들도 있을 것이다. 자동 시스템에게 '그만!' 하고 명령하는 제품을 구입함으로써 숙고 시스템이 자동 시스템을 길들이게 만들 수도 있다는 생각에서 말이다.

현재 정확히 이러한 임무를 수행하는 제품들이 몇 가지 있다. 손톱 물어뜯는 습관을 고치고자 하는 사람들은 마발라(Mavala)나 올리 노 바이트(Orly No Bite)처럼 쓴 맛이 나는 매니큐어를 구입할 수 있다. 이러한 개념을 좀 더 극단적으로 활용한 예는 일부 알코올중독자들에게 지급되는 디설피람(Disulfiram)이다. 디설피람은 알코올을 섭취할 경우 곧바로 구토를 하고 숙취를 겪게 하는 약이다. 디설피람은 일부 만성 알코올중독자들에게 치료 프로그램의 일환으로서 강력하고도 긍정적인 효과를 발휘해왔다.

이메일 발송 전 교양 검사

드디어 마지막까지 아껴둔, 우리가 가장 좋아하는 제안을 소개하겠다. 현대 사회는 교양의 결여로 고통 받고 있다. 매일 시시각각으로 사람들은 거의 알지도 못하는 사람들에게(심지어는 친구들과 사랑하는 사람들에게도) 분노의 이메일을 전송하고 곧바로 후회를 한다. 소수의 사람들은 이미 다음과 같은 간단한 규칙을 터득했다. '분노의 메시지가 담긴 이메일을 그 순간에 발송하지 말 것'. 해당 메일을 저장해두고 보내기 전에 하루를 기다려라(사실, 다음날이 되면 마음이 진정되어 메일을 보는 것조차 잊어버릴 것이다. 오히려 잘 된 일이다). 그러나 대다수의 사람들은 이러한 규칙을 모르거나 그저 따르지 못하는 경우가 있다. 그렇다면 기술이 그들을 쉽게 도울 수 있다. 사실, 기술에 정통한 사람이라면 다음 달쯤 유용한 프로그램을 설계할 수 있다고 믿어 의심치 않는다.

우리가 제안하는 것은, 작성한 이메일에 분노가 담겼는지 여부를 정확하게 판별하고 "경고: 이 이메일은 무례해 보입니다. 정말 이 이메일을 전송하시겠습니까?"라고 경고할 수 있는 일종의 '교양 검사'를 제안한다(욕설을 감지하는 소프트웨어는 이미 존재한다. 그러나 우리가 제안하는 프로그램은 그보다 좀 더 세밀한 것이다. 욕설을 전혀 담지 않고도 끔찍한 이메일을 작성하기란 그리 어렵지 않기 때문이다). 사람들이 선택할 수 있는 혹은 디폴트로 지정할 수도 있는 좀 더 강력한 버전은 다음과 같은 메시지이다. "경고: 이 이메일은 무례해 보입니다. 따라서 24시간 이후에 재전송 명령이 입력되어야만 전송할 수 있습니다." 이처럼 좀 더 강력한 버전을 사용하는 경우 모종의 작업을 수행해야 해당 지연을 피할 수 있게 할 수도 있다(일테면, 자신의 사회보장번호나 할아버지의 생년월일을 입력하게 할 수도 있고 짜증나는 수학 문제를 풀게 할 수도 있다!).[2]

숙고 시스템은 자동 시스템보다 더 현명할 뿐 아니라 더 선할 수도 있다. 가끔은 선함이 곧 현명함을 의미한다. 인간들이 에이브러햄 링컨(Abraham Lincoln)이 말한 '우리의 본성 중 상대적으로 선한 천사(the better angels of our nature)'를 독려한다면 인간들의 삶은 지금보다 훨씬 더 나아질 것이다.

---

2 이러한 프로그램이 아직 개발되지 않았으므로 그 사이에 우리 두 저자는 한 가지 대안으로 우리만의 자기통제 장치를 사용하고 있다. 둘 중 한 사람이 몹시 화가 나서 거친 이메일을 쓰면 그것을 다른 한 사람에게 전송하여 편집하게 하는 것이다. 물론, 우리가 서로에게 화가 났을 때는 효과가 없을 것이다. 그러니 이러한 프로그램이 빠른 시일 내에 개발되길 바란다.

15
반대 의견들

누가 넛지에 반대할 것인가? 우리는 굳건한 반개입주의자들이 그리고 필경 여타의 사람들도 심각한 반론을 제기하리라는 것을 잘 안다.(1) 가능한 반론들을 차례로 고려해보자. 가장 약하게 보이는 반론들에서 시작해서 좀 더 복잡한 쟁점들을 제기하는 반론들로 넘어가겠다.

미끄러운 비탈길

일부 사람들은 자유주의적 개입주의를 포용하는 이들이 놀랍도록 미끄러운 비탈길을 미끄러져 내려가기 시작했다고 우려한다. 다소 매력적인 주장이다. 회의론자들은 저축이나 구내식당 음식 배열 혹은 환경보호와 관련하여 온건한 개입주의를 받아들일 경우, 분명히 극도로 개입주의적인 간섭이 뒤따를 거라고 우려할지도 모른다. 또, 에너지 보존을 장려하는 정보 캠페인을 허용할 경우, 정부의 선전 장치가 교육에서 노골적인 조작으로, 그리고 다시 강제와 금지로 신속하게 바뀔 거라고 반대하는 사람들도 있을 것이다.

비판자들은 그들이 생각하기에 용인할 수 없을 정도로 극심한 개입주의적 형태의 맹습을 쉽게 그려볼 수 있다. 교육을 출발점으로 삼았지만 결국 정부는 엄청난 벌금이나 심지어는 징역형까지 부과할지도 모른다고 말이다. 한 가지 가능한 예는 담배의 경우이다. 담배의 경우, 일부 국가들에서는 온건한 경고 라벨이 훨씬 더 공격적인 정보 캠페인으로 발전했으며, 뒤이어 담배에 높은 세금이 매겨지고 공공장소에서의 흡연도 금지되었다. 이제 흡연자들은 언젠가 한두 국가에서는 담배가 극심하게 규제되거나 심지어는 완전히 금지되는 날이 올지도 모른다고 생각한다. 현실을 감안하면 이를 과대망상이라 치부할 수도 없다. 사실, 담배에 대해서는 이러한 조치를 환영하는 사람들도 많을 것이다. 그러나 술은 그렇지 않다. 그렇다면 우리는 어디에서 멈춰야 하는가? 미끄러운 비탈길을 끝까지 미끄러져 내려갈 가능성은 분명히 희박해 보이지만, 비평가들은 도를 넘은 간섭이 행해질지도 모른다는 두려움 때문에 처음부터 비탈길에 아예 발을 들여놓지 않는 편이 더 낫다고 생각할 수도 있다.

우리는 이러한 공격 노선에 대해 세 가지 대답을 갖고 있다. 첫째, 미끄러운 비탈길 주장은 우리의 제안이 그 자체로 이로운 것인지의 문제를 논외로 친다. 이러한 문제는 분명히 논의할 가치가 충분한데도 불구하고 말이다. 우리의 제안이 사람들의 저축을 늘리는 데, 식생활을 개선하는 데, 보다 현명한 투자를 꾀하는 데, 보다 나은 보험 플랜과 신용카드를 선택하는 데 도움을 준다면(사람들이 원할 경우에 한해서 말이다) 당연히 좋은 일이 아니겠는가? 설사 우리의 정책들이 현명하지 못하다고 해도 가정에 불과한 미끄러운 비탈길만을 우려하기보다는 직접적으로 비판하는 편이 보다 건설적일 것이다. 그리고 우리의 제안이 가치 있는 것이라면 그것을 토대로 진보를 이룩하고 (우리도 정말로 그 비탈길이 얼마나 미끄러운지 걱정하고 있다고 가정한다면) 비탈길에 모래를 붓는 일이라면 무엇이든 할 것을 제안한다.

두 번째 대답은 저비용의 옵트아웃 권리를 요구하는 우리 나름의 자유주의적인 조건이 미끄러워 보이는 비탈길의 경사도를 줄여준다는 것이다. 우리의 제안들은 단연코 선택의 자유를 보호할 목적으로 고안되었다. 교육에서부터 환경보호와 의료 과오, 그리고 결혼에 이르기까지 수많은 영역에서 기존에 존재하지 않는 자유를 창출할 것이다. 나름의 경로를 채택하고자 하는 사람들이 개입주의적 개입을 쉽게 피할 수만 있다면, 개입주의를 반대하는 사람들이 트집 잡는 리스크는 그리 크다고 할 수 없다. 미끄러운 비탈길 주장은 제안된 행동 방침과 혐오스럽거나 용인될 수 없는 행동 방식 혹은 끔찍한 행동 방식을 구분할 수 없을 때 가장 큰 설득력을 갖는다. 자유주의적 개입주의자들은 선택의 자유를 보호하기 때문에 우리는 우리만의 접근법이 가장 이론의 여지가 많은 유형의 정부 개입과는 대조된다고 자신 있게 말할 수 있다.

세 번째 논점은 우리가 이 책 전반에 걸쳐 강조해온 것이다. 바로, 특정 유형의 넛지는 단순히 정부의 개입을 막는 것 자체가 무의미할 정도로 불가피하다는 사실이다. 건축 설계 없이는 어떤 건물도 건축될 수 없듯이 정황 혹은 맥락이 없이는 어떠한 선택도 이뤄질 수 없다. 민간부문에서든 공공부문에서든 선택 설계자들은 반드시 '무언가'를 해야 한다. 환경오염의 경우에도 모종의 규칙이 정해져야 한다. 설사 그 규칙이 오염을 유발하는 사람들에게 어떤 책임도 부과하지 않으며 아무런 처벌 없이 오염을 시킬 수 있다는 것이라 해도 말이다. 주 정부들이 결혼과 시민 결합을 모두 시행했다고 해도, 해체하는 커플들이 서로에게 무엇을 지불해야 하는지(그런 게 있다면) 알려주는 데 사용할 수 있는 계약법이 있어야 할 것이다. 정부가 처방약 플랜을 채택하기로 결정했다면 모종의 선택 설계가 이뤄져야 한다.

살다보면 종종 사람들이 예상하지 못한 문제들이 나타난다. 투자의 경우에도 그렇고 자동차 임대와 신용카드 계약, 모기지, 에너지 사용 등에서도 예기치 못한 문제들이 나타나게 마련이다. 민간 기관들과 공공 기관들 모두 이러한 상황의 처리 방식을 결정하는 규칙들을 만들어야 한다. 그러한 규칙들이 안 보인다고 생각된다면, 그것은 사람들이 그러한 규칙들을 전혀 자각하지 못할 정도로 분명하고 확실한 것으로 생각하기 때문이다.

넛지를 반대하는 사람들도 민간부문에 대해서는 이러한 주장을 수용할 수 있을 것이다. 그렇다면 그것은 경쟁 압력이 최악의 넛지들과 맞서 싸울 수 있다고 믿기 때문일 것이다. 사람들을 나쁜 방향으로 유인하는 은행이나 휴대폰 임대 회사들은 고객들을 잃을 수도 있다는 생각에서 말이다. 이러한 관점에 대해 지금까지 우리는 여러 가지 문제들을 제기했으며, 앞으로도 몇 가지 문제들을 더 제기할 것이다. 그러나 이런 문제들은 잠시 미뤄두고 오직 정부에 대한 미끄러운 비탈길 주장에만 초점을 맞춰보겠다. 이러한 주장을 펴는 사람들은 때때로 정부가 없어도 괜찮다는 듯이 말한다. 마치 배경을 설정하는 디폴트 조항들이 자연이나 하늘에서 나오기라도 한 것처럼 말이다. 이것은 큰 실수다. 분명히 현재 특정 맥락에 적용되는 디폴트 조항들은 사람들의 이익을 전반적으로 혹은 균형 있게 증가시킨다는 점에서 최선일 수도 있다. 그러나 이러한 관점은 단순히 추정에 그치기보다는 옹호되어야 마땅하다. 게다가 전반적으로 정부를 극도로 낮게 평가하는 사람들이, 모든 영역에서 과거의 정부들이 일련의 이상적인 제도들을 우연히 발견했다고 생각하는 것은 이상한 일이 아닐 수 없다.[3]

악한 의도로 넛지를 가하는 사람들과 나쁜 넛지들

선택 설계자들은 유용하다고 추정되는 넛지들을 제시할 때 나름의 의도를 갖고 있을 것이다. 사람들이 두 가지 중 특별한 한 가지 디폴트 규칙을 선호하는 것은 거기에 자신의 이익이 걸려 있기 때문일 것이다. 기업들이 첫 달에 특별 이율을 제시한 다음, 도입기간이 끝나면 이율을 높여서 자동으로 재등록시킬 경우, 그들의 일차적인 동기는 당신이 직접 서명하는 수고를 덜어주기 위함이 아니다. 그러니 모든 계층의 선택 설계자들이 사용자보다는 설계자 자신(혹은 그들의 고용주)에게 이로운 방향으로 넛지를 가할 만한 인센티브를 갖고 있다고 공식적으

---

3 이와 관련해 나올 수 있는 한 가지 대응은 위대한 영국의 전통주의자 에드먼드 버크(Edmund Burke)와, 특히 오랫동안 고수된 사회적 관습들이 현명한 것일 가능성이 높다는 버크의 주장을 인용하는 것이리라[버크(1993) 참조]. 버크는 그러한 관습들이 정부의 조치가 아니라 많은 사람들이 여러 기간에 걸쳐 판단한 바를 반영하고 있으며, 법은 종종 그러한 판단들을 구체화한다고 생각했다. 전통주의자들 가운데 상당수는 모든 종류의 사회적 조종에 대해 버크 식의 주장을 제시하며 반대한다. 우리는 오랫동안 고수해온 전통이 어느 정도 현명한 것이라는 데에는 동의하지만, 전통주의자들이 자유주의적 개입주의에 대해 합당한 반대 의견을 갖고 있다고는 믿지 않는다. 사회적 관습과 그것을 반영하는 법률들이 종종 고수되는 것은 그것들이 현명해서가 아니라 종종 자기통제 문제를 겪는 인간들이 단순히 다른 인간들을 따라하기 때문이다. 타성과 늑장 행위 그리고 모방이 종종 우리의 행동을 조종하기 때문이라는 얘기다. 우리의 전통이 현실인 이상, 그에 대한 주장은 정황에 따라 더 강력해 보이기도 하고 더 약해 보이기도 한다. 그렇다고 해서 수많은 사람들의 판단을 진정으로 구체화하는 법률들이 종종 그런 이유만으로 지지할 가치가 있다는 관점에 의문을 제기하는 것은 아니다.

로 전제하자. 그러나 이러한 관측에서 어떠한 결론을 도출해야 하는가? 건축 설계자들도 의뢰인과 이해의 상충을 겪을 수 있다. 그러나 그렇다고 해서 건축 설계를 중단해야 하는가? 그보다는 가능하다면 인센티브들을 수집하고 그것이 불가능할 때에는 감시와 투명성을 채택하고자 노력해야 한다.

한 가지 문제는 민간부문의 선택 설계자들보다 공공부문의 선택 설계자들이 훨씬 더 걱정스러운 존재인가의 여부이다. 그럴 수도 있다. 그러나 우리는 양쪽 모두를 걱정한다. 민간기관들도 이따금씩 이기적이고 탐욕스러우며 무능력하고 사람들을 이용하는 행태를 취한다. 표면적으로, 공공부문의 설계자가 민간부문의 설계자보다 언제나 더 위험하다고 말하는 것은 공정하지 않다. 어쨌든 공공부문의 관리자들은 유권자들에게 대답을 제시해야 하고, 민간부문의 관리자들은 소비자의 안녕보다는 이윤 및 주가의 극대화를 더 중요시해야 하지 않는가. 실제로 정부에 대해 가장 큰 회의를 품은 사람들 가운데 일부는 민간부문 관리자들의 유일한 책임이 주가의 극대화라고 생각한다. 앞에서도 강조했듯이, 보이지 않는 손은 상황에 따라 이익을 극대화하고자 하는 사람들이 이익뿐 아니라 소비자들의 안녕까지 극대화하도록 이끌 수도 있다. 그러나 소비자들이 구입하려 하는 제품의 특성에 대해 혼란스러워 할 경우에는 그러한 혼란을 교묘하게 이용하는 것이 이익 극대화의 수단이 될 수도 있다. 단기적으로는 더더욱 그렇지만 장기적으로도 그러할 수 있다. 2008년 금융위기가 닥친 것은 부분적으로 사람들이 자신이 맺는 계약에 대해 거의 이해하지 못했으며 그러한 무지를 이용당했기 때문이다.

보이지 않는 손은 제품이 단순하고 구매 주기가 짧을 때 가장 큰 효과를 발휘한다. 우리는 세탁업자들에 의해 이용당하는 소비자들에 대해서는 거의 걱정하지 않는다. 고객의 셔츠를 잃어버리거나 갑자기 요금을 두 배로 올리는 세탁업자는 세탁사업을 오래 지속할 수 없을 테니까 말이다. 그러나 티저금리가 곧 사라진다는 점을 알려주지 않은 모기지 중개인은 고객이 나쁜 소식을 접할 때쯤에는 이미 사라지고 없을 수도 있다.

〈이코노미스트(Economist)〉 편집자들은 자유주의적 개입주의에 대체로 공감하는 한편 다음과 같은 주의사항을 제시했다. "자유의 관점에서 보면, 과도할 경우 심각한 위험이 따를 수 있으며, 따라서 주의를 기울여야 한다. 어쨌든 정치인들은 대중의 선택을 프레이밍하고 대중의 결정을 소속당의 목적에 맞게 조작하는 기술에 매우 능한 사람들이다. 그리고 로비스트들과 음모가들 그리고 온갖 유형의 참견쟁이들이 모든 노력을 수포로 돌아가게 만드는 것은 무엇으로 막을 것인가?"(2)

우리는 선거나 여타의 방식으로 선발된 정부 관리들이 종종, 사사로운 목표를 특별히 도모하는 방향으로 사람들에게 넛지를 가하려고 노력하는 민간부문 이익집단들의 포로가 된다는 데 동의한다. 이것이 우리가 선택의 자유를 보호하고자 하는 한 가지 이유이다. 그러나 민간부문 이익집단들이 그저 보이지 않는 손을 따라서 고객의 이익을 촉진한다면 무슨 문제가 있겠는가?(3) 좀 더 심각한 것은 공공부문과 민간부문의 선택 설계자들을 모두 똑같이 걱정해야 한다는 점이다. 우리는 기만과 여타의 악습을 줄이고 건강한 경쟁을 촉진하며 이익 집단의 힘을 제한하고 설계자들이 공공의 이익에 기여할 가능성을 높여주는 인센티브를 양산하는 계약 규칙들을 만들어야 한다. 민간부문에서나 공공부문에서나 일차적인 목표는 투명성의 확대가 되어야 한다. 우리의 다양한 RECAP 제안들은 특히 소비자들이 특정 서비스를 얼마나 이용하고 있는지 그리고 그에 대해 얼마를 지불하고 있는지를 좀 더 쉽게 파악할 수 있도록 고안되었다. 또한, 환경에 관해서는 공개 정책이 효과적인 저비용 감시 장치가 될 수 있다고 제안했다.

우리는 이와 유사한 원칙들이 정부를 감시하는 데에도 이용되길 바란다. 정부 관리들에게 자신의 웹사이트에 득표수와 특성 그리고 로비스트들에게 받은 기부금을 모두 게재하도록 요구하는 것이다. 에너지 정책의 미래를 결정하는 사람들에게는 (무작위로 예를 들면) 수익을 극대화하는 기업들 가운데 규칙 설계 프로세스에 전혀 보이지 않는 손을 차용하도록 요청받은 기업이 어디인지 공개하도록 요구한다. 교육 정책의 미래를 결정하는 사람들에게는 이익 집단들과 조합들 가운데 가장 최근 캠페인에서 그들에게 돈을 준 곳이 어디인지 공개하도록 요구한다. 민간부문뿐 아니라 정부 기관들에게도 대기 및 수질 오염에 어느 정도 이바지했는지, 온실 가스를 어느 정도 배출했는지 공개하도록 요구하는 것이다. 미 연방대법관 루이스 브랜다이스(Louis Brandeis)는 '태양광은 최고의 살균제'라고 말했다. 이러한 공개 정책이 적용된다면, 보수 정부든 진보 정부든 태양광을 훨씬 더 많이 활용할 수 있을 것이다.

우리는 계획 설계가 선택에 미치는 영향을 강조하는 차원에서 계획 설계자들이 정보를 더 많이 수집하도록 독려하고자 한다. 그리고 나쁜 계획들에 대해서는 자유주의에 입각한 검사를 수행할 것을 주장함으로써 적절하게 검토되지 않았거나 불순한 동기를 가진 계획들을 걸러내는 강력한 보호 수단을 창출하고자 한다. 계획 설계자에 대한 점검이 개인의 이기심에 좌우되는 상황에서는 선택의 자유가 중요한 교정 수단이 될 수밖에 없다.

틀릴 권리

회의론자들은 자유 사회의 사람들은 틀릴 권리를 갖고 있으며 때로는 실수를 저지르는 것이 모종의 가르침을 준다는 점에서 유용하다고 주장할 수도 있다. 첫 번째 논점에 대해서는 진심으로 동의하는 바다. 바로 그것이 우리가 옵트아웃 권리를 주장하는 이유이니까 말이다. 자신의 은퇴 포트폴리오를 전부 루마니아의 첨단 기술 주식에 투자하고자 하는 사람에게는 그것을 허용해주되, 순진한 선택자들을 위해 몇 가지 경고 신호를 끼워 넣는 것도 해가 되지는 않을 것이다. 스키장에 초급자와 중급자들을 위해 "상급자가 아니라면 이 슬로프를 내려가는 것은 생각도 하지 마십시오"라는 경고 푯말을 세워놓는 것은 전적으로 동의한다는 얘기다.

어느 가난한 사람이 중개인에게 속아서 곧 감당할 수 없을 만큼 불어날 모기지를 받았다고 가정해보자. 또, 어떤 투자 기업이 이러한 모기지 포트폴리오를 인수했다고 가정해보자. 우리는 둘 중 어느 쪽을 더 걱정해야 하는가? 물론 가난한 사람들이다. 투자 기업이라면 좀 더 많은 정보를 수집했어야 마땅하다(물론, 여기서도 보다 나은 정보 공개가 도움이 될 수 있었을 것이다). 그랬다면 그들은 훨씬 더 나은 형태의 대출 리스크 평가 방법을 고안할 수 있었을 것이다. 사람들에게는 얼마나 많은 양의 학습이 유용하다고 생각하는가? 우리는 아이들이 수영장에 빠져 운을 시험해보는 방식으로 수영장의 위험성을 배워야 한다고는 믿지 않는다. 런던의 보행자들이 '오른쪽을 봐야 한다'는 사실을 배우기 위해 굳이 이층버스에 치어봐야겠는가? 인도에 경고문을 설치하는 편이 더 낫지 않겠는가?

처벌과 재분배 그리고 선택

우리의 가장 극단적인 비판자들 가운데 일부가 제시하는 반대의견은 많은 독자들도 이상하다고 생각할 것이다. 그들은 교환을 강요하는 것이라면 '무조건' 반대한다. 그들은 일테면 피터에게서 무언가를 얻어서 폴에게 주는 것을 좋아하지 않는다. 피터는 매우 부유하고 폴은 아주 가난하다고 해도 말이다. 그들은 명백히 누진세를 반대한다(사실, 대부분의 세금을 반대한다). 우리가 관여하는 분야들의 경우, 이들 비판자들은 약자들이나 빈곤층, 교육 수준이 낮은 사람들, 순진한 사람들에게 분명하게 이익이 되는 정책들을 반대할 것이다. 그것은 그들을 동정하지 않기 때문이 아니라, 그들에 대한 도움은 모두 자선 단체 등의 민간부문으로부터 자발적으로 나와야 하며 정부 정책으로 도울 경우 다른 사람들에게 비용이 부과된다고 생각하기 때문이다. 그들은 일부 사람들의 자원을 취하여 다른 이들을 지원하는 정부 정책이라면 무조건 반대한다.

고백컨대, 우리는 모든 재분배가 불합리하다는 관점에는 동의하지 않는다. 좋은 사회는 불행한 사람들에 대한 보호와 솔선 및 자립에 대한 독려 사이에서, 즉 모두에게 파이를 어느 정도씩 나눠주는 것과 파이의 크기를 키우는 것 사이에서 트레이드오프를 조율하는 사회라는 것이 우리의 생각이다. 우리도 '최적의 재분배 수준은 제로(0)'라고는,

즉 격차가 없게끔 분배하는 것이 최적이라고는 보지 않는다. 그러나 우리보다 더 재분배를 싫어하는 사람들은 우리의 정책에 거의 관심이 없을 것이다. 대부분의 경우, 넛지를 가하는 일은 도움을 필요로 하지 않는 사람들에게 최소한의 비용을 부과하여 도움을 필요로 하는 사람들에게 도움을 준다. 이미 노후를 위해 저축을 하는 사람들에게는 '점진적 저축 증대' 프로그램이 아무런 문제도 야기하지 않을 것이다. 비흡연자들 또는 선천적으로(혹은 후천적으로) 날씬한 사람들에게는 흡연자들과 비만인구를 돕는 캠페인이 거의 아무런 해도 입히지 않을 것이다.

일부 회의론자들은 우리의 제안들 가운데 일부가 이콘들에게 그들은 필요로 하지도 않고 이익을 얻을 수도 없는 프로그램들을 위해 (많이는 아니지만) 무언가를 지불하도록 요구할 거라고 주장할 수도 있다. 그러나 도움이 필요한 사람들이 사회에 비용까지 부과하고 있다고 해도(예를 들면, 의료비가 높아지는 등) 이콘들에게 인간들을 돕는 비용을 분담하게 하는 것은 그리 큰 부담이 되지 않는 듯하다. 물론, 일부 재분배 반대론자들은 나머지 사람들로 하여금 의료 서비스를 필요로 하는 사람들을 위해 돈을 지불하도록 강요하는 의료 시스템을 반대할 것이다. 그리고 상대적으로 보면 이콘들이 인간들을 돕는 정책 때문에 많은 것을 잃게 되는 것도 사실이다. 피터라는 사람이, 부분적으로는 자신이 폴보다 더 부유하다는 사실 때문에 행복감을 느낀다고 가정해 보자. 그렇다면 폴의 자립을 돕는 것은 무엇이든 피터의 행복감을 떨어뜨릴 것이다. 즉, 피터의 삶을 악화시킨다는 얘기다. 그럼에도 우리는 (물론 폴과 같은 사람들은 민간 자선 단체보다는 정부의 도움을 받고 있지만) 피터와 같은 사람들 대부분이 실제로 가장 어려운 사회 구성원들을 돕는 데서 즐거움을 찾는다고 생각한다. 우리의 관점을 뒷받침하는 증거가 전혀 없다는 점을 인정하면서도 말이다. 극빈층이 간격을 좁혀오는 것에 대해 비참함을 느끼는 사람들에게 우리는 연민을 느낄 뿐 공감하지는 않는다.

열혈 자유주의자들의 화살통에는 또 하나의 화살이 남아 있다. 그들은 복지보다는 자유와 자유 선택에 관심을 갖는 사람들이다. 따라서 그들은 넛지보다는 선택 강요를 선호한다. 기껏해야 그들은 사람들에게 합리적인 선택을 하는 데 꼭 필요한 정보를 제공한 다음, 사람들에게 스스로, 즉 넛지 없이(!) 선택하게 하는 쪽을 선호할 것이다. 이러한 관점은 시민들에게 투자 포트폴리오를 스스로 선택하게 한 스웨덴 정부의 캠페인과 장기 기증에 대해 디폴트 규칙 없이 사람들에게 의향을 분명히 밝히라고 요구해야 한다는 아이디어에 반영되어 있다. 두 정책 모두 넛지를 가하지 않겠다는 결정을 표상한다.

종종 넛지가 불가피한 경우도 있지만, 우리는 능동적인 선택에 대한 요구가(혹은 강력한 독려가) 때로는 올바른 경로이며 정보 캠페인과 교육 캠페인(어쨌든 우리 둘 다 교수니까)을 제공하는 데에는 전혀 문제가 없다는 데에 적극 동의한다. 그러나 선택 강요가 언제나 최선이 되는 것은 아니다. 선택이 어렵고 옵션이 많을 경우, 스스로 선택하도록 요구하는 것이 선호될 수는 있지만 그것이 최선의 결정으로 이어지지 않을 수도 있다. 사람들은 종종 선택하지 않는 쪽을 선택한다. 그런데 자유 애호가들은 도대체 무슨 이유로 사람들이 (자유롭게 그리고 자발적으로) 저항하는 선택을 억지로 강요하는 것인가? 웨이터에게 주문한 저녁식사에 어울리는 좋은 와인을 한 병 골라달라고 요청했는데, 그가 반드시 우리 스스로 선택해야 한다고 대답한다면 기분이 어떻겠는가!

정보 및 교육 캠페인의 경우, 심리학의 주요 교훈 가운데 하나는 설계자들이 '중립'이라는 목표를 달성하기 위해 아무리 철저하게 노력해도 그러한 프로그램들이 '중립적'이 되기는 불가능하다는 것이다. 요컨대, 사람들에게 선택을 강요하는 것은 언제나 현명하지도 않을뿐더러 중립을 지키는 것이 언제나 가능한 것도 아니다.

한계 설정과 공표 원칙

얼마 전 선스타인은 십대인 딸을 매년 일리노이 주 시카고에서 열리는 3일짜리 록페스티벌 롤라팔루자(Lollapalooza)에 데려갔다. 금요일 밤, 커다란 전광판에 여러 가지 메시지들이 번갈아 나타났다. 주로 공연 일정이었는데, 그 사이사이에 다음과 같은 메시지가 나타났다. "물을 더 마셔야 합니다." 커다란 메시지 옆에는 이렇게 덧붙여져 있었다. "열기 속에서 땀을 흘리면 수분이 빠져나간답니다."

이 메시지는 무엇을 위한 것이었을까? 당시 시카고에는 끔찍한 무더위가 이어지고 있었으므로, 롤라팔루자 운영자들은 분명히 탈수와 관련된 갖가지 건강 문제를 막고자 했던 것이다. 그것은 일종의 넛지였다. 물을 마시라고 강요받은 사람은 아무도 없었다. 그러나 그 전광판을 만든 사람들은 사람들의 사고방식을 고려한 것이다. 특히 '물을 더'라는 표현은 탁월한 선택이었다. 이러한 표현은 "물을 충분히 마셔야 합니다" 혹은 "물을 마셔야 합니다" 등의 비교적 평범한 표현보다 훨씬 더 효과적일 가능성이 높다. "수분이 빠져나간답니다"라는 문구는 수분 유지와 관련한 손실 회피를 상기시킨다. (늘 그렇듯이, 선스타인은 그 전광판을 좀 더 일찍 봤으면 좋았을 거라고 생각했다. 데스 캡 포 큐티(Death Cap for Cutie)라는 밴드의 공연 중에 몹시 갈증이 나기 시작했지만 관

중들이 너무 빽빽하게 들어차서 물을 구하러 나갈 수가 없었기 때문이다.]

이제 상상할 수 있는 한 가지 대안을 비교해보자. "물을 더 마셔야 합니다"라는 메시지가 확연하게 드러나는 대신, 그 날의 일정 사이사이에 식역하(識閾下) 광고(subliminal advertisement: 사람의 잠재의식에 남도록 되풀이해서 하는 광고-옮긴이)가 짤막하게 삽입되었다고 가정해보자. 식역하 광고는 "물을 더 마셔야 합니다"가 될 수도 있고 "목마르지 않으세요?"가 될 수도 있다. 그 밖에도 "술 마시고 운전하지 마세요" "마약은 죽음을 초래합니다" "당신의 대통령을 지지해 주세요" "낙태는 살인입니다" "'넛지'라는 책을 10부 구입하세요" 등등이 될 수도 있다. 식역하 광고를 일종의 자유주의적 개입주의로 볼 수 있는가? 어쨌든 식역하 광고는 사람들의 선택을 조종하긴 하지만 그들을 대신해서 결정을 내려주진 않는다.

그렇다면 우리는 식역하 광고를 환영하는가? 물론, 바람직한 목적의 광고라는 전제하에 말이다. 그러한 민간부문 또는 공공부문의 조작에는 어떠한 한계를 부과해야 하는가? 자유주의적 개입주의와 특정 유형의 넛지들에 대해서는 그것들이 음흉하다는, 즉 그것들이 정부로 하여금 정부가 선호하는 방향으로 사람들을 교묘하게 조종하는 권한을 위임하는 동시에 관리들에게 그러한 임무를 달성할 수 있는 탁월한 수단을 제공한다는 이론이 제기될 수도 있다. 식역하 광고를 그와 동등하게 교활한 방식들과 비교해보자. 만약 당신이 사람들의 체중 감량을 원한다면, 효과적인 전략 한 가지는 구내식당에 거울을 설치하는 것이다. 사람들이 거울 속의 자신을 봤을 때 뚱뚱하다고 생각되면 먹는 양을 줄이게 될 테니까 말이다. 이것은 괜찮은가? 그리고 거울이 괜찮다면 의도적으로 평평하지 않게 만든 거울은 어떠한가? 이러한 거울들은 구내식당을 맡고 있는 우리 친구 캐롤린이 수용할 만한 전략인가? 만약 그렇다면, 패스트푸드점에 날씬해 보이는 거울을 비치하는 것은 어떻게 생각해야 하는가?

이 문제에 대해 다시 한 번 우리의 지침이 되는 원칙들 중 하나에 의존하여 접근해보겠다. 그것은 바로 투명성이다. 이 맥락에서는 철학자 존 롤스(John Rawls)(1971)가 이름 붙인 '공표 원칙(publicity principle)'을 추천한다. 가장 간단한 형태의 공표 원칙은 정부가 국민들에게 공공연하게 옹호할 수 없거나 옹호할 의향이 없는 정책은 선택하지 못하도록 막는 것이다. 우리가 이 원칙을 좋아하는 이유는 두 가지이다. 첫째는 실용성이다. 정부는 공공연하게 옹호할 수 없는 정책을 채택할 경우 매우 곤란한 상황에 처할 것이고, 해당 정책과 그 근거가 공개되면 훨씬 더 힘든 상황에 처할 수 있다. [아부 그라이브 교도소(Abu Ghraib: 이라크 수도 바그다드에서 서쪽으로 32㎞ 지점에 있는 이라크 최대의 정치범 수용소로, 최근 미군의 추행과 악행으로 악명을 떨치게 되었음.-옮긴이)에서 잔인하고 수치스러운 행위에 가담한 사람들 혹은 그것을 용인한 사람들도 이 원칙을 사용했더라면 이익을 얻었을지도 모른다.] 두 번째로 좀 더 중요한 이유에는 존중이라는 개념이 포함된다. 정부는 통치받는 사람들을 존중해야 하는데, 공공연하게 옹호할 수 없는 정책을 채택한다면 그러한 존중을 증명해 보일 수 없다. 그보다는 국민들을 정부의 조작을 위한 도구로 취급하는 셈이 된다. 이런 의미에서 공표 원칙은 거짓말 금지 원칙과도 연관시킬 수 있다. 거짓말쟁이는 사람들을 목적이 아닌 수단으로 취급한다.

우리는 공표 원칙이 공공부문에서나 민간부문에서나 넛지를 강요하고 실행하기에 적절한 지침이 된다고 생각한다. '점진적 저축 증대'를 생각해보자. 이 프로그램의 경우, 사람들은 해당 제안에 관해 명백한 정보를 얻고 구체적으로 그 제안을 받아들일 의향이 있는지 여부에 대해 질문을 받는다. 마찬가지로, 자동 등록을 채택하는 기업들은 자동 등록 사실을 비밀에 부치기보다는 대부분의 근로자들이 해당 플랜에 가입함으로써 보다 나은 삶을 영위할 수 있다는 생각에서 자동 등록을 채택했다고 정직하게 말할 수 있다. 그러나 직원들에게 자사주를 보유하라고 강요하는 것에 대해서도 이렇게 말할 수 있을까?

법적 디폴트 규칙에 대해서도 동일한 결론을 내릴 수 있다. 정부는 (장기 기증을 장려하거나 또는 연령차별을 줄이기 위해) 디폴트 규칙을 변경하면서 그것을 비밀에 부쳐서는 안 된다. 유용한 넛지를 제공하기 위해 행동 연구 결과들을 활용하는 교육 캠페인도 마찬가지이다. 창의적으로 고안해낸 언어적 신호를 사용하여 쓰레기를 줄이거나 석화목 절도 행위를 막거나 장기 기증 신청을 독려할 때에도 정부 관리들은 기꺼이 그들의 방법과 동기를 모두 밝혀야 한다. 몇 년 전에 방영된 광고 한 편을 생각해보자. 뜨거운 가스레인지 위에서 계란프라이가 익어가는 장면이 나오고 다음과 같은 목소리가 들렸다. "이것은 약물에 중독된 당신의 뇌입니다." 이 생생한 영상은 마약에 대한 두려움을 자극하기 위해 고안된 것이었다. 물론, 이 광고는 속임수로 간주될 수도 있지만 결코 공표 원칙을 위반하지는 않는다.

물론, 좀 더 까다로운 사례들도 상상해볼 수 있다. 이론적으로 생각하면, 식역하 광고는 공표 원칙에 저촉되는 듯 보인다. 사람들이 그러한 광고에 대해 분노하는 것은 해당 사실에 대해 아무런 정보도 얻지 못한 상태에서 영향을 받게 되기 때문이다. 하지만 식역하 광고를 사용한다는 사실이 사전에 공개된다면 어떻게 되겠는가? 정부가 일테면 폭력 범죄나 무절제한 음주, 세금 체납 등과 싸우기 위해 식역하 광고를 이용할 거라고 공개적으로 발표한다면 어떻게 되겠는가? 공개만으로도 충분한가? 우리는 그렇지 않다고 생각하는 경향이 있다. 이러한 유형의 조작을 반대하는 것은 정확히 그것이 눈에 보이지 않으며, 따라서 감시가 불가능하기 때문이라고 말이다.

중립은 가능한가?

우리는 정부가 전적으로 중립을 지킬 수 없는 상황이 많다고 강조한 바 있다. 그러나 가능할 뿐 아니라 매우 중요한 형태의 중립이 한 가지 있다. 투표의 경우를 생각해보자. 투표용지에는 후보자들이 모종의 순서에 따라 나열되게 마련이다. 맨 윗자리를 차지하는 후보자가 유리하다는 것은 익히 알려진 사실이다. 한 연구에 따르면, 첫 번째로 기재된 후보자는 약 3.5%포인트만큼 유리한 입장이 된다고 한다.[4] 따라서 정부가(즉, 현직 정치가들이) 후보자들의 이름 배치 순서를 결정하도록 허용하는 상황에 대해 흡족해하는 사람이 있어선 안 된다. 투표용지 디자인의 경우에는 중립성의 원칙이 합당하며, 이러한 맥락에서 중립성은 종종 무작위성을 요구하는 것으로 간주된다.

그렇다면 메디케어 가입자들이 최선의 보험 플랜에 가입하도록 넛지를 가하는 일 혹은 '텍사스를 더럽히지 말라'는 광고의 비용을 지불

---

4 코펠(Koppel)과 스틴(Steen)(2004) 참조. 이러한 효과는 대통령 선거에서처럼 후보자들이 잘 알려진 경우에는 비교적 적지만, 후보자들의 이름이 거의 알려지지 않았거나 언론 매체에서 크게 다뤄지지 않는 경우에는(대부분까지는 아니더라도 수많은 지방 선거에서처럼) 훨씬 더 커질 수도 있다.

하는 일만큼은 정부에게 맡겨야 한다고 생각하는 이유는 무엇인가? 어째서 투표용지의 후보자 이름을 무작위로 배열하는 것은 이롭고 보험을 무작위로 지정하는 것은 해로운가?(4) 한 가지 답은, 사람들은 때때로 특정 유형의 정부 중립성에 대해 권리를, 심지어는 헌법상의 권리를 갖고 있다는 것이다. 투표권의 경우, 정부는 고의적인 넛지를 피해야 한다. 특히 정부의 선택 설계가 특정 후보에게 유리하게 작용해선 안 된다는 점에서 말이다. 종교의 자유에 대한 권리와 자유로운 발언에 대한 권리에도 마찬가지 논리가 적용될 수 있다. 정부가 사람들에게 '예수님을 향한 점진적인 기도 증대' 프로그램이나 '점진적인 반대 의견 감축' 프로그램에 가입하도록 부추기는 일은 없을 것이다.

이러한 헌법상의 권리 이외에도 중립성과 관련하여 좀 더 일반적인 문제가 존재한다. 이것은 민간부문과 공공부문에 모두 적용되는 문제이다. 우리는 근로자들에게 자사주를 과도하게 매입하도록 넛지를 가하는 기업들은 비난했지만 일부 근로자들에게 저축을 늘리도록 넛지를 가하는 기업들에게는 박수를 보냈다. 우리의 기본적인 결론은, 넛지에 대한 평가는 그 결과에 따라, 즉 사람들에게 해를 입히는지 아니면 도움을 주는지에 따라 달라진다는 것이다. 회의론자들은 어떤 영역에서는 모든 넛지를 피하는 것이 최선이라고 주장할지 모른다. 그러나 기업들이 어떻게 그럴 수 있겠는가? 선택 설계를 피하는 것은 불가능하며, 따라서 사람들에게 영향을 끼치는 일을 피하는 것도 불가능하다. 우리는 어떤 경우에는 선택 강요가 최선이라는 데에 동의한다. 그러나 그것은 불가능한 경우가 많으며, 때에 따라서는 이익보다 문제가 더 많이 생기기도 한다.

그렇다. 어떤 유형의 넛지들은 불가피하다. 교육 및 광고 캠페인은 옵션이 될 수 있기 때문에 피할 수 있다. 정부가 사람들에게 흡연과 음주, 위험한 성관계, 트랜스 지방, 하이힐 등의 위험성에 대해 교육해야 하는가? 고용주들이 이러한 주제들에 대해 교육 캠페인을 해야 하는가? 이러한 질문들에 답하기 위해서는 '넛지를 가하는 사람들'과 '넛지를 당하는 사람들'에 대해 알 필요가 있다. 한 가지 문제는 외부 행위자(넛지를 가하는 사람)가 개인들(넛지를 당하는 사람들)로 하여금 보다 나은 선택을 하도록 도울 수 있는지 여부다. 이것은 부분적으로 넛지를 당하는 사람들이 해당 선택을 얼마나 어렵게 생각하느냐에 따라 달라질 수 있다. 지금까지 살펴봤듯이, 사람들은 어렵고 복잡하며 발생빈도가 낮은 결정에 대해, 그리고 적절한 피드백이 제공되지 않아서 학습할 수 있는 기회가 거의 없을 때 넛지를 필요로 할 가능성이 가장 높다.

그러나 이로운 넛지의 잠재력은 또한 넛지를 가하는 사람들이 넛지를 당하는 사람들에게 최선이 되는 선택을 적절하게 추론해낼 수 있느냐에 따라서도 좌우될 수 있다. 일반적으로 넛지를 가하는 사람들은 활용 가능한 전문 지식이 많을 때, 개인들의 취향과 선호의 차이가 그리 크지 않을 때(거의 모든 사람들이 감초 아이스크림보다는 초콜릿 아이스크림을 선호한다), 혹은 기호와 니즈 사이의 차이점이 쉽게 감지될 때(일테면, 정부가, 당신이 정기적으로 투약하는 약품의 가격을 낮게 매긴 처방약 플랜을 선호할 가능성이 높다고 추정하는 경우가 그러하다) 적절한 추정을 도출할 수 있다. 우리가 지금까지 논의한 것들을 모두 감안할 때, 넛지를 가하는 일은 청량음료보다는 모기지에 더 적합하다. 모기지는 복잡하기 때문에, 외부 행위자들이 많은 도움을 줄 수 있다. 반대로, 당신이 코카콜라보다 펩시를 선호할 것인지 여부에 대해서는 전문가가 의견을 제시할 필요가 없다. 당신이 직접 각각을 한 모금씩만 마셔 봐도 충분히 알 수 있기 때문이다. 요컨대, 선택이 어려울 때, 넛지를 가하는 사람들이 전문 지식을 갖췄을 때 그리고 개인의 선호의 차이가 중요하지 않거나 쉽게 측정될 수 있을 때, 유용한 넛지의 잠재력은 더욱 커진다.

물론, 넛지를 가하는 사람들의 무능력과 이기적인 거래에 대해서도 생각해볼 필요가 있다. 만약 넛지를 가하는 사람들이 무능력하다면, 그들은 사람들의 선택을 좋은 방향이 아닌 해로운 방향으로 이끌 수도 있다. 그리고 이기적인 거래를 할 위험이 높다면, 넛지를 가하려는 시도를 경계하는 것이 옳다. 정부 관리가 내린 결정은 무조건 무능력과 부패의 산물일 가능성이 높다고 생각하는 사람들도 있다. 이러한 관점을 견지한 사람들은 정부가 지원하는 넛지가 최소한으로 유지되길, 디폴트 옵션 선택처럼 불가피한 경우에만 한정되길 바랄 것이다. 그러나 정부에 대해 그 정도로 비관적이지 않은 사람들, 즉 정치인들과 관료들을 그저 인간들로 생각할 뿐 (일테면) 사업가나 법률가, 경제학자들보다 크게 멍청하거나 부정하다고 생각하지 않는 사람들에게는 특정 상황에 특정한 사적 거래의 리스크가 수반되는지 여부를 물어볼 수 있다. 투표용지 디자인을 정치인들에게 맡기는 것은 분명히 잘못된 아이디어인 데 반해, 정치인들로 하여금 전문가를 고용하여 메디케어 가입자들에게 적절한 디폴트 옵션을 도출해내도록 허용하는 것은 (이 경우, 특히 정치인들이 보험회사들로부터 받은 기부금을 보고하게 한다면 더욱) 훌륭한 아이디어라고 말할 수 있는 것은 바로 이런 이유에서다.

왜 '자유주의적' 개입주의로 범위를 한정하는가?

우리는 보수주의자들과 온건주의자들, 자유주의자들, 자칭 자유주의자들, 여타의 수많은 사람들이 자유주의적 개입주의를 추천할 수 있기를 바란다. 지금까지 우리는 일부 보수주의자들과 열성 자유주의자들의 비판을 강조했다. 그러나 정반대쪽에서 다른 종류의 이론이 제기될 수도 있다. 열성 개입주의자들은 인간의 약점들을 입증하는 증거를 활용함으로써 용기를 얻을 것이다. 그렇게 용기를 얻은 사람들은 많은 영역에서 넛지를 가하고 자유주의적 개입주의를 실행하는 것이 지나치게 온건하고 조심스러운 조치라고 주장할지도 모른다. 사람들을 보호하고자 한다면 좀 더 깊이 개입해야 하지 않겠는가? 어떤 상황에서는 선택의 자유를 완전히 빼앗는 것이 사람들의 삶을 극도로 향상시킬 수 있지 않겠는가? 강제와 금지를 합법화할 여지도 있지 않겠는가? 인간들이 정말 오류를 범한다면 그 오류를 막음으로써 그들을 보호하는 것이 마땅하지 않겠는가? 이런 식의 주장을 펼칠지도 모른다는 얘기다.

물론 진실은, 엄밀하고도 정확한 적정선은 존재하지 않는다는 것이다. 우리는 자유주의적 개입주의가, 옵트아웃을 통해 쉽게 회피할 수 있는 행동들과 규칙들 그리고 여타의 넛지들을 모두 포함한다고 정의한 바 있다. '쉽게 회피할 수 있는'에 대해서는 명확한 기준을 정하지 않았지만, 이른바 '한 번의 클릭' 개입주의는 기존의 기술로 얻을 수 있는 만큼 '쉽게 회피할 수 있는'이라는 기준에 근접한다는 것이 우리의 입장이다. 〔조만간 '한 번의 생각(one-thought)' 혹은 '한 번의 깜빡임(one-blink)' 만으로도 옵트아웃을 할 수 있는 기술이 도입되지 않을까 생각한다.〕 우리의 목표는 사람들이 가능한 최저 비용으로 자유 의지를 발휘할 수 있도록 허용하는 것이다. 물론, 우리가 주장한 정책들 가운데에는 한 번의 클릭보다 많은 비용이 드는 것들도 있다. 근로자들이 플랜 자동가입에서 옵트아웃하고자 할 때에는 대개 모종의 서류양식을 작성해서 제출해야 한다. 큰 비용은 아니지만 한 번의 클릭보다는 수고스럽다. 어떤 정책이 자유주의 요건에 부합하지 않을 정도로 비용이 높은지 여부를 구체적으로 파악하기 위해 불변의 규칙을 정하는 것은 독단적일 뿐 아니라 다소 우스꽝스러운 일이기도 하다. 그러나 진정으로 중요한 것은 정확한 정도의 문제가 아니다. 이 점에 관해서는 그저 비용이 낮기만을 바랄 수밖에 없다고 해두자. 진짜 문제는 사람들의 복지 증진을 위해 적지 않은 비용을 기꺼이 부과해야 하는 경우가 언제인가 하는 것이다.

이런 문제들에 관한 훌륭한 접근법이 '비대칭적 개입주의(asymmetric paternalism)'라는 이름으로 일단의 행동 경제학자들과 법률가들에 의해 제안된 바 있다.(5) 그들의 주요 원칙은, 사회에서 가장 순진하고 고지식한 사람들을 돕는 동시에 가장 약삭빠른 사람들에게는 가능한 최소한의 비용을 부과하는 정책을 설계해야 한다는 것이다 (자유주의적 개입주의는 약삭빠른 사람들에게 부과되는 비용을 0에 가깝게 유지하는 비대칭적 개입주의의 한 형태이다). 비대칭적 개입주의의 간단한 예로 태양등을 들 수 있다. 태양등은 해변에 가지 않고도 피부를 태울 수 있게 해주는 장치이다. 보통, 사용자는 태양등 아래에 눈을 감은 채 몇 분 동안 누워 있어야 한다. 그러나 그 이상을 누워 있는 것은 위험하다. 심각한 화상의 우려가 있기 때문이다(물론 이 등을 사용하는 것 자체가 피부암의 위험을 유발할 수 있지만, 여기서는 태양등 사용자들과 마찬가지로 이러한 문제는 무시하겠다). 따뜻하다는 것은 이 태양등의 고유한 성질 가운데 하나이다. 따라서 실수를 예상하는 선택 설계자라면 여기에 심각한 위험이 존재한다는 점을 깨달을 것이다. 눈을 감고 따뜻한 등 아래 누워 있다보면 잠에 빠져들어 3도 화상을 입고서야 눈을 뜰 수 있다는 위험 말이다.

이제 그리 크지 않은 비용으로 이 태양등에 일정 시간이 지나면 자동으로 꺼지는 타이머 스위치를 장착할 수 있다고 가정해보자. 이것은 일부 호텔 객실 화장실에 설치된 온열등에서 흔하게 볼 수 있는 설계이다. 정부는 모든 태양등에 이러한 스위치를 장착할 것을 요구해야 하는가? 비대칭적 개입주의는 그 답이 일종의 비용편익 분석에 따라 좌우된다고 믿는다. 스위치 장착 비용이 충분히 낮고 화상의 위험이 충분히 크다면 그 답은 "예스(yes)"가 된다는 얘기다.

비대칭적 개입주의자들은 또한 '냉각기간'을 요구하는 일련의 규정들을 추천한다. 근본적인 이유는, 소비자들은 충분히 숙고하지 않은 채 순간적으로 경솔한 결정을 내릴 수도 있다는 것이다. 즉, 자기통제 문제가 기본적인 우려인 셈이다. 1972년 미 연방통상위원회(Federal Trade Commission, FTC)가 부과한, 방문판매 강제 냉각기간이 그 한 예이다.(6) 당시 연방통상위원회는, 모든 방문판매자는 구매자에게 거래 후 3일 이내에 구매를 무효화할 권리가 있음을 서면으로 고지하도록 요구했다. 이러한 법이 도입된 것은 강압적인 판매 기술과 작은 활자체의 계약서 때문이었다. 여기서도 도움을 받는 사람들에게 돌아가는 혜택과 그렇지 못한 사람들에게 부과되는 비용을 살펴보는 일종의 비용편익 테스트를 사용하여 그러한 법률이 부과되어야 하는 경우를 결정할 수 있다. 정책 조정자들은 이러한 테스트를 활용하여 해당 상품을 받기까지 며칠 동안 기다려야 하는 사람들에게 부과되는 부담의 정도와 구매자들이 마음을 바꾸고 싶어 하는 빈도수를 고려하고자 할 것이다. 비용이 낮고[아무리 온라인 위키피디아(Wikipedia) 서비스가 시행되기 전이라고 해도 백과사전을 '당장' 필요로 하는 사람이 진짜 있을 거라고 생각하는가?] 사람들이 마음을 바꾸는 빈도수가 높다면 그러한 규제는 합당한 것이 된다.

종종 충동적으로 이뤄지는 특정한 기본적 결정들의 경우에는 이러한 전략이 최선이 될 수 있다. 미국의 일부 주들은 이혼을 결심한 부부에게 강제 대기 기간을 부과한다.(7) 사람들에게 중대한 결정을 내리기 전에 잠시 멈춰 서서 생각을 해보라고 요청하는 것은 합리적인 아이디어인 듯 보인다. 게다가 대개의 경우, 반드시 당장 이혼을 해야 하는 부부는 거의 없다(물론, 때로는 서로가 진짜 싫어지는 경우도 있겠지만, 그렇다고 해도 서류를 작성하기 전에 잠시 기다리는 것이 그렇게 끔찍한 일은 아니지 않은가?). 결혼 결정에 대해서도 이와 유사한 규제를 쉽게 상상할 수 있다. 실제로 일부 주들은 결혼 또한 이러한 방식으로 이끄는 방안을 모색하고 있다.(8) 사람들은 미래에 후회할 만한 방식으로 행동할 수도 있다는 점을 기억하라. 정책 조정자들은 이들의 선택을 막지 않으면서도 냉정하게 숙고해볼 기간을 부여할 수는 있다. 이런 점에서 강제 냉각기간은 매우 합리적인 조치라고 할 수 있다. 또한, 강제 냉각기간은 주로 다음과 같은 두 가지 조건이 충족될 때 부과된다. (a) 자주 내려지는 결정이 아니라서 경험이 많이 부족한 경우와 (b) 감정이 고조될 가능성이 높은 경우가 그것이다. 바로 이러한 상황에서 사람들은 특히 미래에 후회할 만한 선택을 하는 경향이 있다.

미국의 직업안전법과 보건법은 비대칭적 개입주의를 넘어선다. 일률적 금지사항을 부과한다는 점에서 분명히 일부 사람들에게 해를 끼치기 때문이다.(9) 이러한 법률은 개인 근로자들이 (정부가 그렇다고 간주하는) 안전한 작업 환경에 대한 권리를 급여 인상과 맞바꾸는 것을 허용하지 않는다. 그러나 지식수준이 높고 약삭빠른 사람들은 그것을 원할 수도 있다. 세계 각국의 연금 및 사회보장 프로그램들은 저축을 단순히 장려하는 것이 아니라 요구한다. 인종차별과 성차별 그리고 종교차별을 금지하는 법률은 결코 포기할 수 없는 것들이다. 근로자에게 임금을 인상해줄 테니 성희롱을 받지 않을 권리를 포기하라고 요구할 수는 없는 일이다. 이런 다양한 금지조치들은 결코 자유주의적이라고 할 수 없지만, 그 가운데에는 우리가 여기서 살펴본 유형의 인간적인 실수들을 근거로 옹호할 수 있는 것들도 있다. 비자유주의적 개입주의자들은 훨씬 더 많은 것들에 대해 이러한 이니셔티브들을 적용하고 싶어 할 것이다. 적어도 의료와 소비자 보호의 영역에서는 말이다.

이러한 주장들 가운데 다수는 본질적으로 호소력을 갖고 있지만, 그래도 우리는 대개의 경우 개입주의적 노선에 더 깊숙이 침투하지는 않는다. 그 이유가 무엇일까? 어쨌든 우리는 자유주의적 개입주의가 부과하는 비용이 0은 아니라는 점을 이미 인정했으므로, 아주 미미한 비용을 조금 더 올려놓는 규정들을 언제나 그리고 강력하게 반대한다고 말하는 것은 솔직하지 못하다. 게다가 우리는 개인적으로 모든 강제에 반대하지도 않는다. 그렇다고는 해도 어디까지 간섭해야 하고 어디까지 자유를 허용해야 하는지, 그리고 어떤 경우에 넛지를 (감금까지는 아니지만) 강요라고 부를 수 있는지 등을 결정하는 것은 까다로운 일이다. 강제가 수반되는 경우와 옵트아웃이 불가능한 경우에는.미끄러운 비탈길 주장이 어느 정도 타당하다고 볼 수 있다. 특히 정책 조정자가 고압적인 경우에는 더욱 그러하다. 강제가 어떤 맥락에서는 정당화될 수 있다는 데에는 우리도 동의하는 바이지만, 그것이 명백한 우려를 낳는다는 점에서 우리는 일반적으로 보다 자유주의적이고 덜 간섭적인 개입을 선호한다. 우리는 냉각기간에 대해 그리 '냉담한' 입장을 견지하지는 않는다. 오히려 '따뜻한' 입장을 견지하는 편이다. 적절한 상황에서는 이러한 규칙들을 통해 얻는 이득이 미끄러울 수도 있는 비탈길을 조심스럽게 몇 걸음 내려가는 일을 가치 있게 만들어줄 만큼 충분할 수도 있다.

16
진정한 제3의 길

우리는 앞에서 민간부문에서의 넛지에 대해서 충분히 다뤘다. 그러나 자유주의적 개입주의의 가장 중요한 적용 방안 중 다수는 정부에서 이용하면 좋은 것들이고, 따라서 우리는 공공정책이나 법률에 관한 다양한 권고 내지는 건의들 또한 살펴보았다. 우리는 그러한 권고 및 건의가 정계를 양분하고 있는 좌파와 우파 모두에게 긍정적으로 받아들여지길 희망한다. 실제로 우리는 자유주의적 개입주의를 토대로 한 우리의 제안들이 보수주의든 자유주의든 정치적 성향에 관계없이 수용할 수 있는 성질의 것들이라고 믿고 있다. 이미 이러한 정책들 가운데 일부는 영국의 보수당 당수인 데이비드 카메론(David Cameron)과 미국의 민주당 대통령 후보자인 버락 오바마에 의해 수용된 바 있다. 그 이유는 그러한 정책들 대부분이 비용이 거의, 혹은 전혀 들지 않아 납세자들에게 부담을 지울 일이 전혀 발생하지 않기 때문이다.

공화당원 다수는 요즘 정부 개입에 대한 단순한 반대를 극복하는 방안을 모색하고 있다. 허리케인 카트리나의 사례가 보여주듯이 정부는 종종 적극적으로 개입해야 할 필요에 직면한다. 필요한 자원을 소집하고 조직하여 배치하는 것은 정부만이 할 수 있는 일이기 때문이다. 공화당원들은 사람들의 삶을 더 낫게 만들고 싶어 한다. 다만 사람들의 옵션을 제거하는 조치의 성과에 대해 회의적이라 법제화를 주저하고 있는 것뿐이다.

반면 양식 있는 민주당원들은 분명 공공기관들이 국민들의 삶을 향상시키는 능력을 갖추기를 바라고 있다. 그러나 많은 영역에서 민주당원들은 선택의 자유가 곧 선(善)이며 심지어 공공정책의 필수불가결한 기초라는 데에 동의하는 입장이다. 바로 여기에 양 당파가 엇갈리는 행보를 걸을 수밖에 없는 진정한 이유가 존재하는 것이다.

우리는 자유주의적 개입주의가 초당파주의(bipartisanship)의 믿음직한 기초가 될 수 있다고 생각한다. 우리는 환경보호나 가족법, 학교 선택권 등을 포함하는 많은 영역에서 보다 나은 거버넌스(governance)* 는 정부의 강제나 속박 측면에서는 더 적은 것을 요구하고 선택의 자유 측면에서는 더 많은 것을 요구한다고 주장한다. 만약 인센티브와 넛지가 각종 요구사항과 금지사항을 대체한다면, 정부는 더 작아질 뿐 아니라 더 조심성 있는 조직이 될 것이다. 따라서 명확히 하자면, "우리는 더 큰 정부가 아니라 더 나은 거버넌스를 지향한다"는 얘기다.

실제로 우리는 우리의 낙관주의(이 또한 하나의 편견일지도 모른다)가 단순히 장밋빛 희망에 불과한 것은 아니라는 증거를 갖고 있다. 6장에

* **거버넌스(governance)** : '정부(government)'는 공식적인 권위에 근거한 활동을 지칭하는 반면, '거버넌스'는 공유된 목적을 이루기 위한 활동을 의미한다. 거버넌스의 가장 중요한 특징은 중앙정부, 지방정부, 정치 및 사회단체, NGO, 민간 조직 등의 다양한 구성원들로 이루어진 네트워크를 강조한다는 점이다. – 옮긴이

소개한 '저축에 관한 자유주의적 개입주의'가 벌써 의회로부터 열정적이고 폭넓은 초당파적 지지를 받고 있다. 또한 2006년에는 이 책에 소개한 주요 아이디어들 가운데 일부가 법제화되기도 했다. 그렇게 탄생한 새로운 법은 앞으로 납세자의 부담은 본질적으로 전무한 상태에서 많은 미국인들이 보다 안락한 은퇴생활을 영위하도록 도울 것이다.

결국 간단히 말하면, 자유주의적 개입주의는 좌파적인 것도 우파적인 것도 아니며, 민주당적인 것도 공화당적인 것도 아니다. 많은 분야에서 대부분의 신중한 민주당원들은 선택 제거 프로그램에 대한 자신들의 열정을 가라앉히기 위해 노력하고 있으며, 또 많은 분야에서 대부분의 신중한 공화당원들은 관 주도의 건설적인 아이디어에 대한 반사적 반대 행태를 버리기 위해 애쓰고 있다. 우리는 이들 양 당파가 근본적 차이에도 불구하고 몇몇 부드러운 넛지에 대해서만큼은 한 마음으로 지지하는 쪽으로 수렴되길 기대한다.

이 책에서 우리는 두 가지의 주요한 주장을 펼쳤다. 첫 번째는 사소해 보이는 사회적 상황들이 사람들의 행동에 막대한 영향을 미칠 수 있다는 것이다. 넛지는 보이지 않는 듯해도 어디에나 존재한다. 적절성의 여부를 떠나 선택 설계는 도처에 만연해 있으며 불가피하기 때문에 우리의 결정에 매우 큰 영향을 끼친다. 두 번째 주장은 자유주의적 개입주의가 결코 모순이 되지 않는다는 것이다. 선택 설계자들은 선택의 자유를 보호하는 동시에 사람들의 삶을 개선시키는 방향으로 넛지를 가할 수 있다.

우리는 저축과 사회보장제도, 신용 시장, 환경 정책, 의료서비스, 결혼 등을 비롯하여 매우 방대한 영역을 다뤘다. 그러나 적용 가능한 범위는 우리가 다룬 것보다 훨씬 더 방대하다. 우리의 주된 바람 가운데 하나는 선택 설계와 넛지의 힘에 대한 이해가 다른 사람들로 하여금 여타의 영역에서 창의적으로 사람들의 삶을 향상시켜주는 방법을 고안하도록 돕는 것이다. 이러한 영역 중 다수는 전적으로 개인적인 행동과 관련된 것이다. 직장과 기업 이사회, 대학, 종교단체, 클럽, 심지어는 가정들까지도 소소하게나마 자유주의적 개입주의를 실천함으로써 이익을 얻을 수 있을 것이다.

정부와 관련하여 우리의 바람은 일반적인 접근법이, 불필요하게 양극화된 우리 사회의 확실한 중도 역할을 할 수도 있다는 것이다. 20세기에는 '제3의 길'의 잠재력에 대해 온갖 거짓말이 난무했다. 우리는 자유주의적 개입주의가 진정한 제3의 길, 즉 현대 민주주의의 가장 까다로운 일부 논쟁들의 타개책이 될 수 있는 길을 제시해줄 거라 기대한다.

프랭클린 델러노 루즈벨트의 뉴딜(New Deal) 정책이 시행된 이래, 민주당원들은 엄격한 국가적 요구와 지위통제 방식의 규율에 대해 엄청난 열의를 보여왔다. 민간 시장에서 심각한 문제들을 감지한 민주당은 확고한 강제, 대개는 선택의 자유를 제거하거나 적어도 줄이는 강제를 주장했다. 이에 대해 공화당원들은 그러한 강제가 종종 적절하게 고지되지 않는다고 혹은 역효과를 내고 있다고, 그리고 미국인의 완벽한 다양성을 감안할 때 획일적인 단일 정책이 모두에게 들어맞기는 불가능하다고 응수해왔다. 대개 그들은 자유방임을 옹호하고 정부의 개입을 반대하는 주장을 펼쳐왔다. 적어도 경제에 대해서는 선택의 자유가 그들의 결정적인 원칙으로 기능해왔다.

많은 사람들은 그로 인해 야기되는 논쟁이 지겹고 추상적이며 무익하다고 생각한다. 무의미한 슬로건 광고라고 말이다. 양식 있는 민주당원들 가운데에는 강제가 비효율적이며 심지어는 역효과를 낸다는 것을, 그리고 획일적인 단일 정책이 모두에게 들어맞을 수는 없다는 것을 아는 이들도 많다. 미국 사회는 너무도 다양하고 개인들은 너무도 창의적이며 상황이 너무도 빨리 변화하고 정부는 너무도 쉽게 오류에 빠진다고 말이다. 양식 있는 공화당원들 가운데에는 자유 시장에서도 정부의 개입을 피할 수 없다는 것을 아는 이들도 많다. 자유 시장은 정부에 의존하며, 정부는 개인의 재산을 보호하고 계약의 유효성을 보증해야 한다고 말이다. 환경보호에서부터 노후 계획과 빈곤층 원조에 이르기까지 수많은 영역에는 분명히 시장이 포함되어야 한다. 사실, 최고의 넛지들 가운데 일부는 오히려 시장을 이용하는 것들이다. 적절한 선택 설계에는 인센티브에 대한 면밀한 주의가 포함된다. 그러나 모든 '정부 개입'을 무조건적으로 반대하는 것과 정부가 개입하되, 주로 선택의 자유를 증진시키는 방식으로 개입해야 한다는 분별력 있는 주장을 펼치는 것은 전적으로 다르다.

이처럼 커다란 차이에 대해 자유주의자들과 보수주의자들은 기본적인 논점들을 인식하기 시작했다. 공공부문의 관리들도 민간부문의 관리자들 못지않게, 궁극적인 선택은 주 정부가 아닌 개인의 몫이라고 주장하며 사람들에게 그들의 삶을 개선시키는 방향으로 넛지를 가할 수 있다. 현대 사회의 극심한 복잡성과 놀라운 기술 변화 및 세계의 변화 속도를 감안할 때 엄격한 강제나 독단적인 자유방임주의에 대한 주장은 더 이상 설득력을 얻기 힘들다. 최근의 발전을 생각하면, 곧 선택의 자유에 대한 확고한 전념과 부드러운 넛지를 주장하는 것이 훨씬 더 설득력 있게 들릴 것이다.

저자 후기

현재의 금융위기와 넛지

이 책의 초판은 2007년 여름에 마무리되어 2008년 2월에 출간되었다. 인터내셔널판은 2008년 여름에 준비가 모두 끝났지만 이 후기를 쓰고 있는 지금은 전 세계가 엄청난 자가당착에 빠져 있는 2008년 11월 말이다. 미국에서는 버락 오바마가 대통령으로 당선되었고, 전 세계 대부분의 사람들이 뛰어난 재능을 가진 그의 당선을 축하하고 있다. 그러나 그는 다른 여러 국가 원수들과 함께 막대한 기대를 받고 있을 뿐 아니라 극도로 어려운 도전과제들에 직면해 있기도 하다.

지금 세계는 대공황 이래로 가장 심각한 금융위기에 빠져 있다. 터놓고 얘기하면, 사실 정치가들과 경제학자들조차도 이러한 위기가 닥쳐올 것을 거의 예상하지 못했다. 미국의 연방준비제도 이사회 전(前) 의장인 앨런 그린스펀(Alan Greenspan)은 자신이 이러한 위기를 예상하지 못하는 오류를 범했으며, 따라서 그 자신도 '충격적일 정도로 믿을 수 없는' 상태라고 시인했다. 이러한 상황이라면, 인간의 행동에 대한 이해가 현재의 상황을 설명하는 데 도움이 될 수 있는지 (그리고 넛지를 가하는 것이 미래에 이와 똑같은 혼란이 찾아오는 것을 예방하도록 도울 수 있는지) 여부를 묻는 것이 합당할 것이다.

길고 복잡한 스토리를 간단하게 요약하면, 이러한 위기의 기원은 서브프라임 모기지, 즉 시장금리의 자격요건을 갖추지 못한 사람들에게 제공되는 대출에 투자한 데서 찾을 수 있다. 최근의 극적인 집값 상승은 점차 느려지는 추세를 보이다가 2004년에 완전히 멈췄다. 2008년 초, 수많은 차용자들이 체납을 거듭하다가 결국 저당물이 압류당하는 운명에 처했다. 그 결과, 서브프라임 모기지에 대한 투자는 일종의 재앙이 되고 말이다. 투자 회사들과 모기지 회사들의 신용시장 유동성은 크게 감소되었고, 이러한 현상은 미국에서 처음 시작되어 전 세계로 확산되었다. 유동성의 감소는 다시 주가 하락으로 이어지고 있으며, 이와 관련하여 수많은 기업들이 도산하는 등의 경제적 타격이 일어나고, 그에 따라 전 세계적으로 정부의 구제를 요구하는 목소리가 높아지고 있다.

가장 먼저 논의할 점은, 경제학 전문가들은 이 같은 상황에 대경실색하고 있을지 몰라도 일부 행동경제학자들, 그중에서도 특히 로버트 실러(Robert Shiller)는 문제가 일어나기 전에 이미 그것을 적절하게 예측했다는 것이다.(1) 심지어 초기 단계에서도 예리한 관측자들은 부동산 가격이 (일테면, 매입가격과 임대가격의 비율을 토대로) 과도하게 부풀었고, 1997년에서 2006년 사이의 집값 상승이 과거의 추세에 크게 부합하지 않으며, 그러한 투기적 거품 현상의 중심에는 미국이 있었음을, 그리고 그 거품이 결국에는 터질 것임을 확신했다. 이 책에서 논의한 인간의 세 가지 속성, 즉 제한적 합리성과 자기통제력의 결여 그리고 사회적 영향력이 이러한 현상이 일어난 과정을 이해하는 데 도움이 될 것이다.

인간 투자자들과 경제 위기

앞에서 우리는 상황이 복잡해지면 인간들은 발버둥을 치기 시작한다고 역설한 바 있다. 금융위기의 한 가지 측면은 인간의 이러한 속성 때문에 초래된 것이다. 바로 금융계가 지난 20년 사이에 크게 복잡해졌다는 점이다. 이는 주목해야 마땅한 현상이었지만 불행히도 큰 주목을 받지 못했다. 그리 오래지 않은 과거까지만 해도 대부분의 모기지는 단순히 30년짜리 고정금리였다. 따라서 모지지를 선택하는 일도 매우 간단했다. 월 납입금이 가장 적은 상품만 찾으면 그만이었으니까 말이다.

이제 모기지는 그 종류를 헤아릴 수 없을 만큼 다양해졌다. 전문가들조차 다양한 대출상품의 장단점을 비교하는 데 애를 먹고 있으며, 최초 월 불입금이 낮은 경우에는 해당 대출에 들어가는 총비용을 (그리고 그 리스크를) 잘못 산정할 수도 있다.

서브프라임 모기지 재앙을 야기한 한 가지 핵심적인 원인은 수많은 차용자들이 자신의 대출 조건을 이해하지 못한 것이다. 잘 보이지도 않는 작은 활자들로 채워진 여러 장의 서류를 읽어보려고 시도한 사람도 대출 조건을 이해하지 못하기는 마찬가지였다. 게다가 모기지 중개인은 그들에게 끝내주는 거래를 하고 있다고 단언했다.

그러나 차용자들의 입장에서 복잡성이 심화되었다고는 하지만, 이는 그 돈을 제공하는 투자자들에게 일어난 일에 비하면 매우 미미한 수준이다. 예전에 모기지를 운용하는 주체는 해당 대출 상품을 처음 만든 은행들이었다. 그러나 이제 모기지는 이른바 '모기지 담보부 증권(mortgage-backed securities, MBS)'으로 조각조각 분리되고 있다. 신용부도 스와프(credit default swap: 기업, 정부 등이 부도를 내면 투자은행

같은 금융회사가 대신 채무를 갚는 파생상품-옮긴이)나 유동성 투입(liquidity put)처럼, 이해할 수 없는 새로운 파생상품들도 여기에 포함된다.

당신은 필경 유동성 투입이 무엇인지 모를 것이다. 그러나 그것 때문에 문제에 빠지는 일은 없을 것이다. 그러나 씨티그룹(Citigroup)의 최고경영자조차도 유동성 투입을 이해하지 못했다. 그 결과, 씨티그룹은 결국 막대한 손해를 입고 납세자들의 돈 수천 억 달러로 구제되어야 하는 지경에 처했다.

이 같은 씨티그룹의 엄청난 실패는 2007년에 시작된 것이다. 따라서 그것은 구체적으로 월가에 그리고 전반적으로는 국제기관들에게 일종의 경고가 되었어야 마땅했다. 그러나 그런 행운은 일어나지 않았다. 지금은 이미 곤경에 빠져버린 혹은 자취를 감춰버린 여러 세계 최대 금융기업들의 최고 경영진들 역시 자사의 직원들이 이처럼 복잡한 새로운 증권들을 발행하거나 거래함으로써 어떤 리스크를 감수하고 있는지 이해하지 못했다.

이콘들은 자기통제 문제를 겪지 않는다. 따라서 경제학자들의 사전에는 유혹이라는 단어가 존재하지 않는다. 전 세계 대부분의 규제자들이 이 문제에 대해 심각하게 숙고하지 않은 것도 바로 이런 이유에서이다. 그러나 우리 인간들은 디저트가 가득 담긴 음식 카트가 지나가면 종종 유혹에 굴복하고 만다. 살이 쪘음을 자각하는 것은 그 다음 문제다. 현재의 위기를 더욱 가속화한 것은 바로, 모기지를 갚기보다는 재융자를 받아야 한다는, 저항할 수 없는 유혹이었다.

그리 오래지 않은 과거에 각 가정들은 기존의 단순한 모기지들 가운데 하나를 취한 다음, 은퇴하기 전에 그것을 갚아나갔다. 재융자도 생각해볼 수 있었지만, 대부분의 사람들은 그저 귀찮아서라도 거기까지 손을 뻗지 않았다.

그러던 중, 그 모든 일을 수월하게 만들어주는 유용한 모기지 중개인이 나타났다. 21세기가 시작될 무렵, 이자율이 떨어지고 집값이 상승하며 처음 1~2년간 적용되는 낮은 '티저 금리'와 적극적인 모기지 중개인들이 등장하면서 재융자가 (그리고 2차 모기지가) 에덴동산의 사과처럼 다가오기 시작했다. 그러나 집값이 떨어지고 이자율이 상승하자 파티는 끝이 났다.

그렇다면 그토록 많은 사람들이 부동산 가격의 지속적인 상승을 기대한 이유는 무엇인가? 역사적인 기준으로 봐도, 1997년에서 2004년 사이에는 집값이 극적으로 상승했다. 이 기간 동안 많은 사람들은 집값이 시간이 갈수록 꾸준히 오르는 게 당연하다고 생각했으며, 그러한 믿음에 따라 행동했다. 그러나 그들의 믿음은 명백히 잘못된 것이었다. 1997년에 유례없는 붐이 시작되기 전까지, 1960년에서 1997년까지는 집값이 비교적 안정세를 보였다.

실러가 밝혔듯이, 부동산 거품에 대한 최선의 해석은 1990년대 후반 주식시장 거품에 대한 최선의 해석과 상당 부분 일치한다. 두 경우 모두 사람들이 사회적 전염 과정에 크게 영향을 받았다는 것이다. 위와 같은 믿음은 광범위하게 비현실적인 예측을 양산했고 그것이 곧바로 주택 매입과 모기지 선택이라는 결과로 이어졌다.

2005년, 실러와 칼 케이스(Karl Case)는 샌프란시스코의 주택 매입자들을 상대로 설문조사를 실시했다. 조사 결과, 향후 10년간 집값의 평균 예상 인상폭은 연간 90%인 것으로 나타났다! 사실, 조사 대상자들 가운데 1/3이 연간 인상폭이 그보다 훨씬 더 높을 거라고 생각했다. 그들의 근거 없는 낙천주의는 두 가지 요인에 기인한 것이었다. 최근의 두드러진 집값 상승과 다른 이들의 명백한 그리고 전염성 강한 낙관주의가 바로 그것이다.

물론, 대중의 지식에는 입소문과 가시적인 매매뿐 아니라 언론 역시 큰 영향을 미친다. 1990년대 후반에서 2000년대 초반까지 집값이 급격하게 인상되고 있으며(사실) 시간이 갈수록 계속해서 인상될 것이라는(허위) 보도가 잇따라 발표되었다. 전문가처럼 보이는 사람들이 '모두가 알고 있는 것'을 다시 한 번 확인해주면, 위험해 보이는 거래 즉 수많은 사람들을 재앙으로 이끈 그런 종류의 거래조차 거부하기가 힘든 법이다.

관련 넛지들

경제 위기에 대한 적절한 대응이 전적으로 넛지뿐이라고 제안하는 것은 그리 현명한 일이 아닐 것이다. 금융회사들이 세계 경제에 부과한 비용과 수많은 취약한 근로자 및 주택소유자들이 위기에 처했다는 점을 감안할 때, 정밀한 조사와 함께 직접적인 규제를 요구하는 목소리가 높아질 것이며, 그것은 지극히 합당한 일이다. 그러나 미래에는 넛지 식의 대응 역시 정책조합의 중요한 일부가 되어야 한다. 특히 규제자들은 사람들이 복잡성을 관리하고 유혹을 거부하며 사회적 영향력에 의해 잘못된 방향으로 인도되는 것을 피하도록 돕는 조치들을 취해야 한다.

복잡성에 대한 유력한 대응책은 단순성을 요구하는 것이다. 예를 들면, 30년 고정금리 표준 모기지만을 허용하는 것이 한 방편이 될 수 있다. 그러나 이것은 엄청난 실책이 아닐 수 없다. 복잡성을 제거하는 것은 혁신을 억제하는 것이니까 말이다. 보다 나은 접근법은 투명성과 정보공개를 개선하는 것이다. 일테면, 규제자들은 모든 당사자들에게 복잡한 상품의 진짜 리스크를 보다 이해하기 쉽게 만들도록 강요함으로써 미래의 붕괴 가능성을 줄일 수 있다.

우리의 RECAP 제안을 기억하는가? 모기지의 경우, 기존에 작은 활자로 된 공개서류에 기계판독이 가능한 파일이 추가되어야 한다. 이렇게 되면 제3자 웹사이트들이 해당 조건의 숨겨진 세부사항들을 해석하고 요약할 수 있을 것이다. 투자은행과 헤지펀드 부문에서는 투명성을 강요하는 것도 도움이 될 것이다. 이렇게 되면, 설사 CEO가 자사에서 감수하는 리스크를 이해하지 못한다고 해도 투자자들이 문제를 진단할 가능성이 높아질 테니까 말이다.

유혹의 문제는 정부와 시장이 모두 협력하여 해결해야 한다. 바라건대, 대부업자들은 각 가정들이 주택 매입 자격을 갖추기 위해서는 어느 정도의 저축액을 보유하고 있을 것을 요구해야 한다. 양심적인 대부업자라면 넛지를 사용하여 사람들이 재융자의 굴레에서 벗어나도록 도울 수 있다. 일테면, 재융자를 할 경우 대출 기간이 짧아진다고 제안하는 방식으로 말이다. 좀 더 야심찬 방법은, 민간 기관들과 공공 기관들이 그 자체로 일종의 넛지가 되는 예전의 사회규범, 즉 모기지를 나중에 갚기보다는 일찍, 최소한 은퇴시점까지 완전히 갚고자 시도하는 규범을 다시 도입하는 것이다.

정보의 개선 또한 파괴적인 잠재력을 지닌 사회적 영향력의 효과를 예방하는 훌륭한 수단이 될 수 있다. 정보가 개선되면 주변 사람들이 모두 특정 식당이 맛있다고 말해도 나름의 지식을 활용하여 형편없는 식사를 하는 상황을 피할 수 있을 테니까 말이다(그리고 2003년에 모든 사람들이 부동산에 투자해야 한다고 말했어도, 몇 가지 통계자료를 보았더라면 당신은 그 상황을 피할 수 있었을 것이다). 규제자들은 소비자들이 다양한 투자에 관련된 리스크들을 이해할 수 있도록 훨씬 더 많은 도움을 주어야 한다. 법학교수인 엘리자베스 워렌(Elizabeth Warren)은 미국이 일종의 금융상품 안전거래위원회를 발기하여 대규모 통계 데이터베이스를 만들고 시기별로 리스크와 동향에 대한 정보를 분석함으로써 소비자들을 보호해야 한다고 주장한다.(2) 미국이나 다른 정부들이 새로운 관료 제도를 구축해야 하는지 여부는 확실하지 않다. 그러나 기존 기관들은 정보 공개를 강요하는 일에 훨씬 더 주력해야 한다. 일테면, 슈퍼마켓에서 판매되는 식품에 영양정보를 표시하는 규정을 만드는 것이다. 물론, 대부분의 사람들은 이것을 읽어보지 않을 것이다. 그러나 일부 사람들은 분명히 읽어볼 것이며, 이러한 표시의 존재만으로도 시장이 보다 적절하게 기능하도록 만들기에 충분할 것이다.

제한적 합리성과 유혹, 사회적 영향력과 맞서 싸우기 위해서는 간단한 디폴트 조항들을 고려해보는 것도 유용할 것이다. 이를 통해 소비자들이 명시적으로 대안이 되는 플랜을 선택하지 않을 경우, 모기지나 여타의 도구들을 통제할 수 있을 테니까 말이다. 이와 관련하여 비교적 바람직한 접근법은 민간 차원에서 자발적으로 이뤄지는 것이다. 즉, 민간부문의 넛지가 적절하다는 얘기다. 최소한 대부분의 차용자들을 위한 일종의 '베스트 프랙티스' 기준이 발전할 수 있을 것이다. 다음과 같은 취지로 말이다. "이것은 우리가 당신 같은 사람들에게 기본적으로 추천하는 패키지입니다." 디폴트를 벗어나서 좀 더 큰 리스크를 감수하고자 하는 사람들에게는 관련 정보를 제공한 다음, 자신의 선택에 대해 진지하게 생각해볼 것을 요청할 수 있다. 또한 디폴트 조건의 확정과 옵트아웃 관리 조항들의 경우, 넛지 식의 규제적 간섭을 고려해볼 수도 있다. 그러한 간섭은 보다 강력한 강제나 금지보다 훨씬 더 바람직한 방안이 될 것이다.

탐욕과 부패는 위기를 양산하는 데 일익을 담당하지만, 이에 핵심적인 역할을 하는 것은 바로 단순한 인간의 약점이다. 따라서 거울을 보며 제한적인 합리성과 자기통제 문제 그리고 사회적 영향력의 파괴적인 효과들을 이해하지 못한 채 탐욕과 부패, 악행 등을 비난하기만 한다면, 앞으로 찾아올 위기에 맞서 우리 자신을 보호할 수 없을 것이다.

참고 문헌

인트로

1 http://www.coathanger.com.au/archive/dibblys/loo.htm. 참조. 이 예는 또한 Vicente(2006)에 의해서도 논의되고 있다.

2 Friedman과 Friedman(1980).

3 이와 유사한 정의에 대해서는 Van De Veer(1986) 참조.

1 인간이 체계적으로 틀리는 방식

이 장에서 논의된 연구를 좀 더 깊이 탐구하고 싶은 사람들을 위해 두 권의 컬렉션을 추천한다: Kanneman과 Tversky(2000), Gilovich, Griffin, Kahneman(2002)

1 두 가지 사고방식에 대한 심리학적 이론에 대한 연구를 조사하고 싶다면 Chaiken과 Trope(1999)를 참조하기 바란다.

2 Lieberman 외(2003), Ledoux(1998).

3 Western(2007) 참조.

4 이처럼 조정이 충분히 이뤄지지 않는 한 가지 이유는 숙고 시스템이 작동을 쉽게 멈추기 때문이다. 숙고 시스템은 막대한 인지적 자원을 필요로 하므로, 자원이 빈약하면(예를 들어 주인이 혼란스럽거나 피곤하면) 기준선에 조정을 가할 수가 없다. Gilbert(2002) 참조.

5 Strack과 Martin, Schwarz(1988) 참조.

6 Slovic과 Kunreuther, White(1974) 참조.

7 이 주제와 관련하여 보다 많은 정보를 얻고 테스트 수행 방식을 알고자 한다면

핫 핸드 웹사이트 http://thehothand.blogspot.com/.를 참조하기 바란다.

8 http://www.cdc.gov/nceh/clusters/. 참조.

9 Paul Price, "Are You as Good a Teacher as You Think?" 2006, http://www2.nea.org/he/heta06/images/2006pg7.pdf.에서 찾을 수 있다.

10 Mahar(2003)

11 Cooper와 Woo, Dunkelberg(1988).

12 이 단락과 관련하여 주요 연구결과를 찾아보고 싶다면 Sunstein(1998)을 참조하기 바란다.

13 Kahneman과 Knetsch, Thaler(1991).

14 Tversky와 Kahneman(1981).

2 유혹에 저항하는 법

'계획하는 자아/행동하는 자아' 모델은 Thaler와 Shefrin(1981) 참조. 자기통제와 시점에 따른 선택 변화에 대한 최근 조사는 Frederick과 Loewenstein, O'Donoghue(2002) 참조. 현대 행동경제학은 Laibson(1997), O'Donoghue와 Rabin(1999) 참조.

1 Camerer(2007), McClure 외(2004) 참조.

2 요약은 Wansink(2006) 참조.

3 Gruber(2002) 참조.

4 Thaler와 Johnson(1990).

3 인간은 떼 지어 몰려다닌다

이 장의 일부는 Sunstein(2003)을 참고했다. 사회적 기준 및 그 영향력에 대해서는 수많은 저술이 존재한다. 그 중에서 특히 훌륭하게 개관한 저술 두 권을 꼽자면 Ross와 Nisbett(1991), Cialdini(2003)이다.

1 Layton(1999), Stephenson(2005) 참조.

2 Akerlof와 Yellen, Katz(1996)(십대 임신), Christakis와 Fowler(2007)(비만), Sacerdote(2001)(대학 룸메이트 배정), Sunstein 외(2006)(판사들의 투

표 양상) 참조.

3 Berns 외(2005) 참조. 답변의 동조 양상은 의식적인 의사 결정에 영향을 미치는 전두엽의 변화보다는 두뇌의 지각력 변화와 연관된다. 밝혀진 바에 의하면, 사람들은 단순히 말로만 다른 사람들과 똑같은 것이 보인다고 하는 것이 아니라, 다른 모든 사람들이 사물을 특정한 방식으로 보면 우리 역시 실제로 그렇게 보게 될 가능성이 높다.

4 Ross와 Nisbett(1991), 29-30.

5 Jacobs와 Cambell(1961).

6 Kuran(1998).

7 Crutchfield(1955).

8 자세한 설명은 http://www.dontmesswithtexas.org/history.php. 참조.

9 Gilovich와 Medvec, Savitsky(2000)

10 자세한 줄거리는 http://www.historylink.org/essays/output.cfm?file_id=5136 참조

11 Wansink(2006)

12 Coleman(1996)

13 예를 들면, Cialdini(1993) 참조.

14 Cialdini와 Reno, Kallgren(2006) 참조.

15 Perkins(2003), 7-8 참조.

16 Wechsler 외(2000).

17 Perkins(2003), 8-9 참조.

18 Linkenbach(2003) 참조.

19 Linkenbach와 Perkins(2003) 참조.

20 Schultz 외(2007) 참조.

21 Sherman(1980) 참조.

22 Greenwald 외(1987) 참조.

23 Morwitz와 Johnson(1993) 참조.

24 Levay와 Fitzsimons(2006) 참조.

25 외(2004) 참조.

26 Holland와 Hendriks, Aarts(2005) 참조.

27 Bargh(1997) 참조.

5 선택 설계의 세계

1 William Hanse 교육부 차관보와 Daivd Chu 국방부 차관이 서명하며 주 교육국의 교육장들에게 발송한 2003년 7월 2일자 편지.

2 Byrne과 Bovair(1997).

3 Vicente(2006), 152.

4 Zeliadt 외(2006), 1869 참조.

5 Sunstein(2007)은 이 논점을 상세히 탐구한다.

6 저축을 늘리는 방법

이 장은 Shlomo Benarzi와의 공동 연구, 특히 Benartzi와 Thaler(2007)를 상당 부분 참고했다.

1 Gross(2007)

1 Beland(2005), 40-41

2 Investment Company Institute(2006)

3 해당 데이터를 제공해준 영국 노동연금부와 David Blake에게 감사를 표한다.

4 Choi와 Laibson, Madrian(2004), Duflo 외(2005)는 저축자 세금 공제 자격을 갖춘 납세자들의 맥락에서 이와 유사하게 차액 획득 거래기회를 포기하는 사례를 제시한다.

5 Madrian과 Shea(2001), Choi 외(2002).

6 Choi 외(2006).

7 Carroll 외(2005).

8 Carroll 외(2005).

9 Iyengar와 Huberman, Jiang(2004).

10 Benartzi와 Thaler(1999).

11 Benartzi와 Thaler(2007).

12 Choi 외(2002).

13 Duflo와 Saez(2002).

14 연금보호법에 따르면, 고용주들은 직원들에게 401(k) 플랜을 제공하여 그들의 기여분의 일정 비율을 분담할 경우, 분담 기여금이 2년 이내에 수여되고 소득의 최소 3% 비율로 자동 등록이 이뤄지며 자동 증가분이 최소 3년 동안 매년 최소 1%일 때 이른바 '비차별 원칙'을 충족시키는 것으로 간주된다. (좀 더 구체적으로 말하면, 고용주는 해당 직원의 저축액 가운데 급여의 첫 1%에 대해 100%를 분담하며 이후 저축률이 6%에 달할 때까지 50%를 분담하는 것이다. 따라서 직원의 저축률이 6%가 되면 총 3.5%를 분담하게 된다.) 비차별 원칙은 해당 기업의 최고 연봉 직원들에게 제공되는 수혜 비율을 제한해준다. 401(k) 플랜의 경우 이미 직원별로 분담금 상한선이 정해져 있기 때문에, 이러한 복합적인 플랜 특징들을 통해 저임금 직원들까지 충분히 가입시킬 수 있을 것으로 추정되었다. 논리적인 사람들은 (일반적인 유형의 정치적 타협을 표상하는) 해당 법안의 특정 조항들에 대해 트집을 잡을 수도 있겠지만, 우리는 그것이 훌륭한 넛지의 예라고 생각한다. 직원들에게 플랜 변경을 요구하지 않으면서도 플랜을 변경하고자 하는 직원들은 짜증나는 서류양식 작성 단계를 건너뛸 수 있으니까 말이다.

15 New Zealand Ministry of Economic Development (2008)

7 순진한 투자자

이 장은 Shlomo Benarzi와의 공동 연구, 특히 Benartzi와 Thaler(2007)를 상당 부분 참고했다.

1 Benartzi와 Thaler(1999) 참조.

2 Zweig(1998)에서 인용.

3 Benartzi와 Thaler(2001) 참조.

4 Read와 Loewenstein(1995). 또한, 해당 아이디어의 창시자인 Simonson(1990) 참조.

5 Benartzi와 Thaler(2001).

6 Benartzi와 Thaler(2007).

8 우리를 함정에 빠뜨리는 신용 시장

1 이를 제안해준 Phil Maymin에게 감사한다.

2 Karlan과 Zinman(2007)

3 Simon과 Haggerty(2007)

4 Morton과 Zettelmeyer, Silva-Risso(2003)

5 Draut와 Silva(2003)

9 사회보장의 민영화 : 스모가스보드 스타일

이 장은 Cronqvist와 Thaler(2004)를 상당부분 참고했다. 우리를 위해 일부 수치들을 새로이 산정하여 갱신해준 Henrik Cronqvist에게 감사를 표한다.

1 적극적인 선택 요구에 대한 논의는 Carroll 외(2005) 참조.

2 French와 Poterba(1991)

3 Samuelson과 Zeckhauser(1998), Ameriks와 Zeldes(1001) 참조.

4 Kuran과 Sunstein(1999) 참조.

10 사람들을 위압하는 미국 의료보험 프로그램

2005년 〈피츠버그 포스트 가젯(Pittsburgh Post-Gazette's)〉에 실린 플랜 선택 관련 특집기사의 헤드라인은 다음과 같았다. "D는 'Daunting(위압적인)'의 약자다." 우리가 이러한 난국을 헤쳐 나가도록 도와준 Katie Merrill과 Marison Wrobel에게 크게 감사한다.

1 White House(2006).

2 Medicare Prescription Drug Plan(연도 미상).

3 McFadden(2007).

4 Pear(2006)에서 인용.

5 Cubanski와 Neuman(2007).

6 Henry J. Kaiser Family Foundation(2007).

7 Winter 외(2006).

8 Henry J. Kaiser Family Foundation(2007).

9 Nemore(2005).

10 West 외(2007).

11 Kling 외(2007)는 나름대로 수행한 이중수혜자 조사 결과에서 이와 유사하게 낮은 수치를 보고한다. 그들이 밝혀낸 바에 따르면, 조사에 응한 메디케이드 가입자들 가운데 2007년에 플랜 변경을 적극적으로 수행한 비율은 6~7%였다.

12 Hoadley 외(2007).

13 Lipman(2005)에서 인용.

14 Kling 외(2007) 팀은 1-800-MEDICARE 서비스에 대해 소규모의 감사를 수행했다. 그 결과, 12통화 당 8통화 꼴로 최저 비용의 플랜을 찾는데 성공하는 것으로 나타났다.

15 Vaughan과 Gunawardena(2006)

16 플랜 스폰서들은 주(州)마다 다르다. 전국 및 지역 규모의 보험 회사들이 될 수도 있고 약국수혜관리자들(pharmacy benefit managers)이 될 수도 있다. 여기에 약국 체인들과 소매상들, AARP 등으로 구성된 공동 스폰서들도 존재한다. 월간 보험료는 20달러 이하에서부터 100달러 이상까지 매우 다양하며, 공제 금액의 책정 범위 또한 0달러에서 265달러 사이로 매우 광범위하다(2007년 기록). 일부 기본 플랜들은 약값의 75%를 보상하기도 하지만, 대부분의 플랜들은 단계별 보상방식을 적용한다. 만약 당신이 공동 보험을 이용한다면 혹은 일부 노인들처럼 한 번에 3개월치 약품을 구입한다면, 당신의 비용 분배율은 달라질 것이다. 상표가 없는 약품들의 경우, 한 번 처방을 받을 때마다 처방약 플랜이 0달러에서 10달러 사이로 비용을 분담한다. 반면, 브랜드 약품들의 경우, 보상 범위가 15달러에서 60달러 이상으로 매우 다양하다. 당신은 이러한 수치들을 모두 꼼꼼히 살펴봐야 한다. 월별 약품 가격의 변동이 전체 청구액에 영향을 미칠 수 있기 때문이다. 플랜들은 가장 흔하게

사용되는 약품 200가지 가운데 73~96%를 보상하므로, 플랜 규정집(해당 플랜이 적용되는 약품 목록)들을 샅샅이 뒤져보는 과제까지 수행해야 한다. 비교적 흔하게 사용되지 않는 약품들의 경우에는 보상 적용 비율이 매우 다양하다. 처방약 플랜 운용 기업들은 일반적으로 연중에는 플랜 규정집에 포함된 약품들을 제하지 않는다. 그러나 가능한 경우에는 상표 없는 약품들로 전환할 수도 있으며, 연말이 되면 일부 약품들을 목록에서 완전히 제할 수도 있다. 약국 네트워크들도 제각기 다른 정책을 채택하며, 응급처방전 작성 및 대체 약국 네트워크 사용에도 다양한 규칙들이 적용된다. 약품에 대한 사전 인증과 단계적 치료, 사용량 제한 등에 적용되는 보상 규정은 각주로 공개되기 때문에 꼼꼼하게 살펴보지 않으면 놓치기 십상이다. 그리고 마지막으로 소비자는 자신의 소비 규모가 2,510~5,726달러(정부가 비용을 분담하지 않는 간극, 이른바 '도넛구멍')에 해당할 것인지 예측해보고, 자신의 플랜이 그 범위 내에서도 일부를 보상해주는 극소수의 플랜에 속하는지 여부를 파악해야 한다. 보험 에 대해서는 그 어떤 것도 이해할 수 없는데(차라리 모든 사람들에게 각자의 소득에 따라 다양한 공제 혜택을 제공하는, 그리고 가능하다면 빈곤층에게는 무료로 의료 혜택을 제공하는 편이 훨씬 더 나을 것이다), 여기에 도넛구멍까지 가세하여 의사결정 프로세스를 훨씬 더 복잡하게 만든 것이다.

17 McFadden(2006).

18 이 밖에 6개 주가 메디케이드 수급 자격이 안 되는 일부 빈곤층을 위해 지적 배정을 시행하고 있다.

19 Government Accountability Office(2007).

20 Medicare Rights Center(2006).

21 Kling 외(2007).

11 장기 기증을 활성화하는 방법

1 해당 주제에 대해 포괄적으로 알고 싶다면 Institute of Medicine의 의뢰로 Childress, Liverman(2006)이 연구 및 작성한 탁월한 보고서를 추천한다.

2 Kurtz와 Saks(1996), 802

3 Childress와 Liverman(2006), 241

4 Childress와 Liverman(2006), 253

5 Childress와 Liverman(2006), 217

12 지구를 구출하라

1 이에 대한 한 가지 대안은 정부가 리스크를 감소시키는 데 참여한 사람들에게 보조금을 지급하는 것이다. 여러 가지 측면에서 보조금에 대한 분석은 벌과금에 대한 분석과 유사해야 한다.

2 Nordhaus와 Boyer(2000) 참조.

3 Pew Center on Global Climate Change (undated), 2, 7 참조.

4 상동 7.

5 Europa(2005) 참조.

6 Ellerman and Buchner(2007), 66, 72, n9 참조.

7 Europa(2007) 참조.

8. Ellerman 외(2000) 참조.

9 Stewart와 Wiener(2003) 참조. 탄소세 제도와 배출 총량 거래제 중에서 선택을 해야 한다는 얘기는 아니다. Stewart와 Wiener는 후자를 선호하지만, 논리적인 사람들은 여기에 동의하지 않는다.

10 42 U.S.C.§§9601 이하 참조.

11 Hamilton(2005) 참조.

12 Fung과 O'Rourke(2000) 참조.

13 Hamilton(2005) 참조.

14 Larrick and Soll(2008) 참조.

15 Agence France-Presse(2008)에서 인용.

16 Tierney (2008) 참조.

17 Howarth와 Haddad, Paton(2000) 참조.

18 EDN Europe(2007) 참조.

13 결혼의 민영화

이 장의 일부는 Sunstein(2003)을 참고했다. 또한, Fineman(2004)의 유용한 논의를 통해 우리 역시 많은 것을 배웠다.

1 Coleman(연도 미상) 참조.

2 이 부분은 Chambers(1996)를 참고했다.

3 29 U.S.C. 2601-54.

4 Polikoff(1993) 참조.

5 Nock(2003) 참조.

6 Fineman(2004), 123 "우리는 현재 결혼 관계에만 따르는 사회적 · 경제적 지원 및 특권을 새로운 핵심 가족 관계(family core connection), 즉 부양자-피부양자 관계로 확대해야 한다." 참조.

7 주의 깊고 상세한 설명은 Fineman(2004) 참조.

8 Mahar(2003).

9 Smock과 Manning, Gupta(1999) 참조.

10 Babcock과 Lowenstein(1997) 참조.

11 Baker와 Emery(1993) 참조.

14 12가지 미니 넛지

1 Organization for Economic Co-Operation and Development(2008), Norwegian Tax Administration(2005), European eGovernment(2006) 참조.

2 유사 플랜은 http://www.poverty-action.org/ourwork/projects_ㅋview.php?recordID=33 참조.

3 아직 연구가 진행 중이지만 http://www.povertyactionlab.com/projects/project.php?pid=65를 참조하기 바란다.

4 Brown과 Saunders, Dick(1999) 참조.

15 반대 의견들

1 우리가 여기서 참조한 공격적인 반론은 Glaeser(2006)이다.

2 〈Economis〉(2006).

3 일부 경제학자들이 실제로 이러한 주장을 펼친 바 있다. Becker(1983) 참조.

4 이처럼 예리한 질문을 던져준 Jesse Shapiro에게 감사한다.

5 Camerer 외(2003).

6 16 CFR §429.1(a)(2003)

7 예를 들면, Cal Fam Code §2339(a)(이혼 판결이 포고되기 전에 6개월 간 대기할 것을 요구함), Conn Gen Stat Ann §46b-67(a)(법원이 이혼 소송을 처리하기 전에 90일 간 대기할 것을 요구함) 참조. 일반적인 논의는 Scott(1990) 참조.

8 Camerer 외(2003) 참조. '결혼을 앞둔 사람들에게 허가가 발행된 후 결혼식을 올리기 전까지 일정 기간을 기다릴 것을 요구'하는 주(州)법 인용.

9 이러한 법률을 옹호하는 흥미로운 주장은 Frank(1985)에서 찾을 수 있다.

저자 후기: 현재의 금융위기와 넛지

1 Robert Shiller, Irrational Exuberance (Princeton: Princeton University Press; 2d edition 2005) 참조.

2 중요한 관련 논의에 대해서는 Robert Shiller, The Subprime Solution (Princeton: Princeton University Press, 2008) 참조.

Bibliography

Abadie, Alberto, and Sebastien Gay. "The Impact of Presumed Consent Legislation on Cadaveric Organ Donation: A Cross Country Study." NBER Working Paper no. W10604, July 2004. http://ssrn.com/abstract=563048.

Abdulkadirog lu, Atila, Parag A. Pathak, and Tayfun Sonmez. "The Boston Public School Match." *American Economic Review* 95, no. 2(2005): 368-71.

Ackerman, Bruce A., and William T. Hassler. *Clean Coal/Drity Air: Or How the Clean Air Act Became a Multibillion-Dollar Bail-Out for High-Sulfur Coal Producers and What Should Be Done About It.* New Haven: Yale University Press, 1981.

Akerlof, George A., Janet L. Yellen, and Michael L. Katz. "An Analysis of Out-of-Wed-lock Childbearing in the United States." *Quarterly Journal of Economics* 111(1996): 277-317.

Alkahami, Ali Siddig, and Paul Slovic. "A Psychological Study of the Inverse Relationship Between Perceived Risk and Perceived Benefit." *Risk Analysis* 14(1994): 1085-96.

Allais, Maurice. "Le comportement de l'homme rationnel devant le risque, critique des postulats et axioms de l'école Americaine." *Econometrica* 21(1953): 503-46.

Ameriks, John, and Stephen P. Zeldes. "How Do Household Portfolio Shares Vary with Age?" Working paper, Columbia University, 2001.

Asch, Solomon. "Opinions and Social Pressure." In Readings About the Social Animal, ed. Elliott Aronson, 13. New York: W. H. Freeman, 1995.

Ayres, Ian, and Robert Gertner. "Filling Gaps in Incomplete Contracts: An Economic Theory of Default Rules." *Yale Law Journal* 99(1989): 87-130.

Ayres, Ian, and Barry Nalebuff. "Skin in the Game." *Forbes*, November 13, 2006.

Babcock, Linda, and George Loewenstein. "Explaining Bargaining Impasse: The

Role of Self-Serving Biases." *Journal of Economic Perspectives* 11, no. 1(1997): 109-26.

Badger, Gary J., Warren K. Bickel, Louis A. Giordano, Eric A. Jacobs, George Loewenstein, and Lisa Marsch. 2004. "Altered States: The Impact of Immediate Craving on the Valuation of Current and Future Opioids." *Journal of Health Economics* 26(2007): 865-76.

Baker, Lynn A., and Robert E. Emery. "When Every Relationship Is Above Average: Perceptions and Expectations of Divorce at the Time of Marriage." *Law and Human Behavior* 17(1993): 439-50.

Baker, Tom. *The Medical Malpractice Myth*. Chicago: University of Chicago Press, 2005.

Bargh, John. "The Automaticity of Everyday Life." In *Advances in Social Cognition*, vol. 10, *The Automaticity of Everyday Life*, ed. Robert Wyer, Jr., 1-61. Mahwah, N. J.: Lawrence Erlbaum 1997.

Baron, Robert, Joseph A. Vandello, and Bethany Brunsman. "The Forgotten Variable in Conformity Research: Impact of Task Importance on Social Influence." *Journal of Personality and Social Psychology* 71(1996): 915-27.

Bateman, Ian J., and Kenneth G. Willis, eds. *Valuing Human Preferences*. Oxford: Oxford University Press, 1999.

Baumeister, Roy F., Ellen Bratslavsky, Catrin Finkenauer, and Kathleen Vohs. "Bad Is Stronger Than Good." *Review of General Psychology* 5(2001): 323-70.

Beattie, Jane, Jonathan Baron, John C. Hershey, and Mark D. Spranca. "Psychological Determinants of Decision Attitude." *Journal of Behavioral Decision Making* 7(1994): 129-44.

Becker, Gary S. "A Theory of Competition Among Pressure Groups for Political Influence." *Quarterly Journal of Economics* 98(1983): 371-400.

———. *Accounting for Tastes*. Cambridge: Harvard University Press, 1996.

Becker, Gary S., and Julio Jorge Elias. "Introducing Incentives in the Market for Live and Cadaveric Organ Donations." *Journal of Economic Perspectives* 21, no. 3(2007): 3-24.

Beland, Daniel. *Social Security: History and Politics from the New Deal to the Privatization Debate*. Lawrence: University Press of Kansas, 2005.

Benartzi, Shlomo. "Excessive Extrapolation and the Allocation of 401(k) Accounts to Company Stock." *Journal of Finance* 56(2001): 1747-64.

Benartzi, Shlomo, and Richard H. Thaler. "Risk Aversion or Myopia? Choices in Repeated Gambles and Retirement Investments." *Management Science* 45(1999): 364-81.

———. "Naive Diversification Strategies in Defined Contribution Savings Plans." *American Economic Review* 91, no. 1(2001): 79-98.

———. "How Much Is Investor Autonomy Worth?" *Journal of Finance* 57(2002): 1593-1616.

———. "Heuristics and Biases in Retirement Savings Behavior." *Journal of Economic Perspectives* 21, no. 3(2007): 81-104.

Benartzi, Shlomo, Richard H. Thaler, Stephen P. Utkus, and Cass R. Sunstein. "The Law and Economics of Company Stock in 401(k) Plans." *Journal of Law and Economics* 50(2007): 45-79.

Benjamin, Daniel, and Jesse Shapiro. "Thin-Slice Forecasts of Gubernatorial Elections." Working paper, University of Chicago, 2007.

Bentham, Jeremy. *An Introduction to the Principles of Morals and Legislation.* Oxford: Blackwell, 1789.

Berger, Jonah, Marc Meredith, and S. Christian Wheeler. "Can Where People Vote Influence How They Vote? The Influence of Polling Location on Voting Behavior." Stanford University Graduate School of Business Working Paper no. 1926, 2006. http://gsbapps.stanford.edu/researchpapers/library/RP1926.pdf.

Berns, Gregory S., Jonathan Chappelow, Caroline F. Zink, Giuseppe Pagnoni, Megan E. Martin-Skurski, and Jim Richards. "Neurobiological Correlates of Social Conformity and Independence During Mental Rotation." *Biological Psychiatry* 58(2005): 245-53.

Bettinger, Eric, Bridget Long, and Phil Oreopoulos. "Momentum, Savings, and College." Research in progress(a).

———. "Simplifying the FAFSA: The Effects on College Enrollment." Research in progress(b).

Bikhchandani, Sushil, David Hirshleifer, and Ivo Welch. "Learning from the Behavior of Others." *Journal of Economic Perspectives* 12, no. 3(1998): 151-70.

Boaz, David. *Libertarianism: A Primer.* New York: Free Press, 1997.

Bond, Rod, and Peter Smith. "Culture and Conformity: A Meta-Analysis of Studies Using Asch's Line Judgment Task." *Psychological Bulletin* 119(1996): 111-37.

Boston Research Group. "Enron Has Little Effect on 401(k) Participants' View of Company Stock." 2002.

Breman, Anna. "Give More Tomorrow: A Field Experiment on Intertemporal Choice in Charitable Giving." Working paper, Stockholm University, November 7, 2006. http://www.hhs.se/NR/rdonlyres/A6055DoE-49AE-4BBF-A9FC-ECC965E9DF84/o/GMT_jobmarket.pdf.

Brickman, Philip, Dan Coates, and Ronnie J. Janoff-Bulman. "Lottery Winners and Accident Victims: Is Happiness Relative?" Journal of Personality and Social Psychology 36(1978): 917-27.

Brodie, Mollyann, Erin Weltzien, Drew Altman, Robert J. Blendon, and John M. Benson. "Experiences of Hurricane Katrina Evacuees in Houston Shelters: Implications for Future Planning." *American Journal of Public Health* 96(2006): 1402-8.

Brown, Hazel N., Rebecca B. Saunders, and Margaret J. Dick. "Preventing Secondary Pregnancy in Adolescents: A Model Program." *Health Care for Women International* 20(1999): 5-15.

Brown, Lester R., Christopher Flavin, and Sandra Postrel. *Saving the Planet: How to Shape an Environmentally Sustainable Global Economy.* New York: Norton, 1991.

Buehler, Roger, Dale Griffin, and Michael Ross. "Inside the Planning Fallacy: The Causes and Consequences of Optimistic Time Predictions." In Gilovich, Griffin, and Kahneman(2002), 250-70.

Burke, Edmund. *Reflections on the Revolution in France.* Ed. L. G. Mitchell. Oxford: Oxford University Press, 1993.

Burnum, John F. "Medical Practice à la Mode: How Medical Fashions Determine Medical Care." *New England Journal of Medicine* 317(1987): 1220-22.

Byrne, Michael D., and Susan Bovair. "A Working Memory Model of a Common Procedural Error." *Cognitive Science* 21(1997): 31-61.

Calabresi, Guido, and A. Douglas Melamed. "Property Rules, Liability Rules, and Inalienability: One View of the Cathedral." *Harvard Law Review* 85(1972): 1089-1128.

Calle, Eugenia E., Michael J. Thun, Jennifer M. Petrelli, Carmen Rodriguez, and Clark W. Heath. "Body-Mass Index and Mortality in a Prospective Cohort of U.S. Adults." *New England journal of Medicine* 341(1999): 1097-1105.

Camerer, Colin F. "Prospect Theory in the Wild: Evidence from the Field." In Kahneman and Tversky(2000), 288-300.

———. *Behavioral Game Theory: Experiments in Strategic Interaction.* Princeton: Princeton University Press, 2003.

———. "Neuroeconomics: Using Neuroscience to Make Economic Predictions." *Economic Journal* 117(2007): C26-42.

Camerer, Colin F., and Robin M. Hogarth. "The Effects of Financial Incentives in Experiments: A Review and Capital-Labor-Production Framework." *Journal of Risk and Uncertainty* 19(1999): 7-42.

Camerer, Colin F., Samuel Issacharoff, George Loewenstein, Ted O'Donoghue, and Matthew Rabin. "Regulation for Conservatives: Behavioral Economics and the Case for 'Asymmetric Paternalism.'" *University of Pennsylvania Law Review* 151(2003): 1211-54.

Caplin, Andrew. "Fear as a Policy Instrument." In *Time and Decision: Economic and Psychological Perspectives on Intertemporal Choice*, ed. George Loewenstein, Daniel Read, and Roy Baumeister, 441-58. New York: Russell Sage, 2003.

Carroll, Gabriel D., James J. Choi, David Laibson, Brigitte Madrian, and Andrew Metrick. "Optimal Defaults and Active Decisions." NBER Working Paper no. 11074, 2005. http://www.nber.org/papers/w11074.pdf.

Chaiken, S., and Y. Trope. *Dual Process Theories in Social Psychology*. New York: Guilford, 1999.

Chambers, David L. "What If? The Legal Consequences of Marriage and the Legal Needs of Lesbian and Gay Male Couples." *Michigan Law Review* 95(1996): 447-91.

Childress, James F., and Catharyn T. Liverman, eds. *Organ Donation: Opportunities for Action*. Washington, D.C.: National Academies Press, 2006.

Choi, James J., David Laibson, and Brigitte Madrian. "$100 Bills on the Sidewalk: Violation of No-Arbitrage in 401(k) Accounts." Working paper, University of Pennsylvania, 2004.

Choi, James J., David Laibson, Brigitte Madrian, and Andrew Metrick. "Defined Contribution Pensions: Plan Rules, Participant Decisions, and the Path of Least Resistance." In *Tax Policy and the Economy*, vol. 16, ed. James Poterba, 67-113. Cambridge: MIT Press, 2002.

———. "For Better or For Worse: Default Effects and 401(k) Savings Behavior." In Perspectives in the Economics of Aging, ed. David Wise, 81-121. Chicago: University of Chicago Press, 2004.

———. "Saving for Retirement on the Path of Least Resistance." *In Behavioral Public Finance*, ed. Edward McCaffery and Joel Slemord. New York: Russell Sage, 2006.

Christakis, Nicholas A., and James H. Fowler. "The Spread of Obesity in a Large Social Network over 32 Years." *New England Journal of Medicine* 357(2007): 370-79.

Cialdini, Robert. *Influence: The Psychology of Persuasion*. New York: Quill, 1993.

———. *Influence: Science and Practice*. 4th ed. Needham Heights, Mass.: Allyn and Bacon, 2000.

———. "Crafting Normative Messages to Protect the Environment." *Current*

Directions in Psychological Science 12(2003): 105-9.

Cialdini, Robert B., Raymond R. Reno, and Carl A. Kallgren. "A Focus Theory of Normative Conduct: Recycling the Concept of Norms to Reduce Littering in Public Places." *Journal of Personality and Social Psychology* 58(1990):1015-26.

———. "Activating and Aligning Social Norms for Persuasive Impact." *Social Influence* 1(2006), 3-15.

Clark, Andrew E., Ed Diener, Yannis Georgellis, and Richard E. Lucas. "Lags and Leads in Life Satisfaction: A Test of the Baseline Hypothesis," DELTA Working Paper 2003-14, 2003. http://www.delta.ens. fr/abstracts/wp200314.pdf.

Coleman, Stephen. "The Minnesota Income Tax Compliance Experiment State Tax Results." Minnesota Department of Revenue, 1996. http://www.state.mn.us/legal_policy/research_reports/content/complnce.pdf.

Coleman, Thomas F. "The High Cost of Being Single in America; or, The Financial Consequences of Marital Status Discrimination." Unmarried America Web site, n.d. http;//www.unmarriedamerica.org/cost-discrimination.htm.

Colin, Michael, Ted O'Donoghue, and Timothy Vogelsang. "Projection Bias in Catalogue Orders." Working paper, Cornell University Economics Department, 2004.

Cooper, Arnold C., Carolyn Y. Woo, and William C. Dunkelberg. "Entrepreneurs' Perceived Chances for Success." *Journal of Business Venturing* 3, no. 2(1988): 97-108.

Cronqvist, Henrik. "Advertising and Portfolio Choice." Working paper, Ohio State University, 2007.

Cronqvist, Henrik, and Richard H. Thaler. "Design Choices in Privatized Social-Security Systems: Learning from the Swedish Experience," *American Economic Review* 94, n0. 2(2004): 425-28.

Cropper, Maureen L., Sema K. Aydede, and Paul R. Portney. "Rates of Time Preference for Saving Lives." *American Economic Review* 82, no. 2(1992): 469-72.

———. "Preferences for Life Saving Programs: How the Public Discounts Time and Age." *Journal of Risk and Uncertainty* 8(1994): 243-65.

Crutchfield, Richard S. "Conformity and Character." *American Psychologist* 10(1955): 191-98.

Cubanski, Juliette, and Patricia Neuman, "Status Report on Medicare Part D Enrollment in 2006: Analysis of Plan-Specific Market Share and Coverage." *Health Affairs* 26(2007): w1-12.

Cuomo, Andrew. Testimony to the U. S. House of Representatives Committee on

Education and Labor, April 25, 2007. http://edlabor.house.gov/testimony/042507 AndrewCuomotestimony.pdf.

Daughety, Andrew, and Jennifer Reinganum. "Stampede to Judgment." *American Law and Economics Review* 1(1999): 158-89.

De Bondt, Werner F. M., and Richard H. Thaler. "Do Security Analysts Overreact?" *American Economic Review* 80, no. 2(1990): 52-57.

Department of Health and Human Services. "Medicare Drug Plans Strong and Growing." Press release, Washington D.C., June 30, 2007.

De Rothschild, David. *The Global Warming Survival Handbook*. Emmaus, Pa.: Rodale, 2007.

Diamond, Peter A., and Jerry A. Hausman. "Contingent Valuation: Is Some Number Better Than No Number?" *Journal of Economic Perspectives* 8, no. 4(1994): 45-64.

Drabek, Thomas E. "Social Processes in Disaster: Family Evacuation." *Social Problems* 16(1969): 336-49.

Draut, Tamara, and Javier Silva. "Borrowing to Make Ends Meet: The Rise of Credit Card Debt in the '90s." Demos Web site, 2003. http://www.demos.org/pubs/borrowing_to_make_ends_meet.pdf.

Duflo, Esther, William Gale, Jeffrey Liebman, Peter Orszag, and Emmanuel Saez. "Saving Incentives for Low-and Middle-Income Families: Evidence from a Field Experiment with H&R Block," NBER Working Paper no. 11680, 2005. http://www.nber.org/papers/w11680.pdf.

Duflo, Esther, and Emmanuel Saez. "The Role of Information and Social Interactions in Retirement Plan Decisions: Evidence from a Randomized Experiment." Massachusetts Institute of Technology Department of Economics Working Paper no. 02-23, 2002. http://papers.ssrn.com/sol3/papers.cfm?abstract_id=315659.

Dworkin, Gerald. *The Theory and Practice of Autonomy*. Cambridge: Cambridge University Press, 1988.

Dynes, Russell R. "The Importance of Social Capital in Disaster Response." University of Delaware Disaster Research Center Preliminary Paper no. 327, 2002. http://www.udel.edu/DRC/Preliminary_Papers/PP327-THE%20IMPORTANCE%20OFpdf%20.pdf.

Economist, The. Editorial. "The State Is Looking After You," April 8, 2006.

Edgeworth, Francis Ysidro. *Mathematical Psychics*. London: C. K. Paul, 1881.

Ellerman, A. Denny, Paul L. Joskow, Richard Schmalensee, Juan-Pablo Montero, and Elizabeth M. Bailey. *Markets for Clean Air*. Cambridge: Cambridge

University Press, 2000.

Ellickson, Robert C. *Order Without Law: How Neighbors Settle Disputes.* Cambridge: Harvard University Press, 1991.

Ellsberg, Daniel. "Risk, Ambiguity, and the Savage Axioms." *Quarterly Journal of Economics* 75(1961): 643-69.

Elster, Jon. *Sour Grapes: Studies in the Subversion of Rationality.* Cambridge: Cambridge University Press, 1983.

Epley, Nicholas, and Thomas Gilovich. "Just Going Along: Nonconscious Priming and Conformity to Social Pressure." *Journal of Experimental Social Psychology* 35(1999): 578-89.

Epstein, Richard A. "In Defense of the Contract at Will." *University of Chicago Law Review* 51(1984): 947-82.

———. "Contractual Principle Versus Legislative Fixes: Coming to Closure on the Unending Travails of Medical Malpractice." *DePual Law Review* 54(2005): 503-26.

Fineman, Martha A. *The Autonomy Myth: A Theory of Dependency.* New York: New Press, 2004.

Frank, Richard G., and Joseph P. Newhouse. "Mending the Medicare Prescription Drug Benefit: Improving Consumer Choices and Restructuing Purchasing." Brookings Institution Web site, April 2007. http://www.brookings.edu/views/papers/200704frank_newhouse.htm.

Frank, Robert. *Choosing the Right Pond.* New York: Oxford Univesity Press, 1985.

Frederick, Shane. "Measuring Intergenerational Time Preference: Are Future Lives Valued Less?" *Journal of Risk and Uncertainty* 26(2003): 39-53.

———. "Cognitive Reflection and Decision Making." *Journal of Economic Perspectives* 19, no. 4(2005): 24-42.

Frederick, Shane, George Loewenstein, and Ted O'Donoghue. "Time Discounting and Time Preference: A Critical Review." *Journal of Economic Literature* 40(2002): 351-401.

French, Kenneth R., and James M. Poterba. "Investor Diversification and International Equity Markets." *American Economic Review* 81, n0. 2(1991): 222-26.

Friedman, Milton, and Rose Friedman. *Free to Choose: A Personal Statement.* New York: Harcourt Brace Jovanovich, 1980.

Fung, Archon, and Dara O'Rourke. "Reinventing Environmental Regulation from the Grassroots Up: Explaining and Expanding the Success of the Toxic Release

Inventory." *Environmental Mangement* 25(2000): 115-27.
Gallagher, Maggie. "Banned in Boston." *Weekly Standard*, May 15, 2006.
Gerber, Alan S., and Todd Rogers. "The Effect of Descriptive Social Norms on Voter Turnout: The Importance of Accentuating of Positive." Working paper, 2007. http://www.iq.harvard.edu/NewsEvents/Seminars-WShops/PPBW/rogers.pdf.
Gilbert, Daniel T. "Inferential Correction." In Gilovich, Griffin, and Kahneman(2002), 167-84.
Gilbert, Daniel T., Erin Driver-Linn, and Timothy D. Wilson. "The Trouble with Vronsky: Impact Bias in the Forecasting of Future Affective States." In *The Wisdom in Feeling: Psychological Processes in Emotional Intelligence*, ed. L. F. Barrett and P. Salovey, 114-43. New York: Guilford, 2002.
Gilbert, Daniel T., M. Gill, and Timothy D. Wilson. "How Do We Know What We Will Like? The Informational Basis of Affective Forecasting." Manuscript, Harvard University, 1998.
Gilbert, Daniel T., Elizabeth C. Pinel, Timothy D. Wilson, Stephen J. Blumberg, and Thalia P. Wheatley. "Immune Neglect: A Source of Durability Bias in Affective Forecasting." *Journal of Personality and Social Psychology* 75(1998): 617-38.
Gilbert, Daniel T., and Timothy D. Wilson. "Miswanting: Some Problems in the Forecasting of Future Affective States." In Feeling and Thinking: *The Role of Affect in Social Cognition*, ed. Joseph P. Forgas, 178-97. Cambridge: Cambridge University Press, 2000.
Gilovich, Thomas. *How We Know What Isn't So: The Fallibility of Human Reason in Everyday Life*. New York: Free Press, 1991.
Cilovich, Thomas, Dale Griffin, and Daniel Kahneman. *Heurisitics and Biases: The Psychology of Intuitive Judgment*. Cambridge: Cambridge University Press, 2002.
Gilovich, Thomas, Victoria H. Medvec, and Kenneth Savitsky. "The Spotlight Effect in Social Judgment: An Egocentric Bias in Estimates of the Salience of One's Own Actions and Appearance." *Journal of Personality and Social Psychology* 78(2000): 211-22.
Gilovich, Thomas, Robert Vallone, and Amos Tversky. "The Hot Hand in Basketball: On the Misperception of Random Sequences." *Cognitive Psychology* 17(1985): 295-314.
Glaeser, Edward L. "Paternalism and Psychology." *University of Chicago Law Review* 73(2006): 133-56.
Glaeser, Edward L., Bruce Sacerdote, and Jose Scheinkman. "Crime and Social

Interactions." *Quarterly Journal of Economics* 111(1996): 507-48.

Goldstein, Noah J., Robert B. Cialdini, and Vladas Griskevicius. "A Room with a Viewpoint: The Role of Situational Similarity in Motivating Conformity to Social Norms." Manuscript in preparation, 2007.

Goodin, Robert E. "Permissible Paternalism: In Defense of the Nanny State." *Responsive Community* 1(1991): 42.

Goolsbee, Austan. "The Simple Return: Reducing America's Tax Burden Through Return-Free Filing." Brookings Institution Web site, July 2006. http://www.brookings.edu/papers/2006/07useconomics_goolsbee.aspx.

Gould, Stephen Jay. *Bully for Brontosaurus: Reflections in Natural History.* New York: Norton, 1991.

Government Accountability Office. "Toxic Chemicals." Report to the Congress, 1991.

———. "Medicare Part D: Challenges in Enrolling New Dual-Eligible Beneficiaries." June 2007. http://www.gao.gov/cgi-bin/getrpt?GAO-07-272.

Greenwald, Anthony G., Catherine G. Carnot, Rebecca Beach, and Barbara Young. "Increasing Voting Behavior by Asking People if They Expect to Vote." *Journal of Applied Psychology* 2(1987): 315-18.

Grether, David M. "Bayes Rule as a Descriptive Model: The Representativeness Heuristic." *Quarterly Journal of Economics* 95(1980): 537-57.

Gross, Daniel. "The Empty 401(k): If White House Press Secretary Tony Snow Won't Save for Retirement, Why Should You?" Slate, September 4, 2007. http://www.slate.com/id/2173288/.

Gross, David B., and Nicholas S. Souleles. "Do Liquidity Constraints and Interest Rates Matter for Consumer Behavior? Evidence from Credit Card Data." *Quarterly Journal of Economics* 117(2002): 149-85.

Gruber, Jonathan. "Smoking's 'Internalities.'" *Regulation* 25, no. 4(2002): 52-57.

Hamilton, James. *Regulation Through Revelation.* New York: Cambridge University Press, 2005.

Hastings, Justine S., Richard Van Weelden, and Jeffrey M. Weinstein. "Preferences, Information, and Parental Choice Behavior in Public School Choice." NBER Working Paper no. 12995, 2007. http://www.nber.org/papers/w12995.

Hastings, Justine S., and Jeffrey M. Weinstein. "No Child Left Behind: Estimating the Impact on Choices and Student Outcomes." NBER Working Paper no. 13009, 2007. http://www.nber.org/papers/w13009.

Heath, Chip, and Dan Heath. *Made to Stick: Why Some Ideas Survive and Others Die.* New York: Random House, 2007.

Heinrich, Joseph, Wulf Albers, Robert Boyd, Gerd Gigerenzer, Kevin A. McCabe, Axel Ockenfels, and H. Peyton Young. "What Is the Role of Culture in Bounded Rationality?" In *Bounded Rationality: The Adaptive Toolbox*, ed. Gerd Gigerenzer and Reinhard Selten, 343-59. Cambridge: MIT Press, 2001.

Henry J. Kaisr Family Foundation. "Seniors and the Medicare Prescription Drug Benefit." December 2006. http://www.kff.org/kaiserpolls/pomr121906pkg.cfm.

———. "Low-Income Assistance Under the Medicare Drug Benefit." July 2007. http://www.kff.org/medicare/7327.cfm.

Herzog, Don. *Happy Slaves: A Crititque of the Consent Theory*. Chicago: University of Chicago Press, 1989.

Hirshileifer, David. "The Blind Leading the Blind: Social Influence, Fads, and Informational Cascades." In *The New Economics of Human Behavior*, ed. Mariano Tommasi and Kathryn Ierulli, 188. Cambridge: Cambridge University Press, 1995.

Hirshleifer, David, and Tyler Shumway. "Good Day Sunshine: Stock Returns and the Weather." March 2001. http://papers.ssrn.com/sol3/papers.cfm?abstract_id=265674.

Hoadley, Jack. Testimony to Government Reform Committee Briefing on the Medicare Drug Benefit. U.S. House Committee on Oversight and Government Reform. January 20, 2006. http://oversight.house.gov/documents/20060120130100-17757.pdf.

Hoadley, Jack, Laura Summer, Jennifer Thompson, Elizabeth Hargrave, and Katie Merrell. "The Role of Beneficiary-Centered Assignment for Part D." Georgetown University and the National Opinion Research Center at the University of Chicago for the Medicare Payment Advisory Commission. June 2007. http://www.medpac.gov/documents/June07_Bene_centered_assignment_contractor.pdf.

Holland, Rob W., Merel Hendriks, and Henk Aarts. "Smells Like Clean Spirit." *Psychological Science* 16(2005): 689-93.

Howarth, Richard B., Brent M. Haddad, and Bruce Paton. "The Economics of Energy Efficiency: Insights from Voluntary Participation Programs." *Energy Policy* 28(2000): 477-86.

Howell, William. "School Choice in No Child Left Behind." In *Choice and Competition in American Education*, ed. Paul E. Peterson, 255-64. Lanham, Md.: Rowman and Littlefield, 2006.

Hoxby, Caroline. "School Choice and School Productivity: Could School Choice Be a Tide That Lifts All Boats?" In *The Economics of School Choice*, ed.

Caroline Hoxby, 287-341. Chicago: University of Chicago Press, 2003.

Hsee, Christopher K. "Attribute Evaluability and Its Implications for Joint-Separate Evaluation Reversals and Beyond." In Kahneman and Tversky(2000), 543-63.

Huberman, Gur, and Wei Jiang. "Offering vs. Choice in 401(k) Plans: Equity Exposure and Number of Funds." *Journal of Finance* 61(2006): 763-801.

Hyman, David A., and Charles Silver. "Medical Malpractice Litigation, and Tort Reform: It's the Incentives, Stupid." *Vanderbilt Law Review* 59(2006): 1085-1136.

Investment Company Institute. "401(k) Plans: A 25-Year Retrospective." 2006. http://www.ici.org/pdf/per12-02.pdf.

Ivkovic, Zoran, and Scott Weisbrenner. "Local Does as Local Is: Information Content of the Geography of Individual Investors' Common Stock Investments." NBER Working Paper no. 9685, May 2003. http://www.nber.org/papers/w9685.pdf.

Iyengar, Sheena S., Gur Huberman, and Wei Jiang. "How Much Choice Is Too Much? Contributions to 401(k) Retirement Plans." In *Pension Design and Structure: Lessons from Behavioral Finance*, ed. Olivia S. Mitchell and Stephen P. Utkus, 83-95. Oxford: Oxford University Press, 2004.

Jacobs, R. C., and D. T. Campbell. "Transmission of an Arbitrary Social Tradition." *Journal of Abnormal and Social Psychology* 62(1961): 649-58.

Jin, Ginger Zhe, and Phillip Leslie. "The Effect of Information on Product Quality: Evidence from Restaurant Hygiene Grade Cards. *Quarterly Journal of Economics* 118(2003): 409-51.

Johnson, Branden B. "Accounting for the Social Context of Risk Communication." *Science and Technology Studies* 5(1987): 103-11.

Johnson, Eric J., and Daniel Goldstein. "Do Defaults Save Lives?" *Science* 302(2003): 1338-39.

Johnson, Eric J., John Hershey, Jacqueline Meszaros, and Howard Kunreuther. "Framing, Probability Distortions, and Insurance Decisions." In Kahneman and Tversky(2000), 224-40.

Jolls, Christine, Cass R. Sunstein, and Richard Thaler. "A Behavioral Approach to Law and Economics." *Stanford Law Review* 50(1998): 1471-1550.

Jones-Lee, Michael, and Graham Loomes. "Private Values and Public Policy." In *Conflict and Tradeoffs in Decision Making*, ed. Elke U. Weber, Jonathan Baron, and Graham Loomes, 205-30. Cambridge: Cambridge University Press, 2001.

Kahneman, Daniel. "New Challenges to the Rationality Assumption." *Journal of Institutional and Theoretical Economics* 150(1994): 18-36.

Kahneman, Daniel, and Shane Frederick, "Representativeness Revisited: Attribute Substitution in Intuitive Judgement." In Gilovich, Griffin, and Kahneman(2002), 49-81.

Kahneman, Daniel, Barbara L. Fredrickson, Charles A. Schreiber, and Donald A. Redelmeier. "When More Pain Is Preferred to Less: Adding a Better End." *Psychological Science* 4(1993): 401-5.

Kahneman, Daniel, Jack L. Knetsch, and Richard H. Thaler. "Experimental Tests of the Endowment Effect and the Coase Theorem." *Journal of Political Economy* 98(1990): 1325-48.

———. "Anomalies: The Endowment Effect, Loss Aversion, and Status Quo Bias." *Journal of Economic Perspectives* 5, no. 1(1991): 193-206.

Kahneman, Daniel, and Richard H. Thaler. "Anomalies: Utility Maximization and Experienced Utility." *Journal of Economic Perspectives* 20, no. 1(2006): 221-34.

Kahneman, Daniel, and Amos Tversky, eds. *Choices, Values, and Frames.* Cambridge: Cambridge University Press, 2000.

Kahneman, Daniel, Peter. P. Wakker, and Rakesh Sarin. "Back to Bentham? Explorations of Experienced Welfare." *Quarterly Journal of Economics* 112(1997): 375-405.

Karlan, Dean S., and Jonathan Zinman. "Expanding Credit Access: Using Randomized Supply Decisions to Estimate the Impacts." 2007. http://research.yale.edu/karlan/deankarlan/downloads/ExpandingCreditAccess.pdf.

Kay, Aaron C., S. Christian Wheeler, John A. Bargh, and Lee Ross. "Material Priming: The Influence of Mundane Physical Objects on Situational Construal and Competitive Behavioral Choice." *Organizational Behavior and Human Decision Processes* 95(2004): 83-96.

Kennedy, Robert. "Strategy Fads and Strategic Positioning: An Empirical Test for Herd Behavior in Prime-Time Television Programming." *Journal of Industrial Economics* 50(2002): 57-84.

Kessler, Daniel, and Mark McClellan. "Do Doctors Practice Defensive Medicine?" *Quarterly Journal of Economics* 111(1996): 353-90.

Ketchum, Christopher. "Enron's Human Toll." *Salon.com*, January 23, 2002. http://archive.salon.com/tech/feature/2002/01/23/enron_toll/index1.html.

Klevmarken, N. Anders, "Swedish Pension Reforms in the 1990s." April 2002. http://www.nek.uu.se/Pdf/wp2002_6.pdf.

Kling, Jeffrey, Sendhil Mullainathan, Eldar Shafir, Lee Vermeulen, and Marian Wrobel. "Choosing Well: The Case of Medicare Drug Plans." Working paper, Harvard University, August 2007.

Koehler, Jay, and Caryn Conley. "The 'Hot Hand' Myth in Professional Basketball." *Journal of Sport and Exercise Psychology* 25(2003): 253-59.

Koppell, Jonathan G. S., and Jennifer A. Steen. "The Effects of Ballot Position on Election Outcomes." *Journal of Politics* 66(2004): 267-81.

Korobkin, Russell. "The Status Quo Bias and Contract Default Rules." *Cornell Law Review* 83(1998): 608-87.

Kraut, Robert E., and McConahay, John B. "How Being Interviewed Affects Voting: An Experiment." *Public Opinion Quarterly* 37(1973): 398-406.

Krech, David, Richard S. Crutchfield, and Egerton S. Ballachey. *Individual in Society*. New York: McGraw-Hill, 1962.

Krueger, Alan B. *What Makes a Terrorist*. Princeton: Princeton University Press, 2007.

Kruse, Douglas L., and Joseph Blasi. "Employee Ownership, Employee Attitudes, and Firm Performance." NBER Working Paper no. 5277, September 1995. http://www.nber.org/papers/w5277.v5.pdf.

Kunreuther, Howard. "Mitigating Disaster Losses Through Insurance." *Journal of Risk and Uncertainty* 12(1996): 171-87.

Kuran, Timur, *Private Truths, Public Lies: The Social Consequences of Preference Falsification*. Cambridge: Harvard University Press, 1998.

Kuran, Timur, and Cass R. Sunstein. "Avilability Cascades and Risk Regulation." *Stanford Law Review* 51(1999): 683-768.

Kurtz, Sheldon F. and Michael J. Saks. "The Transplant Paradox: Overwhelming Public Support for Organ Donation vs. Under-Supply of Organs: The Iowa Organ Procurement Study." *Journal of Corporation Law* 21(1996): 767-806.

Laibson, David. "Golden Eggs and Hyperbolic Discounting." *Quarterly Journal of Economics* 112(1997): 443-77.

Layton, Deborah. *Seductive Poison: A Jonestown Survivor's Story of Life and Death in the People's Temple*. New York: Anchor, 1999.

Leavitt, Michael. Remarks as Prepared to America's Health Insurance Plans(AHIP). U.S. Department of Health and Human Services. March 22, 2007. http://www.hhs.gov/news/speech/sp20070322a.html.

Ledoux. Joseph. *The Emotional Brain: The Mysterious Underpinnings of Emotional Life*. New York: Simon and Schuster, 1998.

Leebron, David. "Final Moments: Damages for Pain and Suffering Prior to

Death." *New York University Law Review* 64(1989): 256-360.

Levav, Jonathan, and Gavan J. Fitzsimons. "When Questions Change Behavior." *Psychological Science* 17(2006): 207-13.

Leventhal, Howard, Robert Singer, and Susan Jones. "Effects of Fear and Specificity of Recommendation upon Attitudes and Behavior." *Journal of Personality and Social Psychology* 2(1965): 20-29.

Lichtenstein, Sarah, and Paul Slovic. "Reversals of Preference Between Bids and Choices in Gambling Decisions." *Journal of Experimental Psychology* 89(1971): 46-55.

Lieberman, Matthew D., Ruth Gaunt, Daniel T. Gilbert, and Yaacov Trope. "Reflection and Reflexion: A Social Cognitive Neuroscience Approach to Attributional Interference." In *Advances in Experimental Social Psychology* 34, ed. Mark Zanna, 199-249. New York: Elsevier, 2002.

Linkenbach, Jeffrey W. "The Montana Model: Development and overview of a Seven-Step Process for Implementing Macro-Level Social Norms Campaigns." In Perkins(2003), 182-208.

Linkenbach, Jeffrey W., and H. Wesley Perkins. "MOST of Us Are Tobacco Free: An Eight-Month Social Norms Campaign Reducing Youth Initiation of Smoking in Montana." In Perkins(2003), 224-34.

Lipman, Larry. "Medicare Offers Web Tools for Choosing a Drug Plan." Cox News Service. October 20, 2005. http://www.coxwashington.com/reporters/content/reporters/stories/2005/10/20/BC_MEDICARE18_COX.html.

Localio, A. Russell, Ann G. Lawthers, Troyen A. Brennan, Nan M. Laird, Liesi E. Hebert, Lynn M. Peterson, Joseph P. Newhouse, Paul C. Weiler, and Howard H. Hiatt. "Relation Between Malpractice Claims and Adverse Events Due to Negligence: Results of the Harvard Medical Practice Study Ⅲ." *New England Journal of Medicine* 325(1991): 245-51.

Loewenstein, George. "Out of Control: Visceral Influences on Behavior." *Organizational Behavior and Human Decision Processes* 65(1996): 272-92.

———. "Costs and Benefits of Health-and Retirement-Related Choice." In *Social Security and Medicare: Individual Versus Collective Risk and Responsibility*, ed. Sheila Burke, Eric Kingson, and Uwe Reinhardt. Washington, D.C.: Brookings Institution Press, 2000.

Loewenstein, George, and Lisa Marsch. "Altered States: The Impact of Immediate Craving on the Valuation of Current and Future Opioids." Working paper, Carnegie-Mellon University, 2004.

Loewenstein, George, Ted O'Donoghue, and Matthew Rabin. "Projection Bias in

Predicting Future Welfare." *Quarterly Journal of Economics* 118(2003): 1209-48.

Loewenstein, George, and David Schkade. "Wouldn't It Be Nice: Predicting Future Feelings." *In Well-Being: The Foundations of Hedonic Psychology*, ed. Daniel Kahneman, Ed Diener, and Norbert Schwarz, 85-108: New York: Russell Sage, 1999.

Loewenstein, George, Elke U. Weber, Christopher K. Hsee, and Ned Welch. "Risk as Feelings." *Psychological Bulletin* 127(2001): 267-86.

Madrian, Brigitte C., and Dennis F. Shea. "The Power of Suggestion: Inertia in 401(k) Participation and Savings Behavior." *Quarterly Journal of Economics* 116(2001): 1149-1225.

Mahar, Heather. "Why Are There So Few Prenuptial Agreements?" John M. Olin Center for Law, Economics, and Business, Harvard Law School, Discussion Paper no. 436. September 2003. http://www.law.harvard.edu/programs/olin_center/papers/pdf/436.pdf.

Malmendier, Ulrike, and Stefano DellaVigna. "Paying Not to Go to the Gym." *American Economic Review* 96, no. 3(2006): 694-719.

McClure, Samuel M., David I. Laibson, George Loewenstein, and Jonathan D. Cohen. "Separate Neural Systems Value Immediate and Delayed Monetary Rewards." *Science* 306(2004): 503-7.

McFadden, Daniel. "Free Markets and Fettered Consumers." *American Economic Review* 96, no 1(2006): 5-29.

———. "A Dog's Breakfast." *Wall Street Journal*, February 16, 2007. Opinion Section, Eastern ed.

McKay, Kim, and Jenny Bonnin. *True Green*. Washington, D.C.: National Geographic, 2007.

Medicare Prescription Drug Plan. "Tips and Tools for People with Medicare and Those Who Care for Them." U.S. Department of Health and Human Services. N.d. http://www.medicare.gov/medicarereform/drugbenefit.asp.

Medicare Rights Center. "Part D 2007: Addressing Access Problems for Low Income People with Medicare." November 2006. http://www.medicarerights.org/policybrief_autoreenrollment.pdf.

Mello, Michelle, and Troyen Brennan. "Deterrence of Medical Errors: Theory and Evidence for Malpractice Reform." *Texas Law Review* 80(2002): 1595-1637.

Meulbroek, Lisa. "Company Stock in Pension Plans: How Costly Is It?" Harvard Business School Working Paper no. 02-058, 2002. http://www.hbs.edu/research/facppuubs/workingpapers/papers2/0102/02-058.pdf.

Meyer, Robert J. "Why We Under-Prepare for Hazards." In *On Risk and Disaster: Lessons from Hurricane Katrina*, ed. Ronald J. Daniels, Donald F. Kettl, and Howard Kunreuther, 153-74. Philadelphia: University of Pennsylvania Press, 2006.

Milgram, Stanley. *Obedience to Authority*. New York: HarperCollins, 1974.

Mitchell, Olivia S., and Stephen P. Utkus. "The Role of Company Stock in Defined Contribution Plans," In *The Pension Challenge: Risk Transfers and Retirement Income Security*, ed. Olivia Mitchell and Kent Smetters, 33-70. Oxford: Oxford University Press, 2004.

Mokdad, Ali H., Barbara A. Bowman, Earl S. Ford, Frank Vinicor, James S. Marks, and Jeffrey P. Koplan. "The Continuing Epidemics of Obesity and Diabetes in the United States." *Journal of the American Medical Association* 286(2001): 1195-1200.

Morrison, Edward R. "Comment: Judicial Review of Discount Rates Used in Regulatory Cost-Benefit Analysis." *University of Chicago Law Review* 65(1998): 1333-70.

Morton, Fiona S., Florian Zettelmeyer, and Jorge Silva-Risso. "Consumer Information and Discrimination: Does the Internet Affect the Pricing of New Cars to Women and Minorities?" *Quantitative Marketing and Economics* 1(2003): 65-92.

Morwitz, Vicki G., and Eric Johnson, "Does Measuring Intent Change Behavior?" *Journal of Consumer Research* 20(1993): 46-61.

Moser, Christine, and Christopher Barrett. "Labor, Liquidity, Learning, Conformity, and Smallholder Technology Adoption: The Case of SRI in Madagascar." Manuscript, 2002. http://papers.ssrn.com/s0l3/papers.cfm?abstract_id=328662.

Nemore, Patricia B. "Medicare Part D: Issues for Dual-Eligibles on the Eve of Implementation." Center for Medicare Advocacy for the Henry J. Kaiser Family Foundation. November 2005. http://www.kff.org/medicare/7431.cfm.

Nisbett, Richard E., and David E. Kanouse. "Obesity, Hunger, and Supermarket Shopping Behavior." *Proccedings of thte Seventh Annual Meeting of the American Psychological Association* 3(1968): 683-84.

Nock, Steven L., Laura Sanchez, Julia C. Wilson, and James D. Wright. "Covenant Marriage Turns Five Years Old." *Michigan Journal of Gender and Law* 10(2003): 169-88.

Nordhaus, William D. "The Stern Review on the Economics of Climate Change." *Journal of Economic Literature* 45(2007): 686-702.

Nordhaus, William D., and Joseph Boyer. *Warming the World: Economic Models of Global Warming.* Cambridge: MIT Press, 2000.

Norman, Donald. *The Design of Everyday Things.* Sydney: Currency, 1990.

Normann, Goran, and Daniel J. Mitchell. "Pension Reform in Sweden: Lessons for American Policymakers." Heritage Foundation Backgrounder no. 1381, 2000. http://www.heritage.org/Research/SocialSecurity/bg1381.cfm.

O'Donoghue, Ted, and Mattew Rabin. "Doing It Now or Later." *American Economic Rewiew* 89, no. 1(1999): 103-24.

———. "Studying Optimal Paternalism, Illustrated by a Model of Sin Taxes." *American Economic Review* 93, no. 2(2003): 186-91.

Okin, Susan Moller. *Justice, Gender, and the Family.* New Yorkk: Basic, 1989.

Payne, John W., James R. Bettman, and David A. Schkade. "Measuring Constructed Preferences: Towards a Building Code." *Journal of Risk and Uncertainty* 19(1999): 243-70.

Peacock, Walter G., Betty Hearn Morrow, and Hugh Gladwin, eds, *Hurricane Andrew: Ethnicity, Gender, and the Sociology of Disasters.* New York: Routledge, 1997.

Pear, Robert. "In Texas Town, Patients and Providers Find New Prescription Drug Plan Baffling." *New York Times,* June 11, 2006, section 1, East Coast ed.

Perkins, H. Wesley, ed. *The Social Norms Approach to Preventing School and College Age Substance Abuse.* New York: Jossey-Bass, 2003.

Perry, Ronald W., *Comprehensive Emergency Management:Evacuating Threatened Populations.* Greenwich, Conn: JAI Press, 1985.

Perry, Ronald W., and Michael K. Lindell. "The Effects of Ethnicity on Evacuation Decision-Making." *International Journal of Mass Emergencies and Disasters* 9(1991): 47-68.

Perry, Ronald W., Michael K. Lindell, and Marjorie R. Greene. *Evacuation Planning in Emergency Management.* Lexington, Mass.: Lexington, 1981.

Peterson, Paul E., William Howell, Patrick Wolf, and David E. Campbell. "School Vouchers: Results from Randomized Experiments." In *The Economics of School Choice,* ed. Caroline Hoxby, 107-44. Chicago: University of Chicago Press, 2003.

Pittsburgh Post-Gazette. "D Is for Daunting: The Medicare Drug Program." November 6, 2005, Health section, Five-stat ed.

Polikoff, Nancy D. "We Will Get What We Ask For: Why Legalizing Gay and Lesbian Marriage Will Not 'Dismantle the Legal Structure of Gender in Every Marriage.'" *Virginia Law Review* 79(1993): 1535-50.

Prelec, Drazen, and Duncan Simester. "Always Leave Home Without It: A Further Investigation of the Credit-Card Effect on Willingness to Pay." *Marketing Letters* 12(2001): 5-12.

Prendergast, Canice. "The Provision of Incentives in Firms." *Journal of Economic Literature* 37(1999): 7-63.

Prestwood, Charles. Testimony Before the Senate Committee on Commerce, Science, and Transportation. December 18, 2001.

Rawls, John. *A Theory of Justice.* Oxford: Clarendon, 1971.

Read, Daniel, Gerrit Antonides, Laura Van Den Ouden, and Harry Trienekens. "Which Is Better: Simultaneous or Sequential Choice?" *Organizational Behavior and Human Decision Processes* 84(2001): 54-70.

Read, Daniel, and George Loewenstein. "Diversification Bias: Explaining the Discrepancy in Variety Seeking Between Combined and Separated Choices." *Journal of Experimental Psychology: Applied* 1(1995): 34-49.

Read, Daniel, George Loewenstein, and Shobana Kalyanarama. "Mixing Virtue and Vice: Combining the Immediacy Effect and the Diversification Heuristic." *Journal of Behavioral Decision Making* 12(1999): 257-73.

Read, Daniel, and B. Van Leeuwen. "Predicting Hunger: The Effects of Appetite and Delay on Choice." *Organizational Behavior and Human Decision Processes* 76(1998): 189-205.

Redelmeier, Donald A., Joel Katz, and Daniel Kahneman. "Memories of Colonoscopy: A Randomized Trial." *Pain* 104(2003): 187-94.

Redelmeier, Donald A., Paul Rozin, and Daniel Kahneman. "Unerstanding Patients' Decisions: Cognitive and Emotional Perspectives." *Journal of the American Medical Association* 270(1993): 72-76.

Revesz, Richard L. "Environmental Regulation, Cost-Benefit Analysis, and the Discounting of Human Lives." *Columbia Law Review* 99(1999): 941-1017.

Ross, Lee, and Richard Nisbett. *The Person and the Situation.* New York: McGraw-Hill, 1991.

Rottenstreich, Yuval, and Christopher Hsee. "Money, Kisses, and Electric Shocks: On the Affective Psychology of Risk." *Psychological Science* 12(2001): 185-90.

Rozin, Paul, and Edward B. Royzman. "Negativity Bias, Negativity Dominance, and Contagion." *Personality and Social Psychology Review* 5(2001): 296-320.

Sacerdote, Bruce. "Peer Effects with Random Assignment: Results for Dartmouth Roommates." *Quarterly Journal of Economics* 116(2001): 681-704.

Sageman, Marc. *Understanding Terror Networks.* Philadelphia: University of Pennsylvania Press, 2003.

Salganik, Matthew J., Peter Sheridan Dodds, and Duncan J. Watts. "Experimental Study of Inequality and Unpredictability in an Artificial Cultural Market." *Science* 311(2006): 854-46.

Samuelson, William, and Richard J. Zeckhauser. "Status Quo Bias in Decision Making." *Jaurnal of Risk and Uncertainty* 1(1988): 7-59.

Schkade, David A., and Daniel Kahneman. "Does Living in California Make People Happy? A Focusing Illusion in Judgments of Life Satisfaction." *Psychological Science* 9(1998): 340-46.

Schkade, David, Cass R. Sunstein, and Daniel Kahneman. "Deliberating About Dollars: The Severity Shift." *Columbia Law Review* 100(2000): 1139-76.

Schneider, Carl E. *The Practice of Autonomy: Patients, Doctors, and Medical Decisions.* Oxford: Oxford University Press, 1998.

Schreiber, Charles A., and Daniel Kahneman. "Determinants of the Remembered Welfare of Aversive Sounds." *Journal of Experimental Psychology: General* 129(2000): 27-42.

Schultz, P. Wesley, Jessica M. Nolan, Robert B. Cialdini, Noah J. Goldstein, and Vladas Griskevicius. "The Constructive, Destructive, and Reconstructive Power of Social Norms." *Psychological Science* 18(2007): 429-34.

Schwarz, Norbert. *Cognition and Communication: Judgmental Biases, Research Methods, and the Logic of Conversation.* Mahwah, N.J.: Lawrence Erlbaum, 1996.

Scitovesky, Tibor. *The Joyless Economy.* Oxford: Oxford University Press, 1992.

Scott, Elizabeth. "Rational Decisionmaking About Marriage and Divorce." *Virginia Law Review* 76(1990): 9-94.

Sen, Amartya. *Development as Freedom.* New York: Knopf, 1999.

Shapiro, Ian. "Long Lines, Even Longer Odds, Looking for a Lucky Number? How About 1 in 76,275,360?" *Washington Post*, April 12, 2002.

Shepard, Roger. *Mind Sights: Original Visual Illusions, Ambiguities, and Other Anomalies, with a Commentary on the Play of Mind in Perception and Art.* New York: Freeman, 1990.

Sherif, Muzsfer. "An Experimental Approach to the Study of Attitudes." *Sociometry* 1(1937): 90-98.

Sherman, Steven J. "On the Self-Erasing Nature of Errors of Prediction." *Journal of Personality and Social Psychology* 39(1980): 211-21.

Shiller, Robert J. *Irrational Exuberance.* Princeton: Princeton University Press, 2000.

Shu, Suzanne B. "Choosing for the Long Run: Making Trade-offs in Multiperiod

Borrowing." Working paper, UCLA, 2007.

Silverstein, Shel. *Where the Sidewalk Ends.* New York: HarperCollins, 1974.

Simon, Ruth, and James Haggerty. "Mortgage Mess Shines Light on Brokers' Role." *Wall Street Journal,* July 5, 2007, front section, Eastern ed.

Simonson, Itamar. "The Effect of Purchase Quantity and Timing on Variety-Seeking Behavior," *Journal of Marketing Research* 28(1990): 150-62.

Simonson, Itamar, and Russell S. Winer. "The Influence of Purchase Quantity and Display Format on Consumer Preference for Variety." *Journal of Consumer Research* 19(1992): 133-38.

Slovic, Paul, Melissa L. Finucane, Ellen Peters, and Donald G. MacGregor. "The Affect Heuristic." In Gilovich, Griffin, and Kahneman(2002), 397-420.

Slovic, Paul, Howard Kunreuther, and Gilbert F. White. "Decision Processes, Rationality, and Adjustment to Natural Hazards." 1974. Rpt. in *The Perception of Risk,* ed. Paul Slovic, 1-31. London: Earthscan, 2000.

Smith, Vernon, Kathleen Gifford, Sandy Kramer, and Linda Elam. "The Transition of Dual Eligibles to Medicare Part D Prescription Drug Coverage: State Actions During Implementation." Henry J. Kaiser Family Foundation. February 2006. http://www.kff.org/medicaid/7467.cfm.

Smock, Pamela J., Wendy D. Manning, and Sanjiv Gupta. "The Effect of Marriage and Divorce on Women's Economic Well-Being." *American Sociological Review* 64(1999): 794-812.

Stephenson, Denice, ed. *Dear People: Remembering Jonestown.* Berkeley, Calif: Heyday, 2005.

Stewart, Richard B., and Jonathan B. Wiener. *Reconstructing Climate Policy: Beyond Kyoto.* Washington, D.C.: American Enterprise Institute Press, 2003.

Stone, Arthur A., Joan E. Broderick, Laura S. Porter, and Alan T. Kaell. "The Experience of Rheumatoid Arthritis Pain and Fatgue: Examinig Momentary Reports and Correlates over One Week." *Arthritis Care and Research* 10(1997): 185-93.

Strack, Fritz, L. L. Martin, and Norbert Schwarz. "Priming and Communication: The Social Determinants of Information Use in Judgments of Life-Satisfaction." *European Journal of Social Psychology* 18(1988): 429-42.

Stroop, John R. "Studies of Interfereence in Serial Verbal Reactions." *Journal of Experimental Psychology* 12(1935): 643-62.

Sunstein, Cass R. "Endogenous Preferences, Environmental Law." *Jorunal of Legal Studies* 22(1993): 217-54.

———. "Selective Fatalism." *Journal of Legal Studies* 27(1998): 799-823.

———. "Human Behavior and the Law of Work." *Virginia Law Review* 87(2001): 205-76.

———. *Risk and Reason: Safety, Law, and the Environment.* Cambridge: Cambridge University Press, 2002.

———. "Switching the Default Rule." *New York University Law Review* 77(2002): 106-34.

———. *Why Societies Need Dissent.* Cambridge: Harvard University Press, 2003.

———. "Lives, Life-Years, and Willingness to Pay." *Columbia Law Review* 104(2004[a]): 205-52.

———. *The Second Bill of Rights.* New York: Basic, 2004(b).

———. "The Right to Marry." *Cardozo Law Review* 26(2005): 2081-2120.

———. *Republic.com 2.0.* Princeton: Princeton University Press, 2007.

Sunstein, Cass R., Daniel Kahneman, and David Schkade. "Assessing Punitive Damages(With Notes on Cognition and Valuation in Law.)" *Yale Law Journal* 107(1998): 2071-2153.

Sunstein, Cass R., Daniel Kahneman, David Schkade, and Ilana Ritov. "Predictably Incoherent Judgments." *Stanford Law Review* 54(2002): 1153-1216.

Sunstein, Cass R., David Schkade, Lisa Ellman, and Andres Sawicki. *Are Judges Political?* Washington, D.C.: Brookings Institution Press, 2006.

Sunstein, Cass R., and Richard H. Thaler. "Libertarian Paternalism Is Not an Oxymoron." *University of Chicago Law Review* 70(2003): 1159-1202.

Sunstein, Cass R., and Edna Ullman-Margalit. "Second-Order Decisions." *Ethics* 110(1990): 5-31.

Thaler, Richard H. *Quasi-Rational Economics.* New York: Russell Sage, 1991.

———. *The Winner's Curse: Paradoxes and Anomalies of Economic Life.* New York: Free Press, 2002.

Thaler, Richard H., and Shlomo Benartzi. "Save More Tomorrow: Using Behavioral Economics to Increase Employee Saving." *Journal of Plittical Economy* 112(2004): S164-87.

Thaler, Richard H., and Eric J. Johnson. "Gambling with the House Money and Trying to Break Even: The Effects of Prior Outcomes on Risky Choice." *Management Science* 36(1990): 643-60.

Thaler, Richard H., and Hersh M. Shefrin. "An Economic Theory of Self-Control." *Journal of Political Economy* 89(1981): 392-406.

Thaler, Richard H., and Cass R. Sunstein. "Libertarian Paternalism." *American Economic Review* 93, no. 2(2003): 175-79.

Thompson, Dennis F. *Political Ethics and Public Office.* Cambridge: Harvard

University Press, 1987.

Tierney, John. "Magic Marker Strategy." *New York Times*, September 6, 2005, Section A, Late ed.

———. "Free and Easy Riders." *New York Times*, June 17, 2006, Opinionsection, Late ed.

Tierney, Kathleen J., Michael K. Lindell, and Ronald W. Perry. *Facing the Unexpected: Disaster Preparedness and Response in the USA*. Washington, D.C.: Joseph Henry, 2001.

Toderov, Alexander, Anesu N. Mandisodza, Amir Goren, and Crystal C. Hall. "Inferences of Competence from Faces Predict Election Outcomes." *Science* 308(2005): 1623-26.

Towers Perrin, Tillinghast. "2006 Update on U.S. Tort Cost Trends." 2006. http://www.towersperrin.com/tp/getwebcachedoc?webc=TILL/USA/2006/200611/Tort_2006_FINAL.pdf.

Tversky, Amos. "Elimination by Aspects: A Theory of Choice." *Psychological Review* 76(1972): 31-48.

Tversky, Amos, and Daniel Kahneman. "Availability: A Heuristic for Judging Frequency and Probability." *Cognitive Psychology* 5(1973): 207-32.

———. "Judgment Under Uncertainty: Heuristics and Biases." *Science* 185(1974): 1124-31.

———. "The Framing of Decisions and the Psychology of Choice." Science 211(1981): 453-58.

Van Boven, Leaf, David Dunning, and George Loewenstein. "Egocentric Empathy Gaps Between Owners and Buyers: Misperceptions of the Endowment Effect." *Journal of Personal and Social Psychology* 79(2000): 66-76.

Van Boven, Leaf, and George Loewenstein. "Social Projection of Transient Drive States." *Personality and Social Psychology Bulletin* 29(2003): 1159-68.

Van De Veer, Donald. *Paternalistic Intervention: The Moral Bounds on Benevolence*. Princeton: Princeton University Press, 1986.

Vaughan, William, and Delani Gunawardena. "Letter to CMS Acting Administrator Leslie Norwalk." Consumers Unoin. Washington, D.C., December 18, 2006.

Vicente, Kim J. *The Human Factor: Revolutionizing the Way People Live with Technology*. New York: Routledge, 2006.

Viscusi, W. Kip. "Alarmist Decisions with Divergent Risk Information." *Economic Journal* 107(1997): 1657-70.

Vitality Program. "Overview." Destiny Health. 2007. http://www.destinyhealth.com.

Waldfogel, Joel. "Does Cosumer Irrationality Trump Consumer Sovereignty?

Evidence from Gifts and Own Purchases." April 2004. http://knowledge.wharton.upenn.edu/papers/1286.pdf.

Wansink, Brian. *Mindless Eating: Why We Eat More Than We Think.* New York: Bantam, 2006.

Watts, Duncan. "The Kerry Cascade: How a'50s Psychology Experiment Can Explain the Democratic Primaries." *Slate*, February 24, 2004. http://www.slate.com/id/2095993/.

Wechsler, Henry, Jae Eun Lee, Meichun Kuo, and Hang Lee. "College Binge Drinking in the 1990s: A Continuing Problem. Results of the Harvard School of Public Health 1999 Alcohol Study." *Jorunal of the American College of Health* 48(2000): 199-210.

West, Joyce C., et al. "Medication Access and Continuity: The Experiences of Dual-Eligible Psychiatric Patients During the First Four Months of the Medicare Prescription Drug Benefit." *American Journal of Psychiatry* 164(2007): 789-96.

Westen, Drew. *The Political Brain: The Role of Emotion in Deciding the Fate of the Nation.* New York: PublicAffairs, 2007.

White House, The. "President Bush Discusses Medicare Prescription Drug Benefit." Press release, Washington, D.C., May 2006. http://www.whitehouse.gov/news/releases/2006/05/20060509-5.html.

Wilkins, Lauren. "Decisionmaking and the Limits of Disclosure: The Problem of Predatory Lending: Price." *Maryland Law Review* 65(2006): 707-840.

Wilson, Timothy D., and Daniel T. Gilbert. "Affective Forecasting." *Advances in Experimental Social Psychology* 35(2003): 345-411.

Winter, Joachim, Rowilma Balza, Frank Caro, Florian Heiss, Byung-hill Jun, Rosa Matzkin, and Daniel McFadden. "Medicare Prescription Drug Coverage: Consumer Information and Preferences." *Proceedings of the National Academy of Sciences* 103(2006): 7929-34.

Woodward, Susan E. "A Study of Closing Costs for FHA Mortgages." Working paper, Sand Hill Econometrics, 2007.

Zeliadt, Steven B., Scott D. Ramsey, David F. Penson, Ingrid J. Hall, Donatus U. Ekwueme, Leonard Stroud, and Judith W. Lee. "Why Do Men Choose One Treatment over Another?" *Cancer* 106(2006): 1865-74.

Zelinsky, Edward A. "Deregulating Marriage: The Pro-Marriage Case for Abolishing Civil Marrige." *Cardozo Law Review* 27(2006): 1161-1220.

Zweig, Jason. "Five Investing Lessons from America's Top Pension Fund." *Money*, Jaunary 1998, 115-18.

해제

업그레이드된 행동경제학 『넛지』

최정규 · 경북대학교 경제학과 교수

1

경제주체는 과연 합리적인가? 이것은 어제오늘 제기된 질문이 아니다. 무릇 경제학에서는 합리적이고 이기적인 경제주체를 상정하고 논의를 풀어나간다. 여기서 합리적이라 함은 경제주체들이 여러 가지 선택 대안들을 놓고 어떤 대안이 더 나은지를 판단할 수 있는 능력을 갖고 있으며(이를 완비성이라고 한다), 이들 대안들을 놓고 내린 판단이 일관되어야 한다는 것(이를 이행성이라고 하는데, 쉽게 말하면 A가 B보다 좋고, B가 C보다 좋다면 A는 C보다 좋아야 한다는 것이다)을 의미한다. 간단히 말해, 합리적인 경제주체란 어떤 게 자신에게 더 좋은지를 판단할 수 있고, 그 판단이 일관된 사람을 말한다.

현실에서 이러한 가정들은 쉽게 무너지고 만다. 취업을 앞둔 졸업생이 A라는 기업과 B라는 기업 사이에서 선택을 내려야 할 때, 어떤 기업이 더 좋은지 쉽게 판단을 내리지 못하는 경우가 많다. 학생들에게 이런저런 가수들의 CD를 묶어 패키지를 서너 개 만든 다음, 이들 패키지를 두 개씩 보여주며 선호를 표시하라고 하면, 이들은 아주 흔히 이행성을 위반해버리곤 한다. 그리고 행동경제학자들이 여러 차례 지적하는 것처럼 사람들은 더 높은 이득을 얻을 수 있는 대안이 바로 코

앞에 있는데도, 그 대안을 쫓지 않는 경우도 허다하다.

하지만 '사람들은 합리적으로 행동하지 않는다'는 것을 확인하는 데에서 그쳐버린다면 행동경제학의 메시지는 그냥 살아가는 사람들의 영양가 없는 이야기에 그칠지도 모른다. 문제는 "그래서 어쩌라고?" 하는 질문에 대답하는 것이고, 『넛지』는 이러한 질문에 대해 행동경제학자가 처음으로 내놓은 대답이라고 할 수 있다.

2

1970년대 경제학을 지배했던 패러다임은 일반균형론이었다. 이 이론은 경제주체들이 저마다 자신의 이득만을 극대화하고자 행동하더라도, 이런저런 가정이 충족된다면 이들의 행동이 시장을 통해서 완벽하게 조정된다는 내용을 담고 있다. 여기서 충족되어야 할 가정은 경제주체들간에 정보의 비대칭성이 없을 것, 생산기술에서 규모의 경제가 없을 것, 경제주체들의 행위가 외부효과를 낳지 않을 것 등이었다. 애덤 스미스의 '보이지 않는 손' 이론의 현대적 해석이라고도 간주되는 이 이론은, 당시 체제간의 대립을 반영한 것인지 몰라도, 시장이 완벽할 때 얼마나 만족스러운 결과를 가져올 수 있는지를 보여주었다.

1980년대에 들어서면서 경제학은 '시장이 완벽하지 않다면'이라는 질문을 던지기 시작했다. 일반균형이론이 '이런저런 가정이 충족될 때' 시장을 통한 완벽한 조정을 이야기했다면, 1980년대에는 '이런저런 가정이 충족되지 않는다면'이라는 질문이 지배했던 시기였던 셈이다. 정보의 비대칭성이 야기하는 문제를 파고들어 정보경제학이라는 분야가 개척되었고, 규모의 경제 문제를 다루면서 진화경제학이, 그리고 외부효과를 다루면서 (신)제도경제학이 다시 부흥하기도 했다. 당시 경제 이론의 화두는 그래서 '제도가 중요하다'는 것이었고, 이후 노벨 경제학상은 바로 이러한 질문을 던지고 고민했던 학자들이 독점하다시피 할 정도였다.

1990년대에 들어서면서 새로운 흐름이 감지되기 시작했다. 70년대 일반균형론도 그렇고 그에 대한 80년대의 비판도 그렇고, 그때까지의 경제학에서 제기되었던 질문들은 경제주체에 대해서는 문제를 제기하지 않았다. 일반균형이론은 말하자면 완벽한 경제주체(합리성과 이기성을 갖는)가 완전한 시장에서 행동할 때의 결과를 그리고자 한 것이었고, 80년대의 (신)제도경제학은 마찬가지로 완벽한 경제주체를 상정한 상태에서, 완벽한 경제주체들이 불완전한 시장에서 행동할 때 어떤 결과를 낳을 것인지를 보여주고자 한 것이었다. 즉 이 이론들은 경제주체의 외부환경(즉 시장의 완전함)에만 초점을 맞추었을 뿐 경제주체는 여전히 완전하다는(즉 합리적이라는) 가정에는 손을 대지 않았다(그래서 경제이론에 수용되기가 그만큼 쉬웠다). 90년대에 들어서면서 '행동경제학'이라는 이름으로 등장한 여러 흐름들은 지금까지는 금지의 영역이었던 경제주체의 완전함에 문제를 제기하기 시작했다. 사람들은 이득에 대해서 판단할 때와 손실에 대해서 판단할 때 다른 판단구조를 갖는다는 것(손실회피, 현상유지 바이어스), 어떤 물건을 획득한 이전과 이후 그 물건에 대해 다른 가치판단을 하게 된다는 것(초기부존효과), 먼 미래에 대해서 판단할 때와 가까운 미래에 대해서 판단할 때의 판단기준이 일관되지 않는다는 것(시점불일치의 문제) 등이 이야기되기 시작했다. 그러면서 경제주체들의 비합리성이 합리성으로부터의 일시적인 이탈이 아니라 지속적으로 존재하며, 그 효과도 거시적으로 서로 상쇄되는 것이 아니라 특정한 방향으로 누적적으로 작용하면서 우리가 예측하는 것과는 전혀 다른 방향으로의 결과를 양산해낸다는 것을 보여주기 시작했다. 말하자면, 경제학의 '코어'를 공격하기 시작한 셈이다.

3

이 책의 저자 리처드 탈러는 이러한 흐름을 주도한 학자이다. 그는 일찍이 〈경제학 전망(Journal of Economic Perspectives)〉이라는 학술지에서 「이상현상들(anomalies)」이라는 제목으로 경제이론으로는 이해할 수 없는 현상들을 소개하는 특집을 주관한 바 있다. 이 특집에 실린 여러 연구 논문들은 경제주체들이 경제학에서의 예측처럼 합리적으로 행동하지 않는다는 것을 실험실에서뿐 아니라, 승마장에서, 노동시장에서, 그리고 금융시장에서의 사례들을 통해 보여주고 있다. 그러면서 '행동경제학'이 더 이상 변방에서 들리는 목소리가 아니라 경제학자들도 깊은 관심을 갖고 그 목소리에 귀 기울여야 하는 중요한 분야로 자리매김하는 데 앞장 선 학자이다.

이제 그는 공저자 선스타인과 함께 그러한 발견을 놓고 "그래서 어쩌라고?" 하는 질문에 대답을 시도하고 있다. 사람들이 합리적으로 행동하는 데도 시장이 완전치 않아서 결과가 신통치 않게 나왔다면 시장의 작동을 보완할 제도를 고안하면 된다. 사람들이 합리적 대응할 것이라는 믿음만 있다면, 정책 설계자는 금전적인 유인체계를 고안함으로써 사람들이 그 유인체계 아래에서 자신의 이득에 따라 행동할 때 바라던 결과를 낳을 수 있도록 유도할 수 있기 때문이다. 하지만 사람들이 금전적 유인체계에 예측한 것처럼 합리적으로 대응하지 않는다면?

따라서 행동경제학에서의 발견으로부터 어떤 정책적 결론을 유도할 수 있을지는 계속 열려 있는 문제였다. 이 문제에 대해 『넛지』는 자유주의적 개입주의(혹은 자유주의적 온정주의)라는 나름대로의 해결책을 내놓고 있다. 사람들이 고정된 선호체계를 갖지 못하고 주어진 상황을 어떻게 해석하는지, 사람들이 어떠한 맥락에서 현실을 바라보는지에 따라 크게 영향을 받는다면, 약간의 맥락의 변화만으로도 사람들의 상황판단에 영향을 미쳐 그 행동을 변화시킬 수 있지 않겠느냐는 제안이다. 저자들은 이러한 정책적 개입은 사람들의 행동 자체를 규제하거나 제약하는 것이 아니라, 간단한 변화를 통해 사람들이 상황을 다르게 해석하게 하고 그러한 해석 아래에서 자신이 스스로 선택을 내리게 되므로 여전히 자유주의적인 원칙에서 벗어나지 않는다고 주장하고 있다. 따라서 이들은 자신들이 주장하는 개입을 '넛지'라고 묘사한다. 옆 사람의 팔을 잡아끌어서 어떤 행동을 하게 하는 게 아니라, 단지 팔꿈치로 툭 치면서 넌지시 어떤 행동을 유도한다는 의미이다.

탈러와 선스타인은 행동경제학에서의 발견을 토대로, 그리고 그로부터의 이론화 작업을 거치면서 이제는 그러한 관점에서의 정책적 제안을 하는 데까지 나아가고자 한다. 이제 비로소 행동경제학은 일관된 체계를 갖게 된 셈이다. 그리고 그러한 의미에서 이 책은 완성된 형태의 행동경제학을 지향하고 있다.

이들의 정책적 제안에 대해 적지 않은 비판의 목소리가 나오고 있고, 그 중 몇몇은 행동경제학의 이론적 발전을 위해서, 더 나아가서는 경제학의 이론적 발전을 위해서 의미 있는 것들이다. 우선 '넛지'로 해결할 수 있는 문제는 그리 많지 않다는 것이다. 즉 약간의 맥락을 변화시켜 사람들의 해석을 변화시키고 그로부터 사람들이 자유롭게 선택하더라도 바람직한 결과를 낳을 수 있게 되는 경우가 아주 제한적일 수도 있다는 것이다. 이는 어쩌면 개인의 자유를 손상하지 않는 개입주의가 가능한 영역이 우리 주위에는 그리 많지 않기 때문일지도 모른다. 카페테리아에서 물건을 진열하는 문제를 넘어서 좀 더 심각하게 주의를 기울여야 하는 다양한 사회적, 경제적 문제들은 여전히 자유냐 개입이냐의 '전통적'인 틀에서 고민할 수밖에 없는 것들일 수도 있다. 둘째, 자유주의적 개입주의가 상정하는 합리적 설계자와 무지한 대중이라는 이분법이 주는 곤혹스러움이다. 기존의 경제이론에서 시장의 실패 및 교정을 논의할 때 우리는 합리적인 설계자와 합리적인 대중을 상정한다. 하지만 합리적 설계자와 무지한 대중이라는 대립구도에서 경제주체의 현상이 자칫 조종의 대상인 듯 다뤄지는 구도가 주는 불편함을 지울 수 없다는 것이다(행동경제학이 가장 환대받는 분야가 바로 마케팅 전략 분야이기도 하다). 마지막으로 좀더 깊이 들어가자면, 완전하지 않은 개인을 전제로 한 자유주의는 어떤 의미를 갖는지, 즉 이참에 자유주의 자체에 대해서도 논의해봐야 할지도 모르겠다.

4

성역으로 간주되었던 경제주체의 합리성에 대한 이런저런 비판은 흥미롭다. 어쩌면 그것이 흥미로운 이유는 '경제학'이라는 이름으로 이야기가 진행되지만 어려운 '수학'이 아니라 우리 주위에 흔히 보이는 사람들(나를 포함해서!)의 이야기가 전개되기 때문일지도 모른다. 문제는 흥미로움을 넘어서 이러한 비판으로부터 무엇을 얻어낼 수 있을까이다. 나는 행동경제학이 경제학을 훨씬 더 풍부하게 만들 수 있을 것이라고 생각한다. 합리적인 경제주체와 비합리적인 경제주체들이 하나의 공간에서 상호작용함으로써 빚어내는 결과들은 아주 중요한 연구주제가 될 것 같다.

행동경제학의 메시지가 단지 "사람은 이렇다더라", "기존 경제학은 잘못되었다더라" 등의 파편적인 것에 그치지 않으려면, 행동경제학이 던지는 질문에 좀 더 진지하게 접근해야 할 것 같다. 그런 점에서 『넛지』는 많은 생각을 하게 해준다. 물론 앞에서 말한 대로 이 책에서 제시되는 정책적 제안은 아직까지는 '진행형'이라고 말해야 할 것 같다. 그리고 어쩌면 누군가에 의해서는 좀 더 이론에 대한 검토가 필요한 시점에서 성급한 정책적 제안이라는 평가가 내려질지도 모른다. 그럼에도 불구하고 『넛지』는 행동경제학의 문제제기를 한 단계 업그레이드시킬 수 있는 이야깃거리를 던져주고 있는 셈이다. 그리고 이 책을 통해 행동경제학에 대한 '진지한' 평가를 내리는 게 비로소 가능해질지도 모르겠다. 왜냐하면, 이들의 정책적 제안을 통해 역으로 이들의 작업을 하나하나 되짚어볼 기회가 될 수도 있기 때문이다. 이들이 내놓는 정책적 제안을 진지하게 고민해보면서, 사회과학의 주인공인 '인간'에 대해 한 번 더 생각할 기회를 가져보자.

※ 일러두기 : 본문에서는 기존대로 저자의 이름을 '탈러'로 표기하였다.

넛지

초판 1쇄 발행 2009년 4월 20일
초판 127쇄 발행 2017년 10월 30일

지은이 리처드 탈러(세일러), 캐스 선스타인
옮긴이 안진환

발행인 윤새봄
단행본사업본부장 김정현
편집주간 신동해
마케팅 이현은 박기홍
제작 류정옥

브랜드 리더스북
주소 경기도 파주시 회동길 20 웅진씽크빅
주문전화 02-3670-1021, 1173, 1595
문의전화 02-3670-1162

홈페이지 www.wjbooks.co.kr
페이스북 www.facebook.com/wjbook
트위터 @wjbooks

발행처 (주)웅진씽크빅
출판신고 1980년 3월 29일 제406-2007-00046호

ISBN 978-89-01-09315-4 03320

리더스북은 (주)웅진씽크빅 단행본사업본부의 브랜드입니다.

Nudge